独立之精神　自由之思想

陈寅恪 著

柳如是别传

人民文学出版社

第四章

河东君过访半野堂及其前后之关系

此章所论述分为三期。第一期自崇祯八年乙亥秋深河东君离去松江以后起,至崇祯十三年庚辰冬河东君过访牧斋于半野堂止。第二期自崇祯十三年庚辰冬河东君过访半野堂起,至崇祯十四年辛巳夏河东君与牧斋结缡于茸城舟中止。第三期自崇祯十四年辛巳夏钱柳结缡于茸城舟中起,至崇祯十七年甲申冬绛云楼落成时止。其所依据资料,主要仍为顾苓《河东君传》。此《传》前章已引者不复重录,兹接录前引顾氏之文有关此三时期者于下。

范锴《华笑庼杂笔》一顾苓《河东君传》云:

〔河东君〕游吴越间,格调高绝,词翰倾一时。嘉兴朱治恫为虞山钱宗伯称其才。宗伯心艳之,未见也。崇祯庚辰冬扁舟访宗伯。幅巾弓鞋,着男子服,口便给,神情洒落,有林下风。宗伯大喜,谓天下风流佳丽,独王修微、杨宛叔与君鼎足而三,何可使许霞城、茅止生专国士名姝之目?留连半野堂,文宴浃月。越舞吴歌,族举递奏;香奁玉台,更唱迭和。既度岁,与为西湖之游。刻《东山酬和集》,《集》中称河东君云。君至湖上,遂别去。(寅恪案:河东君虽与牧斋有游西湖之约,但止送牧斋至嘉兴鸳鸯湖,独自径返松江。牧斋别去河东君后,遂往游西湖及黄山也。《东山酬和集》及《初学集》所载甚明,顾氏语有误。金鹤冲《钱牧斋先生年谱》"崇祯十四年辛巳"条云:"正月与河东君游杭州西湖,遂别去。"亦沿顾氏之误。详见下文论证。)过期不至,宗伯使客构之乃出。(《塔影园集》一"构"作"促"。)定情之夕在〔崇祯十四年〕辛巳六月初七日,君年二十四矣。宗伯赋《前七夕诗》,属诸同人和之。(《塔影园集》一"同"作"词"。)为筑绛云楼于半野堂之后。房栊窈窕,绮疏青琐;旁龛金石文字、(《塔影园集》一"龛"下有"古"字。)宋刻书数万卷;列三代秦汉尊彝环璧之属,晋唐宋元以来法书;官哥定州宣成之瓷,(《秦淮广记》二之四"成"作"城"。)端溪灵璧大理之石,宣德之铜,果园厂之髹器,充牣其中。君于是乎俭梳靓妆,湘帘棐几,煮沉水,斗旗枪,写青山,临墨妙,考异订讹,间以调谑,略如李易安在赵德卿家故事。(《塔影园集》一"卿"作"甫"。)然颇能制御宗伯,宗伯甚宠惮之。

第 一 期

此期之问题为自崇祯八年乙亥秋深至崇祯十三年庚辰冬，历时约为五年。其间河东君之踪迹及相来往诸人与牧斋之关系是也。前引卧子诗《乙亥除夕》云"桃根渺渺江波隔"及《长相思》云"美人今在秋风里，碧云迢迢隔江水"，是河东君在崇祯八年乙亥冬间及崇祯十一年戊寅秋间，其所在地与卧子有江波之隔。复据前引河东君《戊寅草·晓发舟至武塘》及《秋深入山》两诗，更可证知河东君于崇祯八年秋深由松江至盛泽镇归家院，松江与盛泽，即所谓"江波隔"也。此外，能确定河东君离去卧子后，最早常寓之地者，唯第二章所引沈虬《河东君传》中，崇祯九年丙子张溥至盛泽镇徐佛家遇见河东君一事。沈氏既于舟中亲见河东君，则其言自为可信。盖河东君若离去松江他往，则舍旧时盛泽镇之徐佛家，恐亦难觅更适当之地。徐云翾更因将适人之故，自急于招致，使河东君与张轻云、宋如姬、梁道钊诸名姝相互张大其队伍也。但河东君此次之居徐佛家，乃与前此未入周道登家时之为云翾婢者，其身份迥异。沈次云牵混前后不同时间之身份，以河东君于崇祯九年尚为云翾之婢，殊为舛误。前释宋让木《秋塘曲》"初将玉指醉流霞"句，已辨及之，读者可参阅也。

崇祯九年间，河东君之踪迹，已于前论河东君第二次嘉定之游节详述之，兹不复赘。唯崇祯十年丁丑关于河东君之材料，尚未发见，故姑从阙如，以俟更考。倘承博识通人有所赐教，则幸甚矣。至于崇祯十一年戊寅河东君之踪迹，则颇有材料可以依据，兹论释之于下。

葛昌楣君《蘼芜纪闻(上)》载王士禄《宫闺氏籍艺文考略》

引《神释堂诗话》略云：

> 河东君早岁耽奇，多沦荒杂。《戊寅》一编，遗韵缀辞，率不可诘。最佳如《剑术行》《懊侬词》诸篇，不经剪截，初不易上口也。然每遇警策，辄有雷电砰燿，刀剑撞击之势，亦釁笋之异致矣。《尺牍》含咀英华，有六朝江鲍遗风。又云，如是尝作《男洛神赋》，不知所指为谁？其殆自矜八斗，欲作女中陈思耶？文虽总杂，题目颇新，亦足传诸好事者。

寅恪案：《神释堂诗话》之评语，在未得见卧子所刻《戊寅草》以前，尚不甚明了其所指。今幸得此书钞本，始恍然知其所评之允当也。《戊寅草》首载卧子一序、诗一百〇六首、词三十一阕、赋三篇。至诗余一类，疑即《众香词选·柳是小传》所谓《鸳鸯楼词》者，前已论及。复据杨、陈关系第二期所录河东君《戊寅草》中诸词之考证，其作成时代，皆不能后于崇祯八年。故《戊寅草》中之词，当即是《鸳鸯楼词》。卧子是否在刻《戊寅草》前，已别刻《鸳鸯楼词》，今不敢决言。但就杨、陈二人关系观之，以崇祯八年为最密切。卧子《自撰年谱》"崇祯八年乙亥"条云："是岁有《属玉堂集》。"夫"属玉堂"与"鸳鸯楼"两名，乃对称之辞。故疑《鸳鸯楼词》果先别有刻本者，亦当在崇祯八年，至迟亦不逾九年也。赋三篇依前所考证，其作成时间皆在崇祯九年以前。诗则若依前所论《八月十五夜》一首，乃崇祯八年中秋与卧子同赋，而排列偶错，仍应计入崇祯八年所作诗之内者。故此首以上共一百〇一首，皆是崇祯八年秋深以前所作。其余自《答汪然明》至《咏晚菊》止，共四题五首，皆是崇祯十一年秋间所作。与其前一百〇一首之作于崇祯八年秋季以前者，其时间相距有三年之久，何以河东君此三年内所作之诗，竟无一篇列于《戊寅草》？其中必有待发之覆。今日虽不能详究其故，姑就崇祯十一年河东君及卧子之踪迹推测，或可备一解也。

河东君于崇祯十一年戊寅秋间，曾游西湖，详见下论汪然明《春星堂集》三《游草·柳如是校书过访》诗等条所考，兹暂不论及。（又，寅恪曾见神州国光社影印蒋杲赐书楼藏《柳如是山水册》末帧河东君题款中，有报人为其作《西泠采菊长卷》之语。若此画果为真迹者，则更可与《戊寅草》中所载诗最后一首《咏晚菊（五律）》相参证，并疑亦是崇祯十一年戊寅秋间河东君曾游西湖之一旁证也。俟考。）至若卧子之踪迹亦有崇祯十一年戊寅秋间曾过西湖之事实。据《陈忠裕全集·自撰年谱（上）》"崇祯十一年戊寅"条云：

冬，石斋师以谪还，居禹航之大涤山。予往谒之，赋诗而归。

及同书一四《湘真阁集·石斋先生筑讲坛于大涤山，即玄盖洞天也。予从先生留连累日，（五言律诗）八首》（参同书一二《三子诗稿·寄献石斋先生（七言古诗）五首》之一自注云："指戊寅冬事也。时侍师于禹航。"）云：

（诗略。）

又《黄漳浦集》二四《大涤书院记》（参同书所载庄起俦撰《漳浦黄先生年谱》"崇祯十一年戊寅"条）略云：

戊寅冬，余再以逐客南旋。缅念斯山，睽违七载。又以中途警听边氛，未忍恝然绝帆胥江，遂复诛茅其间，徘徊日夕。当时同游者，为嘉兴倪梅生先春，汪尔陶梃，钱仲雍琳，萧山曹木上振龙，松江陈卧子子龙。时卧子以桐杖不遂登高。（寅恪案：此时卧子尚服其继母唐孺人之丧。故石斋引《小戴记·丧服小记》母丧桐杖之义以为说。其实《陈忠裕全集》一六《湘真阁集》有《戊寅九日同暗公舒章诸子登高之酬〈七律〉二首》。读之不觉发笑也。)余病未之能从也。

及同书四一《五言律·出大涤,将渡胥江,而羲兆木上诸兄又申湖上之约。会倪鸿宝祭酒来自山阴,遂偕朱士美〔等〕,同入灵隐,登韬光,有作。属鸿宝羲兆木上和之。四章》云:

(诗略。)

及同书同卷《〔陆自岩〕曾瞻〔陈子龙〕卧子同过灵隐二章》(寅恪案:此诗排列次序先后疑有误)云:

约尔巢松去,逢余坠叶时。

寅恪案:崇祯十一年冬卧子至余杭大涤山谒石斋后,又从石斋至杭州游西湖。此据陈、黄两《集》诗文可考而知者。疑卧子自松江至余杭,往返皆经杭州。其从石斋游西湖之后,当即还家。但其往余杭谒石斋经杭州之时,可能在十月以前,即季秋之月。此时或与河东君相值于西湖。或二人先后差错,未得相遇,均未可知。今既难证实,可置不论。鄙意卧子或在杭州取其旧所藏河东君崇祯八年秋深以前之作品,托人刊刻,而受托刊刻之人遂并取所见河东君最近之诗,附录于后。此《戊寅草》诗中所以缺去崇祯八年秋深以后、崇祯十一年秋季以前作品之故欤?若所揣测不误,则《戊寅草》之刊行,主持发起者为陈卧子,董理完成者为汪然明。后来汪氏又刻《河东君尺牍》,远倩林天素为之序。今《戊寅草》虽首载卧子之《序》,但亦不必拘泥认为卧子实亲自督工刊刻也。

复次,河东君崇祯十一年戊寅之踪迹,可于汪然明《春星堂集》三《游草》中得窥见一二。汪氏集中疑本有与河东君有关之作甚多,后来因牧斋关系,遂多删去不存,殊可惜也。

《春星堂集》三《游草·余久出游,柳如是校书过访,舟泊关

津而返,赋此致怀》云:

> 浪游留滞邂湖山,有客过从我未还。不向西泠问松柏,遽怀南浦出郊关。雨峰已待行云久,一水何辞拾翠悭。犹疑春风艳桃柳,拿舟延伫迟花间。

同书同卷《无题》云:

> 明妆忆昨艳湖滨,一片波光欲荡人。罗绮丛中传锦字,笙歌座上度芳辰。老奴愧我非温峤,美女疑君是洛神。欲访仙源违咫尺,几湾柳色隔香尘。

寅恪案:汪氏《游草》卷首载其《秋游杂咏自序》云:

> 崇祯〔十一年〕戊寅季秋汪汝谦书于摄台。(寅恪案:《春星堂诗集》首《汪然明小传》云:"所居曰春星堂。其为董尚书题榜者,曰梦草斋,听雪轩。陈眉公题榜者,曰摄台。"又《春星堂诗集》六汪鹤孙《延芬堂集(上)寄怀春星堂诗》"楼台堪对月,四面摄烟霞"句,自注云:"大父玩月处,眉公征君题曰摄台。谓四面湖山俱能摄入也。"寅恪颇疑梅坡解释"摄台"所以命名之意,不过从其家人传述而来,盖有所讳饰,未必得此台名之真意。据同书三《梦草》附载陈眉公《纪梦歌跋》云"听雪堂侍儿非异人,即天素也。五丁摄之来试君耳",并同书一《不系园集·不系园记》云"陈眉公先生题曰不系园",及同书《随喜庵集》题词云"董玄宰宗伯颜曰随喜庵"。然则依当时惯例,命名、题字多出于一人。故"摄台"既为眉公题字,其命名当亦出自眉公。眉公既谓五丁摄天素来试然明于梦中,所以即取"摄"字以为台名耶?姑识所疑,以俟更考。)

又,汪氏《游草》最前一题为《仲秋同无方侄出游》,最后一题为《出游两月归途复患危病》,是然明以崇祯十一年八月出游,约经两月,始归杭州。《柳如是校书过访》诗在此《草》中逆数第三,《无题》诗为逆数第二。据此推之,河东君于崇祯十一年季秋曾游杭州也。《无题》一诗,与《柳如是校书过访》诗连接,此诗中又藏有"柳是"二字,则为河东君而作可确定无疑。或者原题亦非如此,今题殆复为后来然明所讳改耶?

复次,然明《无题》诗不仅藏有河东君姓名,颇疑此诗中尚有河东君之本事。其第二联,自指《戊寅草》中《男洛神赋》而言,无待详证。其第一联上句,恐指河东君《湖上草·清明行》而言,盖苏蕙回文锦字乃赠窦滔之作品(见《晋书》九六《窦滔妻苏氏传》。可参《文苑英华》八三四及《全唐文》九七武则天《苏氏织锦回文记》,冯应榴《苏文忠公诗合注》二一《次韵回文三首》及所附《江南本织锦图(上)回文三首》题下注,并阮阆休阅《诗话总龟后集》四一《歌咏门》引《东观余论》及《侍儿小名录》等)。《清明行》末二句云:"盘螭玉燕不可寄,空有鸳鸯弃路旁。"亦与若兰回文锦字同意,并用玉茗堂《紫钗记》之旨,余详后论《清明行》节。《无题》诗第一联下句,殆用杨景山"榆柳芳辰火"句(见《全唐诗》第五函杨巨源《清明日后土祠送田彻(五律)》),故"芳辰"二字实谓"清明日"与其他泛指者,与《东山酬和集》二牧斋《二月十二春分日横山晚归作》末句"与君遥夜共芳辰"之"芳辰"不同。钱诗此题之"芳辰"与"佳辰""良辰"同意(可参同书同卷河东君和诗"安歌吾欲撰良辰"句)。至若《石头记》第六十三回《寿怡红群芳开夜宴》中妙玉祝宝玉生日纸帖云"槛外人妙玉恭肃遥叩芳辰",其以"芳辰"为生日之别称,未知所出。岂栊翠主人亦目怡红公子为群芳之一芳耶?呵呵!

《戊寅草》中诸作品,诗余及赋两类,前皆已论证。诗则以其篇什较众,语意亦多晦涩,已择其重要者考释之矣。兹再就前所未及而较有关者,略论述之于下。

《戊寅草》诗最后四题五首,观其题目及诗语,皆与秋季有关,即崇祯十一年戊寅河东君在西湖所赋,而董理刊刻此稿之人,取以附录于诗一类之后者也。

《答汪然明》云:

> 微霁独领更幽姿,袖里琅玕今尚持。天下清晖言仲举,平原高会有当时。因思木影苍林直,为觉西泠绣羽迟。便晓故园星剑在,兰皋秋荻已荒靡。

寅恪案:前已论述《春星堂集》三《游草》中有七律二首,即《柳如是校书过访》及《无题》两诗,皆为河东君而作者。河东君此诗疑是答汪氏第一诗,而汪氏《无题》一诗,则又答河东君此诗者也。河东君此诗乃牧斋所谓"语特庄雅"者(见《东山酬和集》一牧斋第一次答河东君诗题),斯亦河东君初次与人酬和,自高身份之常例,殊不足为异。但"因思木影苍林直,为觉西泠绣羽迟"一联,上句谓素仰然明尚侠之高风,下句谓不以己身访谒汪氏过迟为嫌,语意亦颇平常。岂料然明再答以《无题》一诗,中有"老奴愧我非温峤,美女疑君是洛神"一联,含有调戏之意,已觉可笑。至后来然明刊集时,改易此诗之原题为《无题》,以免牧斋之嫌妒,更觉可笑矣。

《九日作》云:

> 离离鹤渚常悲此,因迴(?)含霞夕树平。不有霸陵横意气,何人戏马阅高清?崚风落叶翻翔婉,菊影东篱欲姕萦。寂寞文园事(?)屡至,海云秋日正相明。

寅恪案:前引黄石斋《大涤山记》,知卧子于崇祯十一年戊寅九月九日实在大涤山。今据此诗知河东君是日适在西湖也。两地违隔,倍深思旧之情,故此诗末二句及之。"文园"自是以司马相如指卧子。"事"字疑是"书"字之讹。然则此时河东君当屡得卧子手书,其中或亦论及刊刻《戊寅草》事耶?

《秋尽晚眺二首》云:

西峦已降青蒙色,耿木澄枝亦见违。远观众虚林磬淡,近联流冥赤枫肥。相听立鹤如深意,侧傲寒花薄暮矶。为有秋容在画角,荒台多是草渧菲。

流溇纷影入鱼梁,药径秋岩气已伤。天下嶙峋归草阁,郊原深永怯牙樯。烟苞衰柳余晴媚,日蔼江篱落照黄。更自红霜夜明灭,文涟丹溜总相妨。

《咏晚菊》云:

感尔多霜气,辞秋遂晚名。梅冰悬叶易,篱雪洒枝轻。九豌供玄客,长年见石英。谁人问摇落,自起近丹经。

寅恪案:《九日作》诗有"菊影东篱欲娈萦"句。《秋尽晚眺》及《咏晚菊》两题,皆以菊为言。斯盖河东君以陶渊明、李易安自比,亦即此时以"隐"为名之意也。细思之,河东君之身份,与陶、李终不相同,虽《秋尽晚眺》第一首"侧傲寒花薄暮矶",第二首有"烟苞衰柳余晴媚"等语,但"寒花"指菊,既非"拟人必于其伦"之义,"衰柳"则就河东君此时之身世论,似尚不可言"衰"。第三章言河东君于崇祯十二年受卧子是年《上巳行》诗"寒柳无人临古渡"句意之启发,遂赋《金明池·咏寒柳》词一阕,鄙说固不敢自信为必然,要可与河东君此数诗共参究也。据蒋杲赐书楼所藏《柳如是山水册》末帧,乃河东君酬报友人为其画采菊长卷者。今止见影印本,作长卷者之名字甚不清晰,未易辨实。河东君题款中有"西泠采菊长卷"之语,恐与《秋尽晚眺》第一首"为有秋容在画角"句有关。盖指友人为其作《西泠采菊长卷》而言也。又观《秋尽晚眺》第二首"流溇纷影入鱼梁"及"天下嶙峋归草阁"之语,则河东君此时所居之处,殆一寻常之临水客舍,与后来即崇祯十二年再游西湖,借居"桂栋药房"之汪然明别墅者,情况迥异,取此诗与《河东君尺牍》第一首参较,汪氏好客任侠之风,可窥见一斑矣。《咏晚菊》诗"九畹供玄客,长年见石英"一联,或谓用《离骚》"余既滋兰之九畹兮"及"夕餐秋菊之落英"。"石英"之"石",若非"食"即"餐"之意,以音同而误写,则当指石上或石间之菊英而言耳。其说亦自可通。

　　《戊寅草》中除卧子、汪然明外,其他与河东君往来唱酬诸名士,如宋尚木徵璧之类,其事迹作品,皆甚显著,可不多述。尚有一二当时名士之可考者,则略论及之,可借此窥见河东君当日友朋交际之情况也。更有可注意者,即《戊寅草》作品中,绝不见有宋辕文徵舆及李舒章雯二人之姓氏名字一事。此《草》之绝大部分为卧子之旧藏,其无辕文之名字,固由杨、宋两人曾有微妙之关系,卧子之删去不录,亦颇易解。至舒章则何以绝不一见其名字,其故今不易知,或者河东君崇祯八年首夏离去松江之南园南楼迁居当地之横云山,实与舒章有关。盖舒章家本有别墅在其处,兹不须详考,若一检《陈忠裕全集》一〇《属玉堂集·雨中过李子园亭》诗题下附考证引《李舒章集·张卿(南垣)行诗》"我家横山若嶅嵝,开生幸入虎头手",又引《梅邨集·张南垣传》"其所为园,李工部之横云",并参第三章论卧子《秋居杂诗十首》之七"遨游犬子倦,宾从客儿娇"自注"舒章招予游横云,予病不往"及曹溶《静惕堂诗集》一一《李氏横山草堂歌》等,即可证知。职是之故,颇疑河东君之迁居横云,舒章实为地主。卧子之删去舒章名字,殆由于此耶?韩君平诗云:"吴郡陆机为地主,钱塘苏小是乡亲。"上句之切合舒章,固不待言,下句则可参后论《有美诗》涉及河东君自称为松江籍事。故河东君亦可谓舒章之乡亲矣。一笑!

《戊寅草》中有《朱子庄雨中相过（七古）》一首，其诗颇佳，今录之于下。诗云：

> 朱郎才气甚纵横，少年射策凌仪羽。（"凌仪羽"一本作"真霞举"。）岂徒窈窕扶风姿，海内安危亦相许。朝来顾我西郊前，咫尺蛟龙暗风雨。沉沉烟雾吹鸾辂，四野虚无更相聚。君家意气何飞扬，顾盼不语流神光。时时怅望更叹息，叹吾出处徒凄伤。天下英雄数公等，我辈杳冥非寻常。嵩阳剑器亦难取，中条事业皆渺茫。即今见君岂可信，英思僴傥人莫当。斯时高眺难为雄，水云潦落愁空蒙。鸳塘蓉幕皆寂寞，神扉开阖翔轻鸿。苍苍幽梦坠深碧，朱郎起拔珊瑚钩。风流已觉人所少，清新照耀谁能侪。高山大水不可见，骚人杰士真我谋。嗟哉朱郎何为乎，吾欲乘此云中鹄，与尔笑傲观五湖。

寅恪案：曹溶《静惕堂诗集》二九《送朱子庄北上赴选（七律）二首》，其第一首略云：

> 辞家北指蓟台云，射策恢奇海内闻。重忆先朝遗烈在（自注："谓其祖文恪公。"寅恪案："文恪"乃明大学士秀水朱国祚之谥），芝兰今日又逢君。

同书同卷《送朱子庄令宜春（七律）二首》，（题下自注："时携广陵姬同行。"）其第一首有句云：

> 重喜明时早致身。

同书三《挽朱子庄（五古）二首》，其第二首略云：

> 并辔越承明，直入邯郸市。挟瑟燕姬床，容貌若桃李。
> 惜哉青春姿，独处重帷里。服药媚红颜，终为悦己死。

今检道光修《宜春县志·秩官门》"明知县"栏载：

> 朱茂曎，秀水人，进士。崇祯十三年任。
> 吴道昌，贵州人，举人。十七年任。

同书二二《名宦门·明朱茂曎传》略云：

> 朱茂曎，字子庄，秀水人。崇祯十四年令宜春。（寅恪案：《表》作"十三年"，《传》作"十四年"，相差一岁。疑《传》有误，当从《表》为是。）精勤莅治，剔奸戢豪。性喜延揽，与诸生课文品题，竟日无倦色。

又，陈卧子评选《皇明经世文编》中，宋徵璧所撰《凡例》亦列有檇李朱子庄茂曎之名。可知朱子庄乃一年少貌美、豪气纵横之风流世胄。柳、曹两诗所言颇多符合。故河东君诗题之朱子庄，即是此人无疑。但须注意者，同时别有一朱子庄，名容重，明之宗室宁献王九世孙。事迹见张庚《国朝画征录（上）》"八大山人"条所附，及陈田《明诗纪事》甲二下。读《戊寅草》者，不可误认也。

《戊寅草·送曹鉴躬奉□使之楚藩（七律）二首》云：

> 纷纷玄意领群姿，寂寞遥闻向楚时。文学方须重邺下，乘传今更属龙池。澄江历乱吴云没，洛浦皋烟帝子悲。不是君才多壮敏，三湘形势有谁知。
> 扬舲历历大江阴，极目湘南才子临。楚水月明人澹黯，吴川枫动玉萧森。因看淮幕风云壮，未觉襄郧烽火深。顾吾相逢增意气，（寅恪案："吾"字为虞韵平声。此处应读仄声，方协声律。检嘉庆修《松江府志》四五《选举表》"举人"栏"崇祯三年庚午'李待问'"下注"字存吾"，可为松江土语"吾""我"同读仄声之一旁证也。）如今无事只遥吟。

王士禛《思旧录》二《曹溶小传》(可参《浙江通志》一七九《文苑》二及光绪修《嘉兴府志》五二《曹氏本传》)云:

> 溶,字鉴躬,号秋岳,别号金陀老圃。浙江秀水人。崇祯〔十年〕丁丑进士。

《国榷》卷首之一"各藩"栏"楚王"条末载:

> 武冈王显槐。宣化王华壁。

曹溶《静惕堂诗集》二九《入楚(七律)》云:

> 中朝翼轸动文墟,楚国名山入诏书。楼上鹤声回四牡,湘南秋色老三闾。搴流蘅蕙王孙宅,绕地云霞使者车。无俟祝融攀禹迹,章台梦泽总悲歔。

寅恪案:秋岳与河东君两人之诗,其中相符合者颇多,曹氏此次入楚封藩,或封宣化王华壁,或封武冈王显槐嗣子华增。依柳、曹诗"湘南"之语,则封武冈王之可能较大。此问题颇复杂,今难详确考证。(可参《明史》一一六《楚昭王桢传》并《皇明经世文编》四五四《郭文毅〔正域〕集·直陈楚藩行勘始末疏》及同书四五八《孙宗伯〔慎行〕集》"题为恭承恩诏谨条钤束楚宗事"等。)但奉使封藩必在鉴躬中式进士登朝以后始有可能,然则河东君此题乃崇祯十年丁丑或更后之时间,遥闻秋岳奉使,遂有是作。此二律在《戊寅草》列于《晓发舟至武塘》前第七题。《晓发舟至武塘》一题乃崇祯九年丙子秋深所赋,详见后论。由是言之,《戊寅草》中诸诗排列,亦不尽依时间先后,斯可为一例证也。

《戊寅草》中更有一可注意之诗,即《赠友人(七古)》一首。此诗以前后排列推之,当作于崇祯七年甲戌。兹移录此诗并论证之于下。

《赠友人》云：

霏微杂雾吹在野，朗月清灵飞不下。流觞曲沼层波青，金塘白苎苍凉夜。矜严之气通英词，神锋高涌涛声时。与君突兀论情愫，四座靓默皆凝思。君言磊落无寻常，顾盼纵横人不知。当年颇是英雄才，至今猛气犹如斯。我闻起舞更叹息，江湖之色皆奔驰。即今天下多纷纷，天子非常待颜驷。丈夫会遇讵易能，长戈大戟非难为。一朝拔起若龙骧，身师（帅？）幽并扶风儿。大羽插腰箭在手，功高跃马称精奇。偶然蠖落在榛莽，亦当结客长杨湄（扬眉？）。甘泉五柞马虽下，蓝田柳市人多推。千秋以是垂令名，四海因之争心期。嗟哉凤凰今满野，有时不识如山鹅。君家北海饶异略，屠肆知为非常姿。一旦匿之心胆绝，三年天下无猜疑。君今负义亦如此，得非石室山人无。揽（览？）君萧壮徒扼腕，城头击鼓乌夜呼。伟人豪士不易得，伟人豪士不易得，得之何患非吾徒。

寅恪案：此"友人"不显著其姓名，果为何人耶？诗云："君家北海饶异略。"检《后汉书·列传》五四《赵岐传》略云：

岐遂逃难四方，自匿姓名，卖饼北海市中。时安丘孙嵩年二十余，游市见岐，察非常人。停车呼与共载。岐惧失色。嵩乃下帷，令骑屏行人，密问岐曰："视子非卖饼者。又相问而色动，不有重怨，即亡命乎？我北海孙宾石，阖门百口，執能相济。"岐素闻嵩名，即以实告之，遂以俱归。藏岐复壁中数年。因赦乃出。

可知此友人之姓氏为孙也。又检《陈忠裕全集》一二《三子诗稿·赠孙克咸(七古)》，题下附考证引王士禛《肄雅堂诗集序》（参陈田《明诗纪事》辛签六"孙临"条）云：

孙先生讳临,字克咸,更字武公。少司马晋季弟。少读书任侠,与里中方密之、周农父、钱饮光齐名。所为歌诗、古文、词,流传大江南北。崇祯末,流贼蹂楚豫,阑入蕲黄,英蓼间皆为战场,皖当其冲。先生渡江走金陵,益散家财,结纳奇材剑客,与云间陈大樽、夏瑗公、徐复庵三君厚善。大樽赠先生诗曰"孙郎磊落天下才"云云,著其事也。

及陈卧子先生《安雅堂稿》一四《书牍类·答方密之〔以智〕》云:

足下与李子〔舒章〕、孙子〔克咸〕、周子〔勒卣〕辈皆落落,惟弟幸通籍末。

复证以河东君及卧子诗并阮亭《序》所言任侠尚武之事,则此孙姓友人恐非克咸莫属。又《戊寅草》中有《剑术行》一篇,《神释堂诗话》极称赏之。今录其诗于下,并可参《陈忠裕全集》一○《属玉堂集·剑术行》。依陈诗题下案语,以为或是赠方密之之作。鄙意杨、陈两诗题目既同,时间相近,不知是否俱为赠孙氏之作,或由孙氏转致密之,亦未可知。姑存此疑案,以待参究。

《戊寅草·剑术行》云:

西山狐鸟何纵横,荒陂白日啼鼯鼪。偶逢意气苍茫客,须眉惨淡坚层冰。手无风云但悍疾,挟我双骑西南行。未闻马上言龙骧,已见门前悬弓戟。拂衣欲走青珊瑚,颀洞不言言剑术。须臾树杪雷电生,玄猿赤豹侵空冥。寒锋倒景不可识,阴崖落木风悲吟。("吟"一作"鸣"。)吁嗟变化须异人,时危剑器摧石骨。我徒壮气满天下,广陵白发心恻恻。视此草堂何为者,雄才大略惟愁疾。况看举袖星辰移,海童江妾来迟迟。杰如雄虺射婴茀,矫如胁鹄离云倪。萃如列精俯大壑,翁(翳?)如匹练从文狸。奇鸰孤鹦眼前是,阴云老鹤徒尔为。丈夫虎步兼学道,一朝或与神灵随。独我慷忾怀此意,对之硉矹将安之。

复次,河东君《赠友人》诗之"友人"果为孙克咸者,则孙氏尚有与葛嫩一重公案。余怀《板桥杂记》述之颇详,因附录之。且因澹心此条涉及杨龙友事,而龙友节义、文艺皆可流传。今日因孔尚任《桃花扇传奇》于龙友为人颇多诬诋,遂致论人论世皆乖史实。兹以其与卧子辈及松江有关,故余氏所记涉及龙友者,亦不删略,庶其可杜浅识悠悠之口云尔。

余澹心怀《板桥杂记(中)丽品门》"葛嫩"条云:

葛嫩,字蕊芳。余与桐城孙克咸交最善。克咸名临,负文武才略。倚马千言立就,能开五石弓,善左右射。短小精悍,自号飞将军。欲投笔磨盾,封狼居胥。又别字武公。然好狎邪游,纵酒高歌,其天性也。先昵朱市妓王月,月为势家夺去,抑郁不自聊。与余闲坐李十娘家,十娘盛称葛嫩才艺无双,即往访之。阑入卧室,值嫩梳头,长发委地,双腕如藕,面色微黄,眉如远山,瞳人点漆。教请坐。克咸曰:"此温柔乡也,吾老是乡矣。"是夕定情,一月不出。后竟纳之闲房。甲申之变,移家云间,间道入闽,授监中丞杨文聪事。兵败被执,并缚嫩,主将欲犯之。嫩大骂,嚼舌碎,含血噀其面。将手刃之。克咸见嫩抗节死,乃大笑曰:"孙三今日登仙矣。"亦被杀。中丞父子三人同日殉难。

崇祯十二年、十三年间,河东君之踪迹更可于汪然明所刊河东君《湖上草》及《尺牍》两书中,得其梗概。今北京中国科学院藏柳如是《湖上草》并《尺牍》钞本后附载:

汪然明以柳如是《尺牍》并《湖上草》见贻口占二绝
汪郎元是有情痴,一卷投来湖上诗。脱尽红闺脂粉气,吟成先吊岳王祠。

谪来天上好居楼,词翰堪当女状头。三十一篇新尺牍,篇篇蕴藉更风流。

甲申冬日,仙山渔人林云凤题于携李归舟。(寅恪案:《佚丛甲集·牧斋集外诗》附《柳如是诗》载南诚跋语,称"孙龙尾钞本"。卷尾有武陵渔人一跋,并附此跋。但"武陵渔人"与此"仙山渔人"即林云凤者,当非一人。)上二种原本藏城南徐子晋家。

寅恪案:此为汪然明刊行河东君《湖上草》及《尺牍》之确证。瞿氏铁琴铜剑楼所藏虽《湖上草》与《尺牍》合为一册,但无此附录,当是后来传钞所删遗也。此两书中,《尺牍》一种实为最有价值之史料。惜钞本多脱误,不易通解之处颇不少。杭州高氏藏有明刻本《湖上草》及《与汪然明尺牍》,寅恪未得亲见,闻上有"曾在旧山楼"印,然则此本乃虞山赵次侯宗建家旧物也(参叶昌炽《藏书纪事诗》七)。据云,《湖上草》为写刻,《尺牍》则宋体字,但皆有讹误脱漏之处。故间接转托校雠外,仍依诸钞本,并参王秀琴女士、胡文楷君编选《历代名媛书简》本移录,略附鄙见,为之斠补。兹仅能择其资考证饶趣味者论释之。至《湖上草》诸诗,原文具在,读者可自得之,不必多论。其有关考证者,亦于诠释《尺牍》及他处言及之,不复重赘。惟缀数语并择录最佳之作数首,俾见河东君当日行踪交游之一二而已。

关于林氏事迹,同治修《苏州府志》八七《长洲林云凤传》,引徐晟《存友札小引》云:

启、祯间以诗名吴中。其诗稳顺声势,格在中晚间,不为一时锺、谭所移。年八十余卒。

又,《初学集》一〇《崇祯诗集六·乙亥中秋吴门林若抚胡白叔二诗人引祥琴之礼,劝破诗戒,次若抚来韵四首》、《东山酬和集》二牧翁《六月七日迎河东君于云间,喜而有述四首》中第一、第二、第三首后,附有林云凤若抚和章。《有学集》二《秋槐诗支集·宴新乐小侯于燕誉堂,林若抚徐存永陈开仲诸词人并集诗》、同书钱遵王《注》本五《绛云余烬集(下)林若抚挽词》、《列朝诗集》丁一三唐时升诗中《咏雁字二十四首序》云:

郡人林若抚所赋《雁字》十首,讽咏久之,清婉流丽,姿态横生,飘飘有凌云之思。

《明诗综》七一选录林云凤诗三首,并附录《诗话》一则。徐釚《本事诗》七选林氏《鞵杯行》《虎丘宴集观女郎蹵踘行》《阴澄湖舟中观众女郎沐发歌》及《陈保御席上赋得相逢行赠白小姬》等四首。吴伟业《梅村家藏稿》七《梅花庵话雨同林若抚联句》,毛晋《和友人诗》卷内有林氏《酒蕈》诗及子晋所作《丁亥六月望日若抚七十初度》诗,程嘉燧《耦耕堂存稿》诗中载《山庄逢林若抚话旧次韵》及《泛湖和林若抚韵》,黄宗羲《思旧录》"林云凤"条,均可供参考。

河东君《与汪然明尺牍》共为三十一通。观林云凤"三十一篇新尺牍"之句,可以为证。王秀琴女士、胡文楷君编选《历代名媛书简》四《柳是致汪然明书》共三十通,即钞自瞿氏所藏者,盖误合第八、第九两简为一通也。其后又载《柳是寄钱牧斋书》一篇,下注云:"清代名人情书。"柳是此书最初由来尚未能考知,但观其内容,事实乖谬可笑,且词旨鄙俗,读之令人作呕,必是伪撰无疑。今竟与《致汪然明尺牍》共列选中,何厚诬河东君之甚? 此不得不为之辨明者也。

兹先论河东君《致汪然明尺牍》最后一简,即第三十一通,以其关涉汪氏刻行此书之年月故也。其文云:

> 尺素之至，甚感相存。知虞山别后，已过夷门，延津之合，岂漫然耶？此翁气谊，诚如来教。重以盛心，引视明恺。顾惭菲薄，何以自竭？唯有什袭斯言，与怀俱永耳。武夷之游，闻在旦夕，杂佩之义，于心阙然。当俟越橐云归，或相贺于虞山也。应答小言，已分嗤弃，何悟见赏通人，使之成帙。非先生意深，应不及此。特有远投，更须数本，得飞桨见贻，为感非渺。诸惠谢谢！四笺草完，不尽。

寅恪案：汪氏《春星堂诗集》四《闽游诗纪》第一题为《暮春辞家闽游》。又此《集》首载崇祯辛巳中秋闽漳王志道所撰《序》云：

> 其少也，尝散千金以济游客，客遂侠之。

故知书中所谓"武夷之游"即指然明赴闽访林天素之行。此行开始于崇祯十四年辛巳暮春。河东君既言"闻在旦夕"，则河东君复此书时恐即在是年三月间也。所可笑者，然明此行本专为访觅林天素，但天素终未能与之偕归西湖。河东君"当俟越橐云归，或相贺于虞山"之言，盖有双关之意。一为然明自闽返时，己身或已归虞山钱氏。二为然明或与天素同至虞山，故可相贺。词旨殊为微妙。惜然明此行空劳往返，是其"天福"即艳福（见第三章论牧斋《采花酿酒歌》）远不及牧斋也。后来李笠翁渔作《意中缘》剧曲，以杨云友配董玄宰、林天素配陈眉公，游戏之笔，殊有深意。（陈文述《兰因集（下）》载汪端《翁大人重修西湖三女士墓诗》之三"轻薄姻缘说意中"句下自注云："李笠翁撰《意中缘》，以云友配董香光，谬论也。"寅恪案：自然好学斋主人混合文学想象与历史事实为一事，未免过泥矣。）然不及柳如是配钱牧斋、林天素配汪然明更为理想之因缘，此点笠翁亦未尝不知，不过当时尚有避忌，不便公然形诸楮墨。其中间有关涉然明者，则以"江怀一"或"江秋明"之假名代之，实不得已也。（寅恪案:《春星堂集》五《梦香楼集》中载有李渔《次韵然明诗(七绝)四首》,但今检《笠翁集》中与然明有关之诗词,唯卷五《元宵无月,次汪然明封翁韵,时座有红妆(五律)》一首及卷六《清明日汪然明封翁招饮湖上,座皆名士,兼列红妆(七律)》一首,其第二句云:"园在西陵不系舟。"自注云:"舟名不系园。"又卷八《行香子词》一阕题为《汪然明封翁索题王修微遗照》等。至汪氏《梦香楼集》附载之诗则未见也。又《牧斋外集》二五有顺治十八年辛丑夏日所作《李笠翁传奇戏题》一篇,可供参证。若《曲海提要》二一"意中缘"条所考,则颇疏略,殊不足取也。)笠翁此书请黄媛介作序,盖以皆令与戏中女主人类似之故。黄《序》自写其身世之感,辞旨颇佳。此书卷上复载"禾中女史"(卷下作"闺史")批评之语。媛介为嘉兴籍,"禾中女史"或"闺史",自是皆令。其第八出《先订》中,林天素答董思白谓:"真正才子也,不必定以姿貌见长。"批云:"此至论也。非千古第一佳人口中说不出。"及第二十一出《卷帘》中,述求画人流言谓有男子于帘内代笔,欲卷帘面试。批云:"余少年时亦受此谤,然坚持不动,彼亦无奈我何。只此一节稍胜云友。索书画者颇能谅之。"皆有关媛介身世之感者,至《卷帘》一批,则颇为可笑。夫慧林之容貌姿致虽不及顾媚、陈沅,然必远胜"阿承丑女",(寅恪案:吴伟业《梅村诗话》"黄媛介"条云:"媛介和余〔《题鸳湖闺咏四首》〕诗。此诗出后,属和者众。妆点闺阁,过于绮靡。黄观只〔涛〕独为诗非之。以为媛介德胜于貌,有'阿承丑女'之名,何得言过其实? 此言最为雅正云。")不妨任人饱看。皆令何可持闺门礼法以自矜尚而傲视云道人耶? 评语中更有可注意者,即《卷帘》出中,述杨云友欲为黄天监捐官事,批云:"因妻得官,乃云友良人之实事。杭人无不知之",则为辑云道人逸事者所不及知,故特标出之,以供后来为"林下风"作传者之参考。

更有可怪者,徐树敏、钱岳选《众香词书集(族里云队)》有成岫词三阕。其《小传》略云:

> 成岫,字云友。钱塘人。性爱云间董宗伯书法画意,临摹多年。每一着笔,即可乱真。今妩媚而失苍劲者,皆云友作也。年二十二,尚未有偶。戊子春,董宗伯留湖上,见云友所仿书画甚伙,自不能辨。后得征士汪然明言其详,即为蹇修,遂结缡于不系园。云友归董之后,琴瑟静御,俱谱入《意中缘》传奇,有《慧香集》。

寅恪案:徐、钱所据不知何书。今止就所述两事言之,即见其妄。一董其昌为万历十六年戊子举人,十七年己丑进士(见嘉庆修《松江府志》五四《董其昌传》及同书四五《选举表》"明举人万历十六年戊子科"条)。在此以前,玄宰声名尚未甚盛,书画亦何能为人摹仿如此之多?二为汪然明造不系园湖舫,在天启三年癸亥(见《春星堂集》一《不系园集》汪氏自记),上距万历戊子为三十五年。董、成二人岂得预先于尚未造成之舟中结缡?谬误殊甚。此殆后人读芥子园《意中缘》剧曲,不解所述玄宰与云友之关系乃笠翁游戏之笔,竟信为实有其事,可谓天下之笨伯矣。聊附于此,以博一笑!又,河东君书中"虞山别后,已过夷门"者,"虞山"指牧斋言,"夷门"指然明言。此处"虞山""夷门"皆借地以指人,乃当时文字所习用。其所以用大梁之"夷门"以指然明者,盖以魏之信陵君比之。《湖上草》河东君《赠汪然明》诗有"论到信陵还太息"及《与汪然明尺牍》第三通有"先生之侠"等句,可与《春星堂诗集》四《闽游诗纪》王志道《序》称然明"散千金济游客,人遂侠之",同书五《遗稿(原注:又名《松溪集》)·壬辰初冬游嘉禾,饥寒之客云集,遂售田二十一亩分应之。腊月得次儿信,差足自慰。因述禾中感遇,补诗八章》,

其二云：

> 萧条岁暮动行旌，犹集南宫感送迎。（自注："南宫祠在嘉兴南门内。"）时俗不堪谈雅道，新诗偏喜见多情。但看此日趋炎热，有愧当年负宿名。莫问胸中怀块磊，炼师提酒向予倾。（自注："余别南宫〔祠〕杨世功袖黄皆令诗笺云，谁识君家唯仗侠，空囊犹解向人倾。时炼师曹朗元携酒饯别，感赋，次皆令韵。"）

及同书三《西湖韵事·重修水仙庙记》云：

> 二三女校书焚香擘笺，以诗画映带左右，而余以黄衫人傲睨其间。（寅恪案：此处"黄衫"二字，虽与"布衣"同意，但上文有"二三女校书"之语，则然明实暗以"黄衫客"自居也。）

并林天素《柳如是尺牍小引》目然明为"黄衫豪客"等诗文相印证，非谓牧斋于鸳湖别河东君后遂至开封也。据此颇疑牧斋于崇祯十四年二月在杭州，或与然明会见，在杭盘桓游赏之后，二月末即往游黄山，三月廿四日过钓台，复经杭州、嘉兴返常熟。（见《初学集》一九《东山诗集二·过钓台有感》，《列朝诗集》丁一三上程孟阳《次牧斋题壁》诗及《陈忠裕全集》一四《三子诗稿·孟夏一日禾城遇钱宗伯，夜谈时事（五律）》等。）检《春星堂集》四《闽游诗纪》有《夏前一日至闽浙分疆（七律）》。据郑氏《近世中西史日表》崇祯十四年辛巳三月廿六日立夏。综合钱、汪两氏游踪之时日先后推计，则然明作书致河东君时，牧斋尚未由黄山返西湖，可断言矣。若牧斋游黄山前得遇然明于杭州之假定果为事实，则牧斋必请然明力为劝说河东君，而然明亦欲在未赴闽之前了此一重公案也。顾云美《河东君传》云："君至湖上，遂别去，宗伯使客构之乃出。"此客为何人虽不能确知，然必非然明。因是时然明已赴闽，不能负此使命。其人既非然明，而又能往松江说河东君者,则恐不外然明之挚友如冯云将之流。(见下论《尺牍》第三十通。)钱柳因缘之完成,然明为最有力之人,顾氏作《传》时,距然明之卒固已甚久,(然明卒于清顺治十二年乙未七月。见《有学集》三二《汪然明墓志铭》。)至若冯云将,则其卒年未能考知。据《有学集》五《绛云余烬集(下)》有《寿冯云将八十》诗二首,为顺治十一年甲午所作。又《牧斋尺牍(上)与宋玉叔书》言云将年八十七(见下论《尺牍》第三十通),为顺治十八年辛丑所作。下数至康熙三年甲辰,即河东君之卒年,云将若尚存者,其年为九十岁。云美作《传》当又在其后,云将恐无此老寿,谅已先卒。顾氏犹不显著其姓名,殊未知何故。徐树敏、钱岳所选之《众香词书集(云队)柳是传》,其中所言,不尽翔实,但谓"虞山见而异之,得汪然明言其详"则甚符合当时真相也。

《河东君尺牍》首载三山林雪天素书于翠雨阁之《小引》,词旨佳妙,特全录之。其文云:

> 余昔寄迹西湖,(寅恪案:林天素之游西湖,当在天启元年辛酉,不久即归闽。此据《春星堂诗集》三《梦草》董其昌题词,然明自撰《幽窗纪梦诗(并序)》及诗后所附陈继儒《纪梦歌跋》等所推定。但《春星堂诗集》二《湖上逢方若渊同访林天素》诗,列在天启三年《癸亥元日喜晴》诗之后,则恐是后来误排耳。兹以限于讨论范围,可不详辨。)每见然明拾翠芳堤,偎红画舫,徜徉山水间,俨然黄衫豪客。时唱和有女史纤郎,(寅恪案:"女史纤郎"当指王修微而言。详见下论《尺牍》第二十五通。观《春星堂诗集》五《遗稿·次儿请假归省感怀述事八首》之四"犹喜谭诗遇女郎"句,自注云"昔逢王〔修微〕、杨〔云友〕、林〔天素〕、梁〔喻微〕诸女史。今遇吴岩子、〔卞〕玄文、黄皆令、王端淑诸闺阁"之语,

梁女史疑是梁喻微,见《春星堂诗集》二《绮咏·秋日湖上逢燕姬梁喻微初冬寄怀(七绝)七首》及《湖上送梁喻微之广陵(七绝)》一首。至于同书四《闽游诗纪·梁夷素女史画西湖六桥景。余携游三山,孙凤林学宪见而爱之。余因题三绝以赠(七绝)三首》之梁夷素乃梁孟昭,《孟昭本末》载记颇详。但陈文述《西泠闺咏》九《武林咏梁夷素诗序》略云:"夷素名孟昭,武林女子。茅鹿门孙修撰见沧子九成妇。著《墨绣轩》诗,善画。陈眉公比之天女花云孙锦,非人间所易得。"寅恪以为胡文楷君《历代妇女著作考》六引王端淑《名媛诗纬》"梁孟昭"条,并吴振棫《杭郡诗续辑》四一、阮元《两浙辖轩录》四〇中有梁孟昭诗。梁孟昭字夷素,著有《墨绣轩集》,乃茅瓒孙九仍室。孟昭弟次辰复有文名。与云伯所言大抵相同,惟云伯以九成为见沧即瓒之子,又"九仍"作"九成",有所牵混耳。余可参胡书六"梁孟昭"条引王士禄《宫闺氏籍艺文考略》、姜绍书《无声诗史》七、汤漱玉《玉台画史》三、李濬之《清画家诗史》癸集上及施淑仪《清代闺阁诗人征略》一等。兹有一问题,即依据汪诗自注,"女史"与"闺阁"之界说,明白如此,"纤郎"之称"女史",固自应尔。若梁孟昭,何以亦称"女史"?岂"女史""闺阁"并举,与单独称"女史",其定义有所不同耶?俟考。又第三章论陈卧子《满庭芳》词,引汤漱玉《玉台画史》载黄媛介画扇,钤朱文"闺秀"印,亦足资旁证。至李笠翁《意中缘》剧本所载黄皆令评语,其卷上作"禾中女史",卷下则改为"禾中闺史",当是笠翁先用"女史"之称,后始悟其不妥,故又改为"闺史"。李氏初以皆令为"禾中女史"者,盖与徐釚《本事诗》"王士祯"条所载王渔洋《题黄皆令扇诗》目媛介为"秋娘"正复相类也。关于皆令之身份问题,俟后论之。今见神州国光社影印海虞邵氏家藏《柳如是花鸟着色绢本》,其署款为"如是女史柳是作于绛云楼"。若河东君适牧斋后,居绛云楼时尚自称"女史",似有未便,殊为可疑。此殆第三章论河东君书法,引翁同龢《瓶庐诗稿》七《漫题河东君画》所谓"题尤不伦"者。假使此画是赝品,则固不能依据之以讨论此问题也。其他可参下文论"纤郎"节。)人多艳之。再十年,余归三山,(寅恪案:《春星堂诗集》四《闽游诗纪》有《福州访林天素知已移居建宁赋怀十首》之题。董其昌《容台集·诗集》二《赠林天素》诗云"铸得干将剑,遥呈剑客看",又同集四《题林天素画》云"铸得干将呈剑客",皆用《晋书》三六《张华传》延平津合剑之典,当因天素为福建人之故。但天素移居建宁或与延平有关,今未能详知。董《集》乃清代禁书,世不多见,兹附记于此,以备参证。)然明寄视画卷,知西泠结伴,有画中人杨云友,人多妒之。今复出怀中一瓣香,以《柳如是尺牍》寄余索叙。琅琅数千言,艳过六朝,情深班蔡,人多奇之。然明神情不倦,处禅室以致散花,行江皋而逢解佩。再十年,继三诗画史而出者,又不知为何人?总添入西湖一段佳话。余且幸附名千载云。

然则然明之刊此《尺牍》,实在崇祯十四年暮春以前。故先由杭州寄示林天素索叙。其第三十通乃河东君于崇祯十三年庚辰在牧斋家时所寄者(详见下文)。今第三十一通云:"应接小言,使之成帙。特有远投,更须数本。"则是然明于未赴闽前,已将成帙之刻本寄与河东君,否则河东君不能更向然明索取数本也。由此观之,然明初刻之《尺牍》实止于崇祯十三年末,其数共为三十通。此第三十一通乃河东君于崇祯十四年暮春以后所寄者,汪氏遂取此简附于前所刻三十通之后。以意揣测,此附刻之时间,当在然明于崇祯十五年壬午夏间自闽返杭后所为,其时距河东君与牧斋结缡不久。此简有"此翁气谊,诚如来教。重以盛心,引视明恺。顾惭菲薄,何以自竭?唯有什袭斯言,与怀俱永耳"之语,可知然明原函必多代牧翁劝说之辞。今好事既成,故取河东君允答之札附于其后,不仅以之作跋可以结束一段因缘,且用以庆贺己身介绍此段美满因缘之成功也。然明用意殊深妙矣。

复次,袁思亮君题高野侯藏河东君《与汪然明尺牍》及《湖上草·念奴娇》词后附记云:

> 柳如是《与汪然明尺牍》及《湖上草》各一卷。如是归钱牧斋后,然明刊之,以数十册寄牧斋,牧斋拉杂摧烧之,并求其板毁焉。

今观第三十一通及第三十通所云:

> 弟小草以来,如飘丝雾,黍谷之月,遂躐虞山。南官主人,倒屣见知;羊公谢傅,观兹非渺。

皆盛称牧斋之美,则牧斋不应因妒发怒,作斯焚琴煮鹤之举。未识袁兄何从得此异说,惜其久归道山,不能面询,殊为憾事也。

综观此《尺牍》全部,不仅辞旨精妙,可供赏玩,其中所言,足以间接证知当日社会情状者,亦复不少。今不能一一考释,唯取关于河东君身世飘零之感及归宿选择之难者略诠论之。其他诸端间亦有所涉及,然非主旨所在也。他日倘有好事者,取其全文,精校而详释之,则非独可以赏奇文、资谈助,更或于一代史事之研治不无稗益欤!

《尺牍》第一通云:

> 湖上直是武陵溪,此直是桂栋药房矣。非先生用意之深,不

止于此。感甚！感甚！寄怀之同,乃梦寐有素耳。古人云:"千里犹比邻。"殆不虚也。廿八之订,一如台命。

寅恪案:书中"此直是桂栋药房",即指崇祯十二年春间河东君游杭州时然明所借居之处。据《东山酬和集》二牧翁《横山汪氏书楼》云:

人言此地是琴台,小院题诗闭绿苔。妆阁正临流水曲,镜奁偏向远山开。印余展齿生芳草,行处香尘度早梅。日暮碧云殊有意,故应曾伴美人来。

则此书楼必曾为河东君所借居,当即河东君所谓"桂栋药房"者也。牧翁此诗后,复有《二月十二春分日横山晚归作(七律)》一首,结句云:

最是花朝并春半,与君遥夜共芳辰。

诗后并附河东君和作。此和章《初学集》不载。或者河东君之作辞意虽妙,然于花朝适值春分一点未能切合,稍嫌空泛,故遂删去耶？"横山"见沈德潜等纂《西湖志纂》一三《西溪胜迹门》及光绪修《杭州府志》二一《山水门》(钱塘县)至《痛史》第二十一种《甲申朝事小纪》中《柳如是小纪》附有河东君所赋《横山杂作》一首。此"横山"疑是河东君所居松江横云山之简称,未必即指杭州西溪名胜之"横山"(可参《与汪然明尺牍》第二十八通)。河东君此诗最初出处未详。绎其语意如"只此时名皆足废,宁须万事折腰忙"等句,颇不合河东君身份,甚为可疑。且其他诸句,亦多不可解者。此诗是否真为河东君所作,殊不能决定也。

《尺牍》第二通云:

早来佳丽若此,又读先生大章,觉五夜风雨凄然者,正不关风物也。羁红恨碧,使人益不胜情耳。少顷,当成诗一首呈教。明日欲借尊舫,一向西泠两峰。余俱心感。

寅恪案:河东君此札之主旨乃向然明借舫春游。关于然明西湖游舫一事,实为当日社会史之重要材料。今汪氏集中诗文具在,不必详引。仅略述梗概,并附记明末乱后汪氏游舫之情况,聊见时代变迁,且志盛衰兴亡之感云尔。

《春星堂诗集》一载《汪然明小传》云:

> 制画舫于西湖。曰"不系园",(寅恪案:《春星堂诗集》一《不系园记》略云:"〔天启三年〕癸亥夏仲为云道人筑净室,偶得木兰一本,斫而为舟。四越月乃成。计长六丈二尺,广五之一。陈眉公先生题曰'不系园'。佳名胜事,传异日西湖一段佳话。")曰"随喜庵"。(寅恪案:《春星堂诗集》一《随喜庵集·崇祯元年花朝题词》略云:"余昔构'不系园',有九忌十二宜之约。时骚人韵士,高僧名姝,啸咏骈集。董玄宰宗伯颜曰'随喜庵'。")其小者,曰"团瓢",曰"观叶",曰"雨丝风片"。

及同书五《遗稿·自嘲并示儿辈八章》之五"画舫无权逐浪浮"句下自注云:

> 余家不系园,乱后重新,每为差役,不能自主。

可知然明之西湖游舫颇多,有大小两类。河东君所欲借者,当是"团瓢""观叶"或"雨丝风片"等之小型游舫也。观《春星堂诗集》一《不系园集》载黄汝亨代然明所作《不系园约款》十二宜中,名流、高僧、知己、美人等四类人品之条,以河东君之资格,其为"美人",自不待言。"知己"则河东君与汪然明之情分,即就此《尺牍》三十一通观之,已可概见。其第五通略云:

嵇叔夜有言:"人之相知,贵济其天性。"今以观先生之于弟,得无其信然乎?

及第八通云:

嗟乎!知己之遇,古人所难。自愧渺末,何以当此?

尤足为例证。夫"知己"之成立,往往发生于两方相互之关系。由此言之,然明固是河东君之知己,而谓河东君非然明之知己,亦不可也。"名流"虽指男性之士大夫言,然河东君感慨激昂,无闺房习气(见上引宋徵璧《秋塘曲序》)。其与诸名士往来书札,皆自称"弟"(见《与汪然明尺牍》)。又喜著男子服装(见上引顾苓《河东君传》),及适牧斋后,如《牧斋遗事》"国初录用耆旧"条略云:

河东君侍左右,好读书,以资放诞。客有挟著述,愿登龙门者,杂沓而至。钱或倦见客,即出与酬应。客当答拜者,则肩筍舆,代主人过访于逆旅,竟日盘桓,牧翁殊不芥蒂。尝曰:"此吾高弟,亦良记室也。"戏称为"柳儒士"。

然则河东君实可与男性名流同科也。至若"高僧"一目,表面观之,似与河东君绝无关系,但河东君在未适牧翁之前即已研治内典。所作诗文,如《与汪然明尺牍》第二十七、第二十九两通及《初访半野堂赠牧翁诗》(见《东山酬和集》一)即是例证。牧斋《有美诗》云:"闭门如入道,沉醉欲逃禅。"(见《东山酬和集》一)实非虚誉之语。后来因病入道(见《有学集》一三《病榻消寒杂咏》诗"一剪金刀绣佛前"及"鹦鹉疏窗昼语长"为河东君入道而作二首。至河东君入道问题,俟后论之。兹不涉及),则别为一事,可不于此牵混论及。总而言之,河东君固不可谓之为"高僧",但就其平日所为,超世俗,轻生死,两端论之,亦未尝不可以天竺维摩诘之月上、震旦庞居士之灵照目之,盖与"高僧"亦相去无几矣。故黄贞父约款关于人品之四类,河东君一人之身,实全足以当之而无愧。汪氏平生朋好至众,恐以一人而全具此四类之资格者,必不多有。当崇祯十二年春间,林天素已返三山,杨云友亦埋骨西泠,至若纤郎即王修微则又他适。然明诸游舫,若舍河东君而不借,更将谁借耶?《列朝诗集》闰四选王修微关于不系园诗一首(《春星堂诗集》一《不系园集》作《寄题不系园》),兹附录之,以供谈助。

《汪夫人以不系园诗见示赋此寄之》云:

湖上选名园,何如湖上船?新花摇灼灼,初月戴娟娟。牖启光能直,帘钩影乍圆。春随千嶂晓,梦借一溪烟。虚阁延清入,低检隐幙连。何时同啸咏,暂系净居前。

寅恪案:汪、钱两氏所录同是一诗而其题文略异者,盖经然明删换。牧斋所选之诗,其题当仍因旧文,唯"夫人"二字,其原文疑作"然明"二字耳。此二字之改易,殆由修微适许霞城后有所不便之故耶?其实汪然明之夫人,虽不如刘伯玉妻段氏之兴起风波,危害不系园之津渡,但恐亦不至好事不惮烦而寄诗与修微也。故作狡狯,欲盖弥彰,真可笑矣。

复次,丁氏"武林掌故丛编"本《不系园集补遗》载蒙叟《寄题(七律)二首》。今检《有学集》三《夏五集·留题湖舫》(自注:"舫名不系园。")文字悉同。其诗云:

园以舟为世所稀,舟名不系了无依。诸天宫殿随身是,大地烟波瞥眼非。净扫波心邀月驾,平铺水面展云衣。主人欲悟虚舟理,只在红妆与翠微。

湖上堤边舣棹时,菱花镜里去迟迟。分将小艇迎桃叶,遍采新歌谱竹枝。杨柳风流烟草在,杜鹃春恨夕阳知。凭阑莫漫多回首,水色山光自古悲。

寅恪案:湘刻"丛睦汪氏遗书"本《春星堂诗集》一《不系园集》删去"蒙叟"二字,当是然明裔孙簹所为。至同书五《梦香楼集》中牧翁所赋《眉史春睡歌》(寅恪案:此诗《有学集》未载,但《牧斋外集》一有《为汪然明题沈宛仙女史午睡图》,作"沈"不作"张",殊可注意。又诗中亦有数字不同,殆由辗转传钞,致有歧异。又《梦香楼集》中女主人张宛仙《步然明韵四首》之二云"风韵何如半野堂",殊可笑。并附记于此。)下题撰人之名为"虞山",是否后来改易,今未见他刻,不敢决言。坊间石印狄平子葆贤平等阁藏《江左三大家诗画合璧》,内有〔康熙二年〕癸卯三月十又二日龚芝麓鼎孳所书此题第二首,但未明著何人所作。兹附论及之,以免他日误会。牧翁两诗皆佳,盖特具兴亡之感,非泛泛酬应之作也。第二首尤妙。"杨柳风流烟草在,杜鹃春恨夕阳知"一联,即指河东君而言。下句兼用《李义山诗集》一《锦瑟》诗"望帝春心托杜鹃"句,及秦少游《淮海词·踏莎行·郴州旅舍》词"杜鹃声里斜阳暮"句之两出处。牧斋此诗固赋于清顺治七年庚寅,实涉及河东君明崇祯十一、十二、十三等年间游寓西湖之往事。悲今念昔,情见乎词,而河东君哀郢沈湘之旨、复楚报韩之心,亦可于此窥见矣。

又,周亮工《赖古堂尺牍新钞》四载汪汝谦《与周靖公书》云:

> 人多以湖游怯见月,诮虎林人,其实不然。三十年前虎林王谢子弟多好夜游看花,选妓征歌,集于六桥。一树桃花一角灯,风来生动,如烛龙欲飞。较秦淮五日灯船,尤为旷丽。沧桑后,且变为饮马之池。昼游者尚多猬缩,欲不早归不得矣。

寅恪案：然明此书可与前引其《自嘲》诗"画舫无权逐浪浮"句下自注相参证。盖清兵入关，驻防杭州，西湖胜地亦变而为满军戎马之区。迄今三百年，犹存"旗下"之名。然明身值此际，举明末启、祯与清初顺治两时代之湖舫嬉游相比论，其盛衰兴亡之感，自较他人为独深。吁！可哀也已。

《尺牍》第三通云：

泣蕙草之飘零，怜佳人之埋暮，自非绵丽之笔，恐不能与于此。然以云友之才、先生之侠，使我辈即极无文，亦不可不作。容俟一荒山烟雨之中，直当以痛哭成之耳。

《尺牍》第六通云：

弟欲览《草堂诗》，乞一简付。诸女史画方起，便如彩云出衣。至云友一图，便如蒙蒙渌水，伤心无际。容假一二日，悉其灵妙，然后奉归也。

寅恪案：上录河东君两札，当是然明欲倩河东君为杨慧林作题跋、哀悼一类之文辞，故云道人画册遂在河东君西湖寓所，供其披览。河东君因更向然明索其前后为云友所作诸诗以为资料。《草堂诗》者，《春星堂诗集》之简称，即指然明所作诗而言，盖春星堂之命名，即取杜少陵"春星带草堂"之句也（见《杜工部集》九《夜宴左氏庄》）。至关于云友之材料，大都见于《春星堂诗集》中，而《听雪轩》一集尤专为云友而作者。汪氏诗文具在，兹不必烦引，仅节录董香光一人题语于后，亦足见"林下风"之艺事，为一代画宗所倾服至于此极也。

《春星堂诗集》三《听雪轩集》首载题词两条（第一条可参董玄宰其昌《容台集·文集》六〔题〕林下风画"条）略云：

山居荏苒几三十年，而闺秀之能为画史者（寅恪案：董《集》

此句作"乃闻闺秀之能画史者"。)一再出,又皆著于武林之西湖。初为林天素,继为杨云友。(寅恪案:董《集》"杨云友"作"王友云"。)然天素秀绝,吾见其止;云友澹宕,特饶骨韵。假令嗣其才力,殆未可量。〔崇祯二年〕己巳二月望董其昌书。(寅恪案:董《集》无"己巳"下七字。)

又略云:

今观此册山水小景,已涉元季名家蹊径。乃花鸟写生,复类宋时画苑能品诸人伎俩。虽管仲姬亲事赵文敏,仅工竹石,未必才多乃尔,而生世不谐,弗获竟其所诣。可怜玉树,埋此尘土,随西陵松柏之后,有汪然明者,生死金汤,非关惑溺。珍其遗迹,若解汉皋之佩。传之同好,共聆湘浦之音。可谓一片有心,九原知己。慎勿以视煮鹤之辈也。

《尺牍》第四通云:

接教并诸台贶,始知昨宵春去矣。天涯荡子,关心殊甚。紫燕香泥,落花犹重,未知尚有殷勤启金屋者否?感甚!感甚!刘晋翁云霄之谊,使人一往情深,应是江郎所谓神交者耶?某翁愿作交甫,正恐弟仍是濯缨人耳。一笑!

寅恪案:此札所言,共有三端。一为自述身世飘零之感,二为关于刘晋卿即刘同升者,三为拒绝愿作郑交甫之"某翁"。请依次论之。河东君谓"昨宵春去,关心殊甚",然"殷勤启金屋者",尚未知有无其人。则飘零之感、哀怨之词,至今读之,犹足动人。何况当日以黄衫侠客自命之汪然明乎?宜汪氏屡为河东君介绍"启金屋者"。虽所介绍之人,往往不得河东君之同意,但天壤间终能得一牧斋以为归宿,是亦可谓克尽其使命,不负河东君之属望矣。此三十一通尺牍中,关于此点者亦颇不少。兹依次择其有趣而可考者,略论述之。至于不同意或同意之差别,及其是非,则不置可否,因与所欲考论之主旨无关也。据《明史》二一六《刘应秋传》附同升传略云:

> 同升,字晋卿,〔江西吉水人。〕崇祯十年殿试第一。庄烈帝问年几何,曰:"五十有一。"帝曰:"若尚如少年,勉之。"授翰林修撰。杨嗣昌夺情入阁。何楷、林兰友、黄道周言之,俱获罪。同升抗疏。帝大怒。谪福建按察司知事。移疾归。

知晋卿在崇祯十二年己卯春间,即河东君作此书时,其年为五十三。河东君以"翁"称之者,未必指其年老,不过以"翁"之称号推尊之耳。盖晋卿于陈卧子同为崇祯十年丁丑科进士,同出黄石斋之门,而晋卿为是科状头。晋卿固从卧子及然明处得知河东君,河东君亦以晋卿为卧子同科之冠首,亟欲一窥知其为何如人,其才学果能出卧子之上与否也。然明必已深察柳、刘两方之意,乐于为之介绍。《湖上草》载有《赠刘晋卿(七律)》一首,当即作于此时。《尺牍》第十通云:

> 行省重臣,忽枉琼瑶之答,施之蓬户,亦以云泰。凡斯皆先生齿牙余论,况邮筒相望,益见远怀耶?

此札乃河东君离去西湖归家后,接然明转寄晋卿酬答前所赠诗,因遂作书以谢然明之厚意也。"行省重臣",自是指晋卿言。但以贬谪如此末秩之人,而称之为"行省重臣",殊为不伦。然亦不过通常酬应虚誉之语,未可严格绳之也。晋卿著有《锦鳞集》,《江西通志》一〇九《艺文略》谓此《集》四卷,一作十八卷。其四卷本或是初作,十八卷本或是续编。《明诗综》七四及《江西诗征》六三,虽皆选录晋卿之诗,但均无与柳、汪、陈诸人往来之作,故河东君与刘晋卿之关系亦无从详考。至晋卿此时所在

之地,当是其福建任所。据《春星堂诗集》四《闽游诗纪·崇安青云桥(七绝)》题下注云:

> 桥为柴连生大令重兴,有刘晋卿太史碑记。

是然明于崇祯十四五年间游闽时,同升已移疾归。否则然明此行所作诸诗,其中必有与刘氏相见酬和之作也。考《明实录怀宗·崇祯实录》一一略云:

> 崇祯十一年秋七月庚戌,翰林院修撰刘同升、编修赵士春各疏救黄道周,劾杨嗣昌。寻谪道周江西知事,刘同升福建知事,赵士春简较。

及黄石斋道周《黄漳浦集》四一《五言律·何玄子〔楷〕刘晋卿〔同升〕赵景之〔士春〕同发舟迟久不至四章》云:

> (诗略。)

同书卷首洪思撰《黄子传》(参同书卷首《传谱补遗》蔡世远撰《黄道周传》)略云:

> 〔先生〕以疏论杨嗣昌、陈新甲谪官,黜为江西布政司都事。未任。

又,《陈忠裕全集》九《湘真阁集·送同年赵太史(寅恪案:此诗题下考证谓即赵士春。)谪闽中二首》云:

> (诗略。)

然则石斋本人及其诗题中所指贬谪诸人,除何氏未详外(参《明史》二七六《何楷传》),石斋实未到任,而刘、赵二氏则皆赴官也。"愿作郑交甫"之某翁,今不易考知其为何人,恐是谢三宾。河东君谓"正恐弟仍是濯缨人耳",此"濯缨人"之语,乃借用《楚辞·渔父》中"渔父莞尔而笑,鼓枻而去。歌曰'沧浪之水清兮，可以濯吾缨'"等句之意，盖谓己身将如渔父"鼓枻而去"，即乘舟离西湖他往也。河东君既自比渔父，是亦以"某翁"比屈原。考谢三宾以监军登莱之役，干没多金，甚招物议，幸于崇祯八年丁父忧归，得免黜谪，遂遨游山水，结庐西湖，放情声色，聊自韬晦。（详见下论。）当崇祯十二年己卯春河东君游武林时，象三亦在杭州，故"某翁"之为谢氏，实有可能。其以灵均比象三，固不切当。但观下引第二十五札，以王谢佳儿拟陈卧子，同一例证，不须过泥也。后来河东君于崇祯十三年庚辰冬《次韵答牧翁冬日泛舟诗》（见《东山酬和集》一）云："汉佩敢同神女赠。"倘使此"某翁"得见之，其羞怒又当何如？一笑！

抑更有可论者，翁方纲《苏诗补注》二《常润道中有怀钱塘寄述古五首》之二"去年柳絮飞时节，记得金龙放雪衣"条（参赵德麟《侯鲭录》七"濠守侯德裕侍郎藏东坡一帖"条，并覃溪《天际乌云帖考》一及缪荃孙《云自在龛笔记》、覃溪《天际乌云帖收藏世系表》等）略云：

予得东坡墨迹云，杭州营籍周韶知作诗。〔苏〕子容过杭，（寅恪案：子容，苏颂字。见翁氏《天际乌云帖考》。）述古饮之，韶泣求落籍。子容曰："可作一绝。"韶援笔立成，遂落籍。同辈皆有诗送之。龙靓云："桃花流水本无尘，一落人间几度春。解佩暂酬交甫意，濯缨还作武陵人。"固知杭人多慧也。

寅恪案：河东君《尺牍》以"交甫""濯缨"二事连用，当出于龙靓之诗，用事遣辞，可谓巧妙。至其所以能用此古典以拟今事者，当非直接得见东坡手迹，恐是从此帖摹刻之本，或记载西湖名胜逸事诸书中间接得知耳。

《尺牍》第五通云：

嵇叔夜有言:"人之相知,贵济其天性。"弟读此语,未尝不再三叹也。今以观先生之于弟,得无其信然乎?浮谈谤谣之迹,适所以为累,非以鸣得志也。然所谓飘飘远游之士,未加六翮,是尤在乎鉴其机要者耳。今弟所汲汲者,止过于避迹一事。望先生速图一静地为进退。最切!最感!余晤悉。

寅恪案:河东君此札所言择静地以避迹一事,在其寄寓西湖然明横山别墅以后。(见前论第一札。)河东君此时声名广播,外间闻风而来者,必多为河东君所不欲觌面之人。纵有愿与觌面并相酬酢者,但其人究非理想,而又豪霸痴黠纠缠不止,难于抗拒,如谢象三之例。故更请然明择一避迹之静地。此静地必非指汪氏横山别墅。盖汪氏之家原在杭州缸儿巷(见《春星堂诗集》一《然明先生小传及遗稿》后然明曾孙师韩跋语),河东君自不便即寓缸儿巷然明之家,与其姬妾家人共处。否则河东君岂不几与崇祯十三年冬暂居牧斋家之我闻室相类耶?汪氏为己身避嫌疑及为河东君作介绍计,处河东君于横山别墅,实最适宜。然既不与汪氏家人共居一处,遂亦难免于如象三辈之来扰。河东君急欲以择一静地为决进退,并有远游离去之意,其故即在于此,而当日之情势迫切不可少缓者,更可想见矣。又牧斋《有美诗》(见《东山酬和集》一)云:"苏堤浑倒踏,黟水欲平填。"寅恪少日读此诗,颇不能解。盖"苏堤"自指西湖而言,河东君与西湖甚有关系,此上句可通。但下句以"黟水"为对文,则突兀不伦,未晓其意所至。更检钱曾《初学集诗注》,亦未有诠释。怀蓄此疑颇久,苦无从求教于博雅通人。及垂死之年,得读《河东君尺牍》,并参以《一笑堂集》《春星堂集》等,始恍然大悟,"黟水"即指然明。然明为新安人,故以"黟水"目之。合此两句言之,即谓河东君寓杭州汪氏横山别墅时,因然明以求见之人,必甚不少。据此札避迹以求静地之语，可知牧翁之诗殊为实录也。观然明一生所为，如为杨云友作"生死金汤"之类（见上引汪然明《听雪轩集》所载董其昌题词）事例不少，今于河东君亦复相同。就其中尤足称者，莫过于护惜张宛仙一端。兹并附述之，以供考证，且资谈助云尔。

《春星堂诗集》五《梦香楼集》汪然明《自序》略云：

《梦香楼集》为眉史宛仙而成也。忆壬辰于鸳水遇之，终宴无一语，然依依不可得而亲疏远近。座客谓西湖渐复旧观，得伊人点缀，可称西子。予唯唯。拈四绝以订之。别后杳然，私谓空赋巫山一梦矣。今夏宛仙有意外之虞，来武林，予为解之。时尚有侧目者，又有私慕者。宛仙匿影不出。予一日拉同人雅集不系园，（寅恪案：前引《李笠翁诗集》六《汪然明封翁招饮湖上，座列名士，兼列红妆（七律）》自注云："舟名不系园。"殆即此时所作。但《李集》编列此诗于庚子后、辛丑前，实则此时然明死已久矣。其误无疑也。）致使声名益噪，游人多向予问津。不轻引入桃源者，时多戎马，恐名花为之摧残，可惜也。孟冬有文武显贵临湖上，闻而慕之。会予萧斋，有不惜明珠白璧，属予謇修者。宛仙笑而谢曰："公辈真钟情，如薄命人非宜富贵家，且何忍遽别西湖也。"闻者多病宛仙少周旋，然亦以此益高宛仙矣。乙未花朝松溪道人汪汝谦书于梦香楼。

又同书同集《张宛仙和诗序》略云：

予昔于鸳水遇然明先生。先生有诗订游西湖。于兹三年，始得践约。六月十九过朱萼堂，琴尊书画，雅集名流。予时倦暑，先生因设檀床、玉枕、文席、香山，清供具备。有诗纪事，和者盈帙。予因步韵，以志主人情重，亦一时佳话云。

云间张宛。(原注:"宛仙旧字小青。")

寅恪案:宛仙与然明相遇于嘉兴之时间,为顺治九年壬辰。《春星堂诗集》五《遗稿·壬辰初冬游嘉禾,饥寒之客云集,遂售田二十一亩,分应之,腊月得次儿〔继昌〕信,差足自慰。因述禾中感遇,补诗八章》其一云:

> 西湖抛却到鸳湖,笑我来游一事无。泉石幽香偏吐艳,琴书冷韵每操觚。(自注:"时访香隐校书。")莫怀羁旅情多感,犹喜同声兴不孤。漫道临邛应重客,文君有待合当垆。(自注:"香隐隐居,不轻见人。")

然则然明之识宛仙之时,正值其闭门谢客、不轻见人之际。盖当日情势,必有所畏惮,不敢取次酬应者矣。宛仙既不酬应,则生事自有问题。然明所谓"饥寒之客",即指宛仙及黄皆令等而言。汪氏此八诗之中,关于宛仙者列第一,关于皆令者列第二。岂亦汪氏当日售田所得金额,分润多寡之次第耶?

复次,然明之豪侠,若其于张宛仙之例,固可称道。然当建州入关之初,明之士大夫不随故国旧君同尽,犹能偷活苟存,并得维护才媛名姝之非貌寝如黄皆令者,亦自有其故在。据《春星堂诗集》一所载然明次子《继昌小传》略云:

> 徵五先生讳继昌,号悔岸。然明先生次子。顺治〔五年〕戊子经魁。〔六年〕己丑成进士。历仕广西左江道、湖广江防兵备按察司副使。

又同书五《遗稿》载《〔顺治十一年〕甲午七月次儿蒙洪〔承畴〕督师调至长沙军前(七律)八首》及《次儿请假归省,督师赠予风雅典型匾额。感怀述事,复拈八章》两题云:

> (诗均略。)

观前引然明于壬辰冬,即作此两题诗之前二年,至嘉兴售田,则其生计艰困可知。幸其次子悔岸追随当日汉奸渠首,渐至监司,稍稍通显。然明不独借此可以苟全,且得以其余力维护名姝矣。堂堂督师书赠之匾额,自可高悬于春星堂上,以作挡箭牌。避难投止之张小青,遂亦得脱免于"文武显贵"之网罗也。特附记亨九书赠然明匾额一事于此,聊与居今日历世变之君子,共发一叹云尔。

《尺牍》第七通云:

鹃声雨梦,遂若与先生为隔世游矣。至归途黯瑟,唯有轻浪萍花与断魂杨柳耳。回想先生种种深情,应如铜台高揭,汉水西流,岂止桃花千尺也。但离别微茫,非若麻姑、方平,则为刘、阮重来耳。秋间之约,尚怀渺渺,所望于先生维持之矣。便羽即当续及。昔人相思字,每付之断鸿声里,弟于先生亦正如是。书次惘然。

其第八通云:

枯桑海水,羁怀遇之,非先生指以翔步,则汉阳摇落之感,其何以免耶?商山之行,亦视先生为淹速尔。徒步得无烦屐乎?并闻。

其第十三通云:

鳞羽相次,而晤言遥阻,临风之怀,良不可任。齐云胜游,兼之逸侣;崎岖之思,形之有日。奈近赢薪忧,褰涉为惮。稍自挺动,必不忍蹇偃,以自外于霞客也。兹既负雅招,更悼索见。神爽遥驰,临书惘惘。

其第十六通云:

弘览前兹,立隽代起。若以渺末,则轮翩无当也。先生优之以峻上,期之于绵邈,得无逾质耶?鳞羽相望,足佩殷远。得片晷商山,复闻挥麈,则羁怀幸甚耳。

寅恪案:此四通皆关于然明约河东君往游商山、齐云者,第八通商山之约,河东君实已成行。第十六通商山之招,以此后书札无痕迹可寻,恐未能赴约。第十三通齐云之游,则未成事实也。

《初学集》一八《东山诗集一·响雪阁》(自注:"新安商山。")诗云:

绮窗阿阁赤山湄,想象凭阑点笔时。帘卷春波尘寂寂,歌传石濑响迟迟。清斋每忆桃花米,素扇争题杨柳词。日夕汀洲聊骋望,澧兰沅沚正相思。

其下即接以《登齐云岩四首》,云:

(诗略。)

以上两题皆牧斋崇祯十四年辛巳春间游黄山之诗。《东山酬和集》二止载《响雪阁》一题,而无《登齐云岩四首》。盖"齐云岩"与河东君无涉,故不列于《东山酬和集》。观《响雪阁》诗有"想象凭阑点笔时"及"素扇争题杨柳词"之句,可知河东君实曾游商山,而未尝登齐云岩。至"杨柳词"是否即指河东君《金明池·咏寒柳》词,或泛指河东君其他作品,尚须详考。或谓"素扇争题杨柳词"乃兼指"缃云诗扇"而言,"杨柳词"即《太平广记》一九八引《云溪友议》"唐白居易有妓樊素善歌,小蛮善舞"条中之"杨柳词"(见后论牧斋《崇祯十五年壬午仲春自和合欢诗》节)。鄙意此典故之"杨柳词",虽与牧斋《响雪阁》诗字面相同,然旨趣不合,故或说非是。

又《东山酬和集》一载偈庵(即程孟阳嘉燧)《次牧翁〔冬日同如是〕泛舟韵》云:

蚕闻南国翠娥愁,(寅恪案:《全唐诗》第六函李白二四《怨词》云:"美人卷珠帘,深坐颦娥眉。但见泪痕湿,不知心恨谁。"河东君夙有"美人"之号,详见前第二章。又同书同函李白五《长相思》第二首,或作《寄远》云:"美人在时花满堂,美人去后空余床。床中绣被卷不寝,至今三载犹闻香。香亦竟不灭,人亦竟不来。相思黄叶落,白露点青苔。"太白此诗中"美人""余香"不灭之语,可与前第三章所引卧子崇祯十一年戊寅秋作品《长相思》诗中"美人"及"余香"诸句相参证。然则孟阳用典遣辞,甚为切当,而"美人心恨谁?"之"谁",则舍卧子莫属也。复次,《杜工部集》九《陪诸贵公子丈八沟携妓纳凉,晚际遇雨二首》之二云:"雨来沾席上,风急打船头。越女红裙湿,燕姬翠黛愁。缆侵堤柳系,幔卷浪花浮。归路翻萧瑟,陂塘五月秋。"及《白氏文集》五《宅西有流水》诗"红袖斜翻翠黛愁"句等,皆可与孟阳此句参证也。)曾见书飞故国楼。(自注:"如是往游新安,故乡人传其词翰。"寅恪案:孟阳与然明皆属徽州府籍。但孟阳所称之"故乡人"即今俗语所谓"老乡"者,非仅指然明而言,并且一班之徽州人也。"其词翰"殆即指河东君之篇什而言。可参第一章论牧斋《永遇乐》词及第二章论牧斋《观美人手迹》诗。然则孟阳欲专有河东君,而不介绍于牧斋,牧斋之得见河东君之词翰,实由于然明。其实河东君屡游西湖,并寄寓然明别墅,自不待同游商山,始传致其词翰。孟阳不过欲借此以解脱其掩蔽河东君于牧斋之咎责耳。汪、程两人器量广狭,心智高下,于此可见矣。抑更有可注意者,即河东君与然明崇祯十一年戊寅秋季以后,始有往来。检《耦耕堂存稿》诗及《孟阳自序》,自十一年秋至十三年冬,并未发见孟阳有返其故乡新安之痕迹。据此程诗所谓"曾见"者,恐非指己身亲见之义,不过谓他人见之,转告得知之意也。)远客寒天须秉烛,美人清夜恰同舟。(寅恪案:此句"美人"二字,可与第一句相印证。)玉台传得诗千首,金管吹来坐两头。从此烟波好乘兴,万山春雪五湖流。

尤可证河东君曾应然明游商山之约也。《尺牍》第七通云:"秋间之约,尚怀渺渺。"第八通云:"商山之行,亦视先生为淹速尔。徒步得无烦屐乎?"则似此游在崇祯十二年己卯秋间。至第七通所云"但离别微茫,非若麻姑、方平,则为刘、阮重来耳"之语,颇不易解。绎其辞意,似谓然明若偕己身同访商山之友人,如麻姑与王方平同过蔡经家之例,则此约可践;若然明与其友人同至己身所居之处,必不得相见,如刘晨、阮肇重到天台,而仙女已渺然矣。第十三通拒绝然明约游齐云岩云:"既负雅招,更悼索见。"所谓"雅招"即指偕游,所谓"索见"即指来访,此意可以互证也。所成问题者,则此居商山之友究为何人?今殊难考。据《春星堂诗集》二《绮咏续集》有《秋日过商山访朱子暇〔治㒟〕时子暇将归西湖(五律)》一首,则然明秋季访朱子暇于商山,已有其例。但然明此诗作于崇祯四年辛未以前,时间过早,自与河东君此行无涉。惟子暇于商山有寄居之处,而然明有访友之举,既有成例可循。故崇祯十二年己卯秋间,然明与河东君偕游商山,当亦与曩时访朱氏之游相类。此河东君所以有麻姑、王方平同过蔡经家之譬喻耶?

又检阅闵麟嗣纂《黄山志》七《赋诗门》,明代最后无名氏所作之前,载有杨宛《咏黄山(七绝)》一首云:

黄山山上万峰齐,一片孤云千树低。笑杀巫山峰十二,也称神女楚王遗。

冒辟疆襄《影梅庵忆语》云：

〔崇祯十三年〕庚辰夏，留滞影园，欲过访姬（指董小宛）。客从吴门来，知姬去西子湖，兼往游黄山白岳。遂不果行。
〔崇祯十四年〕辛巳早春，余省觐去衡岳，蹂浙路往。过半塘讯姬，则仍滞黄山。

寅恪案：董小宛、冒辟疆之因缘，世人习知，无取多论。至此杨宛，即顾云美《河东君传》中引牧斋语，所谓：

天下风流佳丽，独王修微〔微〕、杨宛叔〔宛〕与君（指河东君）鼎足而三。何可使许霞城〔誉卿〕、茅止生〔元仪〕专国士名姝之目？

一节中之杨宛叔，其有关资料详见下论田弘遇南海进香节所引。鄙意牧斋编纂《列朝诗集》所以选录宛叔之诗，并为《小传》，盖深致悼惜之意也。今据杨宛此诗及《影梅庵忆语》所言，可以推知当时社会一般风气，自命名士之流，往往喜摹仿谢安石"每游赏必以妓女从"之故事（见《晋书》七九《谢安传》）。然明之约河东君往游商山齐云，亦不过遵循此例耳。盖昔日闺阁名媛之守礼法者，常不轻出游，即在清代中叶文学作品，如《儒林外史》叙述杜少卿夫妇游山（见《儒林外史》第三十三回），所以能自矜许，称为风流放诞之故也。

复次，第七通云："回想先生种种深情，应如铜台高揭，汉水西流，岂止桃花千尺也。"王秀琴女士、胡文楷君编选《历代名媛书简》四载此文，"汉"字下注云"疑漳之误"，殆以"铜台""汉水"为不同之两义，不可连用。故改"汉"为"漳"，则两句皆表一义。盖以魏武之铜爵台与邺之漳水为连类也。鄙意河东君此文乃用太白诗"桃花潭水深千尺，不及汪伦送我情"之句，以比然明之深情，复用"铜台""汉水"之辞，以比然明之高义。铜雀台固高,可以取譬。认铜台为铜雀台,自是可通。但若又认汉水为漳水,而与铜台为连类,则是河东君直以然明比魏武,而自居于铜雀台妓。与崇祯十二年汪、柳关系之情势,极不适合。河东君为避嫌疑计,必不出此。且河东君薰习于几社名士,如卧子、李、宋之流者甚久。几社一派诗文宗法汉魏六朝,河东君自当熟精选理,岂有不读《文选》二三谢玄晖《同谢谘议铜雀台诗》,即《玉台新咏》四谢朓《铜雀台妓》及《文选》六〇陆士衡《吊魏武帝文》者乎?魏文帝所作《燕歌行》云"星汉西流夜未央"(见《文选》二七)及《杂诗二首》之一云"天汉回西流"(见《文选》二九),又杜子美《同诸公登慈恩寺塔(五古)》云"河汉声西流"(见《杜工部集》一),皆诗人形容极高之语。天上之银汉可言西流,人间之漳水不可言西流。故"汉"字非"漳"字之讹。细绎河东君文中"铜台""汉水"两句,皆形容极高之辞,即俗所谓"义薄云天"之义。或者河东君因《三辅黄图》谓"神明台在建章宫中,祀仙人处。上有铜仙舒掌捧铜,承云表之露"(据"平津馆丛书"本),及杜少陵诗"承露金茎霄汉间"之句(见《杜工部集》一五《秋兴八首》之五),不觉牵混以铜台为言,并因杜诗"霄汉"之语,复联想天上之银汉,故遂分拆杜诗此一句,构成此文"铜台""汉水"之两句,以形容然明之"云天高义"耶?陈其年维崧词(《迦陵词》二八《贺新凉·春日拂水山庄感旧》)云:

　　人说尚书身后好,红粉夜台同嫁。省多少望陵闲话。

则实用魏武铜爵台妓故事。此词作于河东君此札后数十年。河东君久已适牧斋,牧斋既死,又身殉以保全其家。迦陵词中用"望陵"之语,颇为适切也。

　　又,《太平广记》一九五"红线"条(原注:出〔袁郊〕《甘泽谣》)云:

> 既出魏城西门,将行二百里,见铜台高揭,而漳水东注,晨飙动野,斜月在林。忧往喜还,顿忘于行役。感知酬德,聊副于心期。

然则河东君实取袁氏文中"铜台高揭"四字,而改易"漳水东注"为"汉水西流"四字。其所以如此改易者,不仅表示高上之义,与银汉西流相合,且"流"字为平声,于声律更为协调。吾人观此,益可证知河东君文思之精妙矣。

复次,《有学集》二〇《许〔瑶〕夫人〔吴绡〕啸雪庵诗序》云:

> 漳水东流,铜台高揭。洛妃乘雾,羡翠袖之英雄;妓女望陵,吊黄须于冥莫。

寅恪案:此《序》用《甘泽谣》之文,亦改"注"为"流",以合声律,但《序》之作成,远在河东君《尺牍》之后。白香山诗云:"近被老元偷格律。"(见《白氏文集》一六《编集拙诗成一十五卷因题卷末(七律)》。)林天素《柳如是尺牍小引》云:

> 今〔汪然明〕复出怀中一瓣香,以《柳如是尺牍》寄余索叙。琅琅数千言,艳过六朝,情深班蔡,人多奇之。

然则牧斋殆可谓偷"香"窃"艳"者耶?又:"黄须"事,见《三国志》一九《魏志·任城威王彰传》。"黄须"乃指曹操子曹彰而言。牧斋用典不应以子为父,或是"黄须"乃"吊"之主词,但文意亦未甚妥,恐传写有误。窃疑"须"乃"星"或他字之讹。若本作"星"字者,即用《魏志》一《武帝纪》"建安五年破袁绍"条所云:

> 初,桓帝时,有黄星见于楚宋之分,辽东殷馗善天文,言后五十岁,当有真人起于梁沛之间,其锋不可当。至是凡五十年,而公破绍,天下莫敌矣。

抑或别有出处,敬乞通人赐教。

《尺牍》第十七通云:

流光甚驶,旅况转凄。恐悠悠此行,终浪游矣。先生相爱,何以命之? 一逢岁始,即望清驺。除夕诗,当属和呈览,余惟台照,不既。

寅恪案:河东君当是于崇祯十二年冬游杭州,寄寓然明之西溪横山书屋,即在此度岁。元旦患病呕血,稍愈之后,于崇祯十三年二月离杭州归嘉兴。其间大约有三月之久。第二十二通云:"雪至雨归。"谓雪季在杭州,雨季赴嘉兴。

《尺牍》第二十三通云:

前接教后,日望车尘。知有应酬,良晤中阻。徒倚之思,日切而已。

其第二十四通云:

云霄殷谊,褰涉忘劳。居有倒屣,行得顺流。安驱而至,坦履而返。萍叶所依,皆在光霁。特山烟江树,触望黯销。把袂之怀,渺焉天末已。审春暮游屐遄还,故山猿鹤,梦寐迟之。如良晤难期,则当一羽修候尔。廿四日出关,仓率附闻。嗣有缕缕,俟之续布,不既。

故知然明以应酬离杭他往,欲河东君留杭至暮春三月还杭后与之相晤。然河东君赴禾之意甚切,不及待然明之返,遂于崇祯十三年庚辰二月廿四日离杭往嘉兴也。第二十四通所谓"廿四日出关"者及第二十五通所谓"率尔出关",即前引《春星堂诗集》三《柳如是校书过访舟泊关津而返》诗云"邃怀南浦出郊关",皆指由杭州北行所必经之"北关"(见光绪修《杭州府志》六)。故河东君所谓"出关",亦即离杭北行之意也。河东君此次游杭,时经三月之久,中间患病颇剧,自有所为而来,必有所为而去。第十七通云:"流光甚驶,旅况转凄。恐悠悠此行,终浪游矣。"其辞旨凄感,发病呕血,亦由于此。盖当崇祯十二年己卯岁末,河东君年已二十二,美人迟暮,归宿无所。西湖之游,本为阅人择婿。然明深识其意,愿作黄衫。第二十五通所谓"观涛",即然明又一次约河东君至杭,为之介绍佳婿之意。钱塘可观浙江潮,故以枚乘《七发》"观涛广陵"为比,借作隐语也。"浪游"一语,乃不谐之意。然则河东君此行,究与何人有关,而终至其事不谐耶?鄙意此人即鄞县谢象三三宾是也。《鲒埼亭外集》二九云:

> 三宾知嘉定时,以贽列钱受之门下,为之开雕娄唐诸公集。其后与受之争妓柳氏,遂成贸首之仇。南都时,受之复起,且大拜。三宾称门下如故。其反复如此。

寅恪案:三宾人品卑劣,诚如全氏所论。但谢山之言亦有失实者。考牧斋为天启元年浙江乡试正考官(详见前第一章拙作《题牧斋初学集》诗所论),象三以是年乡试中式(见雍正修《宁波府志》一七《选举上》"明举人"条及《初学集》五三《封监察御史谢府君墓志铭》中"三宾余门人也"之语),故三宾所撰《一笑堂集》中涉及牧斋,称之为"座师"者,共有《丁亥冬被诬在狱,时钱座师亦自刑部回,以四诗寄示,率尔和之》《寿钱牧斋座师》《寿座师钱牧斋先生》等三首(均见《一笑堂诗集》三)。象三之诗,其作成年月虽多数不易详悉考定,然观象三于丁亥即顺治四年,犹称牧斋为"座师",牧斋且以《次东坡御史台寄妻诗》寄示谢氏,谢氏复赋诗和之。又《寿钱牧斋座师》诗中有:

> 天留硕果岂无为,古殿灵光更有谁。渭水未尝悲岁晚,商山宁复要人知。

等语,皆足证象三于牧斋晚年,交谊未改也。或疑此两诗为弘光南都即位,牧斋复起以后所作,与谢山"三宾称门下如故"之语,尚不冲突。但检《初学集》三六有《谢象三五十寿序》一篇。据《一笑堂诗集》一《〔顺治七年〕庚寅初度自述(五古)》中"吾年五十八,六十不多时"之句,逆推象三年五十时,乃崇祯十五年壬午也。河东君以崇祯十四年辛巳夏归于牧斋,崇祯十七年甲申夏福王立于南京。然则牧斋于此两时限之间,犹撰文为象三寿。故知全氏谓"与受之争妓柳氏,遂成贸首之仇",其说殊不可信也。

又检《初学集》八五《跋〈前后汉书〉》(参《天禄琳琅书目·宋版·史部·〈汉书〉钱谦益跋》,《春酒堂文存》三《记宋刻〈汉书〉》,《陈星匡诗集》一《鸥波道人〈汉书〉叹》并陈星匡铭海《补注全祖望〈句余土音补注〉》六此题注)云:

赵文敏家藏《前后汉书》,为宋椠本之冠,前有文敏公小像。太仓王司寇得之吴中陆太宰家。余以千金从徽人赎出,藏弄二十余年,今年鬻之于四明谢象三。床头黄金尽,生平第一杀风景事也。此书去我之日,殊难为怀。李后主去国,听教坊杂曲,"挥泪对宫娥"一段,凄凉景色,约略相似。癸未中秋日书于半野堂。

《牧斋尺牍外编·与□□书》所言多同于牧斋之《跋》,唯涉及李本石之语,则《跋》文所未载。兹仅节录此段,以供参考。

其文云:

京山李维柱字本石,本宁先生之弟也。尝语予,若得赵文敏家《汉书》,每日焚香礼拜,死则当以殉葬。

更可证牧斋于崇祯十六年癸未中秋,犹与象三有往来。牧斋此次之割爱售书,殆为应付构造绛云楼所需经费之用。考《初学集》二〇下《东山诗集四·灯下看内人插瓶花戏题四绝句》,其一云:"水仙秋菊并幽姿"及"玉人病起薄寒时"。此题后第二题即为《绛云楼上梁以诗代文八首》。然则牧斋售书之日,与绛云楼上梁之时,相距甚近,两事必有相互关系无疑。象三虽与牧斋争娶河东君失败,但牧斋为筑金屋以贮阿云之故,终不得不忍痛割其所爱之珍本,鬻于象三。由是而言,象三亦可借此聊以快意自解,而天下尤物之不可得兼,于此益信。蒙叟一生学佛,当更有所感悟矣。观下引牧斋重跋此书之语,亦可证也。一笑!

《有学集》四六《书旧藏宋雕两〈汉书〉后》(参《天禄琳琅书目·史部》)云:

> 赵吴兴家藏宋椠《两汉书》。王弇州先生鬻一庄得之陆水村太宰家,后归于新安富人。余以千二百金,从黄尚宝购之。崇祯癸未,损二百金,售诸四明谢氏。庚寅之冬,吾家藏书,尽为六丁下取,此书却仍在人间。然其流落不偶,殊可念也。今年游武林,坦公司马携以见示,咨访真赝。予从臾劝亟取之。司马家插架万签,居然为压库物矣。呜呼!甲申之乱,古今书史图籍一大劫也。庚寅之火,江左书史图籍一小劫也。今吴中一二藏书家,零星捃拾,不足当吾家一毛片羽。见者夸诩,比于酉阳羽陵。书生饿眼,见钱但不在纸裹中(《天禄琳琅书目》作"但见钱在纸裹中")可为捧腹。司马得此十簏,乃今时书库中宝玉大弓,当令吴儿见之,头目眩晕,舌吐而不能收。不独此书得其所归,亦差足为绛云老人开颜吐气也。劫灰之后,归心空门,尔时重见此书,始知佛言昔年奇物,经历年岁,忽然复睹,记忆宛然,皆是藏识变现,良非虚语,而吕不韦顾以楚弓人得为孔老之云,岂为知道者乎?司马深知佛理,并以斯言谂之。(《天禄琳琅书目》此句下有"岁在戊戌孟夏二十一日重跋于武

林之报恩院"十九字。)

寅恪案:蒙叟于崇祯十六年癸未秋割爱卖《两汉书》,已甚难堪。象三此时家甚富有,但犹抑损牧斋购入原价二百金。靳此区区之数,不惜招老座师以更难堪之反感,岂因争取"美人"失败,而又不甘间接代付"阿云金屋"经费之故,遂出此报复之市侩行为耶?牧斋云:"不独此书得其所归,亦差足为绛云老人开颜吐气也。"蒙叟属辞不多用"绛云老人"之称。今特著"绛云"二字者,不仅因绛云楼藏书被焚,深致感念,窥其微意所在,亦暗寓"阿云金屋"一重公案也。牧斋如卢家之终有莫愁,固可自慰。然亦卒不能收回已亡之楚弓,姑借佛典阿赖耶识之说,强自解释,情甚可怜。若象三以"塞翁"为其别号,则不知其所失者为书耶?抑或人耶?谢氏二十年之间,书、人两失,较牧斋之得人而失书者,犹为不逮。此亦其人品卑劣有以致之,殊不足令人悯惜也。

至牧斋所谓"坦公司马"应即张缙彦。其事迹见《清史列传》七九《贰臣传》本传及《清史稿》二五一《刘正宗传》附张缙彦传。《清史列传》载其于顺治十一年甲午由山东右布政使,迁浙江左布政使。十五年戊戌擢工部右侍郎。与《浙江通志》一二一《职官表》一一"承宣政使"栏"张缙彦"下注"字坦公,新乡人。前辛未进士。顺治十一年任"及"许文秀"下注"辽东人。顺治十五年任"之记载相合。又《明史》一一二《七卿年表》"兵部尚书"栏载:

崇祯十六年癸未十月张缙彦任。十七年〔甲申〕三月缙彦降贼。

及同书三〇八《马士英传》云:

张缙彦以本兵首从贼。贼败,缙彦窜归河南。自言集义勇收复列城。即授原官,总督河北山西河南军务,便宜行事。(参计六奇《明季北略》二二"张缙彦"条。)

等,皆可与清国史馆《张缙彦传》参证也。

复次,《有学集》五《绛云余烬集(下)赠张坦公二首》。其一云:

中书行省古杭都,曾有尚书曳履无。暂借愿厅居左辖,(《牧斋外集》一"愿"作"头"。是。)且抛手版领西湖。

其二云:

中朝九伐勒殊勋,父老牵车拜使君。借草定追苏白咏,浇花应酹岳于坟。西陵古驿连残烧,南渡行宫入乱云。注罢金经卧帘阁,诸天春雨自缤纷。

《牧斋外集》六《张坦公集序》略云:

中州张坦公先生,射策甲科,起家县令,受当宁简任,入直翰苑,洊历大司马。当是时,国势阽危,枢务旁午,天子神圣,非常寄任。朝野屏息跂望,以为李伯纪〔纲〕、于廷益〔谦〕合为一人。俄而天地晦冥,国有大故。触冒万死,走荆雠诸山中,经营寨栅,收合徒旅,逆闯之号令,不行于荆南,公实以只手遏之。燕云底定,玺书慰存,乃始卷甲卧鼓,顿首归命。回翔朝右,资望深茂。乃由山左擢杭左辖,先后十余年。阅历变故,最险最奇。其所为诗文,亦随心递变。世之知坦公者,当以其诗文。而坦公之生平建竖,欲有所寄托,以自见于竹素,舍此《集》亦何以矣?昔少陵遇天宝之乱,流离巴蜀,有《昔游》《遣怀》之作。一则曰"昔者与高李,晚登单父台。寒芜际碣石,万里风云来",一则曰"昔我游宋中,惟梁孝王都。忆与高李辈,论交入酒垆"。盖自七雄、刘、项并吞割据之余，战伐通涂，英雄陈迹，多在梁宋之间。而况如公者，以含章挺生之姿，揽中州河雒之秀，天实命以鼓吹休明，陶铸风雅。于是乎孟津超乘于前，（寅恪案："孟津"指王铎。事迹见《清史列传》七九《贰臣传》本传等。铎，河南孟津人，又为大学士，故云。），行屋夹毂于后。（寅恪案："行屋"指薛所蕴。事迹见《清史列传》七九《贰臣传》本传。并参《牧斋外集》五《薛行屋诗序》。又桴庵为河南孟县人，故称其"行屋"之号，以免与觉斯相混也。）旗鼓相当，鞭弭竞奋。亦天相之也。威弧不弦，帝居左次，桥山之龙胡不逮，崆峒之仙仗杳然。于是乎弃戎旃，理翰墨，舍韎韦，事毕觯，词坛骚垒，收合余烬，地负海涵，大放厥词，而《依水园》之全集始出。坦公书来曰："公知我者，幸为我诗序。"余虽老废，归向空门，不敢谓不知坦公也。孟津已矣，今所为高、李者，有行屋及安丘二公在。（寅恪案："安丘"指刘正宗。事迹见《清史列传》七九《贰臣传》及《清史稿》二五一本传等。正宗为大学士，故以"安丘"称之，与称觉斯为孟津同例也。）坦公将还朝，共理承明之事，试相与评吾言，以为何如也？

寅恪案：牧斋《赠坦公》诗，大约作于顺治十一年甲午或十二年乙未，《书旧藏宋雕〈两汉书〉后》一文末署"岁在戊戌孟夏廿一日，重跋于武林之报恩寺"，即在顺治十五年张氏尚在杭任，未奉调入京之时。至《张坦公集序》则作于张氏将离杭赴京之际，更在《书旧藏宋雕〈两汉书〉后》以后矣。复检《清史列传》七九《贰臣传·张缙彦传》略云：

顺治十七年六月，左都御史魏裔介劾大学士刘正宗罪恶，言缙彦与为莫逆友，序其诗，称以将明之才，词诡谲而心叵测。

均革职逮讯。御史萧震疏劾缙彦曰:"官浙江时,编刊《无声戏》二集,自称不死英雄,有吊死在朝房,为隔壁人救活云云。冀以假死涂饰其献城之罪,又以不死神奇其未死之身。臣未闻有身为大臣,拥戴逆贼、盗鬻宗社之英雄,且当日抗贼殉难者有人,阖门俱死者有人,岂以未有隔壁人救活,逊彼英雄?虽病狂丧心,亦不敢出此等语。缙彦乃笔之于书,欲使乱臣贼子相慕效乎?"疏并下王大臣察议,以缙彦诡词惑众,及质讯时,又巧辩欺饰,拟斩决。上贳缙彦死,褫其职,追夺诰命,籍没家产,流徙宁古塔。寻死。

寅恪案:牧斋为此偾军之将、亡国之大夫,而兼"不死之英雄"作序,铺张敷衍,长至千余言,其欲得张氏之润笔厚酬,自不待论。鄙意牧斋当日之奢望,似犹不仅此也。岂竟欲借此谀辞,感动张氏,取其购得谢三宾之宋椠《两汉书》,还诸旧主,庶几古籍美人可以并贮一处,(此"处"即"绛云余烬处"之"处"。若作"楼",则非绛云楼,而是后来河东君缢死之荣木楼矣。)与之共命而同尽,更为绛云老人开颜吐气耶?坦公未能如牧斋之愿,而此书遂流落他所,展转收入清内府。三百年来陵谷屡迁,此旷世奇宝若存若亡,天壤间恐终不可复睹矣。惜哉!惜哉!

更有一事可与钱、谢此重公案相参勘者,黄丕烈《士礼居藏书题跋记》五"《唐女郎鱼玄机诗》一卷,宋刻本"条云:

> 朱承爵,字子儋。据《列朝诗集》小传,知为江阴人。世传有以爱妾换宋刻《汉书》事。其人亦好事之尤者。唐女郎何幸,而为其所珍重若斯。

寅恪案:《列朝诗集》丁八撰朱氏《落花》诗二首。其《小传》不载以爱妾换宋刻《汉书》事。荛翁所言,未知何据?牧斋所撰《列朝诗集》诸人小传,多喜记琐闻逸事之可资谈助者,子儋以爱妾换宋刻《汉书》一事,牧斋当亦有所知闻。然不收入《小传》中者,岂其事略同于象三与己身之关系,遂特避嫌,讳而不载耶?若果如是,则其心良苦,其情可笑矣。

复次,《牧斋尺牍》二《与李孟芳书》共十三通。其中三通关涉王弇州家《汉书》事。

第一通云:

> 子晋并乞道谢。《汉书》且更议之,不能终作箧中物也。归期想当在春夏之交,把臂亦非远矣。

第十通云:

> 岁事萧然,欲告籴于子晋。借兄之宠灵,致此质物。庶几泛舟之役有以借手,不致作监河侯也。以百石为率,顺早至为妙,少缓则不济事矣。

第十二通云:

> 空囊岁莫,百费猬集。欲将弇州家《汉书》绝卖与子晋,以应不时之需,乞兄早为评断。此书亦有人欲之,意不欲落他人之手。且在子晋,找足亦易办事也。幸即留神。

寅恪案:《牧斋尺牍》之编次颇有舛讹。如卷上《致梁镇台》三通,其第一通乃致梁维枢者,而误列于致梁镇台即梁化凤题下,乃是一例。见第五章所论。至排列复不尽依时间先后。如第五通论牧斋垂死时之贫困节引《致卢澹岩札》第四通应列于第一通前,即是其例。假定此寄李孟芳诸札之排列先后有误,则第十通"泛舟之役"自指与河东君有关之事。如《初学集》二〇《东山诗集三》河东君《和牧斋中秋日携内出游,次冬日泛舟韵二首》之二所谓"夫君本自期安桨,贱妾宁辞学泛舟"之义。假定《寄李孟芳札》排列先后不误,则"泛舟之役"别指一事,与河东君无关。兹仅稍详论后一说,以俟读者抉择,盖前一说易解,不待赘述也。

就后一说言之,第一通"归期在春夏之间"等语,乃崇祯十一年戊寅牧斋被逮在京时所作。若牧斋与孟芳之尺牍皆依时间先后排列,则第十通疑是崇祯十五年冬间所作。因此通前之第八通有:

日来妇病未起,老夫亦潦倒倦卧。呻吟之音,如相唱和。

等语,其时河东君正在重病中也。又第十通云:"庶几泛舟之役,有以借手。"所谓"泛舟之役",不知何指。若谓是崇祯十四年辛巳冬十一月与河东君泛舟同游京口(见《初学集》二〇《〔辛巳〕小至日京口舟中》并河东君和作,及《冬至后京江舟中感怀八首》),则是年中秋河东君尚未发病(见《初学集》二〇《〔辛巳〕中秋日携内出游二首》并河东君和作),大约九、十月间即渐有病。故牧斋《小至日京口舟中》诗云"病色依然镜里霜",河东君和作云"香奁累月废丹黄"。据郑氏《近世中西史日表》,此年冬至为十一月十九日。依"累月"之语推之,其起病当在九、十月间,然尚能出游并赋诗,谅未甚剧。但在途中病势增重,只得暂留苏州,未能与牧斋同舟归常熟度岁。观牧斋《辛巳除夕》诗"凄断鳏鱼浑不寐,梦魂哪得到君边"之句,知柳钱两人此际不在一处,而河东君之病甚剧,又可推见也。此点详见后论,兹不多及。由是言之,牧斋《致李氏尺牍》第十通中"泛舟之役"一语,非指此次京口之游,自不待辨。至崇祯十五年冬,牧斋实有关涉"泛舟"之事,更就明清时人"泛舟之役"一习用之语考之,实有二解:一指漕运。即用《左传·僖公十四年》所载,其文略云:

冬晋荐饥,使乞籴于秦。〔秦〕输粟于晋,自雍及绛相继,命之曰"泛舟之役"。

如《碑传集》一三六田雯撰《卢先生世㴶传》云：

> 领泛舟之役，值久旱河竭，盗贼充斥，公疏数十上，犁中漕弊，皆报可。

及道光修《济南府志》五二《卢世㴶传》云：

> 儹漕运，时久旱河竭，盗贼纵横，条议上闻，皆中肯綮。

可以为证。二指率水师攻战之意。如《晋书》一一〇《载记十·慕容俊载记》云：

> 遣督护徐罔率水军三千，泛舟上下，为东西声势。

可以为证。检牧斋此时并无参预漕运之事，则其所谓"泛舟之役"者，乃与水军之攻战有关无疑。若此假设不误，兹略引资料，论之于下：

《初学集》二〇《送程九屏领兵入卫二首。时有郎官欲上书请余开府东海，任捣剿之事，故次首及之(七律)二首》之二后四句云：

> 绝巘残云驱鞁鞨，扶桑晓日候旌旗。东征倘用楼船策，先与东风酹一卮。

及同书二〇下《[癸未]元日杂题(长句)八首》之四云：

> 东略舟师岛屿纡，中朝可许握兵符。楼船捣穴真奇事，击楫中流亦壮夫。弓渡绿江驱秽貊，鞭投黑水驾天吴。剧怜韦相无才思，省壁愁看崖海图。(自注："沈中翰上疏请余开府登莱，以肆水师。疏甫入而奴至，事亦中格。")

又《有学集》三二《卓去病先生墓志铭》云：

崇祯末,中书沈君廷扬以海运超拜。特疏请余开府东海,设重镇,任援剿。去病家居,老且病矣,闻之大喜,画图系说,条列用海大计,唯恐余之不得当也。疏入未报,而事已不可为。

然则"泛舟之役",即"楼船"及"用海"之策。大约牧斋于崇祯十五年壬午岁暮,得知有巡抚登莱,率领舟师东征之议,以为朝命旦夕可下,必先有所摒挡筹划,因有告籴于毛氏之举欤?

又,孟芳与子晋关系至密。子晋称之为舅氏,见其所著《野外诗卷·八月十五夜从东湖归,独坐快阁》诗题下自注云"和孟芳舅氏"可以为证。子晋此种"舅氏"之称谓,盖与其称缪仲醇希雍同例,亦见《野外诗卷·暮春游兴福寺诗序》。《初学集》六一牧斋作《子晋父毛清墓志铭》云:"君娶戈氏,于仲醇为弥甥婿。"及同书三九《毛母戈孺人六十寿序》云:"毛生子晋之母戈孺人六十矣。"则知子晋之称孟芳为"舅氏"不过长亲之意耳,读者幸勿误会。毛、李两人情谊既如此亲密,故牧斋托孟芳向子晋"告籴",欲借其"宠灵"也。此函中"质物"之语,即指质于毛晋家之《汉书》而言。第十二通疑亦是崇祯十五年岁杪所作。因十六年中秋,此《汉书》已鬻于谢氏,故知此函所谓"岁莫",必非十六年岁杪也。"找足"者,欲将前抵押之《汉书》"绝卖"与子晋。不知何故,此议未成。后来此书于崇祯十六年秋牧斋卖与谢三宾,当先将谢氏所付书价之一部分,从子晋赎回,然后转卖耳。"此书亦有人欲之"之"人"或即是象三,亦未可知。卖此书与谢氏,实非牧斋本意,乃出于万不得已,所以感恨至于此极也。

牧斋此书今天壤间已不可得见。世之谈藏书掌故者,似未注意此重公案,聊补记于此,以谂好事者。牧斋平生有二尤物。一为宋椠《两汉书》,一为河东君。其间互有关联,已如上述。赵文敏家《汉书》,虽能经二十年之久"每日焚香礼拜",然以筑阿云金屋绛云楼之故，不得不割爱鬻于情敌之谢三宾，未能以之殉葬，自是恨事。至若河东君，则夺之谢三宾之手，"每日焚香礼拜"达二十五年之久。身没之后，终能使之感激杀身相殉。然则李维柱之言，固为《汉书》而发，但实亦不异为河东君而发者。呜呼！牧斋于此，可以无遗憾矣。

又，谢三宾任太仆少卿，以丁父忧出京后，即买宅西湖（寅恪案：《一笑堂诗集》三《湖庄二题·武林旧寓为武弁入居，残毁殊甚，庚寅始复，感成（七律）》，并同书四《燕子庄（七律）》"花红水绿不归去，辜负西湖燕子庄"句及《过武林（七律）》"燕子庄前柳色黄，每乘春水向钱塘"句等，可证），放情声色。（寅恪案：《一笑堂诗集》三《无题（七律）》"却来重入少年场"句，可证。）全谢山谓象三视师登州时，"干没贼营金数百万，其富耦国"（详见《鲒埼亭外集》二九《题视师纪略》），其言即使过当，然象三初罢太仆少卿，居杭州时，必非经济不充裕者，可以断言。其子于宣字宣子，崇祯九年丙子即已中式乡试（见雍正修《宁波府志》一七《选举上》"明举人"条），早与然明有往还（见《春星堂诗集》二《余为修微结庐湖上冬日谢于宣伯仲过临，出歌儿佐酒》），则象三亦必为然明知交之一，可以推知。但今检《春星堂集》及《一笑堂诗集》，俱未发见两人往还亲密之记载，其故尚待详考。兹姑设一假定之说，在象三方面，因河东君与之绝交，而然明不能代为挽回，转介绍其情人与牧斋，且刻《河东君尺牍》，不尽删诋笑己身之语，遂致怀恨。在然明方面，因河东君与象三之绝交，实由于柳之个性特强，而谢又拘牵礼俗，不及其师之雅量通怀，忽略小节。象三既不自责，反怨然明之不尽力，未免太不谅其苦衷。职是之故，两家《集》中，遂无踪迹可寻耶？当崇祯十一、十二、十三年之际，象三之年为四十六、四十七、四十八岁。故然明胸中，为河东君觅婿计，象三之年龄、资格、家财及艺能(徐沁明《画录》五略云:"谢三宾号塞翁。工山水。每与董玄宰、李长蘅、程孟阳究论八法,故落笔迥异恒境。")四者,均合条件。今检《一笑堂诗集》关涉河东君诸题,大抵不出此数年间之作。兹择录并略论之于下。

《一笑堂诗集》三《湖上同胡仲修陆元兆柳女郎小集》云:

载酒春湖春未央,阴晴恰可适炎凉。佳人更带烟霞色,词客咸蟠锦绣肠。乐极便能倾一石,令苛非复约三章。不知清角严城动,烟月微茫下柳塘。

寅恪案:或谓此题之前第二十题为《与程孟阳曾波臣陆文虎集湖上(七律)》,其末句云"岸柳山花又暮春",岂柳、谢之发生关系,由孟阳介绍耶?鄙意不然,因松圆《耦耕堂存稿》诗下有《久留湖寺》及《湖上五日对雨遣怀》两题,知孟阳崇祯十一年戊寅春夏之间,虽实在西湖,但十二年及十三年春间,则未发见其曾游杭州之迹象。就松圆不介绍河东君于牧斋之例推之,似未必肯作此割爱之事。且据《戊寅草》及《春星堂诗集》,河东君之游西湖,盖始于崇祯十一年戊寅秋季,在此以前,即十一年春,则无西泠天竺间之踪迹可寻,故三宾《湖上同柳女郎小集》之诗,作于十二年乙卯春间之可能性最大也。

同书四《怀柳姬》云:

烟雨空蒙归路艰,石尤风急阻萧山。倩将一枕幽香梦,吹落西溪松柏间。(自注:"时柳寓西溪。")

寅恪案:象三谓河东君时寓西溪。然明横山书屋即在西溪。然则此诗乃作于崇祯十二年或十三年河东君寄寓汪氏西溪别墅时也。

上引《一笑堂诗集》二题,既标出"柳"姓,其为河东君而作,绝无问题。又检此《集》尚有似关涉河东君之诗不少,因其排列不尽依时间先后,故亦未敢确言。姑附录之,并略著鄙见,以俟更考。

《一笑堂诗集》一《即事》云:

万事瓦解不堪言,一场春梦难追觅。无情只有杨柳枝,日向窗前伴愁绝。

寅恪案:《一笑堂集》中,其有关涉河东君之嫌疑诸诗,几全是今体。此首虽是古体,但细绎题目及辞旨,恐仍有为河东君而作之可能。前两句用《白氏文集》一二《花非花》诗:"来如春梦不多时,去似朝云无觅处。"后二句用同书一六《别柳枝》诗:"两枝杨柳小楼中,袅娜多年伴醉翁。"盖谓有情之美人"杨柳枝"已去矣,唯有无情之植物"杨柳枝"与塞翁相伴耳。此解释是否有当,未敢自信,尚希通人垂教。

同书二《柳》云:

曾赐隋堤姓,犹怀汉苑眠。白门藏宿鸟,玄灞拂离筵。一曲春湖畔,双眉晓镜前。不愁秋色老,所感别经年。

寅恪案:此首疑亦怀河东君之作,至作于何年,则未能确定也。

同书三《无题》云:

清尊良夜漏初长,人面桃花喜未央。彩凤已疑归碧落,行云依旧傍高唐。十年长乐披星月,百战青齐饱雪霜。回首真成弹指事,却来重入少年场。

寅恪案:此诗前四句意谓初疑河东君已适人,今始知仍是待攀折之章台柳。"人面桃花"句,固用孟棨《本事诗·情感类》"博陵崔护"条。似象三在赋此诗前,曾一度得见河东君者,但详考象三自天启五年任嘉定县知县,崇祯元年入京任陕西道御史,后擢太仆寺少卿,八年丁忧归里,十一年服阕,始可放情声色。此十余年间,恐无机会与河东君相值。然则其得知河东君,殆因读嘉定诸老关于河东君两次游虎之作品,未必如崔护曾亲见桃花人面也。又河东君《湖上草》崇祯十二年己卯春所赋《西湖八绝句》之一"最是西陵寒食路,桃花得气美人中"两句,极为世人称赏,传播一时,或与象三此诗第二句有关耶?《无题》诗第二联谓己身自崇祯元年戊辰任京职至八年乙亥丁忧归,其在都实未满十年,乃举成数而言,不必过泥也。此联下句指己身崇祯五年壬申监军登莱之役,象三撰《视师纪略》,以自夸其军功。今日尚可想见当时绮筵酣醉,谈兵说剑,博取美人欢心之情况。吾人平心论事,谢氏《视师纪略》一书,虽为全谢山鄙为不足道,但象三之书究是实地经验之言,持与牧斋天启元年辛酉《浙江乡试程录》中之文止限于纸上谈兵者,以相比较,门生作品犹胜座师一筹。唯美人心目中赏鉴如何,则生于三百年后者,不得而知矣。

同书同卷《雨余》云:

寒食清明一雨余,春芳未歇绿阴舒。闲依陆子经烹茗,漫学陶公法种鱼。方竹杖分野老惠,细花笺寄美人书。一年好景清和日,莫放尊前夜月虚。

寅恪案:此题下一题即上引《湖上同胡仲修陆元兆柳女郎小集(七律)》。两诗所言景物符合,颇疑此"美人"乃指河东君。盖象三先以书约河东君宴集湖上也。

同书同卷《春归》云:

春归何处最销魂?飞絮闲庭昼掩门。幽绪只应归燕觉,愁怀难共落花论。天涯人远音书断,斗室香销笑语存。无限情怀消折尽,不堪风雨又黄昏。

寅恪案:此题下一题为《嘉禾道中》,有"三伏生憎客路长"之句。

窃疑崇祯十三年庚辰春河东君与谢氏绝交之后,遂因而发病,避往嘉兴。象三不胜"天涯人远音书断"之"幽绪""愁怀",故冒暑追至禾城,思欲挽回僵局。两题前后衔接,殊非偶然。此点可与下引《尺牍》第二十五通相参证。寅恪初读《一笑堂诗集》,颇觉柳、谢关系之作不多,后取《尺牍》参较,始知两书实有互相发明之妙也。复检《一笑堂诗集》三有《庚辰九月再寓嘉禾祥符寺》一题,颇疑象三此行亦与河东君有关。本章下论牧斋于崇祯十三年庚辰十月至嘉兴晤惠香,为河东君访半野堂之前导,然则谢去钱来,皆是"孩童捉柳花"之戏(见下引白诗)。前引全谢山《题视师纪略》,谓象三"与受之争妓柳氏,遂成贸首之仇","贸首之仇"固不确,"争妓柳氏"则为实录也。又第三章论《戊寅草》陈卧子《序》中"柳子"之语,盖本于白香山《春尽日宴罢感事独吟》诗"春随樊子一时归"句及苏东坡《朝云诗引》。象三以"春归"为题,亦取意于白、苏。更观香山此题,尚有"思逐杨花触处飞"之句,则谢氏冒暑往嘉兴,亦是"逐杨花"也。但香山《独吟》诗后第二题为"前有别柳枝绝句,梦得继和云,春尽絮飞留不得,随风好去落谁家(寅恪案:梦得此两句见《全唐诗》第六函刘禹锡一二《杨柳枝词九首》之九)又复戏答"云:

> 柳老春深日又斜,任他飞向别人家。谁能更学孩童戏,寻逐春风捉柳花。

则象三冒暑往禾"寻逐春风捉柳花"之后,河东君落于钱后人之家,而象三惓恋不忘,童心犹在,可哀可笑也已。至象三自号"塞翁",不知始于何时,若在与河东君绝交之后,则其失马之意,恐不免仍取义于香山之诗,即《白氏文集》三五《病中诗十五首》之《卖骆马》及《别柳枝》两绝句并同书七一《不能忘情吟》之序及诗,美人、名马互相关联之意。然则塞翁所失者非"骆马"乃"柳枝"也。苟明乎此,乾隆修《鄞县志》一六《谢三宾传》云"谢三宾字象山",则知"象山"以象香山自命。《一笑堂诗集》中诸诗涉及香山柳枝之作者,实皆为河东君而赋,无足怪也。

同书同卷《无题》云:

咫尺花源未可寻,避人还向水云深。箫声已隔烟霄路,佩影空留洛水浔。寂寞文园长被病,衰迟彭泽但行吟。空斋独坐清如衲,留得枯禅一片心。

寅恪案:此诗疑亦为河东君而作。其辞旨可与本章前引汪然明《无题》诗相参证也。

同书同卷《湖庄》云:

数椽新构水边庄,草舍题名燕子堂。栖处不嫌云栋小,来时常及柳丝黄。愿言江左家风旧,(寅恪案:《鲒埼亭集外编》六《明故按察副使监军赣庵陆公〔字燝〕墓碑铭》谓周明贻谢三宾书曰:"昔德祐之季,谢昌元赞赵孟传诱杀袁进士以卖国,执事之家风也。"取陆书与谢诗中"家风"二字对,不禁令人失笑。)不贮徐州脂粉香。月夕风晨聊一笑,此非吾土寄相羊。

同书同卷《湖庄》云:

湖山晚对更苍苍,燕子堂前径欲荒。寒雁带云栖荻渚,虚舟载月倚莲塘。严城街鼓催更早,远寺僧钟度水长。独上段桥天似洗,数星渔火耿邻庄。

寅恪案:此两诗皆象三自咏其西湖别墅者。第一题自是与河东君有关。第二题倘作于崇祯十三年庚辰以后、十七年甲申以前,亦与河东君有关。其作第一题时,与河东君往还正密。至作第二题时,则河东君已与之绝交矣。第一题第二联上句用刘梦得《金陵五题》之第二题《乌衣巷(七绝)》"旧时王谢堂前燕"之典(见《全唐诗》第六函刘禹锡一二),下句用白香山《燕子楼三首(并序)》之典(见《白氏文集》一五)。综合上下两句之意,实为掩饰之辞,非由衷之语也。颇疑"燕子堂"与"一笑堂"或即同一建筑物。后来河东君与之绝交,故第二题云"燕子堂前径欲荒"。谢家堂前之燕,既飞向别人之家,遂取第一题"月夕风晨聊一笑"句中"一笑"二字,以改易"燕子"二字之旧堂名。又或用《全唐诗》三李白三《白纻词》中"美人一笑千黄金"之句。"美人"为河东君之号,此堂之名亦与河东君有关,第二章已论及之。若果如是,第一题第七句可为后来发一苦笑之预兆也。象三自丁忧后,优游林下,构湖庄,买古籍,所用不赀。其人既非以卖文为活,则经费何从而来?全谢山谓其登莱之役,干没多金,当可信也。

同书同卷《无题二首》云:

曲径低枝冐额罗,水亭花榭笑经过。偶寻静侣穿修竹,爱近幽香坐碧萝。秋水芙蓉羞媚颊,高堂丝竹避清歌。从来不识人间事,肯使闲愁上翠娥。

春园犹忆雨如麻,细语明缸隔绛纱。几度暗牵游子意,何来遽集野人家。芙蓉霜落秋湖冷,杨柳烟销夜月斜。回首故山无限思,一江烟水涨桃花。

同书同卷《坐雨》略云:

秋雨空堂长绿莎,柴关车马断经过。

同书同卷《排闷》云:

排闷裁诗代管弦,笔床唤起颖生眠。死灰已弃从相溺,热灶

虽炎定不然。最喜长康痴黠半,却怜茂世酒螯全。无人缚
处求离缚,熟读《南华》第一篇。

寅恪案:以上三题五首相连,疑是同时所作。盖象三因秋雨追忆
前次湖上春雨时与河东君文宴之事,即上引《雨余》及《湖上同
柳女郎小集》两题所言者。象三自号塞翁,然念念不忘已失之
"马",其为人黠固有之,痴亦不免。既被河东君弃绝,更招嘲
骂,即"死灰已弃从相溺"。象三虽竭力以图挽回,终不生效,即
"热灶虽炎定不然"。追思往事,裁诗排闷,即"无人缚处求离
缚"。夫三宾害如是之单相思病,真可谓天下之大痴。尤足证
第三章所引牧斋《题张子石〈湘游篇〉小引》中"人生斯世,情之
一字,熏神染骨,不唯自累,又足以累人乃尔"等语为不虚。然
则河东君之魔力,殊可畏哉!殊可畏哉!又《排闷》下第四题为
《闲居》,其结语云:"暂敕病魔为外护,当关为谢客侵晨。"此乃
反用《李义山诗集(上)富平少侯诗》"当关莫报侵晨客,新得佳
人字莫愁"之辞旨,甚为巧妙。《排闷》下第五题为《坐雨》诗,有
"信风信雨小楼中,万轴千签拥座东"及"唯余侍女问难字,无复
书邮报远筒"等语,可取与《初学集》二〇《东山诗集·〔壬午〕
献岁书怀二首》之二"网户疏窗待汝归"及"四壁图书谁料理"等
句相印证。盖河东君之博通群籍,实为当时诸名士所惊服惓恋
者也。

同书同卷《邻庄美人歌吹》云:

尘心净尽絮沾沙,永日闲门闭落花。唱曲声从何处起,倚楼
人是阿谁家。桃花路近迷仙椁,杨柳枝疏隔暮鸦。却怪晚
风偏好事,频吹笑语到窗纱。

寅恪案:此诗结句云"却怪晚风偏好事,频吹笑语到窗纱",自是
只闻歌吹,而未见歌吹者。但象三特用"美人"二字,疑意有所

指。岂为河东君落在钱后人家而作耶？若依此诗排列次序，前一首为《闲步》，末句云"疏林淡霭近重阳"，后一首为《病中口占》，首句云"秋色萧条冷夕阳"。则前后两题，皆秋间之作，似与《邻庄》诗中"絮沾沙"及"闭落花"等语之为春暮者不合。但细绎"杨柳枝疏隔暮鸦"，则亦是秋季景物。故不必过泥，认其必作于春季也。倘《邻庄》一诗，果作于秋季者，则第二联下句乃用李太白"何许最关情，乌啼白门柳"之典（见《全唐诗》第三函李白三《杨叛儿》）。据《有学集》一《和东坡西台诗韵序》，知牧斋以顺治四年丁亥四月初被逮至南京下狱，历四十余日，出狱之后，值河东君三十生日，遂和东坡西台诗为寿，并以传示友朋求和。今《邻庄》诗后第三题为《丁亥冬被诬在狱，时钱座师亦自刑部回，以四诗寄示，率尔和之四首》，初视之，似象三得牧斋诗在丁亥冬。更思之，谢氏在狱中，似不能接受外来文字，如牧斋此题之涉及当日政治者，然则谢氏得其座师诗时，或在入狱之前，和诗虽在入狱后所作，而《邻庄》一题实在接牧斋庆祝河东君寿辰诗时所赋，因不胜感慨，遂有"桃花""杨柳"一联，以抒其羡慕妒忌之意欤？俟考。

同书同卷《落花》云：

欲落何烦风雨催，芳魂余韵在苍苔。枝空明月成虚照，香尽游蜂定暗猜。有恨似闻传塞笛，多情偶得傍妆台。春风自是无情物，冷眼看他去复来。

寅恪案：此诗辞旨多取材于《乐府诗集》二四《梅花落》诸人之作。读者可取参阅，不须赘引。唯有第五句固用《梅花落》曲之典，但恐亦与象三之自号"塞翁"不无关涉也。第七、第八两句似谓河东君于鸳湖与牧斋别去后，又复由茸城同舟，来到虞山家中。此"去复来"一段波折，持较河东君于崇祯十三年庚辰春与己身绝交离杭州赴嘉兴,遂一去不复来者,以冷眼观之,殊不胜其感叹也。

同书四《美人》云:

香袂风前举,朱颜花下行。还将团扇掩,一笑自含情。

寅恪案:此"美人"殆非泛指,当专属之河东君。象三以"一笑"名其集,而集中关涉河东君之诗甚不少,则此诗末句"一笑"二字,大可玩味。又牧斋垂死时赋《追忆庚辰冬半野堂文宴》诗有"买回世上千金笑"之句。夫"干没多金,富可耦国"之富裕门生,独于此点不及其卖文字以资生活、鬻书籍而构金屋之贫穷座师,诚如前论《湖庄》两题,所谓可发一苦笑者也。一笑!

同书同卷《柳(七绝)四首》云:

灞桥烟雨一枝新,不效夭桃脸上春。想象风流谁得似,楚王宫里细腰人。

朝烟暮雨管离情,唱尽隋堤与渭城。唯有五株陶令宅,无人攀折只啼莺。

莫遣春寒锁柳条,风华又是一年遥。即今春半湖塘路,多少游人倚画桡。

水岸微风百媚生,汉宫犹愧舞腰轻。东山爱尔多才思,更在春深絮满城。

寅恪案:象三诗集中诸作,排列不依时间先后,前已及之。故此题是否为河东君而作,殊未敢决言。若果为河东君而作者,则第四首末两句,可为下引《尺牍》第二十五通"某公作用,亦大异赌墅风流"等语之旁证。又象三赋此首,用谢安及谢道蕴之故实,足称数典不忘祖。但后来牧斋传刊《东山酬和集》,想象三读之,必深恨老座师之于旧门生,不仅攘夺其心爱之美人,并将其先世佳妙典故席卷而去矣。

同书同卷《听白氏女郎曲》云：

> 弦子轻弹曲缓讴，白家樊素旧风流。博陵自是伤情调，况出佳人玉指头。

寅恪案：此题中之"白女郎"恐非真姓白，实指河东君，其以"白"为称者，不过故作狡狯耳。象三既以香山自命，因目河东君为樊素。第三句兼用《白氏文集》六九《池上篇序》略云：

> 颍川陈孝山与酿法，酒味甚佳；博陵崔晦叔与琴，韵甚清；（参同书七〇《唐故虢州刺史崔公墓志铭》。）蜀客姜发授《秋思》，声甚淡。弘农杨贞一与青石三，方长平滑，可以坐卧，每至池风春、池月秋、水香莲开之旦，露清鹤唳之夕，拂杨石，举陈酒，援崔琴，弹姜《秋思》，颓然自适，不知其他。酒酣琴罢，又命乐童登中岛亭，合奏《霓裳》散序。曲未竟，而乐天陶然已醉，睡于石上矣。

及《太平广记》四八八《莺莺传》略云：

> 崔已阴知将诀矣，恭貌怡声，徐谓张曰："君常谓我善鼓琴，向时羞颜，所不能及。今且往矣，既君此诚。"因命拂琴，鼓《霓裳羽衣序》，不数声，哀音怨乱，不复知其是曲也。左右皆唏嘘。崔亦遽止之。投琴，泣下流连，趋归郑所，遂不复至。

据此，则第三章引《质直谈耳》述河东君与宋辕文绝交时，以倭刀断琴之事，或与象三此诗亦有类似之处。观象三《怀柳姬》一题，其称柳如是为"柳姬"，与陈卧子称杨影怜为"杨姬"者，同是一例。复证以此题"白氏女郎"之语，益知其以河东君为禁脔矣。由是推论，柳、谢恐已先有婚姻成约，柳后复背弃，故谢之怨恨，殊非偶然。又钱柳因缘自鸳湖别后，曾有一段波折，当由嫡庶问题,详见后论柳钱茸城舟中结缡节。然则谢之失败、钱之成功,皆决于此点无疑也。

同书同卷《竹枝词五首》云:

钱塘门外是西湖,湖上风光记得无?侬在画船牵绣幕,郎乘油壁度平芜。

初从三竺进香回,逐队登船归去来。谁解侬家心里事,灵签乞得暗中开。

携手长堤明月中,红楼多在段桥东。当年歌舞今安在,魂断西泠一笛风。

细雨微风度柳洲,柳丝袅袅入西楼。春光莫更相撩拨,心在湖中那一舟。

处处开堂佛法新,香云能洗六根尘。欲携女伴参禅去,生怕山僧偷看人。

寅恪案:此题似属一般性,但亦可兼括河东君在内。观前引河东君《湖上草·西泠十首》,其第一首第二联云"金鞭油壁朝来见,玉佩灵衣夜半逢",乃与谢诗同是一般性者。唯柳诗末二句云"一树红梨更惆怅,分明遮向画楼中",则为高自标置,暗示避居西溪汪氏书楼之意,与谢诗"柳丝袅袅入西楼"之语,区以别矣。

同书同卷《赠人》云:

白璧峨峨荫座人,高情早已属秋旻。还惊丽藻波澜阔,没得句章与纬真。

寅恪案:"句章"为鄞县之古称,"纬真"乃屠隆之字,屠亦鄞县人。象三以屠长卿自比也。至所赠之人,据"丽藻波澜阔"之语,恐非河东君莫属。姑记此疑,以俟更考。

同书同卷《赠别》云:

嗔红低绿敛双蛾，肠断尊前一曲歌。为问别时多少恨，满城飞絮一江波。

清歌细舞不胜情，惜别休辞酒再倾。此去销魂何处剧，夕阳山外短长亭。

春花欲落雨中枝，触目伤情是别离。罢抚危弦收舞袖，背人小语问归期。

行云聚散本无根，红袖尊前拭泪痕。欲借冰弦传别恨，断肠深处不堪论。

寅恪案：细玩四首辞旨，乃女别男者。此女非不能诗，特此男为之代作，如《初学集》二〇牧斋《代惠香别》之例。颇疑此四首乃象三作于《怀柳姬》之前。盖谢氏由杭州返宁波，别河东君之际所赋，其时间或是崇祯十二年也。

同书同卷《樱桃》云：

墙角樱桃一树花，春风吹绽色如霞。重来但见森森叶，惆怅西风暮雨斜。

寅恪案：此首疑是象三于明南都倾覆以后，至虞山祝贺牧斋生日，因有感于杜牧之"绿叶成阴子满枝"之语（见《太平广记》二七三"杜牧"条引《唐阙史》及《全唐诗》第八函杜牧八《怅诗（并序）》。又可参同书同函杜牧五《叹花》），遂为河东君及赵管妻而作也。检《一笑堂诗集》三《海虞》云：

访旧经过海上城，丹枫紫荻照波明。微云漏日秋光澹，远水摇风晓色清。千里怀人轻命驾，一时兴尽欲兼程。山川满目伤心处，独卧孤篷听雁声。

又《寿钱牧斋座师》（此诗上四句前已引，兹以解释便利之故，特重录之）云：

天留硕果岂无为,古殿灵光更有谁?渭水未尝悲岁晚,商山宁复要人知。秋风名菊三杯酒,春雨华镫一局棋。遥向尊前先起寿,敬为天下祝耆颐。

此两题连接,当为同时所作。牧斋生日为九月二十六日,象三亲至常熟,自是为牧斋祝寿。虽难决定为何年所作,《海虞》诗有"山川满目伤心处"之句,《寿牧斋》诗有"渭水""商山"一联,则至早亦必在顺治七年庚寅以后。复观"天留硕果岂无为"之句,则疑是距郑延平将率师入长江前不甚久之时间。象三或更借此次祝寿之机缘,以解释前此购《汉书》减值之宿憾欤?其以"樱桃"为题者,仍是用"樱桃樊素口,杨柳小蛮腰"之典。(见《太平广记》一九八"白居易"条引《云溪友议》及孟棨《本事诗·事感类》"白尚书姬人樊素善歌,妓人小蛮善舞"条。)《樱桃》诗第二句"春风吹绽色如霞",可与牧斋《答河东君半野堂初赠诗》"闻君放诞想流风,脸际眉间讶许同"之语相证发。第四句"西风"一辞,不仅与牧斋生日在季秋之今典符会,且与《柳氏传》"一叶随风忽报秋,纵使君来岂堪折"之语适合(见《太平广记》四八五)。倘读者取《虎丘石上无名氏题》诗"最怜攀折章台柳,憔悴西风问阿侬"之句相较,尤令人失笑(详见第五章所论)。所可注意者,据《海虞》诗"千里怀人轻命驾,一时兴尽欲兼程"及《寿牧斋》诗"遥向尊前先起寿"等语,是象三本为祝寿至虞山,又不待牧斋生日复先返棹,其故殊不可解。岂河东君不愿此不速之客来预寿筵耶?俟考。又检《一笑堂诗集》三《寿座师钱牧斋先生》云:

　　一代龙门日月悬,晏居人望似神仙。道同禹稷殊行止,文与欧苏作后先。夜雨溪堂收散帙,秋风山馆听调弦。不知谁为苍生计,须与先生惜盛年。

寅恪案：此诗第六句殆与河东君有关。第七、八两句之辞旨，似在崇祯十四年河东君适牧斋以后、十七年明北都未破以前所赋。象三诗集止分体而不依时，故"天留硕果岂无为"一律，虽排列于此首之前，其实作成时间乃在此首之后也。

同书同卷《索歌》云：

帘幕春阴昼不开，排愁须仗麹生才。烦君为拨三弦子，一曲蒲东进一杯。

寅恪案："蒲东"一辞，疑用元微之《莺莺传》"蒲之东十余里，有僧舍曰普救寺，张生寓焉"之语，与《听白氏女郎曲》诗"博陵自是伤情调"之"博陵"，同一出处。盖以河东君比双文也。又"索歌"之"索"，殆与《乐府诗集》七九丁六娘《十索四首》及无名氏同题二首有关，唯此则男向女索，而所索为歌耳。由是推之，此女必能歌者。河东君善歌，见第三章论《戊寅草》中《西河柳》节，兹不更赘。

同书同卷《白辛夷》（自注："玉兰"）云：

玉羽霜翎海鹤来，满庭璀灿雪争开。琼花未必能胜此，定有瑶姬下月台。

寅恪案：此首或有为河东君而作之可能。玩末句"定有"二字，恐非偶然咏花之诗，实指河东君肌肤洁白而言。见后论牧斋《冬日同如是泛舟有赠诗》及《玉蕊轩记》等，兹暂不详及。元微之有句云："寻常百种花齐发，偏摘梨花与白人。"（见《才调集》五《离思六首》之六）象三赋诗，殆有此感耶？至若白乐天《长恨歌》"梨花一枝春带雨"句（见《白氏文集》一二），虽为五十年后小臣外吏评泊杨妃之语，自不可与普救唐昌之才子词人亲觏仙姿者同科并论，但玉环源出河中观王雄之支派，河中为中亚胡族居留地（可参拙著《元白诗笺证稿》第二章《琵琶引》论琵琶女；

第四章《艳诗及悼亡诗》论莺莺,并校记中所补论诸条),故香山所言,未必全出于想象虚构也。

同书同卷《柳絮》云:

红袖乌丝事渺茫,小园寥落叹韶光。无端帘幕风吹絮,又惹闲愁到草堂。

寅恪案:此首疑为河东君而作。第三句恐是兼用刘梦得"春尽絮飞留不得,随风好去落谁家"之句及《世说新语·言语类》"谢太傅寒雪日内集"条"兄女〔道蕴〕曰,未若柳絮因风起"之典。但第一句有"红袖乌丝"之语,则综合第一、第三两句之意,当是象三见河东君诗词之类,因而有感。此乃牧斋《戏题美人手迹》之反面作品。盖谢诗乃杜兰香已去,而钱诗则萼绿华将来,故哀乐之情迥异也。

同书同卷《西泠桥》云:

堤花零落旧山青,楚雨巫云付杳冥。二十年来成一梦,春风吹泪过西泠。

寅恪案:象三此诗虽不能确定为何年所作,但有"二十年来"之语,则其作成时间必甚晚,可以无疑。至"楚雨巫云"之典,自指河东君而言,又不待论。由此推之,谢氏迟暮之年,犹不能忘情如此,真可谓至死不悟者矣。若更取塞翁此诗,与没口居士"蒲团历历前尘事,好梦何曾逐水流"之句(见《有学集》一三《病榻消寒杂咏》第三十四首)互相印证,则知师弟二人,虽梦之好恶不同,而皆于垂死之年,具有"寻梦"之作,吾人今日读之,不禁为之废书三叹也。

今据上引《一笑堂诗集》诸题观之,有为河东君而作之嫌疑者,竟若是之多,殊觉可诧。细思之,亦无足异。象三于此,颇与程孟阳相似,殆由惓恋旧情,不忍割弃之故。夫程、谢乃害单相思病者,其诗集之保留此类作品,可怜,可恨,可笑,固无待言。至若陈卧子之编刻本身诸集,多存关涉河东君之诗词,则与朱竹垞不删《风怀诗》之事,皆属双相思病之范围,自不可与程、谢同日而语。噫!象三气量褊狭,手段阴狠,复挟多金,欲娶河东君而不遂其愿。倘后来河东君所适之人非牧斋者,则其人当不免为象三所伤害。由今观之,柳钱之因缘,其促成之人,在正面为汪然明,在反面为谢象三,岂不奇哉?苟明乎此,当日河东君择婿之艰、处境之苦,更可想见矣。

河东君《与汪然明尺牍》第二十五通云:

率尔出关,奄焉逾月。先生以无累之神,应触热之客,清淳之语,良非虚饰。而弟影杯弥固,风檄鲜功,乃至服饵清英,泳游宗极。只溢滞淫靡,间恬遏地。(寅恪案:"溢"疑当作"益"。"淫靡"二字连文,当断句。"间"上疑脱一"云"字或"此"字。"云间"或"此间",指松江也。另一本"间"作"闻",恐非。盖河东君与卧子关系密切,若作"闻"字,则未免疏远矣。似不如仍作"间"字上有脱文为较妥,俟考。"恬遏地"三字连文,解释见下。)有观机曹子,切劘以文。其人邺下逸才,江左罕俪,兼之叔宝神清之誉,彦辅理遣之谈。观涛之望,斯则一耳。承谕出处,备见剀切,特道广性峻,所志各偏。久以此事推纤郎,行自愧也。即某与云云,亦弟简雁门而右逢掖。谐尚使然,先生何尤之深、言之数欤?至若某口语,斯又鄙流之恒,无足异者。董生何似,居然双成耶?栖隐之暇,乐闻胜流。顾嵇公懒甚,无意一识南金。奈何!柴车过禾,旦夕迟之。伏枕荒谬,殊无铨次。

寅恪案:河东君此札为《尺牍》三十一通中最可研究而富有趣味者,惜有讹误之处,明刻本已然,无可依据校补,兼以用典之故,其辞旨更不易晓。然此通实为河东君身世之转捩点,故不可不稍诠释引申之,借以说明钱柳因缘殊非偶然,必有导致之条件,为其先驱也。此札末云:"柴车过禾,且夕迟之。伏枕荒谬,殊无铨次。"乃河东君于崇祯十三年庚辰春间以与谢三宾绝交,遂致发病,因离杭州。抵嘉兴后,留居养疴。然明得知此情况,欲往慰问劝说,先以书告之。河东君即复此札,以答谢其意,且自述己身微旨所在也。至河东君此次在禾养疴之处,颇疑即吴来之昌时之勺园。第三章论河东君《戊寅草·初秋(七律)八首》中第四、第五两首及陈卧子《平露堂集·初秋(七律)八首》中第六首,皆涉及吴来之。盖河东君至迟已于崇祯八年乙亥秋间在松江陈卧子处得识吴氏。又本章及第五章有关"惠香勺园临顿里"及"卞玉京"诸条,皆直接或间接可证明河东君此次在嘉兴养疴之处,吴氏之勺园乃最可能之地。读者若取两章诸条参互观之,则知所揣测者,即不中亦不远也。此札所用典故之易解者,止举其出处,不更引原文,以免繁赘。如"影杯弥固"见《晋书》四三《乐广传》。"风檄鲜功"见《三国志·魏志》六《袁绍传》裴《注》引《魏氏春秋》,同书二一《王粲传》附陈琳传裴《注》引《典略》,《后汉书·列传》六四上《袁绍传》及《文选》四四陈孔璋《为袁绍檄豫州》等。"叔宝神清之誉"见《晋书》三六《卫玠传》刘惔论玠语。"彦辅理遣之谈"亦见同书同传。但玠传以此属之叔宝,而非其妻父乐广也。"观涛"见《文选》三四枚乘《七发》。"简雁门而右逢掖"见《后汉书·列传》三九《王符传》。"董生何似,居然双成耶"见《汉武内传》,即所谓"〔王母〕又命侍女董双成吹云和之笙"者。"嵇公懒甚"见《文选》四三嵇叔夜《与山巨源绝交书》。"无意一识南金"见《晋书》六八《薛兼传》。综合推测,然明原书之内容约有三端,一,"某与云云"者之"某",当即象三,亦即"雁门"。盖河东君自谓其天性忽略贵势,而推崇儒素,如皇甫嵩之所为者,然明不可以此责之也。二,"至若某口语"之"某",当亦指象三。《尺牍》第二十九通云:"某公作用,亦大异赌墅风流矣"之"某公",乃用《晋书》七九《谢安传》,自是指象三。河东君以此骂三宾为谢氏不肖子孙也。盖象三因河东君与之绝交,遂大肆诽谤,散播谣言,然明举以告河东君。"风檠鲜功"之"檠",即象三之蜚语。《尺牍》第三十七通末所云"余扼腕之事,病极,不能多述",所谓"扼腕之事",或亦与象三有关也。三,"董生何似,居然双成耶?"此乃受人委托之董姓,转请然明为之介绍于河东君,但河东君不愿与之相见。河东君既不以某公为然,因亦鄙笑其所遣之董姓,而比之于王母之侍女,为其主人吹嘘服役也。"观涛之望,斯则一耳"之语有两义,一指愈疾之意,一指至杭州之意。盖杭州亦观涛之地也(可参《尺牍》第二十四通所论)。河东君此札下文所言,乃表示不愿至杭州与谢象三复交之旨,谓心中之理想,实是陈卧子。此则元微之所谓"曾经沧海难为水,除却巫山不是云"者。因已有"观机曹子"在,不必更见他人,谅然明亦必解悟其故矣。兹成为问题者,即此"观机曹子"究谁指乎?绎"恬遏地"一辞,乃王谢地胄之义。王恬、谢遏皆是王谢门中之佳子弟,且为东晋当日之胜流也。见《晋书》六五《王导传》附子恬传,又《世说新语·贤媛类》"王凝之谢夫人既往王氏"条及刘孝标《注》,《晋书》九六《王凝之妻谢氏传》并《世说新语·贤媛类》"王江州夫人语谢遏"及"谢遏绝重其姊"条等。"观机曹子"之"子",其义当同于《世说》"王凝之谢夫人既往王氏"条所谓"王郎逸少之子"及《晋书·王凝之妻谢氏传》所谓"王郎逸少子"之"子",乃儿子之义。盖河东君自比于有"林下风"之谢道韫,故取"观机曹子"之辞,以目其意中人。河东君既不论社会阶级之高下,而自比于谢道韫,则卧子家世,虽非王、谢门第,然犹是科第簪缨之族。"拟人必于其伦"之义，固稍有未合，但为行文用典之便利，亦可灵活运用，不必过于拘执也。"观政某曹"即分部郎官之称。盖明之六部即古之诸曹。当时通目兵部为枢部，依据此称，遍检与河东君最有关系之胜流，若宋辕文、李存我并李舒章诸名士之父，皆未尝任兵部之职。惟陈卧子之父所闻，虽非实任兵部之职，但曾有一度与兵部发生关系。河东君或因此误记牵混，遂以为绣林实任兵部主事，故以"观机曹子"之辞目卧子也。据《陈忠裕全集》二九《先考绣林府君行述》略云：

> 是秋(指万历四十三年乙卯秋)举于乡，主司为相国高阳孙公。府君在冬官时，于诸曹中清望最高，群情推毂，旦夕当改铨部曹郎；而高阳公又以府君慷慨任事，欲移之枢部，未决，会艰归，俱不果。

又检黄石斋道周《黄漳浦集》二六《陈绣林墓志》略云：

> 乙卯举于乡，甚为高阳公(原注："洪思曰，孙文介公慎行，高阳人。"寅恪案：洪思事迹可参杨锺羲《雪桥诗话余集》一"龙溪洪阿士名思，黄石斋先生高弟"条。)所知。其时欲改公铨部(寅恪案：此时陈所闻官工部屯田司主事。)，孙文介(原注："谓孙尚书慎行也。")方任严疆，欲得公在枢部。事未决，会公丁艰归。

可知卧子之父绣林曾一度有为兵部主事之可能，而未成事实。"枢""机"两字义同，可以通用。故"枢部"即"机部"。兹有一端不可不辨者，即石斋以孙承宗之谥为"文介"，乃下笔时误记。实则承宗为高阳人，以兵部尚书兼东阁大学士，预机务，经略蓟辽。(见《初学集》四七《孙公行状》及《明史》二五〇《孙承宗传》。)慎行为武进人，卒谥文介。始终未尝官兵部尚书，亦未任宰相，且绝不能以著籍武进之人而任应天主考，考取华亭之陈所闻为举人之理。(见《明史》二四三《孙慎行传》。)石斋偶尔笔误,未足为异,然洪氏不特不为改正,又从而证实之,竟以承宗为慎行,可谓一误再误。甚矣！读书之难也。因恐世人以洪氏与石斋关系密切,注释石斋之文必得其实,故为附辨之如此。

观河东君此札推重卧子如此,而卧子不能与河东君结合之事势,已如前论,当亦为然明所深知。然则卧子既难重合,象三又无足取,此时然明胸中必将陈、谢两人之优劣同异互相比较,择一其他之人,取长略短,衡量斟酌,将此条件适合之候补者推荐于河东君。苦心若是,今日思之,犹足令人叹服！由此言之,牧斋于万历三十八年庚戌二十九岁时,与韩敬争状元失败,仅得探花,深以为憾；又于崇祯元年戊辰四十七岁时,与温体仁、周延儒争宰相失败,且因此获谴,终身愤恨；然于崇祯十三年庚辰五十九岁时,与陈子龙、谢三宾争河东君,竟得中选。三十年间之积恨深怒,亦可以暂时泄息矣。牧斋此时之快意,可以想见也。俟后论河东君过访半野堂时详论之。

复次,河东君此札中所谓"纤郎"果为谁耶？前引林天素所作《柳如是尺牍小引》已言其所谓"女史纤郎"当即王修微,兹请更详证之。《春星堂诗集》五《遗稿·西湖纪游》(寅恪案:据厉鹗《湖船录》称此文为《西湖曲自序》。)云:

复于西泠绪(?)纤道人净室旁营生圹。玄宰董宗伯题曰:"此未来室也。"陈眉公喜而记之。

检陈继儒眉公先生《晚香堂小品》七《微道人生圹记》略云:

修微,姓王,广陵人。生圹成,眉道人为之记。

故"纤道人"之为王修微,绝无疑义。修微名微,复字修微。"纤""微"二字同义,可以通用。"纤郎"当是修微曾以此为称也。(寅恪后见王国维《题高野侯藏汪然明刻本柳如是尺牍(七绝)三首》之一云:"纤郎名字吾能意,合是广陵王草衣。"足征观堂先生之卓识也。)兹成为问题者,河东君此札,林天素《小引》及然明《西湖曲自序》,何以皆不称"修微"为"微道人"或"草衣道人"等别号,而称之为不经见之"纤郎"耶?牧斋《列朝诗集》闰四选修微诗,朱竹垞彝尊《明诗综》九八《妓女类》亦选修微诗。朱氏所作《修微小传》云:

> 初归归安茅元仪,晚归华亭许誉卿,皆不终。

竹垞所言,必有依据。但牧斋则讳言其初归茅止生,又讳言其归许霞城而不终。《初学集》一七《移居诗集》载茅止生《挽诗(七绝)十首》,当作于崇祯十三年庚辰夏间。修微之脱离止生必更远在其前也。西园老人(寅恪案:李延昰字期叔,号辰山。亦号放鹇道者。"西园老人"乃其又一别号也。)《南吴旧话录》一八《谐谑类》云:

> 许太仆往虞山候钱牧斋。归与王修微盛谈柳蘼芜近事(原注:"蘼芜故姓杨,字蘼芜。云间妓也。能诗。嫁虞山钱牧斋。"),忽拍案曰:"杨柳小蛮腰,一旦落沙吒利手中。"修微哂之曰:"此易解。恐蛮府参军追及耳。"(寅恪案:此条后附嘉定李宜之《哭修微(绝句)百首》,有句云"有情有韵无蛮福"。其下原注:"修微尝谓余有一种死情。是日公实诉余,修微尝呼之为'许蛮',故戏之。")

寅恪案:修微之归许霞城,虽不知在何年,然据顾云美《河东君传》云:"宗伯大喜,谓天下风流佳丽,独王修微、杨宛叔与君鼎足而三,何可使许霞城、茅止生专国士名姝之目?"牧斋作此语,在崇祯十三年冬间,可知此时修微已早离茅元仪,而归于许誉卿矣。前引《南吴旧话录》中李宜之《哭修微(绝句)百首》,其《序》亦云:

与修微离合因缘,见之古律词曲,皆有题署。独七言绝句,多亵猥事,既嫁之后,遂杂入《无题》,不欲斥言其人,以避嫌也。

可知当时通例,名姝适人之后,诗文中词旨过涉亲昵者,往往加以删改,不欲显著其名,盖所以避免嫌疑。前引然明为河东君而作之《无题(七律)》一首,即是其证。河东君此札,林天素所作《柳如是尺牍小引》及汪然明《西湖曲自序》,皆称王修微为不经见之"纤郎"或"纤道人",而不显著其姓氏及字号者,盖皆在修微适人以后之作,而辞旨所涉殊有避免嫌疑之必要也。

《尺牍》第二十六通至二十九通皆是河东君崇祯十三年庚辰首夏至孟秋之间所作。河东君于此年春间在杭州与谢象三绝交发病,至嘉兴养疴,因住禾城逾月。其后移居吴江盛泽镇,欲待然明之晤谈,当是以其地不便相晤,遂买棹至垂虹亭相候,而然明不果赴约。河东君以盛泽镇不可久留,急待与然明面谈,竟不俟其来访,而先至杭州。岂知然明此时尚在徽州,于是不得已改往松江,入居横云山。然其病仍未痊愈。及闻然明已归杭州,乃函约其到横云山相晤。河东君于七月得然明复书,谓以家事不能往晤,故约其在秋末会于西湖也。至第三十通乃河东君到虞山以后所作。作此函时,已在牧斋家中。河东君之身世,于此始告一结束矣。由此观之,崇祯十三年首夏至孟秋间所作之尺牍,实为河东君身世飘零、疾病缠绵、最困苦时间之作品。若能详悉考证其内容,并分析其与然明之密切关系,则钱柳因缘之得如此成就,殊为事势情理之所必致者也。兹择此四通中有关者,略诠释之于下。

第二十六通云:

弟昨冒雨出山,早复冒雨下舟。昔人所谓"欲将双屐,以了残缘"，正弟之喻耳。明早当泊舟一日，俟车骑一过，即回烟棹矣。望之。

寅恪案：此通中"弟昨冒雨出山"之"山"，与第二十八通中"弟之归故山也"之"故山"，实同指一地，即是吴江盛泽镇。至第二十八通之"横山幽奇""甫入山后"及"山中最为丽瞩"，并第二十九通之"及归山阁"之"山"，皆指松江之横云山。此三通中虽同用"山"字，实指两地，不可牵混也。何以知前者之"山"及"故山"乃指盛泽镇耶？第一理由，因禾城中无山可言。至城外三十里之胥山，即朱竹垞所谓"嘉禾四望无山，近府治者胥山，一篑而已"者。（见光绪修《嘉兴府志》一二《山川一》"胥山"条及朱彝尊《曝书亭集》六八《胥山题壁》。）河东君于第二十九通中既言"抱疴禾城，已缠月纪"，"禾城"乃嘉兴之泛指，未有养疴于胥山之事。故知前者之"山"及"故山"乃"故居"之意。第二理由，因第二十八通云：

> 弟之归故山也，本谓吹笛露桥，闻箫月榭。乃至锦瑟瑶笙，已作画檐蛛网。日望凄凉，徒兹绵丽。所以未及遵刿棹，而行踪已在六桥烟水间矣。

此所谓"吹笛露桥，闻箫月榭"，乃用周美成《片玉词（上）兰陵王·柳》云：

> 记月榭携手，露桥闻笛。沉思前事，似梦里，泪暗滴。

之语。用咏柳之词，以指己身，自极切当。但"月榭""露桥"之"故山"，若谓是指禾城外之胥山，必无"锦瑟瑶笙，已作画檐蛛网"之理。故知后者之"山"乃是一昔华丽今荒凉之处所。取以目河东君盛泽镇之故居，方与所言适合。此河东君所以亟欲与然明面商他徙，不待来访，而先躬往也。又有可注意者，河东君于宋人咏柳之词,皆所熟诵,不仅秦少游《金明池》一阕而已。此殆因其寓姓为"柳"之故,非独以其身世与柳有关耶?

复次,河东君约与然明晤谈之地,疑是吴江之垂虹亭。观前第二章及第三章引沈虬《河东君传》所言,张溥至垂虹亭,易小舟访徐佛于盛泽镇,而佛已适人,遂携河东君至垂虹亭之事推之,则知当时风习,文士名姝往往以垂虹亭为集会之地。盖不仅景物足供赏玩,且交通便利,可通大舟。非若往来盛泽镇,必易小舟也。由此言之,河东君所谓"弟昨冒雨出山,早复冒雨下舟"者,乃前一夕由盛泽镇乘小舟至垂虹亭,翌晨复易大舟,以待然明来访。"下舟"者,即下大舟之谓。"明早当泊舟一日,俟车骑一过,即回烟棹矣"者,乃留在垂虹亭旁大舟中,再待然明一日,若尚不至,则又易小舟返盛泽镇也。据此札所言,河东君此时迫切不可缓待之情势及其焦急之心理,可以想见矣。

《尺牍》第二十七通云:

> 得读手札,便同阿閦国再见矣。但江令愁赋与弟感怀之语,大都若天涯芳草,何翅与巴山之雨一时倾倒也。许长史《真诰》亦止在先生数语间耳。望之!余扼腕之事,病极不能多述也。

寅恪案:此通关键乃"许长史《真诰》亦止在先生数语间耳"一节。陶隐居《真诰》为集合杨羲、许谧即许长史诸人手迹而成之书,其中多涉及仙女如萼绿华、安妃等降临人间之事。河东君此通所指,虽难确定,颇疑与第二章所引牧斋《戏题美人手迹》七诗有关。牧斋此题作于崇祯十三年庚辰春初,河东君此札作于同年夏间。所隔时日,至少亦有三四月之久。故然明将牧斋此诗传致于河东君,大有可能。至牧斋所见之河东君手迹,亦是从然明处得来也。考《晋书》七九《谢安传》云:

寓会稽,与王羲之及高阳许询、桑门支遁游处。

及同书八〇《王羲之传》略云:

> 羲之既去官,与东土人士尽山水之游。又与道士许迈共修服食,遍游东中诸郡,穷诸名山,泛沧海。叹曰:"我卒当以乐死。"谢安谓羲之曰:"中年以来,伤于哀乐,与亲友别,辄作数日恶。"羲之曰:"年在桑榆,自然至此。须正赖丝竹陶写。恒恐儿辈觉,损其欢乐之趣。"时刘惔为丹阳令。(寅恪案:"令"字应依《世说新语·言语类》"刘真长为丹阳尹"条,改作"尹"字。)许询尝就惔宿。床帷新丽,饮食丰甘。询曰:"若此保全,殊胜东山。"惔曰:"卿若知吉凶由人,吾安得保此。"羲之在坐曰:"令巢、许遇稷、契,当无此言。"二人并有愧色。

《世说新语·言语类》"刘真长为丹阳尹"条,刘《注》引《续晋阳秋》云:

> 许询,字玄度。高阳人。魏中领军允玄孙。总角秀惠,众称神童,而风情简素。司徒掾辟,不就。蚤卒。

《真诰》二〇《真胄世谱》略云:

> 〔许〕副,字仲先。庶生。即长史〔谧〕之父也。与谢奕〔安等〕兄弟周旋。

又略云:

> 〔许〕迈,字叔玄,小名映,改名远游。与王右军父子周旋。

然则谢安石、王逸少之在东山,其所与交游者,为许询、许迈,而非许谧即许长史。但长史之父仲先及兄远游,固尝与王、谢胜流相往来。河东君或于此有所误记,因而牵混耶?若为误记牵混,则东山之谢安石恐非牧斋莫属。盖然明当时所能介绍于河东君之胜流,唯牧斋一人曾于崇祯元年戊辰会推阁臣,列名其中。虽因此革职回籍,然实取得候补宰相之资格。至其余如谢象三之流,资望甚浅,不足与谢安石相比也。职此之故,第二章论牧斋《戏题美人手迹七首》,谓其诗乃钱柳因缘重要资料之一,实则亦是钱柳因缘材料之最先见于记载者。河东君此札可取以相证发也。

《尺牍》第二十八通云:

(上段前已引)已至湖湄,知先生尚滞故里。又以横山幽崎,不减赤城,遂怀尚平之意。不意甫入山后,缠绵凤疾,委顿至今。近闻先生已归,幸即垂视。山中最为丽瞩,除药炉禅榻之外,即松风桂渚。若觏良规,便为情景俱胜。读孔璋之檄,未可知也。伏枕草草,不悉。

寅恪案:此札"药炉"二字,杭州高氏藏本如此,今依以移录。瞿氏钞本"药"下缺一字。王胡本补作"铛",自是可通,但杜牧之《题禅院》诗云"今日鬓丝禅榻畔,茶烟轻飏落花风"(见《全唐诗》第八函杜牧三及孟棨《本事诗·高逸类》),并《东坡集》七《和子由四首》之二《送春》云"鬓丝禅榻两忘机",及《东坡后集》四《朝云诗》云"不似杨枝别乐天""天女维摩总解禅""经卷药炉新活计,舞衫歌扇旧因缘"。河东君自与谢象三绝交发病后,意态消沉,借禅悦以遣愁闷,因而多读佛经。如第二十五通云"泳游宗极",第二十七通云"便同阿閦国再见矣",第二十九通云"见遮须之尊,忘波旬之怖"及"今虽华鬘少除,而尼连未浴"等,皆用内典之文,可为例证。至"药炉禅榻"之语,固出杜、苏之诗,人所习知,不足为异。所可论者,河东君以其身世之关系,于《朝云诗》一类之作品,本甚留意。况曾一度以"杨朝"为称,唐叔达为之赋《七夕行》,程孟阳为之赋《朝云诗八首》及《今夕行》。其于东坡是诗,尤所专注,此事理所必然也。(详见前论河东君嘉定之游节。)河东君作此书时,正值其浏览佛经及赏玩苏诗之际。其实东坡此诗之"药炉",本指烧炼丹汞之"药炉",而非煎煮药物之"药炉"。观此诗七、八两句"丹成逐我三山去,不作巫阳云雨仙"可证。盖"经卷药炉"指佛道之教义,"舞衫歌扇"指姬妾之生活,以今昔情境互异为对文。东坡此意,河东君未尝不知,不过借用之,以写煎药疗病之景况耳。若必谓非作"药铛"不可,则恐转涉拘泥矣。职是之故,颇疑此札之"药炉"即东坡《朝云诗》之"药铲",而非"药铛"也。河东君早与几社名士交游,自然熏染轻鄙宋诗之风习。第三章论河东君《金明池·咏寒柳》词,实用东坡之诗。今观此札中"药炉禅榻"之语,又得一证。王胡本以"药炉"为"药铛",就文义言,原甚可通。然于河东君学问蜕变之过程,似尚未达一间也。夫河东君之涉猎教乘,本为遣愁解闷之计,但亦可作赋诗词取材料之用。故所用佛经典故,自多出于《法苑珠林》等类书。若"遮须"一词,乃用《晋书》一○二《刘聪载记》,实亦源于佛经,颇称僻典。然则其记诵之博,实有超出同时诸名姝者。明末几社胜流之诗文,以所学偏狭之故,其意境及材料殊有限制。河东君自与程孟阳一流人交好以后,其作品遣词取材之范围,已渐脱除旧日陈、宋诸人之习染,骎骎转入钱、程论学论诗之范围。盖几与当时萧伯玉士玮、艾千子南英江西诸名士同一派别,而非复云间旧日之阿蒙矣。

　　河东君至杭州访然明不遇,未能与商迁居之地,故遂自行决定,由吴江之盛泽迁往松江之横云山。似此不俟然明之回杭,而匆促作此移居之计者,其间必有不能久待之理由。据《陈忠裕全集》卧子《自撰年谱》"崇祯十三年庚辰"条略云:

春纳侧室薄氏。以三月北发。六月就选人,得绍兴司李。七月南还。以八月奉太安人携家渡钱塘。〔抵任所。〕

可知崇祯十三年春,卧子于其继母唐孺人服阕后,即又纳妾薄氏,复北上选官。以常例推计,其得官南还及赴新任,当不过数月间事。河东君自崇祯八年夏间脱离卧子,晚秋离去松江后,至崇祯十三年夏间作此札时,固已历五岁之久,而两方实未能忘情。第三章论卧子《长相思》《上巳行》两诗,已言及此点。意者,河东君作此书时,或已悉卧子之北行,或竟知卧子之得官南归,所以亟欲迁居松江,而不待然明之归者,其意旨倘在是耶?"横山"即横云山。嘉庆修《松江府志》七《山川门》云:

在府城西北二十三里,高七十尺,周回五里。本名横山。唐天宝六年易今名。

又河东君《戊寅草·〔崇祯八年〕秋夜杂诗四首》之二"澄崖相近看"句下自注云:

横山在原后。

寅恪案:第三章引钱肇鳌《质直谈耳》七"柳如是之轶事"条载河东君旧日居松江之佘山。佘山在松江府城北二十五里(见嘉庆修《松江府志》七《山川门》)。佘山与横云山地相邻接,而横云山之规模尚狭小于佘山,河东君是否先居佘山,后迁横云山,抑或前后皆居横云山,钱氏牵混言之,今不易考知矣。"赤城"者,《文选》一一孙兴公《游天台山赋》云"赤城霞起而建标",故以赤城比天台,其实高下大小不可同语。若谓河东君于此亦不免文人浮夸之习,则恐所见尚失之肤浅。鄙意河东君之取横云山以比天台山者,暗寓"刘阮重来"之意,实希望卧子之来访也。此通云"不意甫入山后,缠绵凤疾,委顿至今",第二十九通云

"及归山阁,几至弥留",岂居横山以后,卧子又无来访之事所致耶?更可注意者,东坡词云"人间自有赤城居士"(见东坡词《水龙吟》),河东君殆亦于此时熟玩苏词,不仅熟精《选》理也。

《尺牍》第二十九通云:

> (上段前已引。)邈邈之怀,未卜清迈。何期明河,又读鳞问耶?弟即日观涛广陵,聆音震泽。先生又以尚禽之事未毕,既不能晤之晚香,或当期之仙舫也。某公作用,亦大异赌墅风流矣。将来湖湄,鳜鱼如丝,林叶正赪。其为延结,何可言喻。

寅恪案:欧阳永叔《居士集》一五《秋声赋》云"明河在天","夷则为七月之律"。今河东君此书云"何期明河,又读鳞问耶",是此书作于崇祯十三年七月间。"观涛广陵,聆音震泽"当是访觅名流、择婿人海之意,而非真欲有所游览也。否则与下文"不能晤之晚香,或当期之仙舫"之语,意义不贯。"仙舫"谓"不系园"之类,即指杭州,乃然明所居之地。"晚香"谓"佘山",(陈眉公建晚香堂于东佘山,有《晚香堂苏帖》及《晚香堂小品》等。据陈梦莲所作其父年谱,眉公卒于崇祯十二年己卯九月二十三日。河东君作此书时,眉公已前卒。故此"晚香"当是泛指佘山,非谓约然明会于眉公处也。)即指松江,乃河东君所居地。此札之意,谓然明既以家事不能来松江相访,则己身将往杭州相会。其时间当在深秋,即鱼肉白、林叶红之候也。然明书中,必又言及谢三宾对于河东君有何不利之言行。此类言行,今虽难考悉,但据全谢山所述象三"晚年求用于新朝,欲以贿杀六狂生,不克。竟杀五君子以为进取之路"等事推之,其人之阴险可知。然则河东君此时既为象三所恨,处境颇危。若非托身一甚有地位之人,如牧斋者,恐象三尚不肯便尔罢休。观河东君此札,其急于求得归宿之所,情见乎辞者,殆亦与此有关欤?"某公作用,亦大异赌墅风流矣"之语,自是用《晋书》七九《谢安传》,世人共知,不待征引。所可笑者,牧斋为象三父一爵、母周氏所作合葬《墓志铭》有"其先晋太傅"及"谢自太傅,家于东中"等语(见《初学集》五三《封监察御史谢府君墓志铭》),夫吾国旧日妄攀前代名贤,冒认宗祖,矜夸华胄之陋习,如杜少陵《丹青引》中"将军魏武之子孙"之例者(见《杜工部集》五),何可胜数,亦无须辨驳。象三于此本不足怪。但其人与河东君虽有特殊关系,幸后来野心终不得逞,否则《东山酬和集》之编刊,将不属于牧斋,转属于象三,而象三可谓承家法祖之孝子顺孙矣。至若河东君骂其"大异赌墅风流",意谓象三为安石之不肖裔孙,固甚确切痛快,殊不知倘象三果能效法其远祖者,恐未必真河东君之所愿也。

《尺牍》第三十通云:

> 嗣音遥阻,顿及萧晨。时依朔风,禹台黯结。弟小草以来,如飘丝雾,黍谷之月,遂蹠虞山。南宫主人,倒屣见知,羊公谢傅,观兹非邈。彼闻先生与冯云将有意北行,相望良久。何谓二仲,尚渺洄溯?弟方耽游,蜡屐或至,阁梅梁雪,彦会可怀。不尔,则春王伊迩,薄游在斯。当偕某翁便过〔通〕德,一景道风也。耑此修候,不既。

寅恪案:此书乃崇祯十三年庚辰十二月河东君已移居牧斋我闻室时所作。"时依朔风,禹台黯结"者,《文选》四一《李少卿答苏武书》云:"时因北风,复惠德音。"河东君此书亦作于冬季,故有斯语。"禹台"即"禹王台",亦即"梁王吹台",其地在开封(见清《嘉庆一统志》一八七《开封府二》)。此与第三十一通用"夷门"指然明者相同,前已论及,盖取此两词以比然明为魏之信陵君也。"小草已来,如飘丝雾"者,"小草"用《世说新语·排调类》"谢公始有东山之志"条,谓由松江横云山出游也。"如飘丝雾"即"薄游"之意,下文亦有"薄游在斯"之语,可以参证。更有可论者,《文选》二六谢灵运《初去郡》一首云:

> 毕娶类尚子,薄游似邴生。

李《注》云:

> 嵇康《高士传》曰:"尚长,字子平,河内人。隐避不仕,为子嫁娶毕,敕家事断之,勿复相关,当如我死矣。"嵇康书亦云"尚子平"。范晔《后汉书》曰:"向长,字子平,男娶女嫁既毕,敕断家事。""尚""向"不同,未详孰是。班固《汉书》曰:"邴曼容养志自修,为官不肯过六百石,辄自免去。"

寅恪案:"尚""向"之异,兹可不论。第二十九通云"先生又以尚禽之事未毕","禽"字应作"长"或"平",即用康乐诗句及李《注》。《春星堂诗集》三《游草》最后一首《出游两月归途复患危病释妄成真自此弥切》云"向平有累应须毕"。然明此诗作于崇祯十一年戊寅季秋,其时尚未毕儿女婚嫁。至河东君作第二十九通时,已逾两年,正值然明儿女婚嫁之际也。若第二十通"又以横山幽奇,不减赤城,遂怀尚平之意",则用范蔚宗《后汉书·列传》七三《逸民传·向长传》中,向子平、禽子夏"俱游五岳名山"之典,非谓"男女娶嫁既毕"之义也。但于二十八通用"尚平之意"以指己身,而于第二十九通转用"尚禽之事"以指然明。指然明为禽庆与尚平共游五岳名山,自无不可。若指己身为尚平,则河东君己身婚嫁尚未能毕,正在苦闷彷徨之际,误用此典,不觉令人失笑。"薄游"之义,原为"游宦"之"游",故康乐诗用"邴曼容为官不肯过六百石,辄自免去"之典,与浪游之意绝无关涉。河东君久诵萧《选》,熟记谢《诗》,遂不觉借用康乐之句,牵连混及,颇不切当。斯亦词人下笔时所难免者,不必苛责也。"黍谷之月,遂蹴虞山"者,乃冬至气节所在之仲冬十一月到常熟之意。(寅恪案:郑氏《近世中西史日表》崇祯十三年庚辰十一月九日冬至。)《文选》三左太冲《魏都赋》云:"且夫寒谷丰黍,吹律暖之也。"李《注》引刘向《别录》曰:

  邹衍在燕,有谷地美而寒,不生五谷。邹子居之,吹律而温至黍生。今名黍谷。

又,《杜工部集》一六《小至》诗云:"冬至阳生春又来。"盖河东君以崇祯十三年庚辰十一月至常熟,仍留舟次,至十二月二日始迁入牧斋家新建之我闻室。其作此书,据前引《耦耕堂存稿》文下《题归舟漫兴册》中"庚辰腊月望,海虞半野堂订游黄山"之语推之,则当在十三年十二月十五日孟阳离常熟以后,河东君尚居牧斋家中之时也。所以确知如此者,《东山酬和集》一第一首云:

  庚辰仲冬访牧翁于半野堂,奉赠长句。
  河东柳是字如是。(原注:"初名隐。")
  (诗见后。)

《列朝诗集》丁一三上《松圆诗老程嘉燧诗》云:

  庚辰十二月二日,虞山舟次值河东君,用韵辄赠。
  (诗见后。)

及《东山酬和集》一牧翁诗云:

  寒夕文宴,再叠前韵。是日"我闻室"落成,延河东君居之。
  (原注:"涂月二日。")
  (诗见后。)

可知河东君于崇祯十三年庚辰十一月乘舟至虞山，"幅巾弓鞋，著男子服"访牧斋于半野堂。其始尚留舟次，故孟阳诗题云"庚辰十二月二日虞山舟次值河东君"，而牧斋诗题云"是日（指庚辰十二月二日）我闻室落成延河东君居之"，此诗第四句又云"绿窗还似木兰舟"。然则河东君之访牧斋，其先尚居虞山舟次，后始迁入牧斋家中，首尾经过时日，明白可以考见者若是。后来载记涉及此事，往往失实，兹略征最初最要之材料如此。其他歧异之说，概不多及，以其辨不胜辨故也。

复次，河东君之访半野堂，在此之前，实已预有接洽，并非冒昧之举，俟后详论。其"幅巾弓鞋，著男子服"者，不仅由于好奇标异、放诞风流之故，盖亦由当时社会风俗之拘限，若竟以女子之装束往谒，或为候补宰相之当关所拒绝，有以致之也。其所以虽著男子之"幅巾"，而仍露女子之"弓鞋"者，殆因当时风尚，女子以大足为奇丑，故意表示其非如蒲松龄《聊斋志异》所谓"莲船盈尺"之状耶？自顾云美作图征咏之后（此图今藏沈阳故宫博物馆。余可参范锴《华笑庼杂笔》一《河东君访半野堂小影图传并题诗跋五则》），继续摹写者，颇亦不少，惜寅恪未得全见。唯神州国光社影印余秋室白描柳如是小像最为世所称道。蓉裳善画美人，有"余美人"之目（见秦祖永《续桐阴论画》等。）竟坐是不得为状头（见蒋宝龄《墨林今话》七）。此小像不知是何年所作，以意揣之，当在秋室乾隆丙戌殿试以后。然则"余美人"之未能中状元，此小像实不任其咎也。又"美人"本为河东君之号，以"余美人"而画"杨美人"，可称双美矣。因戏题三诗，附载于后，以博好事者一笑。诗云：

弓鞋逢掖访江潭，奇服何妨戏作男。咏柳风流人第一，（河东君《金明池·咏寒柳》词有句云："念畴昔风流，暗伤如许。"非用谢道韫咏絮事。）画眉时候月初三。（河东君于崇祯十三年十二月二日入居牧斋新建之我闻室。李笠翁《意中缘》剧中,黄天监以"画眉"为"画梅"。若从其言,则属对更工切矣。一笑!)东山小草今休比,南国名花老再探。(牧斋于万历三十八年庚戌廷试以第三人及第,时年二十九岁。至崇祯十三年庚辰遇河东君时,年已五十九岁矣。)好影育长终脉脉(见《世说新语·纰漏类》),兴亡遗恨向谁谈?

岱岳鸿毛说死生,当年悲愤未能平。佳人谁惜人难得,故国还怜国早倾。柳絮有情余自媚,桃花无气欲何成。杨妃评泊然脂夜,流恨师涓枕畔声。

佛土文殊亦化尘,如何犹写散花身?白杨几换坟前树,红豆长留世上春。天壤茫茫原负汝,海桑渺渺更愁人。衰残敢议千秋事,剩咏崔徽画里真。

河东君札中"南宫主人"之语,指牧斋言。盖北宋以来,习称礼部为"南宫"(见王辟之《渑水燕谈录》七《歌咏类》"范文正公未免乳丧其父"条),时牧斋以礼部右侍郎革职家居故也。"冯云将"者,南京国子监祭酒秀水冯梦祯之仲子。梦祯以文章气节有声于时(见《初学集》五一《南京国子监祭酒冯公墓志铭》,《列朝诗集》丁一五"冯祭酒梦祯"条《小传》及光绪修《嘉兴府志》五二《冯梦祯传》),以娶仁和沈氏之故,遂居杭州。(见光绪修《杭州府志》一六九《冯梦祯传》。)云将虽为名父之子,而科试殊不得志,身世颇困顿,与汪然明始终交好。观牧斋《有学集》三二《汪然明墓志铭》云:

及乎弥留待尽,神明湛然。要云将诸人,摩挲名迹,吹箫摘阮,移日视荫,乃抗手而告别。

可为例证。今《春星堂集》中关涉冯云将者甚多。兹仅择录《梦

香楼集》所附和诗中《云将四绝句》之一于下。其诗辞旨皆不佳,远不及黄媛介、李渔诸人之和作也。冯鹓鹐和诗云:

> 轻绡飘拂紫云香,玉骨凌风枕簟凉。幽梦回来情仿佛,不知谁个是檀郎。

牧斋《尺牍》一《与宋玉叔琬书》云:

> 不肖在杭有五十年老友曰冯鹓鹐,字云将者,故大司成开之先生之仲子也。年八十有七矣。杜门屏居,能读父书,种兰洗竹,不愧古之逸民。开之故无遗资,云将家益落。

据此云将暮齿之情况,亦可想见矣。兹所以不避繁赘之嫌,略详云将名字及生平者,盖为小青故事后人多所误会之故。《列朝诗集》闰四"女郎羽素兰"条《小传》附论小青事云:

> 又有所谓小青者,本无其人。邑子谭生造《传》及诗,与朋侪为戏曰:"小青者,离'情'字。"正书"心"旁似"小"字也。或言姓钟,合之成"钟情"字也。其《传》及诗俱不佳,流传日广,演为传奇。(寅恪案:牧斋此条可参《陈忠裕全集》一〇《几社稿·仿佛行》并所附李舒章原作。)至有以《孤山访小青墓》为诗题者。俗语不实,流为丹青,良可为喷饭也。以事出虞山,故附著于此。

陈文述《兰因集(上)》(参陈文述《西泠闺咏》九《梅花屿冯小青诗序》)辨正牧斋之说,略云:

> 或妒妇扬焚图毁诗之余烈,百计以灭其迹。冯既旧家,妇应豪族。蒙叟受托,作此不经之语,未可知也。

寅恪案:颐道居士驳牧斋所言之谬,甚确。但以牧斋受冯生嫡室之托,造作不经之语,殊不知牧斋与云将交谊甚笃,因讳其娶同姓为妾,与古礼"买妾不知其姓,则卜之"之教义相违反也(见《小戴记·曲礼上》)。至云伯撰《西泠闺咏》,又以小青之夫为冯千秋,是误认冯云将即冯千秋,则为失实。据光绪修《杭州府志》一四八《冯延年传》云:

> 冯延年,字千秋。明国子监祭酒秀水梦祯孙。梦祯娶武林沈氏,爱西湖之胜,筑快雪堂于湖上。延年因入籍钱塘。中崇祯十二年副贡,入太学。归隐秋月庵。

然则千秋乃开之之孙。牧斋作开之《墓志》云:"余与鹓鶵好。"是牧斋为云将之故,因讳小青之事,较合于情理也。

又,河东君《湖上草》有《过孤山友人快雪堂(七律)》一首。据《列朝诗集》丁一五《冯梦祯小传》云:

> 筑室孤山之麓,家藏《快雪时晴帖》,名其堂曰"快雪"。

可知此友人即冯云将。河东君游西湖时,固尝与云将往还也。崇祯十三年冬间河东君居牧斋家,汪、冯二人欲同至虞山者,当是劝说河东君不再放弃机会,即适牧斋也。此后然明游闽,牧斋乃托云将至松江构促河东君。前论《尺牍》第三十一通时,已言及之矣。"阁梅梁雪,彦会可怀。不尔,则春怀伊迩,薄游在斯。当偕某翁便过通德"者,河东君初迁入我闻室时,当已与牧斋约定于崇祯十三年岁杪同至杭州,否则,亦拟于崇祯十四年春间偕游西湖,共访然明。疑此预约皆出自牧斋之意,盖欲请然明劝说河东君之故。观前引第三十一通首节,然明其夸牧斋气谊等语,可以推知也。鄙意河东君此书乃是由牧斋所促成,必经牧斋过目者。当日牧斋特遣人致函然明,告以河东君之将至杭过访,并请其代为劝说。牧斋致然明之书,惜已不可得见,而河东君此书之性质,不过牧斋专函之附片耳。

关于《湖上草》赠诸文人之诗,虽为酬应之作,不必多论。

然有一特点,即牧斋所称河东君《半野堂初赠诗》"语特庄雅"者是也(见《东山酬和集》一第二诗题)。夫以河东君当日社会之地位,与诸男性文人往来酬赠,若涉猥俗,岂不同于溱洧士女之相谑,而女方实为主动者乎?(见《毛诗·郑风·溱洧》孔氏《正义》。)此河东君酬赠诸诗,所以"语特庄雅",自高身份之故。顾云美云:"〔河东君〕游吴越间,格调高绝,词翰倾一时。"洵非虚誉也。

《蘼芜纪闻(上)》载王士禄《宫闺氏籍艺文考略》一名《然脂集》云:

〔河东君〕所著有《戊寅草》。邹斯漪刻其诗于《诗媛十名家集》中。(寅恪案:《佚丛甲集·牧斋集外诗》附柳如是诗,卷尾载武陵渔人《跋》云:"苏息翁新购《诗媛八名家》,令急为借读。内有河东君一□,特为录出。"与此作"诗媛十名家"者不同。)又汪汝谦刻其《尺牍》一卷。林雪云,《如是尺牍》艳过六朝,情深班蔡。《神释堂诗话》云:"河东诗早岁耽奇,多沦荒杂。《戊寅》一编,遣韵缀辞,率不可诂。最佳如《剑术行》《懊侬词》诸篇,不经剪截,初不易上口也。然每遇警策,辄有雷电砰燿、刀剑撞击之势,亦戄笋之异致矣。后来多传近体,七言乃至独绝。若'婉娈鱼龙问才艳,深凉烽火字珊瑚''下杜昔为走马地,阿童今作斗鸡游''小苑有香皆冉冉,新花无梦不蒙蒙''月幌歌阑寻麈尾,风床书乱觅搔头''洗罢新松看沁雪,行残旧药写来禽',此例数联,惝恍朦胧,附以神丽,鱼、薛擅能,兹奇未睹。诚如陈思所云'神光离合,乍阴乍阳者'也。拟古如'台馆易嵯峨,珠玉会萧瑟',读之尤令人悲悚。《尺牍》含咀英华,有六朝江、鲍遗风。"

又邹弢《三借庐笔(赘)谈》一二"河东君"条略云：

> 往见书贾持《河东君诗稿》一册，乃惠山韵香尼手录本。仅记其《夜起》二句云"初月不明庭户暗，流云重叠吐残星"，真得初唐神韵者。

寅恪案：《神释堂诗话》中所举七言近体数联，"婉娈"一联见《戊寅草·初夏感怀四首》之二。"下杜"一联见同书《五日雨中》。"小苑"一联即下引《西泠十首》之一第三、第四两句，洵佳作也。"月幌"一联见《初学集》二〇《东山诗集三》附河东君和牧翁《中秋日携内出游次冬日泛舟韵二首》之一。"洗罢"一联见《有学集》二《秋槐诗支集》附河东君和牧翁《人日示内二首》之二。又所举拟古诗"台馆"两句，则见《戊寅草·拟古诗十九首》中《去者日以疏》一首。至若邹弢《三借庐赘谈》一二所举《夜起》两句(详见后引)，今尚未能证实，更俟详考。凡此诸例，虽皆河东君诗句之流播人口者，然其佳作犹不止此数例而已也。《湖上草》诸诗，《西湖八绝句》之"桃花得气美人中"一首于第二章论牧斋《与姚叔祥共论近代词人戏作七绝》及第三章论卧子崇祯八年春间所作《寒食(七绝)三首》时，已两次全引其文，不须更重录外，兹再择录最佳及有关考证者共数首，略加校释于下，聊见全豹之一斑云尔。

《西泠十首》之一云：

> 西泠月照紫兰丛，杨柳丝多待好风。小苑有香皆冉冉，新花无梦不蒙蒙。金吹油壁(壁)朝来见，玉作灵衣夜半逢。一树红梨更惆怅，分明遮向画楼中。

寅恪案：河东君此诗为咏当时西湖诸名媛而作，并自述其身世之感也。"西泠月照紫兰丛"者，用《李义山诗集(中)汴上送李郢之苏州》诗"苏小小坟今在否，紫兰香径与招魂"之语。"丛"者，

"多数"之义,指诸名媛言,与下文"一树"之指己身言者,相对为文。"杨柳丝多待好风"乃合《李义山集(中)无题二首》之一"斑骓只系垂杨岸,何处西南待好风"两句为一句。(寅恪案:《李集》诸本"待"字多作"任"。冯浩《玉谿生诗笺注》四"待"字下注云:"一作任,误。"神州国光社影印牧斋手校《李集》中亦作"待"。)"金吹"二字,杭州高氏所藏明本亦同,殊不易解。或谓用乔知之《从军行》一作《秋闺》诗"玉霜冻珠履,金吹薄罗衣"之语(见《全唐诗》第二函乔知之诗)。盖河东君以其身世,初亦略同于窈娘,宜于乔补阙之《秋闺》《绿珠篇》等诗,有所感会。《戊寅草》载其《寒食雨夜十绝句》之五云:"想到窈娘能舞处,红颜就手更谁知。"陈卧子于崇祯六年清明,即河东君赋《寒食雨夜》诗之次日,亦有"今日伤心何事最,雨中独上窈娘坟"之句(见《陈忠裕全集》一九《陈李唱和集·清明(七绝)》)。故河东君之用"金吹"二字,恐非出于偶然也。鄙意此说未是。第一理由,乔诗之"金吹"当作"金风"解,"吹"字应读去声。但在柳诗,则应作平声始合音调。第二理由,"金吹"与"油壁"不相关联,两词连用亦似牵强。职此之故,颇疑"金吹"应作"金鞭","鞭"字脱落,因误成"吹"字耳。《苏小小歌》云:"我乘油壁车,郎骑青骢马。何处结同心,西陵松柏下。"(见郭茂倩《乐府诗集》八五。)故"金鞭"即指"青骢马"言,与"油壁"一辞相联贯。且"鞭"字平声,于音律协调,较作"金吹"者更为易解矣。"玉作"亦疑为"玉佩"之讹误。《楚辞·九歌·大司命》云"灵衣兮被被,玉佩兮陆离"者,是也。"金鞭油壁"与"玉佩灵衣"相对为文,自极工切。"红梨"者,《玉谿生诗》"崇文馆里丹霜后,无限红梨忆校书"(见《李义山诗集(中)代秘书赠弘文馆诸校书》),本以"红梨"比事,即取郑虔柿叶临书之意,乃指"男校书"之校书郎。后来因薛涛有"女校书"之称,遂用"红梨"以目女校书,如徐复祚之《红梨记》戏剧乃其例也。河东君自比于"一树红梨""遮向画楼中"者,即遮隐于画楼之中,不欲俗人窥见之意。《尺牍》第五通云:"弟之所汲汲者,亡过于避迹一事。"河东君此诗自言其所以不同于西湖当时诸名媛者,乃在潜隐一端。其改名为"隐",取义实在于是。至所谓"画楼",殆指《尺牍》第一通所谓"桂栋药房"之然明横山别墅,即牧斋诗中所谓"汪氏书楼"者也。此诗第二句"杨柳丝多待好风",中藏河东君之新旧姓氏。第八句则暗藏"隐"字,即河东君此时之改名。故《湖上草》之作者,亦题为"柳隐如是"。当时作诗之风气,诗中往往暗藏有关人之姓名,第二章已详论之矣。又,牧斋于崇祯十三年秋间《与姚叔祥共论近代词人》诗云"近日西陵夸柳隐",可知牧斋作诗时,实已得见然明所刻之《湖上草》,而"西陵""柳隐"两辞并用,殆即指此首而言耶?

《西泠》第十首云:

荒凉凤昔鹤曾游,松柏吟风在上头。(原注:"时游孤山。")苑吏已无勾漏鼎,(原注:"稚川为句漏长。")烟霞犹少岳衡舟。(原注:"褚元璩隐于钱塘时放舟衡岳。")遥怜浦口芙蓉树,仿佛山中孔雀楼。从此邈然冀一遇,遗宫废井不胜愁。

寅恪案:此首在《湖上草》诸诗中非佳妙之作,但亦非寻常游览之作,必有为而发,惜今不能考实。姑妄推测,约略解释,殊不敢自信也。第二句下自注云:"时游孤山。"故知河东君游孤山而有所感会。然细绎全首词旨,除"鹤曾游"外,其他并无与孤山典故有关者,颇疑此诗殆有感于冯小青之事而作。"松柏同心"已成陈迹,冯云将家已贫落,无复炼金之鼎,往来于富人之门,不能如褚元璩之高逸。旧日小青之居处,犹似己身昔日松江之鸳鸯楼,即南楼,既睹孤山陈迹之荒凉,尚冀他日与卧子重寻旧好也。褚元璩为褚伯玉之字,其事迹见《南齐书》五四及《南史》七五本传。《嘉庆一统志》二九四《绍兴府·山川门》"宛委山"条引《遁甲开山图》云:"禹治水,至会稽,宿衡岭。"又同书同卷《陵墓门》云:"齐褚伯玉墓在嵊县西西白山。""衡岭"当即"衡岳",固是元璩栖隐之地,不过倒"衡岳"为"岳衡",以协声调,殊觉牵强耳。何逊《夜梦故人》诗云"浦口望斜月,洲外闻长风"及"相思不可寄,直在寸心中"(见"汉魏六朝百三名家集"《何记室集》),河东君"浦口"之句,初视之,不过仲言诗意。细绎之,则知实出《王子安集》二《采莲赋》中"浦口窄而萍稠"之语。崇祯八年秋河东君与卧子有采莲一段佳话,前论卧子《采莲赋》节中已详及,兹可不赘。盖河东君赋此诗之际,遥想八年前之"鸳鸯楼"即"南楼",此时当亦同一荒凉境界,斯所以因游孤山,忆昔怀人,乃有此作耶?"孔雀楼"者,疑是用《列仙传(上)萧史传》"能致孔雀白鹤于庭",《太平广记》四八八元稹《莺莺传》载《续会真诗》云"行云无处所,萧史在楼中",宋某氏《侍儿小名录拾遗》引《帝王世纪》云"秦穆公女名弄玉,善吹箫,作凤凰音,感凤凰,从天而降。后升天矣",及《九家集注杜诗》一七《郑驸马宅宴洞中(七言近体)》"自是秦楼压郑谷"句下注"赵云,此言主家本是秦女之楼,而气象幽邃,压倒郑子真之谷口矣"之典。盖以己身与卧子同居松江之"鸳鸯楼"即南楼,有似小青与云将同居之孤山"秦楼",即"孔雀楼"耳。此诗首句"鹤曾游"之"鹤",亦当是同出此典,不仅用林君复事也。(参《嘉庆一统志》二八四《杭州府二·古迹门》及光绪修《杭州府志》三〇《古迹二·钱塘县》"放鹤亭"条。)河东君自伤其身世与小青相类,深恨冯妻及张孺人之妒悍,云将及卧子之懦怯,遂感恨而赋此诗欤?《湖上草》中《过孤山友人快雪堂(七律)》一首,是否与此首同时所作,虽不能知,然此"友人"当为冯云将,则无可疑。所以讳言之者,或因有游孤山悼小青之什,故不显著冯氏之名也。

《清明行》云:

春风晓帐樱桃起,绣阁花骢绮香旨。(寅恪案:"绮香旨"三字,杭州高氏藏明本作"绮晴旨",北京钞本亦同。"晴旨"或是"情旨"之讹误,但仍涉牵强。瞿氏钞本作"绮香旨",复不可通。然瞿本之易"晴"为"香",当经过改校而又讹写者。岂校改者本改"晴"为"音","音"更误为"香"耶?假定为"音旨",则《世说新语·赏誉类》"太傅东海王镇许昌"条云:"奉诵遗言,不若亲承音旨。"《晋书》四九《阮瞻传》亦同。又"汉魏六朝百三名家集"《梁简文帝集》一"与广信侯重述内典书"云:"阔绝音旨,每用延结。"故改为"音旨",殊有理据。至于"绮"字,则寅恪疑为"绝"字之形讹。"绣阁花骢绝音旨"或"情旨"者,佳人绣阁中骑花骢公子之"音旨"或"情旨"断绝也。若如此校改,辞意虽甚可通,然辗转揣测,终嫌武断。姑备一说于此,以俟通人之教正耳。)桃枝柳枝偏照人,碧水延娟玉为柱("柱",瞿本误作"桂")。朱兰入手不禁红,芳草纷匀自然紫。西泠窈窕双回鸾,蕙带如闻明月气。可怜玉簪茱萸心,盈盈艳作芙蓉生。明霞自落凤巢里,白蝶初含团扇情。丹珠夜泣柳条曲,梦入莺闺漾空渌。斯时红粉飘高枝,豆蔻香深花不续。青楼日暮心茫茫,柔丝折入黄金床。盘螭玉燕无可寄,(寅恪案:此句可参倪璠注《庾子山集》五《燕歌行》中"盘龙明镜寄秦嘉,辟恶生香寄韩寿"句,及《杨柳歌》中"白玉手版落盘螭"句。)空有鸳鸯弃路旁。

寅恪案:此题虽为《清明》,然辞旨与清明殊少关涉。反复诵读,并取陈卧子之诗参证之,始恍然明了其间之关系也。卧子诗与河东君此诗之有关者共三首。一为崇祯八年乙亥春之《樱桃篇》,二为崇祯九年丙子春之《寒食行》,三为崇祯十二年己卯春之《上巳行》。《樱桃篇》及《寒食行》载于《平露堂集》。宋徵璧序此集云:

> 陈子成进士归,读礼之暇,刻其诗草名白云者。已又裒乙亥丙子两年所撰著,为《平露堂集》。刻成,命予序之。

然则《平露堂集》刻成,至早当在崇祯十年下半年,迟则在崇祯十一年。至《湘真阁集》之刻成,已在崇祯十四年之后矣。卧子赋《樱桃篇》时,正值其与河东君同居之际。此篇固为河东君所亲见而深赏者。《寒食行》作成之时,河东君虽已离去卧子,但《平露堂集》之镌刻,至迟亦在崇祯十一年。河东君作《清明行》之前,亦必得见卧子之《寒食行》也。职此之故,河东君《清明行》中之辞句,往往与卧子《樱桃篇》《寒食行》相类似,自非偶然。盖河东君此时之诗,多取材于卧子之作品。如前所论《湖上草》中《西湖八绝句》"桃花得气美人中"一首,实与卧子崇祯八年春间所作《寒食(七绝)》有关者,即是其例证。兹录卧子《樱桃篇》及《寒食行》于下。读者取与河东君《清明行》并观,则其间关系自明,不待赘论。至二人作品之所以从同相似之故,实由两方情感笃挚,遂亦渐染及于文字使然,未可举《偷江东集》之故事相诮(见《旧五代史》一四《罗绍威传》),而以柳隐偷罗隐为言也。

《陈忠裕全集》一一《平露堂集·樱桃篇》云:

> 美人晓帐开红霞,山楼阁道春风斜。绿水初摇杨柳叶,石屏时拂樱桃花。淡滟笼烟寒白日,柔条丛蕚相交加。有时飞入玉窗里,春梦方长人不起。芳草闲庭蝶正黄,琼瞖小院兰

犹紫。茫茫珠露剪轻红,装成自掷湘文水。棠梨宫中日暖时,龙旗凤辇纷流离。低枝隐映入纤手,时亲蝉鬓无人知。赪玉盘承红鞦韂,翔麟飞鞚行参差。即今寂寞香云度,堕粉摇英春草路。丽魄应悲夜雨天,幽人愁倚东风树。珊瑚磊落几时多?恐有流莺含已暮。

同书同卷《寒食行》云:

江城桃李月,春风花乱飞。空濛度寒食,红翠展芳菲。郊原漠漠涵平绿,柳云如梦金塘曲。远林宿雨压棠梨,水底明霞浮属玉。开帘悄望愁不眠,流莺已落朱栏前。天际青葱障白日,迷离偃蹇摇苍烟。此时美人横绣阁,幽怨鸣筝看花药。碧玉新妆倦复松,丹珠小帐香逾薄。秋千弱影斗垂杨,轻飔飘荡吹红裳。墙外紫骝骄不去,回头拾得金凤凰。

前于第三章考河东君《金明池·咏寒柳》词作成之年月,已言及卧子《上巳行》与河东君此词有关。兹更论卧子《上巳行》与河东君《清明行》之关系。盖《上巳行》中警策之语为"垂柳无人临古渡,娟娟独立寒塘路",即用玉谿生《柳》诗"清明带雨临官道"句(见《李义山诗集(下)》),实混合清明、上巳为一时间,而柳、陈两人所各赋咏之题,其所指之节候,在当时乃同是一日也。考《清明行》及《上巳行》俱作于崇祯十二年。是年三月三日适值清明(依陈氏《二十史朔闰表》崇祯十二年三月朔为阳历四月三日推算。郑鹤声《近世中西史日对照表》亦同)。史邦卿《梅溪词·蝶恋花》云:

二月东风吹客袂,苏小门前,杨柳如腰细。蝴蝶识人游冶地,旧曾来处花开未。　几夜湖山生梦寐,评泊寻芳,只怕春寒里。今岁清明逢上巳,相思先到溅裙水。

然则河东君、卧子之诗,其题同辞同,时日亦同,固不待言。至《梅溪词》中之人之地及其旨意又更相同,尤为可注意也。噫!当崇祯之季世,明室困于女真后裔建州之侵逼,岌岌乎不可终日,与天水南渡开禧之时,复何以异?邦卿为韩侂胄之堂吏,曾随觇国之使北行,则亦关涉恢复中原之谋划。(见《梅溪词·满江红》题"九月二十一日出京怀古"及《龙吟曲》题云"陪节欲行,留别社友"。)但一角湖山,苏小门前,犹自寻芳游冶,良可叹息。或以此嗤鄙梅溪乃一胥吏,非足与言国家之安危者,殊不知卧子为几社胜流,于崇祯六年秋间计偕北行,赋诗留别,亦绻绻于河东君,有"美人赠我酒满觥。欲行不行结中肠,何年解佩酬明珰"及"河干薄暮吹红裳,纫以芍药羞青棠。何为弃此永不忘"等句,其后又有"不然奋身击胡羌,勒功金石何辉光"之语,是以恢复辽左自任。(可参第三章论卧子此诗节。)斯固卧子所以抒写"离情壮怀"应有之作,实与邦卿《龙吟曲》所云"歌里眠香,酒酣喝月,壮怀无挠。楚江南,每为神州未复,阑干静,慵登眺"及"同社诗囊,小窗针线,断肠秋早"诸语无异。若一考其赋诗之时及所言之人,则前后四五百年之间,情事实相符会。岂独节令之适合而已哉?虽然,儿女情怀与英雄志略,亦未尝不可相反而相成,故不必拘执此点,以为邦卿及卧子病也。

河东君《清明行》结语云:"盘螭玉燕无可寄,空有鸳鸯弃路旁。""盘螭"出《陈思王集》二《乐府·桂之树行》中"上有栖鸾,下有盘螭"句。"玉燕"用《别国洞冥记》二云:

> 神女留玉钗以赠〔汉武〕帝。帝以赐赵婕妤。至昭帝元凤中,宫人犹见此钗。黄谦欲之,明日示之,既发匣,有白燕飞升天。后宫人学作此钗,因名"玉燕钗",言吉祥也。

此河东君自言己身虽如神女,然无玉钗之物可以报答卧子。

盖针对卧子《寒食行》"回头拾得金凤凰"之结语。"金凤凰"谓妇人之钗也。(可参司马彪《续汉书·舆服志下》"后夫人服"条。又卧子"拾得"二字之出处，或与吴均《续齐谐记》及韦绚《刘宾客嘉话录》"汉宣帝以皂盖车一乘赐大将军霍光"条中黄君仲"北山罗鸟得凤凰，入手即化成紫金"事有关。俟考。)又检李太白《代美人愁镜诗二首》之二(见《全唐诗》第三函李白二四)云：

> 美人赠此盘龙之宝镜，烛我金缕之罗衣。时将红袖拂明月，为惜普照之余晖。影中金鹊飞不灭，台下青鸾思独绝。稿砧一别若箭弦，去有日，来无年。狂风吹却妾心断，玉箸并堕菱花前。

寅恪案："美人"乃河东君之号，"盘龙"即"盘螭"。"稿砧一别若箭弦，去有日，来无年"，正针对卧子之怨词也。

更检《全唐诗》第三函李白三《白头吟第二体》云：

> 锦水东流碧，波荡双鸳鸯。雄巢汉宫树，雌弄秦草芳。相如去蜀谒武帝，赤车驷马生辉光。一朝再览大人作，万乘忽欲凌云翔。闻道阿娇失恩宠，千金买赋要君王。相如不忆贫贱日，位高金多聘私室。茂陵妹子皆见求，文君欢爱从此毕。泪如双泉水，行堕紫罗襟。五更鸡三唱，清晨白头吟。长吁不整绿云鬓，仰诉青天哀怨深。城崩杞梁妻，谁道土无心。东流不作西归水，落花辞枝羞故林。头上玉燕钗，是妾嫁时物。赠君表相思，罗袖幸时拂。莫卷龙须席，从他生网丝。且留琥珀枕，还有梦来时。鹔鹴裘在锦屏上，自君一挂无由披。妾有秦楼镜，照心胜照井。愿持照新人，双对可怜影。覆水却收不满杯，相如还谢文君回。古来得意不相负，只今唯有青陵台。

河东君赋《清明行》前二年，即崇祯十年丁丑，卧子已通籍贵显矣。此际以文君、长卿相比，虽不甚切当，然太白"玉燕钗"之句，似可借用，盖以求"相如还谢文君回"之实现。"双对可怜影"暗藏"影怜"之名。此名即陈、杨关系最密切时所用者，可因此唤起大樽往日之回忆。"波荡双鸳鸯"与"空有鸳鸯弃路旁"相对照，辞旨哀艳，想卧子得读河东君此诗之时，正如杨景山所谓"风流才子多春思，肠断萧娘一纸书"者也。兹以《上巳行》与《清明行》两诗，关系错杂繁复，故不嫌全录太白此首，以资参证。

　　抑尚有可言者，前论河东君《寒柳词》，谓与汤玉茗《紫钗记》有关，颇疑《清明行》"玉燕"之句，实亦暗用蒋子徵所作《霍小玉传》中紫玉钗及《玉茗堂·紫钗记》中紫玉燕钗之故事。河东君淹通文史，兼善度曲，蒋防之《传》，汤显祖之《记》，当无不读之理。就本人之身份与卧子之关系，取霍小玉与李益相比，最为适当。故《清明行》结语之意，盖希望卧子不作蒋《传》中负心忘旧好之李益，而是汤《记》中多情不自由之君虞也。或者河东君赋此诗时，忆及崇祯八年首夏与卧子离别之际，卧子和淮海《满庭芳词》"紫燕翻风"之句，遂联想《紫钗记》紫玉燕钗之事，而有此结语欤？俟考。

　　又卧子《上巳行》云："公子空遗芍药花，美人自爱樱桃树。""芍药花"乃卧子自指其怀念河东君诸诗，"樱桃树"之"树"，固出于《李义山诗集(中)深树见一颗樱桃尚在(五律)》及同卷《嘲樱桃(五绝)》云：

　　朱实鸟舍尽，青楼人未归。南园无限树，独自叶如帏。

之典。但"樱桃"二字，实更指崇祯八年乙亥春卧子自作之《樱桃篇》及河东君崇祯十二年己卯春所作《清明行》"春风小帐樱桃起"之句。窃疑卧子《上巳行》乃获见河东君《清明行》后,遂作一诗以酬慰其意者。此年清明适逢上巳,诗题虽为两名,词意实是一事。此卧子故作狡狯,以为讳饰耳。读者倘更取第三章所录卧子此诗详绎之,当益信鄙说之不诬也。

论释河东君崇祯十二年己卯之作品《湖上草》及十三年庚辰作品《与汪然明尺牍》既竟,关于钱柳因缘导致之情势及其必然性,读者当可明了矣。然在崇祯十三年十一月河东君过访半野堂之前,尚有牧斋于是年十月往游嘉兴之一重公案。此公案关涉一称"惠香"之女性。寅恪于其人之本末,殊有疑滞,未能解释。姑试作一假设,以待他日之证明也。《初学集》一七《移居诗集·冬日嘉兴舟中戏示惠香二首》云:

画阁兰桡取次同,荡舟容与过垂虹。波如人面轻浮碧,日似残妆旋褪红。理曲近怜莺舴水,弄花遥惜马塍风。可怜平望亭前鸟,双宿双飞每一丛。

依然吴越旧陂塘,粉剩脂残水尚香。已分西施随范蠡,拌将苏小赛真娘。铅华散落沾书帙,弦管交加近笔床。昨日虎丘西畔过,女坟湖水似鸳鸯。

同书同卷《宿鸳湖偶题》云:

烟水迢迢与梦长,一般灯火两般霜。鸳鸯湖上人相并,燕子楼中夜未央。(寅恪案:牧斋此诗结语用关盼盼事,当与东坡词《永遇乐·夜宿燕子楼梦盼盼》一阕有关。由此推之,则知其所赋《八月十六夜有感》一词,特取《永遇乐》调者,必非偶然也。)

寅恪案:《戏示惠香》诗之前第一题为《九月望日得石斋馆丈午日见怀诗次韵却寄》,第三题为《九日宴集含晖阁醉歌》,第四题为《永遇乐词四首》,第五题为《姚叔祥过明发堂共论近代词人戏作绝句十六首》。又《宿鸳湖偶题》之后,第一题为《王店吊李玄白还泊南湖有感》(寅恪案:李衷纯,字玄白,嘉兴人。《明诗综》六〇选其诗七首。李氏与牧斋关系密切,见《初学集》五四《大中大夫两淮都转运盐使司运使李君墓志铭》),第二题为《题南湖勺园》,(寅恪案:光绪修《嘉兴府志》一五《古迹门二·秀水县》"勺园"条云:"一名竹亭。在灋湖滨。吴吏部昌时别业。"牧斋此诗结语云:"楼上何人看烟雨,为君枝策上溪桥。"当更有所指,不仅谓烟雨楼也。)此卷即竟。下卷为《东山诗集》,乃河东君访半野堂以后之作也。今综合诸题之排列先后,取时间、地域及诗词中所言之人事,参合推证之,则知崇祯十三年庚辰七月以后至十月,其间为河东君过访半野堂预备成熟之时期。明发堂在拂水山庄。此题乃牧斋家居常熟时,姚士粦来访,与之论诗所作。据《永遇乐词·十七夜》云"隔船窗,暗笑低鬟,一缕歌喉如发"及"生公石上,周遭云树,遮掩一分残阙",则是中秋后二夕在苏州舟中所作。含晖阁在半野堂,乃牧斋于重阳节时,居常熟城内家中所作。《戏赠惠香》及《宿鸳湖偶题》诸诗均在嘉兴所作,自不待言。据光绪修《嘉兴府志》一二《山川门》"鸳鸯湖"条略云:

以其居于南方,又谓之南湖云。湖在府城南半里许。

然则《初学集》一七《移居诗集》最后四题皆与嘉兴有关,乃牧斋于崇祯十三年仲冬河东君访半野堂不久以前,往游其地所作也。

《戏赠惠香》二律之典故,钱遵王《初学集诗注》一七征引颇详,不待赘释。但绎此题第一首所言,皆与嘉兴鸳鸯湖及近旁吴江之莺脰湖故实有关。至第二首则全属苏州会城旧典。惠香之与嘉兴鸳鸯湖及苏州会城两地有关,可以推知。《永遇乐词·十六夜有感》一阕,既是为河东君而作(见第一章所论),其第四阅《十七夜》忽有"生公石上"之语,明是在苏州所作。就苏、嘉两地域与惠香之关系,更推及惠香与河东君之关系,并绎《宿鸳湖偶题》诗"燕子楼中夜未央"之句,则其间必有待发之覆,抑可知也。余详后论河东君适牧斋后患病问题节,兹暂不多述。

《初学集》二〇《东山诗集三·留惠香》云:

并蒂俱栖宿有期,舞衣歌扇且相随。君看陌上秾桃李,处处春深伴柳枝。

《代惠香答》云:

皇鸟高飞与凤期,差池一燕敢追随。桃花自趁东流水,管领春风任柳枝。

《代惠香别》云:

春水桃花没定期,柳腰婀娜镇相随。凭将松柏青青意,珍重秋来高柳枝。

《别惠香》云:

花信风来判去期,红尘紫陌肯相随。池边苑外相思处,多种夭桃媵柳枝。

徐乃昌影写钱塘丁氏善本书室藏元刻《阳春白雪》附黄丕烈《跋》(参《士礼居藏书题跋记》六)云:

元刻《阳春白雪》,为钱唐何梦华〔元锡〕藏书,矜贵之至,因其是惠香阁物也。惠香阁初不知为谁所居。梦华云是柳如是之居。兹卷中有"牧翁"印,有"钱受之"印,有"女史"印。其为柳如是所藏无疑。"惜玉怜香"一印,殆亦东涧所钤者。卷中又有墨笔校勘,笔势秀媚。识者指为柳书,余未敢定也。要之,书经名人所藏,图章手迹倍觉古香。宜梦华之视为珍宝矣。先是，曾影钞一本，与余易书。但重其为元刻，而其余为古书生色者，莫得而知。今展读一过，实餍我欲。虽多金，又奚惜耶？书仅五十一番，相易之价，亦合五十一番。惜书之癖，毋乃太过。命工重装，并志缘起。嘉庆十有四年己巳正月二十有八日雨窗识。复翁。

又云：

越岁辛未中春廿有二日，钱唐陈曼生偕其弟云伯同过余斋，出此相示。因云伯去年曾摄常熟邑篆，有修柳如是墓一事，于河东君手迹，亦有见者。兹以校字证之，云伯以为然，当不谬也。复翁记。

牧斋《跋元钞本乐府新编阳春白雪》（见杨绍和《楹书偶录续编》四）云：

惠香阁藏元人旧钞本《阳春白雪》十卷。依元刊本校录一过，分注于下。丙子二月花朝，牧翁。

寅恪案：崇祯十五年春间，牧斋所作诗中有涉及惠香之事，甚可注意。但河东君适牧斋后之患病问题，俟下文详述，今暂不论。兹所欲言者，即惠香究为何人及与河东君之关系也。何、黄二氏均以惠香阁为河东君所居及认惠香与河东君为一人，殊为谬妄。观牧斋自题其所校录《阳春白雪》之年月，可知至迟在崇祯九年丙子二月花朝日，牧斋已与惠香阁之名发生关系。然则此女性之惠香，其名初见于崇祯十三年庚辰冬间，复见于十五年壬午春季，皆在丙子花朝四年或六年之后。将如何解释此疑问耶？鄙意一为先有人之名，后有建筑物之名，建筑物因人得名。如牧斋以河东君名是字如是、别号我闻居士之故，因名其所居曰"我闻室"，即是其例。（参前论蒋氏旧藏河东君山水画册。）一为先有建筑物之名,后有人之名,人因建筑物得名。惠香之名,疑是其例。盖牧斋心中早已悬拟一金屋之名,而此金屋乃留待将来理想之阿娇居之者。若所推测不误,则此女性恐是一能歌之人,与《阳春白雪》有关,故牧斋取惠香之假名以目之。斯固文士故作狡狯之常态,不足异也。据牧斋所作关于惠香之四绝句桃、柳并用,初视之,亦颇平常。检庾子山诗有"流水桃花色,春洲杜若香"及"春水望桃花,春洲借芳杜"等句(见倪璠注《庾子山集》四《咏画屏风诗二十四首》之九及同书五《对酒歌》),则"桃"字实与惠香之"香"字有关。或者此女性真名中有一"桃"字?然就今所见之材料,无一能证实此点者,仍俟详考。兹可决定者有三事,一即依牧斋《冬日嘉兴舟中戏示惠香》两律及牧斋《阳春白雪》跋语,已可知此女性之居处必与嘉兴及苏州有关,并为能歌之人。兹复检《初学集》一七《移居诗集》崇祯十三年庚辰八月十七夜牧斋于苏州所作《永遇乐》词云:

> 白发盈头,清光照眼,老颠思裂。折简征歌,醵钱置酒,漫浪从他说。银筝画鼓,翠眉檀板,恰称合欢佳节。隔船窗,暗笑低謦,一缕歌喉如发。　　生公石上,周遭云树,遮掩一分残阙。天上《霓裳》,人间《桂树》,曲调都清切。干戈满地,乌惊鹊绕,一寸此时心折。凭谁把青天净洗,长留皓月。

及同书二〇上《东山诗集三》崇祯十五年壬午中秋河东君病中,牧斋所作《效欧阳詹玩月诗》其后段云:

> 病妇梦回笑空床,笑我白痴中风狂。谁家玩月无歌版,若个中秋不举觞?虎山桥浸水精域,生公石砌琉璃场。酒旗正临天驷动,歌扇恰倚月魄凉。何为烦忧添哽咽,懵腾嚌齘夜不央?秋发纷纷伴坠叶,细雨唧唧和啼螀。自从姮娥到月殿,长依金穴飞夜光。但闻高歌咏水镜,阿谁弹事腾封章?

章上倘蒙天一笑,素娥甚汝空奔忙。老夫听罢心恻恻,低头自问笑狂易。妇言可云慎勿听,撑肠挂肚终难释。天上素娥亦有党,人间白叟将安适?合眼犹见星煌煌,入梦仍闻笑哑哑。打门未许惊周公,倒枕一任东方白。

更可证此女性在崇祯十五年壬午春间,伴送河东君于病中自苏州返常熟,故河东君亦于是年中秋病中有"谁家玩月无歌版,若个中秋不举觞?虎山桥浸水精域,生公石砌琉璃场"等语,婉劝牧斋往听其清歌,借以遣此佳节之岑寂。据是推之,则此居住苏州而擅长歌唱之女性即惠香无疑也。二即依牧斋所作关于惠香四绝句中皆有"桃"字,则此女性名中当有"桃"字,前已言及。又细绎牧斋四诗中,皆以桃、柳并举,当亦非寻常泛用之辞语。据王谠《唐语林》六《补遗》云:

> 韩退之有二妾,一曰绛桃,一曰柳枝,皆能歌舞。初使王庭凑,至寿阳驿,绝句云:"风光欲动别长安,春半边城特地寒。不见园花兼巷柳,马头唯有月团团。"盖有所属也。柳枝后逾垣遁去,家人追获。及镇州初归,诗曰:"别来杨柳街头树,摆弄春风只欲飞。还有小园桃李在,留花不放待郎归。"自是,专宠绛桃矣。

及邵博《闻见后录》一七"韩退之使镇州"条云:

> 孙子阳为予言,近时寿阳驿发地,得二诗石。唐人跋云:"退之有倩桃、风柳二妓,归途闻风柳已去,故云。"后张籍祭退之诗云"乃出二侍女,合弹琵琶筝"者,非此二人邪?

是牧斋暗以韩退之自比,而以河东君比柳枝或风柳,惠香比绛桃或倩桃。然则此惠香之真名中当有"桃"字或"绛"字。"桃"字恐是小名,甚难考出。至"绛"字或与后来所传河东君妹杨绛子之名有关也。三即观《留惠香》"并蒂俱栖宿有期"、《代惠香》"皇鸟高飞与凤期,差池一燕敢追随"及《别惠香》"多种夭桃媵柳枝"等句,则此女性原是河东君之密友,后来又独立门户,如河东君与徐云翾之关系。由第一点引申,河东君于崇祯十三年庚辰春离杭州至禾城养疴及牧斋述河东君病中之语,当与惠香之居处有关。由第二点及第三点引申,疑后来讹传河东君妹绛子之轶事,乃好事者就此演变而成。第一点不待多论。第二及第三点,则须略征传讹之说,辨析真伪,而究其演变伪造之所由焉。徐乃昌《闺秀词钞补遗·杨绛子传》附柴紫芳《芦峰旅记》略云:

> 柳河东君如是归虞山蒙叟后,其妹杨绛子犹居吴江垂虹亭。鄙姊之行,遂不与人往来。构一小园于亭畔,归心禅悦。尝谒灵岩、支硎等山,飘遥闲适。视乃姊之迷落于白发翁者,不啻天上人间。嘉兴薛素素女士慕其行,特雇桿担书访绛子于吴门。相见倾倒,遂相约不嫁男子。乃同至慧泉,溯大江而上,探匡庐,入峨嵋,题诗铜塔,终隐焉。其后素素背盟,复至樵李。绛子一人居川中,足迹不至城市。河东君数以诗招之,终不应。未几卒。著有《灵鹍阁小集》行世。其《春柳(寄爱姊)·调高阳台》一阕,盖讽之也。

寅恪案:柴氏所记有可信者,亦有不可信者,当分别观之。"绛子"之"绛"不仅与桃花颜色有关,且可与牧斋诗用韩退之之妾绛桃之名相合。绛子"居吴江垂虹亭",谒苏州之"灵岩、支硎等山"及薛素素"访绛子于吴门"等事,又可与牧斋《永遇乐》词、《舟中赠惠香》及《玩月诗》等相印证。然则绛子与河东君之关系,乃勾栏中姊妹行辈之名分,非真同产,此其可信者也。至绛子与薛素素相约不嫁男子一端,则大谬特谬。请征旧记,以明其妄。

缪荃孙《云自在龛笔记·书画门》"薛素素小影"条载胡孝辕〔震亨〕《读书日录》云：

> 薛素素，南都院妓。姿性淡雅，工书，善画兰。时复挟弹走马，翩翩男儿俊态。后从金坛于褒甫玉嘉有约矣，而未果。吾郡沈虎臣德符竟纳为妾。合欢之夕，郡中沈少司马纯甫、李孝廉伯远偕诸名士送之。姚叔祥〔士粦〕有诗云："管领烟花只此身，尊前惊送得交新。生憎一老少当意，勿谢千金便许人。含泪且成名媛别，离肠不管沈郎嗔。相看自笑同秋叶，妒杀侬家并蒂春。"褒甫恨薛之爽约及沈之攘爱也，寄赠薛三律云："锦水飞来第二身，蕙心更擅艺如神。相怜南国应无辈，不悟东家别有邻。纨扇写留骑凤女，宝符赍向驭龙人。碧山烟外含愁思，犹似蛾眉隔座颦。""凉壁哀蛩吊蕙帷，计狂祝梦又多违。锦书织恨盈千轴，钿带萦愁减一围。弱水药来娥月皎，明河槎去客星微。越人不肯归西子，花泣吴宫掩夕扉。""铜标志里候灵芸，中道香车改辙闻。魂逐飞蓬辞夜幕，泪随落叶点秋裙。尾生作鬼难仇水，巫女为神易变云。自古情多欢便少，双栖何必笑离群。"

《列朝诗集》闰四《薛素素小传》略云：

> 素素，少游燕中，为李征蛮所嬖。其画像传入蛮峒，酉阳彭宣慰深慕好之。北里名姬，至于倾动蛮夷，古所希有也。中年长斋礼佛，数嫁皆不终。晚归吴下富家翁，为房老以死。

《明诗综》九八《薛素素小传》云：

> 素素，小字润娘，嘉兴妓。有异才。数嫁皆不终。有《南游草》。

又同书同卷《〔静志居〕诗话》略云：

> 予见其手写水墨大士甚工。董尚书未第日,授书禾中,见而爱之,为作小楷《心经》,兼题以跋。尝侍沈孝廉景倩巾帼。

寅恪案:孝辕所记素素事及姚、于诗,皆可供谈助,故详录之。至竹垞所述,大抵本之牧斋。唯言董香光未第日见素素所绘观音像而爱之,为写《心经》兼题以跋之事,乃新增材料中最可注意者,既出自竹垞目睹,自是可信。据牧斋所言素素"数嫁皆不终。晚归吴下富家翁,为房老以死",则柴氏所言"素素背盟"一端,亦颇得实。又酉阳在四川境,则柴氏称绛子与素素同游川中之说,或由此误传,亦有可能。然此诸端皆不足深论,独绛子与素素相约不嫁男子一点,则须略考素素、绛子两人之年龄。据嘉庆修《松江府志》五四《董其昌传》略云:

> 董其昌,字玄宰,华亭人。万历十七年进士,选庶吉士。

及同书"选举表"云:

> 明举人。万历十六年戊子科。董其昌玄宰。

然则玄宰至早在万历十六年以前,即其尚未中式乡试以前,遇见素素于嘉兴。此时素素之年龄至少亦不能小于十五岁。从此年下数至崇祯十四年辛巳,即河东君适牧斋之岁,共为五十三年,则素素年已六十八岁矣。绛子既称河东君之妹,河东君适牧斋之时年二十四岁,绛子之年当更较少。世间若有年近古稀之老妪转与二十上下妙龄之少女,共为盟誓不嫁男子者,禹域之外,当今之时,何所不有,或亦可能。至于三百年前崇祯之季,自无此奇事,可以决言。故紫芳所述,其谬妄不待辨也。

柴氏所记绛子与素素同约不嫁男子之事,虽是大谬,然其他所言绛子诸端,要不无有相当之真实性。复由此真实性,演变成为此鄙薄其姊"迷落于白发翁"之故事,并流传其《高阳台·寄爱姊》一词,即徐氏《闺秀词钞补遗》所录者是也。鄙意惠香是否与绛子实为一人,尚待考实,今难断定。前论河东君《与汪然明尺牍》第五通时,附述张宛仙之事。汪然明于顺治九年壬辰始识宛仙于嘉兴,称其名为"香隐校书"。又宛仙和然明《四绝句》之二有句云"风韵何如半野堂",则名字、地域、人事三者之关系,宛仙颇有与惠香实为一人之嫌疑。假定崇祯十三年庚辰牧斋于嘉兴舟中作诗示惠香之时,而惠香年龄为十五至十八岁者,则顺治九年壬辰应为二十七至三十岁。据此等年岁推论,固可称为河东君之妹。又就然明称其在顺治九年至十二年之间,匿影不出,不轻见人,及游人问津,显贵爱慕,诸端推之,皆与其年龄、情事约略适合。然则宛仙岂即惠香欤?是耶?非耶?姑备一说于此,殊未敢自信也。

又据莌圃之言,牧斋原藏元刻本《阳春白雪》所钤印章中,除"惠香阁"一章外,尚有"女史"及"惜玉怜香"两章之问题。"女史"二字,前于论河东君《尺牍》时,曾引汪然明所下"闺秀"与"女史"之界说,兹不必再赘。若依汪氏之说,惠香当日至牧斋家时,其身份本是"女史"。故知此"女史"之章非后之好事者所伪造也。至于"惜玉怜香"一章,则关于黄皆令媛介之问题。前第二章引吴梅村《诗话》,邓孝威《天下名家诗观》及王渔洋《池北偶谈》并第三章引汤漱玉《玉台画史》诸节中,已略涉及皆令。兹请止就皆令与牧斋及河东君之关系一点,更少详言之。其他诸端虽饶兴趣,然以本文范围之故,终须有所限制,未可喧宾夺主也。

周勒山铭《林下词选》一一"黄媛介"条云:

媛介久以诗文擅名,其书画亦为世所称赏。作《离隐歌序》云:"予产自清门,归于素士。兄姊(原注:'名媛贞。')雅好文墨,自少慕之。乃自乙酉逢乱被劫,转徙吴阊,迁迟白下,后入金沙,闭迹墙东(原注:'琴张居士名园。')。虽衣食取资于翰墨,而声影未出于衡门。古有朝隐、市隐、渔隐。予殆以离索之怀,成其肥遁之志焉。将还省母,爰作长歌,题曰《离隐》。归示家兄,或者无曹妹续史之才,庶几免蔡琰居身之玷云尔。"

寅恪案:媛介之《离隐歌》,今未能得见。即《歌序》之文,诸书虽有转载,但多所删改,盖涉忌讳使然。就所见诸本,唯周氏之书似最能存其旧观,故依录之。序文中"后入金沙,闭迹墙东"及原注"琴张居士名园"之"琴张居士"为何人,初未能知,后检杨锺羲《雪桥诗话续集》一云:

金坛张明弼,字公亮,号琴张子。为顾黄公丈人行。

乾隆修《金坛县志》八《人物志·文学门·张明弼传》略云:

张明弼,字公亮。天启丁卯游北雍,翰林齐心孝馆致之。编修黄道周尤心契。崇祯癸酉登贤书。丁丑五十四始成进士,授揭阳知县。谪浙江按察司照磨。升台州推官。逾年升户部陕西司主事。愤马士英、阮大铖当国,不赴。年六十九卒。著《萤芝集》二十卷,《兔角诠》十卷,《蕉书》三十乘。

又同书一二《杂志·古迹门》云:

墙东园。在县西十二里方边村。张明弼别业。

始知"琴张居士"即张明弼,"名园"即墙东园。《歌序》中最可注意者,为"乙酉逢乱被劫,转徙吴阊,迁迟白下,后入金沙,闭迹墙东",及"将还省母,爰作长歌,题曰《离隐》。归示家兄,或者无曹妹续史之才,庶几免蔡琰居身之玷云尔"等语。黄皆令于清兵攻取江浙之际,逢乱被劫,后始得脱。有关材料多所讳删,故今不能详悉其本末。但取当时类似之记载推测之,亦可得其大略。由此引申,更于皆令当日社会身份之问题,可得一较明晰之通解也。此问题请分乙酉逢乱以前及以后两时期言之。

《明诗综》八六《闺门·黄媛贞小传》云:

> 媛贞,字皆德,秀水人。先世父贵阳守副室,有《卧云斋诗集》。俞右吉云,亡友黄鼎平立二妹,一字皆德,一字皆令,均有才名。皆德为贵阳朱太守房老,深自韬晦。世徒盛传皆令之诗画。然皆令青绫步障,时时载笔朱门,微嫌近风尘之色,不若皆德之冰雪净聪明也。

盛枫撰《嘉禾征献录》五〇"黄媛贞"条云:

> 年十五六,同邑贵阳知府朱茂时过其门,闻读《史记》,询之旁人,则贞也。力求媒妁娶为妾。能诗词,工书法。凡启札皆出其手。无子,以老寿终。

同书同卷"黄媛介"条云:

> 媛介,字皆令。亦善诗文,工书法。少许杨氏,杨贫,以鬻畚为业,父母欲寒盟,介不可,卒归杨。

寅恪案:嘉兴黄氏虽是盛门,然皆令所出之支派,殊为式微。观其姊皆德,竟可聘作宰相朱国祚从孙茂时之妾一事,即可证明其家之社会地位甚低。皆令之许聘杨世功时,年龄必甚幼小。世功乃贫至"鬻畚为业",则皆令之家,其贫苦当亦相去不远。故黄鼎一门在当日宜为士大夫所轻视。皆令固亦可作妾,与其姊相类。前于第二章论张溥欲娶皆令事,疑其是娶为妾,而非为妻。皆令于《离隐歌序》开宗明义谓"予产自清门,归于素士",盖所以辨白其社会地位,非泛泛自述之辞也。乙酉逢乱被劫之

事,今殊难详考。然即据清高宗《〔御〕批历代通鉴辑览》一一七附《明唐王本末》"顺治二年六月"条云:

> 嘉兴已归附,而士绅屠象美等复聚众据城拒守。大兵还攻之,半月而破。

及《有学集》二〇《赠黄皆令序》云:

> 南宗伯署中,闲园数亩,老梅盘拏,柰子花如雪屋。烽烟旁午,诀别仓皇。皆令拟河梁之作,河东抒云雨之章。(寅恪案:《毛诗·殷其雷传》云"山出云雨",及《笺》云"大夫,信厚之君子。为君使,功未成。归哉归哉,劝以为臣之义,未得归也"。牧斋盖用此义,谓皆令可归家,而己则不能也。)分手前期,暂游小别。

可知当清兵南来,南京危急时,皆令即从牧斋礼部尚书署中归返嘉兴。其后屠象美等举兵抗清,及嘉兴城为清兵攻陷,皆令殆于此际为清兵所劫。被劫经过,今依据《过墟志感》所述刘寡妇事,可以推知。此书记载虽不尽可信,然当时妇女被劫经过,尚与真相不甚相远。其书谓刘寡妇初由常熟被劫至松江,复由松江归旗安置江宁。其兄及婿见有"得许亲人领回"之令条诸端,谅是当日一般情事。(详见《过墟志感(下)》。)皆令之至苏州,当与刘寡妇之至松江相同。其又至江宁,则亦与刘寡妇不异。若其至金坛,则当是依"许亲人领回"之条例也。皆令此次经过,其《离隐歌》中必有叙述,今既不可得见。顷存《丙戌清明》一首,当是被劫之时或距此时不远所作。兹录于下:

> 倚柱空怀漆室忧,人家依旧有红楼。思将细雨应同发,泪与飞花总不收。折柳已成新伏腊,禁烟原是古春秋。白云亲舍常凝望,一寸心当万斛愁。(见梁乙真《清代妇女文学

史》第一章第二节"秀水黄皆令"条。）

皆令既被劫复得脱，当时必有见疑于人之情事，而其兄尤引以为耻辱。故《离隐歌序》云"归示家兄，庶几免蔡琰居身之玷"，即指此而发也。皆令自经此役，其社会身份颇可疑。今录吴梅村、王渔洋、李武曾、商媚生诸人之诗于下，以为例证。

吴伟业《梅村家藏稿》六《诗前集六·题鸳湖闺咏四首》之一云：

石州螺黛点新妆，小拂乌丝字几行。粉本留香泥蛱蝶，锦囊添线绣鸳鸯。秋风捣素描长卷，春日鸣筝制短章。江夏只今标艺苑，无双才子扫眉娘。

徐釚《本事诗》一〇所录王士禛《观黄皆令吴岩子卞篆生书扇各题一诗》，其《黄皆令扇诗》云：

归来堂里罢愁妆，离隐歌成泪数行。才调只应同卫铄，风流底许嫁文鸯。萧兰宫掖裁新赋，香茗飘零失旧章。今日贞元摇落客，不将巧语忆秋娘。（参《池北偶谈》一二"黄媛介诗"及同书一八"妇人画"等条。）

同诗一二所录李武曾良年《黄皆令归吴杨世功索诗送行二首》云：

曾因虎下栖吴市，忽忆藏书过若耶。愁杀鸳鸯湖口月，年年相对是天涯。

盛名多恐负清闲，此去兰陵好闭关。柳絮满园香茗坼，侍儿添墨写青山。

杜氏辑《祁忠惠公〔彪佳〕遗集》附商夫人〔景兰〕《香奁集·赠闺塾师黄媛介（七律）》（寅恪案：杜氏辑本附载眉生诸女诸子妇等与皆令唱酬诗颇多，兹不备引。邓汉仪《天下名家诗观初集》一二所选商祁诸闺秀诗,亦载此七律,自是出自《梅市诗钞》。依毛奇龄《西河合集》六一《册书后类·梅市唱和诗抄稿书后》,可以推知。又检邓氏所选眉生诗有《送别黄皆令(五古)》一首,今仍存于《景兰集》中。但邓氏选本无《赠皆令(七律)》云:

> 门锁蓬蒿十载居,何期千里觏云裾。才华直接班姬后,风雅平欺左氏余。八体临池争幼妇,千言作赋拟相如。今朝把臂怜同调,始信当年女校书。

寅恪案:梅村"无双才子扫眉娘"及眉生"始信当年女校书"之句,虽皆用计有功《唐诗纪事》"薛涛"条所载胡曾诗(参《全唐诗》第十函胡曾《赠薛涛(七绝)》)云:

> 万里桥边女校书,琵琶花下闭门居。扫眉才子知多少,管领春风总不如。

未免拟人非其伦。然此病亦词人所常有,可不深论。惟渔洋"今日贞元摇落客,不将巧语忆秋娘"之语,则用韦縠《才调集》一白居易所作《江南喜逢萧九彻因话长安旧游戏赠五十韵》中"巧语许秋娘"之句。关于此"秋娘",寅恪已于拙著《元白诗笺证稿〈琵琶引〉》章有所论证,兹不赘言。但"秋娘"为贞元时长安名妓,渔洋自比香山,而以秋娘比皆令,今日观之,颇为可怪。夫渔洋平日作诗,其用事精确,固不及同时之顾亭林,然俭腹趁韵,何乃一至于此耶?故就此推论,则知皆令乙酉逢乱被劫之后,其社会身份必有见疑于人者,《离隐歌序》中"虽衣食取资于翰墨,而声影未出于衡门"之句及序文末述所以作此《歌》主旨之"庶几无蔡琰居身之玷"一语,乃得通解矣。更由是推之,渔洋诗"风流底许嫁文鸯"句中之"底许"者,"何可"之意,亦当指皆令乙酉逢乱被劫之事而言。《三国志·魏志》二八《诸葛诞

传》附载文钦子鸾事迹略云:

> 钦子鸾将兵在小城中,闻钦死,勒兵驰之,众不为用。鸾单走逾城出,自归大将军。

颇疑皆令乙酉逢乱,为清军将领所劫,其人原本降将,如李成栋之比者,渔洋因得取譬文鸾,然终难考知也。《有学集》二〇《赠黄皆令序》云:

> 红袖告行,紫台一去,过清风而留题,(寅恪案:厉鹗《宋诗纪事》八七《闺媛类》载,南宋末临海王氏为元兵所劫,过清风岭题《崖石(七律)》一首。本末详樊榭所引孙道易《东园客谈》。)望江南而祖别。少陵堕曲江之泪,(寅恪案:牧斋此句或暗指皆令被清兵所劫后,转送至金陵之事,即《离隐歌序》所谓"迁迟白下",非泛用少陵《哀江头》诗之古典也。)遗山续小娘之歌。(寅恪案:详见《元遗山诗集》六《乐府·续小娘歌十首》,施国祁笺注。)世非无才女子,珠沉玉碎,践戎马而换牛羊,视皆令何如?

亦足反证皆令初为清军所劫,而后得脱者。既被劫掠,乡里当必谣诼纷纭,不便即返,免致家人难堪。此所以离家为隐遁之故也。渔洋"萧兰宫掖裁新赋,香茗飘零失旧章"与武曾"此去兰陵好闭关"及"柳絮满园香茗坼"之句,俱咏媛介本事,故辞语相同。今以材料缺乏,未能考知。但检康熙修《常州府志》二〇《古迹门》云:

> 茶舍在罨画溪,去湖汶一里。李栖筠守常州时,有僧献阳羡佳茗,陆羽以为芬香冠绝他境,可供尚方。遂置舍。

常州即古兰陵之地。陆羽又以为阳羡茶芬香冠绝他境,则王、李诗语或与之有关耶?渔洋"萧兰宫掖裁新赋"句,"萧兰"疑用陆士衡《怀土赋》"甘堇荼于饴芘,缔萧艾其如兰"语(见"汉魏百三名家集"六《平原集》一)。《怀土赋》与《离隐歌》皆思归之作,且取以譬黄、杨之婚姻也。"宫掖裁新赋"当用《晋书》三三《左贵嫔传》"受诏作愁思之文,因为《离思赋》"之典,殆指《离隐歌》或皆令他作也。其以此故事相比者,非仅因皆令才华有似左芬,亦以《晋书》此《传》有"姿陋无宠,以才德见礼"之语,与梅村《鸳湖闺咏四首》之四"才比左芬年更少"句辞意正同。盖皆令之不与其他被劫妇女,如刘寡妇及宋蕙湘、广陵张氏辈同其命运者(见邓汉仪《天下名家诗观初集》一二宋蕙湘《题卫源旅舍(七绝)四首》及广陵张氏《西沟道中泪笔(七绝)五首》),当由貌陋之故,吴、王作诗,乃实录,非讥诮。牧斋以皆令不似明妃之"一去紫台连朔漠"为皆令幸,诚可信可哀矣。武曾诗"曾因庑下栖吴市,忽忆藏书过若耶"下句指皆令于顺治十五年自杭州往游绍兴,与祁彪佳夫人商景兰并其诸女及子妇唱和事。(见《西河合集》六一《册书后类·梅市倡和诗抄稿书后》。)"若耶"在绍兴境,而祁氏淡生堂藏书又著称于东南者也。上句用《后汉书·列传》七三《逸民传·梁鸿传》"遂至吴,依大家皋伯通,居庑下"之文,固不待言。但此句取譬之皋伯通庑下,乃指牧斋之绛云楼而言。皆令之往来虞山,居牧斋家,第二章论《梅村诗话》及第三章论《玉台画史》时,已略及之。兹更稍详述其事于下。

《众香词·乐集(族里女宗类)》选录黄媛介词《眼儿媚·谢别柳河东夫人》云:

> 黄金不惜为幽人,种种语殷勤。竹开三径,图存四壁,便足千春。　匆匆欲去尚因循,几处暗伤神。曾陪对镜,也同待月,常伴弹筝。

又《前调》云:

> 剪灯絮语梦难成,分手更多情。栏前花瘦,衣中香暖,就里言深。　月儿残了又重明,后会岂如今?半帆微雨,满船归况,万种离心。

寅恪案:此两词皆谢别河东君之作。第一词上半阕"黄金不惜为幽人"句,河东君资助皆令者必不少,此语当是实录。下半阕"曾陪对镜,也同待月,常伴弹筝"及第二词上半阕"衣中香暖,就里言深"诸句,更足征黄、柳二人实为闺中密腻挚友也。"曾陪对镜"辞语新隽。第三章谓陈眉公《赠杨姬(五言绝句)》,疑是为河东君而作。倘此假设果能成立,则此黄、柳同照之镜,必不致扑碎矣。更可注意者,为第二首下阕"月儿残了又重明,后会岂如今"之语。月残复明,可能是媛介以月缺之时来访河东君,月明之后乃始别去。然颇疑皆令此语别有深意。此词作于何年,今不易考。若作于乙酉以后,则当谓后会之时,明室复兴,不似今日作词之际,朱明之禹贡尧封仅余海隅边徼之残山剩水。前引《有学集》三《夏五诗集·留题湖舫》第二首"杨柳风流烟草在,杜鹃春恨夕阳知"之句,因推论河东君复楚报韩之志。今观皆令此词,殆有同心者,此即所谓"就里言深"者欤?又前引皆令《丙戌清明》诗"倚柱空怀漆室忧,人家依旧有红楼"及"折柳已成新伏腊,禁烟原是古春秋"等句,可与此词相证发。后之读皆令诗词者,当益悲其所抱国家民族之思,不独个人身世之感矣。

《吴诗集览》一二上《鸳湖闺咏四首》之三云:

> 绛云楼阁敞空虚,女伴相依共索居。学士每传青鸟使,萧娘同步紫鸾车。新词折柳还应就,旧事焚鱼总不如。记向马融谭汉史,江南沦落老尚书。

寅恪案:梅村此首乃专言黄与柳钱之关系者。靳氏注中于古典颇备,而今典如言"纳柳氏在鸳湖舟中,则皆令与柳旧为女伴矣"则甚误。兹姑不详辨。惟言"'索居'上有'相依'字'共'字亦奇"能解梅村微妙之意,殊为可取。所可笑者,吴诗此首以马融比牧斋,固与受之平生以国史自任者相合,但取皆令《离隐歌序》"虽无曹妹续史之材",实以曹大家自命之意,及河东君《访半野堂初赠牧翁诗》之"声名真似汉扶风"(见《东山酬和集》一《河东君诗》第一首),亦以马季长比钱氏者相同。综合观之,牧斋何幸得此两曹大家为女师,"伏于阁下受读"耶?(见《后汉书·列传》七四《列女传·曹世叔妻传》。)

《初学集》三三《士女黄皆令集序》略云:

> 皆令本儒家女,从其兄象三受书,归于杨郎世功。歌诗画扇流传人间。晨夕稍给,则相与帘阁梯几,拈仄韵,征僻事,用相娱乐而已。有集若干卷,姚叟叔祥叙而传之。皆令又属杨郎过虞山,传内言以请序于余。余尝与河东君评近日闺秀之诗。余曰:"草衣之诗近于侠。"河东君曰:"皆令之诗近于僧。"夫侠与僧,非女子本色也。此两言者,世所未喻也。皆令之诗曰:"或时卖歌诗,或时卖山水。犹自高其风,如昔鬻草履。"又曰:"灯明惟我影,林寒鸟稀鸣。窗中人息机,风雪初有声。"再三讽咏,凄然怵然,如霜林之落叶,如午夜之清梵。岂非白莲、南岳之遗响乎?河东之言"僧"者,信矣。繇是而观,草衣之诗可知已矣。叔祥之序、荟萃古今淑媛以媲皆令,累累数千言。譬之貌美人者,不论其神情风气,而必曰如王嫱,如西施,如飞燕、合德,此以修美人之图谱则可矣,欲以传神写照,能无见笑于周昉乎?癸未九月,虞山牧斋老人为其序。

《有学集》二〇《赠黄皆令序》略云:

> 绛云楼新成,吾家河东邀皆令至止。砚匣笔床,清琴柔翰,挹西山之翠微,坐东山之画障。丹铅粉绘,篇什流传。中吴闺闼,侈为盛事。今年冬,余游湖上,皆令侨寓秦楼,其穷亦日甚。湖上之人,莫或过而问焉。沧海横流,劫灰荡扫。绛云图书万轴,一夕煨烬。河东《湖上诗》"最是西泠寒食路,桃花得气美人中",皆令苦相吟赏。今日西湖,追忆此语,岂非穷尘往劫?河东患难洗心,忏除月露,香灯禅版,净侣萧然。皆令盍归隐乎?当属赋诗以招之。

寅恪案:皆令与河东君虽皆著籍嘉兴,然其相识始于何年,今不易考。观《初学集》一七《移居诗集》牧斋《与姚叔祥共论近代词人(七绝)十六首》中,其第十一首云:

> 不服丈夫胜妇人,昭容一语是天真。(原注:"吕和叔《上官昭容书楼歌》云'自言才艺是天真,不服丈夫胜妇人'。")王微杨宛为词客,肯与钟谭作后尘。

其第十二首云:

> 草衣家住断桥东(原注:"王微自称草衣道人。"),好句清如湖上风。近日西陵夸柳隐,桃花得气美人中。(原注前已引,兹从略。)

则牧斋于崇祯十三年庚辰秋间作《十六绝句》,止言王、杨、柳三人,而不及媛介。可知牧斋尚未见媛介之诗,亦不识其人。据《初学集》二〇下《东山诗集·灯下看内人插瓶花戏题四绝句》其一云:

> 水仙秋菊并幽姿,插向磁瓶三两枝。低亚小窗灯影畔,玉人病起薄寒时。

此四绝句后第二题即《绛云楼上梁以诗代文八首》,牧斋《黄皆令集序》作于崇祯十六年癸未九月,正河东君病起之时。其《赠黄皆令序》云:"绛云楼新成,吾家河东邀皆令至止。"则皆令之游虞山,居绛云楼,当在崇祯十六年冬或稍后,亦恐是第一次至牧斋家也。牧斋序皆令集,表面上不以姚士粦之文为然,实际上暗寓皆令才高貌寝之意。《东坡集》九《续〈丽人行〉序》云:

李仲谋家有周昉画背面欠伸内人,极精。戏作此诗。

其诗结语云:

君不见孟光举案与眉齐,何曾背面伤春啼?

此牧斋所以有"能无见笑于周昉"之语,实寓蒯通说韩信"相君之背"之意也。又牧斋屡游西湖,其《赠皆令序》中"今年冬,余游湖上"之"今年",未能确定其为何年,但必在河东君《赠黄若芷大家》诗前不甚久之时间也。(见第五章所论。)牧斋既有"当属〔河东〕赋诗招之"之语,则牧斋《赠皆令序》时,皆令当已久未至虞山矣。此后皆令又曾否至虞山,亦未能考悉也。牧斋《赠序》谓皆令"侨寓秦楼",不知有所实指,抑或用典?若用典者,疑非用《列仙传》萧史弄玉故事,而用古乐府《陌上桑》"日出东南隅,照我秦氏楼",即"使君自有妇,罗敷自有夫"等句之意也。

《梅村家藏稿》三一《黄媛介诗序》略云:

黄媛介者,体自高门,夙亲柔翰。逮夫亲故凋亡,家门况瘁。感襄城之荀灌,痛越水之曹娥,恨碎首以无从,顾投身其奚益。蔡琰则惟称亡父,马伦则自道家君。陨涕何言,伤心而已。惟长杨曾经献赋,而深柳可以读书。(原注:"所居深柳读书堂。")点砚底之青螺,足添眉黛;记诗中之红豆,便入吹箫。共传得妇倾城,翻为名士,却令家人窃视,笑似诸生。所携唯书卷自随,相见乃铅华不御。发其旧箧,爰出新篇。即其春日之诗,别仿元和之体,可为妙制,允矣妍辞。仆也昔见济尼,蚤闻谢韫。今知徐淑得配秦嘉,是用览彼篇章,加之诠次。庶几东海重闻桃李之歌,不数西昆止载蘼芜之赋尔。

寅恪案:梅村此《序》述皆令本末颇备。惟今日以材料残缺之故,不易确知。其取譬荀灌、曹娥,则疑是乙酉皆令逢乱时事。荀灌见《晋书》九六《列女传·荀崧小女灌传》,借用以指皆令于乙酉岁清兵攻围嘉兴时,逢乱被劫事。曹娥见《后汉书·列传》七四《列女传·孝女曹娥传》。岂皆令之父于乙酉乱时溺死耶?今难考已。"东海"用鲍明远及其妹事。鲍氏本东海人(见《宋书》五一《宗室》及《南史》一三《宋宗室及诸王(上)临川烈武王道规传》附鲍照传)。"桃李之歌"用李太白"会桃李之芳园,序天伦之乐事"语。(寅恪案:此依《全唐文》三四九李白三之本。此本题为《春夜宴从弟桃花园序》,而文中作"会桃李之芳园"。今李集诸本或题与文俱作"桃花",或俱作"桃李",恐非。盖"桃花"者,乃园之本名,"桃李"者,乃太白所改字,以免"花"与"芳"之重复,且声律更协调耳。)希望皆令与象三兄妹复归于好。"西昆"借用西昆诗体主要人杨亿之姓,以指杨世功。"蘼芜之赋"则用《玉台新咏》一《古诗》"上山采蘼芜"之典,竟指世功为"故夫",颇疑黄、杨夫妇实有仳离之事。梅村于《鸳湖闺咏》第四首结语云"往事只看予薄命,致书知己到长干",乃用李太白《长干行二首》之一"同居长干里,两小无嫌猜"及"早晚下三巴,预将书报家"之语(见《全唐诗》第三函李白三)。亦希望皆令与世功夫妇复归于好之意。骏公诗文,辞旨敦厚,可谓善处人骨肉间矣。

综合惠香及皆令与钱柳之关系观之,乃知牧斋"惜玉怜香"之章盖有所实指,非泛用成语也。"香"乃惠香之名,固不待言。"玉"则《离隐歌序》中,皆令自言"庶几无蔡琰居身之玷"。河东君题其画扇,又称之为"无瑕词史",皆令自比于无玷之玉,于此可证。故"玉"亦皆令之名也。此"玉"此"香"皆牧斋所欲兼收并蓄,而不致与河东君有尹邢避面之事者。"惠香阁"固为惠香所居。《玉台画史》言皆令画扇有"东山阁"题字,然则此"东山阁"亦"惠香阁"之比也。(可参第五章论《绛云楼上梁诗》。)牧斋有志不成,其理由之关于皆令者,乃社会制度问题,不俟赘论。至于惠香,则未知其故,盖由惠香本末无从详考所致。第一章拙诗云"尚托惠香成狡狯,至今疑滞未能消",意在于此。当世通人倘能补此遗憾,则幸甚矣。

复次,陈其年《妇人集》"姑苏女子圆圆"条下冒襄《注》云:

> 吴县叶襄《赠姜垓百韵诗》有云:"酒垆寻卞赛,花底出陈圆。"(寅恪案:叶襄,字圣野,长洲人。事迹见同治修《苏州府志》八八并《明诗综》七七"叶襄"条附《静志居诗话》及陈田《明诗纪事》二二"叶襄"条。圣野与牧斋之关系,可参《有学集》五《绛云余烬诗(下)"冬夜假我堂文宴诗""和圣野(七律)"》及同书一九《叶圣野诗序》等。又《板桥杂记(下)轶事门》"莱阳姜如须游于李十娘家"条,虽所记为如须游南京时事,与苏州无涉,但如斯为人之风流好事,亦借此可窥见一斑矣。)

足见当崇祯季年,陈、卞俱为姑苏负盛名之佳丽。然云装不与畹芬同被中贵外戚劫去,亦可谓幸事。至玉京是否避居他地,遂得脱免,则未能知。

又,《梅村家藏稿》三《圆圆曲》略云:

专征箫鼓向秦川,金牛道上车千乘。斜谷云深起画楼,散关月落开妆镜。传来消息满江乡,乌桕红经十度霜。教曲妓师怜尚在,浣纱女伴忆同行。旧巢共是衔泥燕,飞上枝头变凤凰。长向尊前悲老大,有人夫婿擅侯王。当时只受声名累,贵戚名豪竞延致。一斛明珠万斛愁,关山漂泊腰支细。错怨狂风扬落花,无边春色来天地。换羽移宫万里愁,珠歌翠舞古梁州。为君别唱吴宫曲,汉水东南日夜流。

寅恪案:梅村《听女道士卞玉京弹琴歌》(见《梅村家藏稿》三)中有"归来女伴洗红妆,枉将绝技矜平康。如此才足当侯王",可与此曲"浣纱女伴忆同行"及"有人夫婿擅侯王"等句参证。又梅村《过锦树林玉京道人墓诗》(见《梅村家藏稿》一〇)中有"乌桕霜来映夕曛"及"翻笑行人怨落花,从前总被春风误",亦可与此曲"乌桕红经十度霜"及"错怨狂风扬落花,无边春色来天地"等句参证也。童时诵此曲,以为"浣纱女伴"乃是泛指。由今思之,恐梅村之意偏重云装而言。故"十度霜"之语,与《琴河感旧》诗(见《梅村家藏稿》六)及《听卞玉京弹琴歌》二题尤有密切关系。所以有此假设者,盖畹芬于崇祯十五年壬午春间,由吴被劫至燕,(详见第五章引《影梅庵忆语》述辟疆于崇祯十五年壬午仲春闻得其父宗起量移之耗,由毗陵至吴门,则畹芬于十日前已被劫北去事。)历十年为顺治八年辛卯。此时月所已由锦州移镇汉中,又奉率师入蜀之旨。(见《清史稿》四《世祖本纪》"顺治五年四月丁亥吴三桂自锦州移镇汉中"条及同书五"顺治八年九月壬午命吴三桂征四川"条,并《清史列传》八〇《逆臣传·吴三桂传》等。)此曲"专征箫鼓向秦川,金牛道上车千乘"谓月所由秦入川之事。梅村得闻月所入蜀新命,约在顺治八年初冬,即"传来消息满江乡,乌桕红经十度霜"矣。至"斜谷云深起画楼,散关月落开妆镜"并"珠歌翠舞古梁州"及"汉水东南日夜流"等句,则叙写汉中地域之辞语也。

抑更有可申论者,《三国志·蜀志》五《诸葛亮传》云:"将军身率益州之众,出于秦川。"《文选》三〇谢灵运《拟魏太子邺中集诗·王粲诗序》云:"家本秦川贵公子孙。"(寅恪案:仲宣乃山阳高平人太尉王龚之曾孙,司空王畅之孙,世为豪族,所谓"贵公子孙"也。见《后汉书·列传四十六·王龚传》。)武乡康乐所言之地域范围,俱不包括四川,此乃汉魏六朝"秦川"二字之界说。梅村借用"秦川"之成语,兼赅陕西、四川而言,实非旧日之本义也。

又,《说郛》四《三梦记》之二(参孟棨《本事诗·征异门》及《唐诗纪事》三七"元稹"条)云:

元和四年,河南元微之为监察御史,奉使剑外。去逾旬,予与仲兄乐天、陇西李杓直同游曲江,诣慈恩佛舍,遍历僧院,淹留移时,日已晚,同诣杓直修行里第,命酒对酬,甚欢畅。兄停杯久之,曰:"微之当达梁矣。"(寅恪案:《本事诗》及《唐诗纪事》述此事,非知退原文,"梁"作"襃城"或"襃"。检《新唐书》四〇《地理志·山南西道》云:"兴元府汉中郡,赤,本梁州汉川郡。开元十三年以'梁''凉'声近,更名襃州。二十年复曰梁州。天宝元年更郡名。兴元元年为府。"故"梁""襃"可互称。微之赋诗在元和四年,遂有"古梁州"之句也。)命题一篇于屋壁。其词曰:"春来无计破春愁,醉折花枝当酒筹。忽忆故人天际去,计程今日到梁州。"实二十一日也。十许日会梁州使适至,获微之书一函,后寄《纪梦诗》一篇,其词云:"梦君兄弟曲江头,也入慈恩院里游。属吏唤人排马去,觉来身在古梁州。"(寅恪案:《元氏长庆集》一七《梁州梦》诗"兄弟"作"同绕","也入"作"也向","院里"作"院院","属吏唤人排马去"作"亭吏呼人排去马","觉来"作"忽惊",大抵较佳。盖微之梦中同游者,尚有李杓直建,非止白氏兄弟。知退此记中有"遍历僧院",微之诗题原注有"慈恩诸院",与"院院"语合。"亭吏"指汉川驿亭之吏而言,若作"属吏"则太泛。"去马"谓由汉川驿向次驿驰去之马。"忽惊"更能写出梦中惊醒之情况,若作"觉来"殊为平淡,恐非元才子所宜出也。)日月与游寺题诗日月率同。盖所谓此有所为,而彼梦之者矣。

复检《元氏长庆集》一七《使东川诗二十二首》,其第五首《梁州梦》(自注:"是夜宿汉川驿,梦与杓直、乐天同游曲江,兼入慈恩寺诸院,倏然而寤,而递乘及阶,邮吏已传呼报晓矣。")云:

(诗见上引。)

其第十首《汉江上笛》(自注:"二月十五日夜,于西县白马驿南楼闻笛怅然,忆得小年曾与从兄长楚写《汉江闻笛赋》,因而有怆耳。")云:

小年为写游梁赋,最说汉江闻笛愁。今夜听时在何处,月明西县驿南楼。

据上引白《记》及元《诗》,可知乐天诗之"梁州"、微之诗之"古梁州"皆指明清两代汉中之地而言,实梅村《圆圆曲》中"珠歌翠舞古梁州"句之出处也。《圆圆曲》世人所习诵,但此诗作成之年月尚存疑问,而辞句典故亦间有前贤所未及详者,故不避琐赘之讥,特附论之于此。

由是言之,《圆圆曲》之作成,应在顺治八年辛卯初冬,即与《听卞玉京弹琴歌》为同一年之作品,亦与顺治七年庚寅秋间作《琴河感旧》诗之时间,相距不甚远。至顾师轼《梅村先生年谱》

系《圆圆曲》于顺治元年甲申,恐不过以陈、吴二人,其家国兴亡、悲欢离合、前后变易之关键在顺治元年,未必实有梅村作此诗于顺治元年之确据。又同书系《琴河感旧》诗及《听卞玉京弹琴歌》于顺治七年庚寅。《琴河感旧》诗固作于庚寅,但《梅村诗话》谓云装于顺治八年辛卯春过访,共载横塘,《听卞玉京弹琴歌》云"此地由来盛歌舞,子弟三班十番鼓。月明弦索更无声,山塘寂寞遭兵苦",实指其事;所谓"此地"即苏州,可为此《歌》作于顺治八年辛卯春间之旁证。盖吴、卞两人旧地重游,不胜今昔之感。回溯十年之前,即崇祯十五年壬午,畹芬正于此时被劫北行。梅村因玉京之沦落,念畹芬之遭遇,遂赋诗及之耳。若如是解释,则《圆圆曲》中"十度霜"及"女伴"等句皆有着落。然则骏公于一年中甚近之时间赋此两诗,以陈、卞两人前后同异情事为言,而家国身世之悲恨更深更切。倘读吴集者,取此两诗参互并观,其了解当必较一般泛览所得尤多。惜知此者鲜矣。又,程穆衡原笺、杨学沆补注《吴梅村先生编年诗集》,列《圆圆曲》于顺治十六年己亥。附按语云:

> 其时三桂有女嫁王永宁,方居苏州拙政园。故云别唱《吴宫曲》也。

鄙意《圆圆曲》若作于顺治十六年己亥,则与"传来消息满江乡,乌桕红经十度霜"之句,时间不合。据《清史列传》八〇《逆臣传·吴三桂传》,顺治十六年三桂在云南,与曲中"秦川""金牛道""斜谷""散关""古梁州"及"汉水"等语指汉中者,地域不合。程、杨之言,乃由后世附会禹贡"华阳黑水惟梁州",《汉书·地理志》"益州郡滇池有黑水祠"(见《通典》一七五《州郡曲》五"古梁州"条)及云南为元代梁王封地(见《明史》一二四《梁王把匝〔刺〕瓦尔密传》及靳荣藩《吴诗集览》一五上"滇池铙吹"四律之解释），并误解骏公《圆圆曲》辞意所致。寅恪昔年旅居昆明，偶过某戏院，见悬有"珠歌翠舞古梁州"七字横额，亦袭用吴诗之成句而失其本旨者之一例。可见此类误解极为广遍，真有纠不胜纠之感矣。

复次，靳介人《吴诗集览》四下释此《歌》"十年同伴两三人，沙董朱颜尽黄土"句之"沙"为沙才，固不误，但未尽。据《板桥杂记（中）丽品门》"沙才"条略云：

> 沙才美而艳，善吹箫度曲。后携其妹曰嫩者游吴郡，卜居半塘，一时名噪。才以疮发，剜其半面。嫩归咤利，郁郁死。

及《众香词数集（花丛）》"沙宛在"条，选宛在词《江城子·哭姊》一阕，并附录曹溶《满庭芳·高澹游招同人集纪胜堂赠嫩儿》词（寅恪案：高澹游，名简，号一云山人，吴县人。事迹可参同治修《苏州府志》一一○本传及秦祖永《桐阴论画（上）》"高简"条），其下半阕云：

> 羞随轻浪滚，莲花步暖，软尽无痕。怪当年咤利，假借堪嗔。今日谁能拘管，算恒河，自有仙真。情何限，千堆白雪，占稳凤楼春。

然则梅村赋诗时，沙才已死，但未详何时，而嫩儿亦有被劫之事。其何时被劫，则未能考知。或谓秋岳词中"假借"之语，颇堪玩味，岂嫩儿乃后论牧斋《壬午献岁书怀二首》之二所引冒辟疆《影梅庵忆语》一崇祯十四年秋被劫之赝鼎畹芬欤？（寅恪偶检《小说月报》第六卷第十一号况周颐《陈圆圆事迹》引刘健《庭闻录》云："吴妓陈沅、顾寿并名噪一时。田宏遇以重价市寿，而沅名更高，不易得。会其婿以细故得罪，欲求好，无以通媚，百计购沅以献。宏遇善之如初。"然则辟疆所谓"赝鼎"，或亦有指顾寿之可能耶？俟考。）据秦逸芬《桐阴论画》所推澹游之生年及《清史·列传七八·贰臣传·曹溶传》论之,则秋岳此词之作,若在顺治三年至十年之间,或说方可成立。又澹《板桥杂记》"嫩归咤利,郁郁死"之语,颇与秋岳词冲突。鄙意淡心得诸传闻,似不如秋岳亲见之可信也。今姑记于此,俟后更考。至"沙董"之"董",靳氏据《板桥杂记(中)丽品门》,释为董年。寅恪检余书此条,引张紫涍文峙《悼小宛(五律)》略云:

美人在南国,余见两双成。寂寂皆黄土,香风付管城。

故疑白死时,年已先死,靳说可通。唯冒辟疆声言小宛死于顺治八年辛卯正月二日(见第五章论牧斋《病榻消寒杂咏四十六首》之三十七《和老杜生长明妃》一首中"吴殿金钗葬几回"句),则梅村偕玉京于是年春间游苏州之际,似已得知小宛被劫称死之事。小宛姊妹亦曾居吴门,与陈、卞、二沙为同时佳丽。吴诗作此联系,殊有可能。其所谓"两三人"者,沙嫩未死,沙才已死;董白死时,董年先死;董白虽称死,然实未死。陈沅则不著姓字,而意在言外。梅村下笔不苟,于此可见。今读此《歌》,别有一可注意之事,即顺治七年末八年初,清人似有点取强夺秦淮当时及旧日乐籍名姝之举。此举或与世祖之喜爱戏剧有关。(可参顾师轼《梅村先生年谱》顺治九年壬辰附徐釚《词苑丛谈》九《纪事四》"吴祭酒作秣陵春"条及前第三章论河东君嘉定之游节引《嘉定县志·李宜之传》。)乐籍名姝中,其尚未嫁如卞赛及此《歌》之"碧玉班中怕点留"者,(寅恪案:《乐府诗集》四五李暇《碧玉歌》云:"碧玉上宫妓。"故吴诗此句目未脱秦淮乐籍者。)已适人如董白及此《歌》所谓"乐营门外卢家泣"者,(寅恪检《玉台新咏》九《歌词二首》之二云:"十五嫁为卢家妇。"故吴氏此句目已脱秦淮乐籍适人者。)前述汪然明于顺治九年壬辰始识张宛仙于嘉兴,而宛仙已匿影不出,不轻见人,恐亦与玉京入道避祸之事同一原因。更细绎《听女道士卞玉京弹琴歌》结语云：

> 坐客闻言起叹嗟，江山萧瑟隐悲笳。莫将蔡女边头曲，落尽吴王苑里花。

则用蔡文姬《胡笳十八拍》之典，以匈奴比建州。梅村遣辞必非泛指，特拈出此重公案，愿与世之读吴诗者共参究之也。

或谓惠香有为卞玉京之可能。检《梅村家藏稿》一〇《过锦树林玉京道人墓诗传》云：

> 玉京道人，莫详所自出。或曰秦淮人，姓卞氏。知书，工小楷，能画兰，能琴。年十八，侨虎丘之山塘。所居湘帘棐几，严净无纤尘。双眸泓然，日与佳墨良纸相映彻。见客，初亦不甚酬对。少焉，谐谑间作，一坐倾靡。与之久者，时见有怨恨色，问之，辄乱以它语。其警慧，虽文士莫及也。与鹿樵生一见，遂欲以身许。酒酣，拊几而顾曰："亦有意乎？"生固为若弗解者，长叹凝睇，后亦竟弗复言。寻遇乱别去，归秦淮者五六年矣。久之，有闻其复东下者，主于海虞一故人。生偶过焉，尚书某公者，张具请为生必致之。众客皆停杯不御。已报曰："至矣。"有顷，回车入内宅，屡呼之，终不肯出。生悒怏自失，殆不能为情。归赋四诗以告绝，已而叹曰："吾自负之，可奈何！"逾数月，玉京忽至，有婢曰柔柔者随之。尝着黄衣，作道人装。呼柔柔取所携琴来，为生鼓一再行，泫然曰："吾在秦淮，见中山故第，有女绝世，名在南内选择中。未入宫而乱作，军府以一鞭驱之去。吾侪沦落分也，又复谁怨乎？"坐客皆为出涕。柔柔庄且慧。道人画兰，好作风枝婀娜，一落笔尽十余纸。柔柔侍承砚席间，如弟子然，终日未尝少休。客或导之以言，弗应；与之酒，弗肯

饮。逾两年,渡浙江,归于东中一诸侯。不得意,进柔柔奉之,乞身下发,依良医保御氏于吴中。(参《梅村家藏稿》五〇《保御郑〔钦谕〕三山墓表》及《牧斋外集》一〇《内殿保御三山郑君七十寿序》。)保御者,年七十余,侯之宗人。筑别宫,资给之良厚。侯死,柔柔生一子而嫁。所嫁家遇祸,莫知所终。道人持课诵戒律甚严。生于保御中表也,得以方外礼见。道人用三年力,刺舌血为保御书《法华经》。既成,自为文序之。缁素咸捧手赞叹。凡十余年而卒。墓在惠山祇陀庵锦树林之原,后有过者,为诗吊之。

同书五八《诗话》云:

女道士卞玉京,字云装,白门人也。善画兰,能书,好作小诗,曾题扇送余兄志衍《入蜀》一绝云:"剪烛巴山别思遥,送君兰楫渡江皋。愿将一幅潇湘种,寄与春风问薛涛。"后往南中七年,不得消息。忽过尚湖,寓一友家不出。余在牧斋宗伯座,谈及故人。牧斋云力能致之,即呼舆往迎。续报至矣。已而登楼,托以妆点始见。久之,云痁疾骤发,请以异日访余山庄。余诗云:"缘知薄幸逢应恨,恰便多情唤却羞。"(见《梅村家藏稿》六《琴河感旧四首并序》。)此当日情景实语也。又过三月,为辛卯初春,乃得扁舟见访,共载横塘,始将前四诗书以赠之,而牧斋读余诗有感,亦成四律(见《有学集》四《绛云余烬诗(上)读梅村宫詹艳诗有感书后四首》)。其《序》曰:"余观杨孟载论李义山《无题》诗,以谓音调清婉,虽极其浓丽,皆托于臣不忘君之意,因以深悟风人之指。若韩致光遭唐末造,流离闽越,纵浪香奁。盖亦起兴比物,申写托寄,非犹夫小夫浪子沉湎流连之云也。顷读梅村艳体诗,声律研秀,风怀恻怆,于歌禾赋麦之时为题柳看桃之作。彷徨吟赏,窃有义山致光之遗感焉。雨窗无俚,援笔属和。秋蛩寒蝉,吟噪啁哳,岂堪与间关上下之音,希风说响乎?河上之歌,听者将同病相怜,抑或以同床各梦而辗尔一笑也。"诗绝佳,以其谈故朝事,与玉京不甚切,故不录。末简又云:"《小序》引杨眉庵论义山臣不忘君语,使骚人词客见之不免有兔园学究之诮,然他日黄阁易名,都堂集议,有弹驳文正二字,出余此言为证明,可以杜后生三尺之喙,亦省得梅老自下注脚。"其言如此。玉京明慧绝伦,书法逼真黄庭,琴亦妙得指法。余有《听女道士弹琴歌》(见《梅村家藏稿》三并参曹溶《静惕堂诗集》四二《题女冠卞玉京募册》题下注云"卞与娄东学士有旧"之语)及《西江月·醉春风》填词(见《梅村家藏稿》二一《西江月四首》之四《春思》及《醉春风二首·春思》),皆为玉京作,未尽如牧斋所引杨孟载语也。此老殆借余解嘲。

据此,当崇祯之季,云装年十八居虎丘时,与惠香往来钱柳间之情事颇合。后梅村于顺治七年庚寅秋间,至常熟,牧斋欲负风流教主之职责,为卞、吴两人重续旧好,如其前此为董、冒尽力者。玉京既至牧斋家,独先见河东君,而终不与梅村觌面,足见其必入内宅熟商,并取决于河东君,然后出此。即此一端,则卞、柳之为密友,又可推知,其是惠香,更可为旁证也。寅恪以为或说似颇有理,但尚少确据,未敢断定。兹以其有关当日名姝国士情谊之一种公式,并与后论河东君入道事相涉,因附录之,以供参考。

又检《吾炙集》"楚江杜绍凯苍略"条,选些山诗《奉和牧斋先生赠旧校书二首》。今杜濬《变雅堂文集》附苍略诗未载此题,故录之于下。

《诗》云:

朱楼十里起双扉，物换星移似鹤归。怪底新人都婉娈，老来能著水田衣。

北里闲提旧话长，句阑处处说焚香。于今瓦砾风榛地，只断横刀荡子肠。

苍略所和者，为《有学集》诗注《长干塔光集·秦淮水亭逢旧校书赋赠十二首》之第三、第四两首。（涵芬楼本题下有"女道士净华"等字。）兹发见一问题，即此旧校书、女道士净华果为何人是也。请全录牧斋原诗，然后略论之。

牧斋诗云：

不裹宫妆不女冠，相逢只作道人看。水亭十月秦淮上，作意西风打面寒。

妆阁书楼失绛云，香灯绣佛对斜曛。临风一语凭相寄，红豆花前每忆君。

旗亭宫柳锁朱扉，官烛膏残别我归。今日逢君重记取，横波光在旧罗衣。

目笑参差眉语长，无风兰泽自然香。分明十四年来梦，是梦如何不断肠？

棋罢歌阑抱影眠，冰床雪被黯相怜。（涵芬楼本"黯相怜"作"旧因缘"。）如今老去翻惆怅，重对残釭忆昔年。（涵芬楼本"忆昔年"作"说往年"。）

瘦沈风狂不奈何，（涵芬楼本"不"作"可"。）情痴只较一身多。荒坟那有相思树，半死枯松绊女萝。

锁袴弓鞋总罢休，烛灰蚕死恨悠悠。思量拥髻悲啼夜，若个情人不转头？

金字经残香母微，啄铃红嘴语依稀。新裁道服莲花样，也似雕笼旧雪衣。

贝叶光明佛火青，贯花心口不曾停。侬家生小能持诵，鹦鹉亲过般若经。(涵芬楼本"过"作"歌"。)

高上青天低下泉，邻家女伴似秋千。金刚卷半千声佛，(涵芬楼本"卷半"作"半卷"。)消得西堂一穗烟。

水沉烟寂妙香清，玉骨冰心水观成。弹指五千经藏转，青莲花向舌根生。

投老心期结净瓶，自消笺注讲金经。诸天围绕君应看，共向针锋列座听。

然则此旧校书、女道士净华，殊有为下玉京之可能。上引吴梅村《过锦树林玉京道人墓诗传》，若取与牧斋此题相参校，则第二首言净华曾至绛云楼，并与河东君交好。第六首与梅村所谓"渡浙江，归于东中一诸侯。不得意，进〔其婢〕柔柔奉之，乞身下发，依良医〔郑〕保御氏于吴中。保御者，年七十余，侯之宗人。筑别宫，资给之良厚。侯死，柔柔生一子而嫁。所嫁家遇祸，莫知所终"有关。此首前二句谓世人为净华风狂，如梅村及己身者甚多。"荒坟"指东中诸侯。"半死枯松"指保御。"女萝"指净华也。假定所推测者不误，则此净华乃牧斋心中之惠香也。惠香公案殊难参决，今复附记于此，以资谈助云尔。

至牧斋借吴诗解嘲，梅村已自言之，读者亦可从钱、吴两人诗之异同得知，无烦赘论。他若受之论韩致光《香奁诗》之语，与事实不合，寅恪已于拙著《唐代政治史述论稿·中篇》言及之矣。

又邹翰飞弢《三借庐笔谈》一二"河东君"条(此条前已略引)云：

往见书贾持《河东君诗稿》一册，乃惠山韵香尼手录本。字既秀美，(寅恪案：韵香书画可参有正书局影印《中国名画》

第十五集《名闺宝绘》内,徐湘蘋灿画《渡海观音》,韵香所题《心经》及同集韵香画兰竹石等。)诗亦淡雅,上名士题咏甚多。若〔钱〕竹汀〔大昕、王〕兰泉〔昶〕、见亭〔麟庆〕等,均为制句。仓猝中不及购,为有力者取去。仅记其"夜起"二句云:"初月不明庭户暗,流云重叠吐残星。"

见亭麟庆《凝香室鸿雪因缘图记》第一集《午门释褐篇》略云:

嘉庆己巳,麟庆年十九岁,四月初八日会试揭晓,中式第二十七名贡士。翌辰诣午门谢恩。同榜二百四十一人,惟余最少。越日覆试二等,殿试三甲九十三名,赐同进士出身。五月初八日引见,奉旨以内阁中书用,释褐登朝,自此始矣。

同集《瓜洲泊月篇》略云:

余受职后即赴内阁,分典籍厅行走。寻奉严慈手谕,已聘定瓜尔佳夫人。时外舅余甫公(自注:"名庆康。满洲侍卫,时官游击,后晋副将。")宦游宁波,不克送女,命即乞假往娶,当于八月初十日具呈,董蔗林太傅(自注:"讳诰。浙江传胪,卒谥文恭。")笑而判以十五,曰:"薇垣归娶,风雅事也。标以佳节,正贺子人月双圆耳。"余揖谢,遂于十六日出都,随洁士舅氏(寅恪案:"洁士"即恽秉怡。)于九月十一日行次瓜步,渡扬子江,适遇风暴,船颠簸巨浪中,几覆者屡矣。不得已驶至郭璞墓泊焉。〔复〕驶至鲇鱼套口,日落风定,秋月扬辉,两岸帆樯,灯火历历如绘,而倒影涵虚,重规映朗,恍置身玉壶世界。随趁月行至常州,送舅氏归第。小住三日,偕子尚外兄(寅恪案:"子尚"即恽受章。)、费东帆同年(自注:"名湘。武进举人。")钱园看菊。登舟后,适遇王竹屿先生(自注:"名凤生。江苏诸生,时官通判,后晋盐运使。")联舫南下,舣慧山,招同访女道士韵香(自注:"姓王,名岳莲。")于双修庵。韵香姿仅中人,而腹有诗书,别具出尘之致,惟名心未退,询知余十九登进士,意甚欣然,面写墨兰以赠,寻留馔,自言近在卞玉京(自注:"明末女冠。")墓侧种梅百本,涅槃后,将葬其旁。月上回舟,秋气清澄,虽不如瓜洲之空旷,而月明林下,别饶风趣。

寅恪案:韵香本末亦见周氏书九"空山听雨图"条。此条所言,中有甚大之舛误,姑不置辨,借省支蔓。韵香为嘉庆时人,距明末清初时代已远,但以其与河东君诗句及惠山入道名姝卞玉京即惠香有关,因附录翰飞、见亭所记于论述玉京事之后,以供补辑河东君集者之采择。

第 二 期

牧斋未见河东君之前，经过朱子暇、汪然明、姚叔祥及惠香诸人先后之介绍，机缘成熟，于是崇祯十三年庚辰十有一月，杜兰香、萼绿华之河东君，遂翩然来降于张硕、羊权之牧斋家矣。今读《东山酬和集》，其惊才绝艳，匪独前此类似之作品，如干令升、曹辅佐、陶通明及施肩吾诸人所结集者，不能企及，即茫茫禹迹，后有千秋，亦未必能重睹者也。兹取《东山酬和集》与牧斋《初学集》及钱遵王此集诗《笺注》，并《列朝诗集》所选程孟阳、沈景倩诗等参校。以遵王不注河东君之作，故本文主旨在专释证河东君之诗。至牧斋之作，则非与解释河东君之作品及其情事有特别关系者，多从删略。其余牧斋之诗通常典故，以遵王之《注》征引颇备，故亦不赘述焉。

《东山酬和集》首载沈璜序及孙永祚《东山酬和赋》。沈璜本末见《列朝诗集》丁一三下小传。同治修《苏州府志》八七《沈璜传》即取材于《列朝诗集》，无所增补。孙永祚本末见同治修《苏州府志》一〇〇及光绪修《常昭合志稿》三〇本传。沈《序》末题"崇祯十五年二月望日"，孙《赋》末题"岁在壬午孟陬之月"，似此集诸诗，有刻成于崇祯十五年二月之可能。但检牧斋《初学集》二〇《东山诗集三》（原注："起辛巳六月尽十五年壬午。"）载《仲春十日自和合欢诗四首》。此四首诗《东山酬和集》并未收入。据沈氏《序》云"壬午元夕，通讯虞山，酬和之诗，已成集矣"，可知此集诸诗在崇祯十五年元夕以前实已编定。牧斋自和之《合欢诗》，既在崇祯十五年元夕以后，自无从收入此集。孙《赋》题作壬午孟陬之月，则其作成之时间当与酬和诸诗编定之月日相距不甚久。因孙氏为常熟人，与牧斋同居一地，往来近便故也。

《牧斋尺牍》二《与孙子长》第二通云：

《茸城》诗和章盈帙，不必更烦仁兄。求作一小赋，冠于集端。以赋为序，少变缘情之法，亦词林一美谈也。改诗乞即付下，但略更字面可耳。

寅恪案：牧斋此札不载年月，当是崇祯十五年正月所作。于此可见孙氏作赋时，酬和诸诗皆已编定矣。至"改诗"云云，不知所指之诗是否与酬和诗有关，词语简略，未敢断定也。

又，《列朝诗集》丁一六所选沈德符诗中有《钱受之学士新纳河东君作志喜诗四律索和本韵》即和牧斋《合欢诗》者，亦未收入。当是沈诗寄与牧斋时日过晚，已不及收入矣。所可注意者，《催妆词》及《合欢诗》不载河东君及程孟阳之和作。此俱不可以时日较晚、居处较远之故，未能编入为解说。岂河东君以关涉己身，殊难著笔，既不能与牧斋及诸词人竞胜，遂避而不作耶？若孟阳者，其平生关于牧斋重要之诗，几无不有和章，独于此二题阙而不赋，其故当由维生素丙之作用。关于此点，前于论河东君嘉定之游节中已言及之矣。

今观沈《序》孙《赋》，古典今事，参错并用，颇为切当。读者取此集中钱柳诸诗以证其本事，则知两文之经牧斋赏定，殊非偶然也。沈、孙之文，今虽不暇详释，但沈《序》中"隃麋史笔，长傍娥眉。桴鼓军容，尚资纤手"及孙《赋》中"掌记纾忧于行役，援桴贾壮于从军"诸句，则请略言之。"隃麋史笔，长傍娥眉"可以不论。"掌记纾忧于行役"，则用《唐诗纪事》五八"韦蟾"条，亦可不多述。"桴鼓军容，尚资纤手"及"援桴贾壮于从军"，则俱用梁红玉事。推原沈、孙二人所以同此取譬者，盖两氏下笔之时，皆在崇祯十五年正月以后，当已见及牧斋崇祯十四年《秋夕燕誉堂话旧事有感(七律)》其结句云"洞房清夜秋灯里,共简庄周说剑篇",及同年十一月牧斋与河东君偕游镇江,所作之《冬至后京江舟中感怀》诗(俱见《初学集》二〇《东山集》)。此题共八首,其第七首云:

> 柂楼尊酒指吴关,画角声飘江北还。月下旌旗看铁瓮,风前桴鼓忆金山。余香坠粉英雄气,剩水残云俯仰间。他日灵岩访碑版,麒麟高冢共跻扳。

寅恪案:宋韩世忠墓在苏州灵岩山(见钱遵王《初学集诗笺注》此诗条,同治修《苏州府志》四九《冢墓一》"吴县"条及《金石萃编》一五〇《韩蕲王碑文》并跋语),诗之结语指此。牧斋既以梁红玉比河东君,则譬甫子长用通知兵事、亲执桴鼓之杨国夫人典故,(见《初学集》四四《韩蕲王墓碑记》。下文当更详论。)亦非无所依据也。沈《序》孙《赋》俱是佳文,而孙《赋》尤妙。寅恪深赏其"芳心自许,密讯方成。犹有留连徙倚,偃蹇犹夷。乍离乍合,若信若疑"等句,最能得当日河东君之情况。子长殆从《洛神赋》摹写美人形态"神光离合,乍阴乍阳"之语,而改为摹写美人心理"乍离乍合,若信若疑"之辞。白香山《花非花》曲(见《白氏文集》一二)云:

> 花非花,雾非雾。夜半来,天明去。来如春梦几多时,去似朝云无觅处。

程孟阳赋《朝云诗八首》以摹写河东君,除因当时河东君以"朝"为名外,实亦取义于香山此诗,非仅用巫山神女及东坡侍妾之名。松圆与河东君甚有关涉固不待言;雪屋执贽牧斋之门,又家居常熟,自必有所耳闻目见,故能描绘入微,曲尽其妙,真能传神写照,不致见笑于周昉,如前引牧斋《黄媛介诗序》中之所言者也。

综合《东山酬和集》所收之诗,共计七十七题、九十七首,皆是经牧斋所欣赏而裁定者。牧斋平日最喜评诗论文,《列朝诗集》及《吾炙集》即其例证。然此两《集》俱选于忧患穷愁之中,非若《东山酬和集》为半野翁快心得意之际所编定者可比。盖自天启元年牧斋任浙江主考,衡文取士,镂刻《浙江乡试程录》以来(见《初学集》九〇),逾二十余年,无此赏心悦目之事久矣。且此《集》有杜少陵"几个黄鹂鸣翠柳"之乐,而无钱千秋"一朝平步上青天"之惧(见《阁讼记略》)。文采风流,传播朝野。牧斋于此,岂不足以自豪哉!

兹于笺证《东山酬和集》中钱柳诸诗及略评其他和作之前,先取世传河东君诗文有倩人代作之事及黄陶庵不肯和柳钱之诗两问题,稍论述之于下。

关于第一事,据王沄《辋川诗钞》四《虞山柳枝词》第三首云:

> 鄂君绣被狎同舟,并蒂芙蓉露未收。莫怪新诗刻烛敏,捉刀人已在床头。(原注:"吾郡有轻薄子钱岱勋,从姬为狎客,若仆隶,名之曰偕。姬与客赋诗,思或不继,辄从舟尾倩作,客不知也。归虞山后,偕亦从焉。吾友宋辕文有《破钱词》。")

范锴《华笑廎杂笔》一顾苓《河东君传》后附古梅华源木乂庵白牛道者题云:

> 柳氏幼隶乐籍,侨居我郡。与钱生青雨称狎邪莫逆交。柳故有小才,其诗若书,皆钱所教也。已而归虞山,钱生为之介。

寅恪案:王氏所言之钱岱勋,当与白牛道者所言之钱青雨同是一人,不过胜时称其名而道者举其号耳。宋辕文之《破钱词》今未得见，故此人本末无从考知。寅恪前论河东君与李存我及陈卧子之交好，已言及河东君之书法诗词皆受其影响。盖河东君当日之与诸文士往还，不仅狎昵之私，亦得观摩之效。杜少陵《戏为六绝句》之六所谓"转益多师"者（见玉勾草堂本《杜工部集》一二），殆即此义欤？钱氏子或曾为河东君服役，亦未可知，但竟谓河东君之诗文乃其所代作，似卧子、牧斋亦皆不察其事，则殊不近情理。推求此类诬谤之所由，盖当日社会，女子才学远逊男子，忽睹河东君之拔萃出群，遂疑其作品皆倩人代替也。何况河东君又有仇人怨家，如宋、王之流，造作蜚语，以隐秘难辨之事为中伤之计者乎？至若其词旨之轻薄、伎俩之阴毒，深可鄙恶，更不必多论矣。

关于第二事，据钮琇《觚剩》一《吴觚上》"陶庵刚正"条（参《牧斋遗事》"牧斋欲延师教令嗣孙爱"条及顾纯恩《寓瞹杂咏》诗注）云：

黄陶庵先生少有盛名，馆于同里侯氏，（寅恪案："侯氏"指峒曾、岐曾兄弟。）以道义相切劘。虞山钱宗伯有一子，名孙爱，甫成童。欲延师教之，而难其人。商之程孟阳，孟阳曰："我有故人子，嘉定黄蕴生，奇士也。与同里侯氏交三世矣，未可轻致。公雅与侯善，以情告侯，公可得也。"宗伯乃具厚币，遣门下客李生至嘉定延之。李先见侯，道宗伯旨。侯力为劝驾，黄意不悦，强而后可。遂与李至宗伯家。宗伯待以殊礼。居浃月，孟阳出《海棠小笺》示黄。黄询唱者为谁，孟阳曰："宗伯如君柳夫人作也。子于帖括之暇，试点笔焉。"陶庵变色曰："忝居师席，可与小君酬和乎？"孟阳曰："此何伤？我亦偕诸君子和之矣。"陶庵曰："先生耆年硕德，与主人为老友，固可无嫌。诸君亦非下帷于此者。若淳耀，则断乎不可。"孟阳惭退。先是，曾馆某抚军幕府，

（寅恪案："某抚军"当指张国维。）有邑令闻先生在署，橐数百金赂先生父，令致书，俾为之左右。先生复父书曰："父生男之身，尤望生男之心。若行一不义，取一非有，男心先死矣，尚何以养父乎？"其自命刚正如此。忠孝大节，岂临时激于意气者所能为乎？

严元照《蕙櫋杂记》云：

> 黄陶庵先生馆于常熟钱氏。主人纳柳如是为适妻。时作《催妆诗》者甚众，或劝先生作。先生曰："吾不能阻其事，于朋友之义亏矣。尚可从而附和乎？"一日程孟阳携《柳夫人诗笺》乞先生和，先生不可。孟阳强之再三，且曰："老夫已偕诸君和之矣，庸何伤？"先生正色曰："先生耆年硕德，与主人为老友，非淳耀之比。若淳耀，则断断不可。"孟阳惭沮而罢。

朱鹤龄《愚庵小集》一四《题黄陶庵诗卷》云：

> 陶庵先生行谊节概卓绝千秋，四子经义既为有明三百年一人，其所作乐府复旨远辞高，义精向厉，真儒者之诗也。当甲申北变，闻金陵嗣统，谒选者麇集都下，先生独不往。吾友包子问之，先生曰："某公素善余，今方与当国者比。余入都，必当与往来，往来必为彼牢笼矣。君子始进必以正，岂可为区区一官捐名义以殉之耶？"卒不往。

光绪修《嘉定县志》三二《轶事门》"黄忠节〔淳耀〕未第时，馆常熟钱谦益家。程孟阳出《海棠小笺》示之"条云：

> 〔忠节〕偶作鄙夫章题文，时推绝唱，谦益独不怿。及甲申夏，福王立，谦益晋秩尚书，忠节遗以娄坚手书《归去来辞》，谦益默然。

寅恪案：陶庵虽馆于牧斋家，以所擅长之八股文课其子孙爱，然福王朝不往南京与牧斋共马、阮合流，则人品刚正高洁，可以想见。其不阿附孟阳和钱柳诗之举乃自然之理，恐亦非牧斋前此所能料及。关于陶庵不肯和钱柳诗之问题，钮、严两书所述，皆非无因，但俱有讹误。兹先考陶庵馆于钱氏之时间及孟阳于钱柳遇见以后，留居牧斋家之年月，然后玉樵、修能二人所言之得失，可以决定也。今《陶庵集》附有陈树惪、宋道南所撰《陶庵先生年谱》，载陶庵自崇祯十二年至十四年馆于牧斋家。其所记可信。据《陶庵集》一六《和陶诗序》云"辛巳杪冬客海虞荣木楼"，及同书二一《弘光改元感事书怀寄钱宗伯五十韵》云：

> 昔岁登龙忝，郎君丽泽专。南坨灯火屋，北畔宴游船。奉手评豪素，开厨出简编。文澜增拂水，诗垒压松圆。酒发公明气，谈钩向秀玄。赏音存寂寞，延誉许腾骞。精舍留三载，阴符练几篇。厌贫将嫁卫，蹑屐遂摩燕。

则自崇祯十四年辛巳杪冬，逆数至十二年己卯岁首，共历三年，即所谓"精舍留三载"者是也。"南坨灯火屋"者，陶庵授孙爱书时，居于常熟城内牧斋家之荣木楼，即相传后来河东君自缢之处。《陶庵集》二〇载《夏日钱牧斋先生携同泛舟尚湖》诗，牧斋《初学集》一七《移居诗集》亦载《〔庚辰〕五月望夜泛西湖归山庄作》诗，不知是否与"北畔宴游船"之句有关，更俟详考。"厌贫将嫁卫，蹑屐遂摩燕"者，陶庵于崇祯十四年辛巳岁杪，辞牧斋家馆归后，遂中十五年壬午应天乡试，次年癸未即成进士也。《初学集》三二《黄蕴生经义序》云：

> 儿子孙爱，自家塾省余山中。奉其文三十篇以请曰："幸一评定之。"余曰："吾何以定而师之文乎哉？而师之学，韩子之学也；其文，韩子之文也。"

牧斋作此序文时,居于拂水山庄。"山中"即谓拂水山庄。"文澜增拂水"之句,殆兼指此序而言。牧斋文中称誉陶庵,比于退之。故此《序》辞旨,全取用《昌黎文集》也。陶庵人品学问,当时推服。牧斋聘之为其子授书,自是得人。但牧斋友朋门生之中,人材甚盛。其所以特有取于陶庵者,盖以蕴生最善长于八股之文,延为塾师,使教孙爱,于掇科干禄自有关系。世人谓八股经义之文实溯源于王介甫,而荆公之文乃学昌黎者,近代《文选》学派鄙斥唐宋八大家及桐城派之古文,讥诮昌黎为八股之始祖,所言虽过当,亦颇有理。牧斋此《序》殊有八股气味,或作《序》之时,披阅陶庵经义,不觉为所渐染使然耶?

《四库全书总目》一九○"钦定四书文"条略云:

> 乾隆元年内阁学士方苞奉敕编《明文》,凡四集,每篇皆抉其精要,评骘于后。卷首恭载谕旨,次为苞奏折,又次为《凡例》八则,亦苞所述,以发明持择之旨。盖"经义"始于宋,《宋文鉴》中所载张才叔《自靖人自献于先王》一篇,即当时程试之作也。元延祐中兼以"经义""经疑"试士。明洪武初定科举法,亦兼用"经疑",后乃专用经义,其大旨以阐发理道为宗。厥后其法日密,其体日变,其弊亦遂日生。我国家景运聿新,乃反而归于正轨。列圣相承,又皆谆谆以士习文风,勤颁诰诫。我皇上复申明清真雅正之训,是编所录,一一仰禀圣裁,大抵皆词达理醇,可以传世行远。承学之士,于前明诸集,可以考风格之得失;于国朝之文,可以定趋向之指归。圣人之教思无穷,于是乎在,非徒示以弋取科名之具也。故时文选本汗牛充栋,今悉斥不录,惟恭录是编,以为士林之标准。

《钦定四书文》卷首载《乾隆元年六月十六日谕》略云:

有明制义诸体皆备,如王〔鏊〕、唐〔顺之〕、归〔有光〕、胡〔友信〕、金〔声〕、陈〔际泰〕、章〔世纯〕、黄〔淳耀〕诸大家,卓然可传。今朕欲裒集有明及本朝诸大家制义,精选数百篇,汇为一集,颁布天下。学士方苞于四书文"义法",夙尝究心,著司选文之事,务将入选之文,发挥题义清切之处,逐一批抉,俾学者了然心目间,用为模楷。

同书《凡例》云:

唐臣韩愈有言,文无难易,惟其是耳;李翱又云,创意造言,各不相师,而其归则一,即愈所谓"是"也。文之清真者,惟其理之是而已,即翱所谓"造言"也。

《红楼梦》第八十二回云:

黛玉微微的一笑,因叫紫鹃:"把我的龙井茶给二爷沏一碗。二爷如今念书了,比不得头里。"紫鹃笑着答应,去拿茶叶,叫小丫头子沏茶。宝玉接着说道:"还提什么念书?我最厌这些道学话。最可笑的是八股文章。拿他诓功名、混饭吃也罢了,还要说代圣贤立言。好些的,不过拿些经书凑搭凑搭也罢了。更有一种可笑的,肚子里原没有什么,东拉西扯,弄的牛鬼蛇神,还自以为博奥。这那里是阐发圣贤的道理。目下老爷口口声声叫我学这个,我又不敢违拗,你这会子还提念书呢!"黛玉道:"我们女孩儿家虽然不要这个,但小时跟着你们雨村先生念书,也曾看过。内中也有近情近理的,也有清微淡远的。那时候虽不大懂,也觉得好,不可一概抹倒。况且你要取功名,这个也清贵些。"宝玉听到这里,觉得不甚入耳,因想黛玉从来不是这样人,怎么也这样势欲薰心起来?又不敢在他跟前驳回,只在鼻子眼里笑了一声。

寅恪案：清高宗列陶庵之四书文为明代八大家之一，望溪又举退之、习之为言，尤与牧斋之语相符合。今检方氏所选陶庵之文多至二十篇，足证上引朱长孺"陶庵先生四子经义，为有明三百年一人"之语，实非过情之誉。至林黛玉谓"内中也有近情近理的，也有清微淡远的"，即《四库总目》所谓"清真雅正"及"词达理醇"者，如陶庵等之经义，皆此类也。噫！道学先生竟能得林妹妹为知己，可视乐善堂主人（清高宗《御制乐善堂文集》，初刻原有制义一卷，后来定本删去。见《四库全书总目》一七三《别集类》"御制乐善堂定本"条。）及钱、朱、方三老之推挹为不足道矣。一笑！又顾纯恩《寓暌杂咏》"父命千金犹不顾，未须惆怅柳蘼芜"诗注所言"〔河东君〕为《落花》诗，诸名士悉和。程孟阳讽〔陶庵〕先生为之"之事，则今存河东君诗中固无《落花》诗。《初学集》《耦耕堂存稿》诗等，自崇祯十二年春至十四年冬，即陶庵馆于牧斋家之时期，其所作诸诗，亦不见类似《和落花诗》之题目。怀祖之言，未识何据。检顾云美《河东君传》云："宗伯赋《前七夕诗》，要诸词人和之。"怀祖所记，或因是致误。若谓孟阳讽陶庵所和者，即指《前七夕诗》言。则孟阳己身尚不肯和牧斋此题，岂有转讽他人和之之理？故修能所记，似较近于事实也。

由此言之，钮、严两氏所记陶庵不肯和诗之事，揆之情理，当必可信。但玉樵谓蕴生偕牧斋门下客李生（寅恪案：此"李生"疑是李僧筏杭生或李缁仲宜之兄弟。据《有学集》二三《张子石六十寿序》云："余取友于嘉定，先后辈流，约略有三。初为举子，与徐女廉、郑闲孟掉鞅于词科，而长蘅同举乡榜，镞镯文行，以古人相期许，此一辈也。因长蘅得交娄丈子柔、唐丈叔达、程兄孟阳，师资学问，俨然典型，而孟阳遂与余耦耕结隐，衰晚因依，此又一辈也。侯氏二瞻、黄子蕴生、张子子石暨长蘅家僧筏、缁仲,皆以通家末契,事余于师友之间。"盖李氏兄弟与侯、黄二氏皆嘉定人,又皆通家世好,牧斋使李氏兄弟之一聘蕴生教其子,极为可能也。或又谓此"门下客李生"乃毛子晋之舅氏李孟芳。检《初学集》一五《丙舍诗集(上)》载崇祯十二年己卯元旦后立春前所作《次韵答东邻李孟芳》诗云:"度阡越陌最情亲,乞米分甘念我贫。"又《牧斋尺牍》载《与李孟芳书》共十三通,可见钱、李二人关系之密切。其第一通即托以料理先茔之事者,则知牧斋固尝以家事托李也。《耦耕堂存稿》诗下载《和李孟芳山中话旧》一题,列在《〔戊寅〕除夕拂水山庄和钱牧斋韵二首》及《〔己卯〕元旦和牧斋韵》之前。此诗有"十载相怜病与贫"及"残腊檐梅初放萼"之句。故据时、地及人三者之关系言之,玉樵所谓"李生",恐舍孟芳莫属矣。但鄙意后一说较迂远,仍以从前说为是。)至钱氏家,居浃月,孟阳出受之如君柳夫人《海棠小笺》属陶庵和之,则殊不知陶庵实以崇祯十二年春间至常熟就牧斋家塾之聘,而河东君于崇祯十三年冬始过半野堂。"居浃月"之误,自不待言。又,崇祯十四年六月牧斋与河东君结缡于松江舟中,在此时以前,松圆便以"如君"称河东君,亦未免过早矣。至于修能所记陶庵不肯和牧斋《催妆诗》一事,自是实录。盖牧斋作《催妆诗》在崇祯十四年辛巳夏间,此年杪冬陶庵始辞去牧斋家馆。倘陶庵肯和《催妆诗》者,牧斋必收入于《东山酬和集》中矣。惟严氏述蕴生不肯和河东君诗事,若在崇祯十三年庚辰冬季松圆在牧斋家之短时间内,则殊可能。不过修能记此事于陶庵不肯和牧斋《催妆诗》之后,叙述次序稍涉牵混,未免时限不明耳。至顾怀祖谓孟阳讽陶庵和河东君《落花》诗一事,则更失实,前已辨之矣。除《东山酬和集》中无陶庵和诗,可以证明钮、严之说外,兹尚有一强有力之证据,即《初学集》一八《东山诗集一》载《冬至日感述示孙爱(五古)》一首是也。此诗既与河东君无关,自不收入《东山酬和集》。但一检其排列次序,则知有待发之覆。牧斋编列其诗什,本依作成时间之先后,此可据《集》中所载之诗不分体而依时之例推知者。今此五古在《初学集》中列于《寒夕文宴再叠前韵,是日我闻室落成(七律)》之后,(寅恪案:《东山酬和集》此题下多"延河东君居之"并附注"涂月二日"等字。)《迎春日偕河东君泛舟东郊作(七律)》之前。(寅恪案:郑氏《近世中西史日表》崇祯十三年庚辰正月十三日立春,十二月廿四日又立春。十四年辛巳无立春。当日历官定历,绝无一年重复两立春及一年无立春之理。郑氏此类之误,可参前论河东君嘉定之游节。牧斋诗中所指之迎春日乃指崇祯十三年十二月之节气也。)揆之牧斋编次其诗之惯例,殊为不合。盖冬至为十一月之节气,反列于涂月二日之后故也。究其所以致此颠倒失常之由,岂因此五古一首实非十一月冬至所作,而为较迟之时间,或在十二月所补成,追加入集,遂未详察其编列次序先后之不合耶?此五古中牧斋引述礼经史事以自解其不亲祭祀,而遣孙爱代之之理由,并列举其平生师友如杨涟、孙承宗、王洽、冯元飙、元飙兄弟之流,以忠义孝友功名气节著称一时者,勖勉其子。义正辞严,即谓之为钱氏家训,亦无不可。然若考牧斋崇祯庚辰冬间河东君来访半野堂以后之心理情况,则知此五古不过牧斋之烟幕弹,欲借之使孙爱转示其塾师,庶几可稍慰其拒绝松圆之意,并聊用为自解之工具耳。检《初学集》八一《书西溪济舟长老册子》略云:

> 庚辰之冬,余方咏《唐风·蟋蟀》之章,修文宴之乐。丝肉交奋,履舄错杂。嘉禾门人以某禅师开堂语录缄寄,且为乞叙。余不复省视,趣命童子于蜡炬烧却,扬其灰于溷厕,勿令污吾诗酒场也。辛巳仲春,聚沙居士书于蒋村之舟次。

及钱曾《有学集诗注》一四《东涧集(下)病榻消寒杂咏四十六首》中《追忆庚辰冬半野堂文宴旧事》云:

老大聊为秉烛游,青春浑似在红楼。买回世上千金笑,送尽生年百岁忧。(寅恪案:涵芬楼本《有学集》一三"生年"作"平生",所附校勘记亦无校改。余详遵王《注》。)留客笙歌围酒尾,看场神鬼坐人头。蒲团历历前尘事,好梦何曾逐水流?

则知牧斋此时如醉如痴,一至于此。陶庵之不以为然,自无足怪,而牧斋编入《冬至日感述示孙爱(五古)》于其诗集,次序失检,又所必致也。何物不解事之嘉禾迂儒及钝根禅衲同作此败人清兴之举动,其遭烧灰投厕之厄,亦有自取之道矣。今《陶庵集》二二有《无题(六言绝句)六首》,辞旨颇不易解,然必与当日陶庵所见之文士名媛有关,疑即为牧斋、河东君、松圆及钱岱勋或钱青雨而作,又有谓乃指河东君嘉定之游者,皆难决定。兹姑附录于下,存此一重可疑公案,以待后来好事者之参究。寅恪未敢效笺释玉豀生《无题》诗者之所为也。陶庵诗云:

放诞风流卓女,细酸习气唐寅。人间再见沽酒,市上争传卖身。

片云曾迷楚国,一笑又倾吴宫。花底监奴得计,鸾篦毕竟输侬。

人言北阮放达,客诮东方滑稽。情不情间我辈,笑其笑处天机。

子美诗中伎女,岑参句里歌儿。彼似青蝇附骥,我如斗酒听鹂。

千春不易醉饱,百岁贵行胸怀。羡马为怜神骏,烧桐亦辨奇材。

鲸铿已肆篇什，鳌咳从教诋诃。百斛舟中稳坐，千寻浪里无何。

兹依《东山酬和集》，并参考有关诸本，择录柳钱及诸人诗于后，略加考释。多详于河东君之作，牧斋次之，其他诸人则仅选其少数最有关者，聊备一例，盖不欲喧宾夺主也。至于牧斋之诗，别有钱曾之《笺注》在，故今考释钱诗，亦止就遵王所不及者详之耳。

《东山酬和集》一河东柳是字如是（原注："初名隐。"）《庚辰仲冬访牧翁于半野堂奉赠长句》云：

声名真似汉扶风，妙理玄规更不同。一室茶香开淡黯，千行墨妙破冥蒙。竺西瓶拂因缘在，江左风流物论雄。今日沾沾诚御李，东山葱岭莫辞从。（寅恪案：《初学集》一八此句下有注云"集名东山，取此诗句也"，盖后来刻《初学集》时加入者，所以著其名集之旨。《初学集》原迄于崇祯十六年癸未，但末附《甲申元日》一诗者，因诗中有"衰残敢负苍生望，自理东山旧管弦"之句，牧斋用以结束"集名东山"之意，首尾正复相同也。）

牧翁《柳如是过访山堂，枉诗见赠。语特庄雅，辄次来韵奉答》云：

文君放诞想流风，脸际眉间讶许同。枉自梦刀思燕婉，还将抟土问鸿蒙。（自注："太白乐府诗云'女娲戏黄土，团作下愚人。散作六合间，蒙蒙若沙尘'。"）沾花丈室何曾染，折柳章台也自雄。但似王昌消息好，履箱擎了便相从。（自注："《河中之水歌》云'平头奴子擎履箱'。"）

遏庵程嘉燧《半野堂喜值柳如是用牧翁韵奉赠》（寅恪案：

《耦耕堂存稿》诗下此诗题作《十二月二日虞山舟次值河东君,用韵辄赠》。《列朝诗集》丁一三上此题上有"庚辰"二字)云:

> 翩然水上见惊鸿,(程《集》"水"作"江"。)把烛听诗讶许同。何意病夫焚笔后,却怜才子扫眉中。菖蒲花发公卿梦,芍药春怀士女风。此夕尊前相料理,故应恼彻白头翁。

偈庵《次牧斋韵再赠》(寅恪案:程《集》此诗题作《次牧老韵再赠河东君用柳原韵》,《列朝诗集》"次"作"同"。)云:

> 居然林下有家风,谁谓千金一笑同?杯近仙源花潋潋,(自注:"半野堂近桃源涧,故云。"寅恪案:程《集》及《列朝诗集》自注皆作"舟泊近桃源岭,用刘、阮事"。)云来神峡雨蒙蒙。(寅恪案:程《集》及《列朝诗集》"云来神峡"俱作"神来巫峡"。)弹丝吹竹吟偏好,抉石锥沙画更雄。(寅恪案:《列朝诗集》"画"作"书",句下有注云"柳楷法瘦劲"。程《集》仍作"画"字,但句下自注与《列朝诗集》同。)诗酒已无驱使分,薰炉茗碗得相从。

寅恪案:《东山酬和集》此四诗之题,与诸本微有不同,盖由编次有先后及自身所写、他人所选之故,殊不足异。惟孟阳此次为河东君而作之第一诗,即"翩然水上见惊鸿"一首,《初学集》未载。此题《列朝诗集》作《庚辰十二月二日虞山舟次值河东君,用韵辄赠》,《东山酬和集》作《半野堂喜值柳如是,用牧翁韵奉赠》。又孟阳为河东君所作之"居然林下有家风"一首,《东山酬和集》列于"翩然水上见惊鸿"一首之后,而《列朝诗集》则在《感别半野堂》即"何处朱帘拥莫愁"一首之后,距为河东君而作之第一诗"翩然水上见惊鸿"一首,其间尚隔两题。此首明是松圆后来所补作者。松圆自写其诗,必依其作成时间之先后。《东山酬和集》则牧斋以同题同韵之故,改列编次,所以致有歧异也。据此推论,可知河东君于崇祯十三年庚辰十一月,即《与汪然明尺牍》第三十通所谓"黍谷之月",乘舟至常熟。虽抵虞山后,即往访半野堂,然仍留居舟次。依前引沈虬《河东君传》所载,庚辰冬河东君始至虞山,牧斋"即筑我闻室""十日落成""留之度岁"等语,沈氏乃亲见河东君之人,其所述亦较确实。故我闻室"十日落成"之语,按诸当时情事,颇为适合。盖时日过速,建筑恐难完成,时日过迟,牧斋又不能久待也。复检孟阳自序其《耦耕堂集》云:

> 丁丑,受之以诬奏逮系,予待之湖上。戊寅秋放归,庐居丙舍,馆予于东偏之花信楼,复相从者二年。庚辰春,主人移居入城,予将归新安。仲冬过半野堂,方有文酒之宴,留连惜别,欣慨交集。且约偕游黄山,而予适后期。辛巳春,受之过松圆山居,题诗壁上,归舟相值于桐江,篝灯永夕,泫然而别。

然则松圆崇祯庚辰冬季,循昔年在牧斋家度岁之惯例,至常熟县城。及晤牧斋,始知河东君已先过访,并见柳钱初次赠答之诗。当钱、程会晤之时,恐即我闻室将告成之际,牧斋强拉松圆于十二月二日同至虞山舟次,往迎河东君迁入新成之金屋。孟阳诗"翩然水上见惊鸿"之句,与程《集》及《列朝诗集》题作《虞山舟次值河东君》者适相印合。至若《东山酬和集》此诗题作《半野堂喜值柳如是》者,乃牧斋所改。半野堂在县城内陆地上,不可言"水上"或"江上"。复就当日程、钱二人之心理推之,则牧斋于"值"字上增一"喜"字,虽在牧斋为喜,恐在松圆转为悲矣。一笑!

关于河东君初访半野堂之记载,今世间流传之文籍多不可信。兹聊录一则,略加辨正,其他则不暇及也。《牧斋遗事》

(《虞阳说苑》本)第四则云：

闻虞山有钱学士谦益者，实为当今李杜。欲一望见其丰采，乃驾扁舟来虞。为士人装，坐肩舆，造钱投谒。易杨以柳，易爱以是。刺入，钱辞以他往，盖目之为俗士也。柳于次日作诗遣伻投之，诗内微露色相。牧翁得其诗大惊，诘阍者曰："昨投刺者，士人乎？女子乎？"阍者曰："士人也。"牧翁愈疑，急登舆访柳于舟中，则嫣然美姝也。因出其七言近体就正，钱心赏焉。视其书法，得虞、褚两家遗意，又心赏焉。相与絮语者终日，临别，钱谓柳曰："此后以柳姓是名相往复，吾且字子以如是，为今日证盟。"柳诺。此为钱柳作合之始。

寅恪案：河东君于未访半野堂之前已预有所接洽，前文已详论之，兹不复赘。牧斋于崇祯十三年春间作《观美人手迹》诗，又于是年秋间作《论近代词人》诗，有"近日钱塘夸柳隐"之句，其自注并引河东君《湖上草》之诗。今见汪然明所刻《湖上草》，乃河东君崇祯十二年己卯所作之诗。其作者之姓名，题为"柳隐如是"。凡此诸端，皆时间证据明白确实，故《牧斋遗事》所述改易姓名字号等事，其妄谬不待详辨也。河东君初赠牧斋诗中既有"今日沾沾诚御李"之句，依文义推测，当是河东君持此诗面投牧斋，或觌面后作此诗赠牧斋，实与《牧斋遗事》所言钱柳两人初未会见，其后柳以诗遣伻投钱者不合。今世好谈钱柳轶闻者，往往喜举《牧斋遗事》此条，或与此条类似之说，资为谈助。倘见拙文，其亦可默尔而息乎？

河东君初次造访，或纳交于名流文士，往往赋诗投赠。如《湖上草》"赠汪然明""赠刘晋卿"及"赠陆处士"等诗，皆是例证。若就此三诗言之，虽亦颇工，然遣词庄雅、用典适切，则远不及《半野堂初赠(牧斋)》此诗,且其意境已骎骎进入北宋诸贤之范围,固非同时复社、几社胜流所能望见,即牧斋、松圆与之相角逐而竞短长,似仍有苏子瞻所谓"汗流籍湜走且僵"之苦(见《东坡后集》一五《潮州韩文公庙碑》)。何物不知名乡曲傻子,所谓钱岱勋或钱青雨辈,竟能代作如是之篇什耶?王、宋及白牛道者之诬妄,更不待多辨也。至于昔人七律诗中用字不嫌重复,又河东君此章用韵,乃依明朝官韵《洪武正韵》者,凡此诸端,皆极浅易,本不须述及。因恐今世之人,或有囿于清代功令,习用《平水韵》之故,转执此为疑者,遂并附论之。似此三家村训蒙之语言,诚知博雅通人为之齿冷,然亦不敢辞也。

河东君诗云"声名真似汉扶风,妙理玄规更不同"者,《后汉书·列传》五十上《马融传》云:

> 融才高博洽,为世通儒。教养诸生,常有千数。涿郡卢植、北海郑玄皆其徒也。善鼓琴,好吹笛。达生任性,不拘儒者之节,居宇器服,多存侈饰,常坐高坐,施绛纱帐,前授生徒,后列女乐。弟子以次相传,鲜有入其室者。

牧斋平生固与季长约略相似。但有一特异之点,即自矜洞达禅理,博探佛藏,高出时流。虽其晚岁往往以"老皈空门"借以掩饰,然明亡以前,已与紫柏、憨山诸名僧往还参究。故河东君标举牧斋特异时流之点,殊暗合其深自夸诩之心理。《文选》四一李少卿《答苏武书》云"人之相知,贵相知心",及同书四三嵇叔夜《与山巨源绝交书》云"夫人之相知,贵识其天性,因而济之"。河东君之于牧斋,诚可谓"相知心"者。又牧斋平日所为既似季长之"达生任性",则河东君之造访半野堂亦可谓"识其天性,因而济之"者耶?至若"妙理玄规"之解释,自是取之老子《道德经(上)》第一章云"玄之又玄,众妙之门","妙理"则《文选》二九曹颜远《思友人》诗云"精义测神奥,清机发妙理","汉魏百三名家集"《江醴陵〔淹〕集》二《清思》诗云"草木还根蒂,精灵归妙理"。"玄规"者,慧皎《高僧传》四《义解门》一晋剡沃洲山《支遁传》载遁所著《座右铭》云"谨守明禁,雅玩玄规"。"一室茶烟开淡黯,千行墨妙破冥蒙"一联,上句用杜牧《题禅院》诗"今日鬓丝禅榻畔,茶烟轻扬落花风"(见《全唐诗》第八函杜牧三,并参孟棨《本事诗·高逸》三"杜〔舍人牧〕登科后"条),下句用江文通《别赋》"渊云之墨妙,严乐之笔精"(见《文选》一六)。至若苏子瞻诗之所谓"墨妙"(见《东坡集》三《孙莘老求墨妙亭诗》),非谓文章,乃指书法而言。盖孙氏"罔罗遗逸,得前赋咏数百篇,为兴新集。其刻画尚存,而僵仆断缺于荒陂野草之间者,又皆集于此亭"(见《东坡集》三一《墨妙亭记》)。牧斋以文章而非以书法著称,故河东君举其所擅长者为说,所以有"千行墨妙"之语,若指书法,则不可言"破冥蒙"。世之誉人者不道其长,转翘其短,此天下笨伯之所为,河东君必不如是也。又《初学集》一〇六至一〇八为《读杜小笺》,其首有题语略云:

> 归田多暇,时诵杜诗,以销永日。间有一得,辄举示程孟阳。孟阳曰:"杜《千家注》缪伪可恨,子何不是正之以遗学者?"予曰:"注诗之难,陆放翁言之详矣。放翁尚不敢注苏,予敢注杜哉?"相与叹息而止。今年夏,德州卢户部德水刻《杜诗胥钞》,属陈司业无盟寄予,俾为其叙。予既不敢注杜矣,其又敢叙杜哉?予尝妄谓自宋以来,学杜诗者,莫不善于黄鲁直;评杜诗者,莫不善于刘辰翁。弘正之学杜者,生吞活剥,以寻扯为家当,此鲁直之隔日疟也,其黠者又反唇于西江矣。近日之评杜者,钩深抉异,以鬼窟为活计,此辰翁之牙后慧也,其横者并集矢于杜陵矣。苦次幽忧,寒窗抱影,细绎腹笥,漫录若干则,题曰《读杜诗寄卢小笺》,明

其因德水而兴起也。曰"小笺",不贤者识其小也,寄之以就正于卢,且道所以不敢当序之意。癸酉腊日虞乡老民钱谦益上。

同书一〇九至一一〇《读杜二笺》,其首有题语云:

《读杜小笺》既成,续有所得,取次书之,复得二卷。侯豫瞻自都门归,携《杜诗胥钞》,已成帙矣。(寅恪案:《侯忠节全集》一《年谱(上)》"崇祯七年甲戌"条略云:"五月入都门。补南京吏部文选司主事。八月南归。闰八月至淮上。是年冬十一月之官南中。"可知牧斋得睹卢氏《杜诗胥钞》刻本后,即刊其《小笺》及《二笺》。迫促如此,其与卢氏论杜旨趣之同异及其争名好胜之心理,亦可想见矣。)无盟过吴门,则曰"寄卢小笺"尚未付邮筒也。德水于杜,别具手眼,余言之戋戋者,未必有当于德水,宜无盟为我藏拙也。子美《和春陵行序》曰:"简知我者,不必寄元。"余窃取斯义,题之曰《二笺》而刻之。甲戌九月,谦益记。

寅恪案:牧斋《读杜诗寄卢小笺》成于崇祯六年之末。《读杜二笺》则与《寄卢小笺》同刻于七年甲戌九月。河东君于七年及九年曾两次游嘉定,与程孟阳、李茂初诸名士酬酢往还。谈诗之际,在第一次,孟阳当以牧斋《读杜小笺》之未刻抄本相示。在第二次更宜从孟阳处得见牧斋此笺五卷刻本,即使未见牧斋原书,此《笺》下卷论《寄韩谏议诗》及《秋兴八首之三》等皆引孟阳之说,程氏必以牧斋用其解杜之语自鸣得意,故亦应以书中旨趣告之。然则河东君"千行墨妙"之语,即指牧斋此书而言耶?(寅恪偶检柴萼《梵天庐丛录》一六《柳如是二则》之二载河东君手抄《读杜小笺》事,可供谈助,附记于此。)"竺西瓶拂因缘在,江左风流物论雄"一联,上句之意,疑谓牧斋博通内典,具有宿

世胜因,已身当如佛教中捧瓶持拂供奉菩萨之侍女也。或谓"汉魏百三名家集"《梁简文帝集》一《与广信侯重述内典书》云:

> 永谢泻瓶,终渐染氎。是则慈云既拥,智海亦深。影未波余,希时洒拂。

乃此句之出处。但斯说颇嫌迂远,未必有当,姑备一解,更俟详考。下句则用《南齐书》二三《王俭传》(参《南史》二二《王昙首传》附俭传)云:

> 俭常谓人曰:"江左风流宰相,唯有谢安。"盖自比也。

"今日沾沾诚御李,东山葱岭莫辞从"者,《后汉书·列传》五七《党锢传·李膺传》略云:

> 荀爽尝就谒膺,因为其御。既还,喜曰:"今日乃得御李君矣。"其见慕如此。是时朝廷日乱,纲纪颓阤。膺独持风裁,以声名自高。士有被其容接者,名为登龙门。及陈蕃免太尉,朝野属意于膺。

"东山"与"江左"相关,"葱岭"与"竺西"句相关,文思贯通,比譬适切。最可注意者,即谢安石、王仲宝固是风流宰相,李元礼更为党锢名士而兼负宰相之望者。牧斋于天启四年以魏忠贤党指为东林党魁之故,因而削籍,又于崇祯二年以会推阁臣,获罪罢归,故与元礼尤复相类。凡河东君所举诸贤,皆是牧斋胸中自比之人,真可谓道出心坎内事者。牧斋安得不为倾倒,如醉如痴乎?牧斋所以誉此诗"语特庄雅"之故,不仅由诗语无猥亵之词,亦因牧斋廷试第三人及第,即世间艳称之探花郎,若使他人赠诗以誉牧斋,自必关涉此点,河东君此诗绝不道及其事,似毫无所知者,其不堕入流俗窠臼,实可谓"庄",更可谓"雅"矣。夫河东君此诗既以谢安石比牧斋,复以"弹丝吹竹"(松圆和诗语)之东山妓女自比。(见《晋书》七九《谢安传》及同书八〇《王羲之传》。)然则牧斋此时在半野堂编诗,以"东山"名集。黄皆令后来居绛云楼画扇,其题语有"东山阁"之称。俱实指今事,非虚用古典也。

牧斋《次韵答河东君诗》亦极费经营之作,与原赠诗针锋相对,第一章已论之矣。至于诗中所用典故,除牧斋所自注外,遵王《注》本别无解释。兹仅就其最精切者略言之,其他则不遑及也。"文君放诞想流风,脸际眉间讶许同"者,初视之,以为即出《西京杂记》二所云:

> 文君姣好,眉色如望远山,脸际常若芙蓉,肌肤柔滑如脂。十七而寡,为人放诞风流。故悦长卿之才,而越礼焉。

之古典。然范锴《华笑庼杂笔》一顾苓《河东君传》后附古梅华源木乂庵白牛道者《跋》云:

> 吾友减堂为余言,是身材不逾中人,而色甚艳。冬月御单袷衣,双颊作朝霞色,即之体温然。疑其善玄素也。虞山之惑溺且畏之,有以哉。

则牧斋此诗首二句,不独用古,亦更写今。其用事精切,实不可及。至此点与河东君之疾病有关,俟后论之。"枉自梦刀思燕婉,还将抟土问鸿蒙"者,上句用范摅《云溪友议(下)》"艳阳词"条,见下论《有美诗》"三刀梦寐膻"句,兹不详释。牧斋以薛涛比河东君,固甚适切,且范书所引微之寄薛涛诗有"锦江滑腻蛾眉秀,化作文君及薛涛"之语,尤与首二句相关也。下句自注中所引太白诗,见《全唐诗》第三函李白二《上云乐》。其所以备列太白诗原文,因与《太平御览》七八《皇王部》"女娲氏"条所云:

《风俗通》曰:俗说天地开辟未有人民,女娲抟黄土作人,剧务力不暇供,乃引绳于泥中,举以为人,故富贵者黄土人也,贫贱凡庸者绠人也。

及杨齐贤、萧士赟《分类补注李太白诗》等旧解不同之故,否则牧斋不必作此赘语,盖岂有博雅如河东君者而不知此句之出处耶?牧斋此联之意,盖谓世间欲得河东君者虽众,无奈皆是下愚之人。如谢三宾,即河东君《与汪然明尺牍》第四通中所言"愿作交甫"之"某翁"等,皆不能当河东君之意,而暗以上智之人自许,实可中选也。"沾花丈室何曾染,折柳章台也自雄"者,乃指河东君与周文岸、陈卧子之关系及在盛泽镇佘山之生活。所用典故,出《维摩诘经》及许尧佐《柳氏传》,皆世人习知者,不烦解释。"但似王昌消息好,履箱擎了便相从"者,乃答河东君赠诗结语之意。第一章已详言之,兹不赘论。但牧斋答诗自注中已引《河中之水歌》(见《玉台新咏》九《歌词二首》之二),其为"河东君"之号所从出,固不待言。又"河东"为柳姓郡望,故牧斋作《有美诗》复就此点排比铺张,刺刺不休。(见《东山酬和集》一《有美诗》"河东论氏族"及"字脚元和样"等句。)其实牧斋又暗用东坡《寄吴德仁兼简陈季常》诗"忽闻河东狮子吼"之句(见《东坡集》一五)以为游戏。至若少陵《可叹》诗之"河东女儿身姓柳"之句,"抉眼去夫",情事不伦,则非所用无疑也。(见《杜工部集》七。)顾云美《河东君传》云:"〔河东君〕颇能制御宗伯,宗伯甚宠惮之。"所言虽是后来之事,然牧斋初见河东君时,当已明了其为人性格。取此别号称河东君,实不仅以"东家王"并以"龙丘居士"自居,其知人之明、自知之审,亦不可及矣。一笑!又牧斋不于此诗其他诸句著明所用《西京杂记》《云溪友议》《维摩诘经》《柳氏传》之典故,转独于第四及第七、八等句,不惮烦劳,特安蛇足,岂以河东君或松圆未读《李翰林集》及《玉台新咏》耶？由是言之，牧斋之自注必有深旨，非浅人粗读所能尽解也。

孟阳二诗，《初学集》只录其次韵一首。牧斋所以删去其和韵一首者，当以两诗意旨本自相同，而所用辞句典故，如和韵诗之"此夕尊前相料理，故应恼彻白头翁"之句，与次韵诗"诗酒已无驱使分"之句，俱用《杜工部集》一二《江畔独步寻花七绝句》第一首"江上被花恼不彻"及第二首"诗酒尚堪驱使在，未须料理白头人"，又更相似也（可参前论河东君嘉定之游节）。然今日考证河东君访半野堂之经过，和韵诗殊有价值，因依《东山酬和集》并录之。《列朝诗集》所选孟阳此次韵诗第六句"抉石锥沙书更雄"，《东山酬和集》及《初学集》改"书"字为"画"字，并删去注语"柳楷法瘦劲"五字。细绎"抉石锥沙"之语，乃用徐季海、王右军书法之典故，非指绘画而言。然则孟阳之诗本作"书"字，牧斋所以改"书"为"画"者，不独因声调更协，且可增加河东君能画之一端，与第五句"弹丝吹竹吟偏好"于通音乐外复添善吟咏之一事相对为文，遂不得不删去注语耳。前论河东君《与汪然明尺牍》第八通约游商山事，引孟阳诗"曾见书飞故国楼"之句，可知孟阳早已倾服河东君之书法。至于绘画一端，则未见孟阳有推挹之语。或者借改此一字之机缘，以完成松圆善颂善祷之美德欤？至若钞本《耦耕堂存稿》诗下此诗有自注，但"书"字作"画"字，与注语矛盾，明是抄者笔误，自不待辨也。又吾人今日所见河东君之作品，或为当时刻本，或为传写之本，皆多讹舛。其故恐不尽由刻写者之疏忽，疑亦因河东君作书喜为瘦长之体，易滋误认。如今所见《男洛神赋》钞本"水溹溹而高衍"句之"溹"即"潆"。河东君作书所以如此者，殆由避免字体肥宽所致。程松圆称河东君书法瘦劲，顾云美称河东君结束俏利，可谓书如其人矣。孟阳此次韵诗"杯近仙源花潋潋"句下,《东山酬和集》及《初学集》自注俱作"半野堂近桃源涧,故云",程《集》及《列朝诗集》均作"舟泊近桃源岭,用刘、阮事"。两书之注当为松圆原文。据此可以考见河东君初到虞山时泊舟之处。牧斋改"桃源岭"为"桃源涧",并删去"用刘、阮事",以与半野堂相近为说。其实光绪修《常昭合志》二《山形志》略云:

> 虞山居邑境中央。西南即拂水岩,上有拂水禅院,门外有石桥跨山涧。又前即临石壁,两崖中豁,别有长寿桥架其上,从山下远望,危阑横卧者是也。每遇雨后,涧水流注桥下,悬为瀑布,风自南来,则倒卷而上。《虞山胜地记略》谓如万斛蕊珠,凌风飘洒者,非虚语也。即天已放晴,仍蒙蒙作细雨,郁为奇景,名曰拂水,盖以此矣。又南抵桃源涧,涧上有桃源洞。涧于北山,夙称胜地,雨后山泉汇注,飞湍下泻,响逾琴筑,相传昔年漫山皆种桃花,流水夹花片而下,尤为奇观,故名桃源涧焉。

又刘本沛《虞书》"桃源涧"条云:

> 桃源涧在陈庄靖公墓左。(寅恪案:"庄靖"为陈瓒之谥。事迹见《明史》二二二本传等。)

及同书"拂水岩"条云:

> 拂水岩在虞山南。崖石陡峻,水出其间,下奔如注,遇风拂勒,则水倒飞,喷沫四洒,不敢逼视;无风则悬崖瀑布若长虹然,一山之奇观也。

然则桃源涧距半野堂亦不甚近。惟牧斋所以改易此句者,殆与改易孟阳此诗题同一用意,殊为可笑。"云来神峡雨蒙蒙"句,疑非松圆原作如此,乃牧斋后来所改。松圆原作应依程《集》及《列朝诗集》作"神来巫峡雨蒙蒙"。夫孟阳此句自是从宋玉《高唐赋》"且为朝云,暮为行雨"之语而来。其"雨蒙蒙"三字,与拂水岩之"即天已放晴,仍蒙蒙作细雨"及"遇风拂勒,则水倒飞,喷沫四洒"之实况符合,可谓巧妙。但何以舍去宋《赋》中之"云"字不用,似非偶然。盖"云"字乃河东君之旧名,孟阳在此以前为河东君所作诸诗,如《朝云诗》《绾云诗》及与云生、云娃有关等篇皆用"云"字。此时赋诗则只标"柳如是"之新号,而不敢涉及"云"字之昔称,岂欲借以洗涤旧痕、宽慰老友耶?牧斋改"神"作"云",则兼用宋《赋》之古典及河东君昔称之今典,实较松圆原著更佳。"巫峡"之改"神峡"则疑牧斋既以"云"字易"神"字,遂移改"巫峡"为"神峡",与上句"仙源"属对,亦觉工稳。才思精妙,恐非牧斋不能办此。"神峡"二字连文,寅恪拿陋,尚未知其出处,俟考。又观孟阳此两诗之结语,颇觉可怜。盖已明知己身非牧斋之敌手,自甘退让,情见乎辞。其匆匆归新安之意旨,当即决定于赋此和韵诗之时。至若孟阳后来所作《耦耕堂自序》谓"庚辰春主人移居入城,予将归新安",则恐是讳改当日情况之虚语,并非实录也。

《东山酬和集》一牧翁《冬日同如是泛舟有赠》(寅恪案:郑鹤声《中西史日表》崇祯十三年庚辰十一月九日冬至,廿四日小寒。牧斋诗题所谓"冬日",即在是年十一月初九至廿四日之间也。)云:

冰心玉色正含愁,寒日多情照桩楼。万里何当乘小艇,五湖已许办扁舟。每临青镜憎红粉,莫为朱颜叹白头。苦爱赤阑桥畔柳,探春仍放旧风流。

牧翁《次日叠前韵再赠》云:

新诗吟罢半凝愁,斜日当风似倚楼。争得三年才一笑,可怜今日与同舟。轻车漫忆西陵路,斗酒休论沟水头。还胜客儿乘素舸,迢迢明月咏缘流。

河东《次韵奉答》云:

谁家乐府唱无愁,望断浮云西北楼。汉佩敢同神女赠,越歌聊感鄂君舟。春前柳欲窥青眼,雪里山应想白头。莫为卢家怨银汉,年年河水向东流。

偈庵《次牧翁泛舟韵》云:

(此诗于前论河东君《与汪然明尺牍》第八通节中已引。兹从略。)

寅恪案: 松圆次韵诗前已论述,虽有资考证,而辞旨平庸,固远不及河东君之作,亦难与牧斋诗相比。此老之诗,本逊于牧斋,何况此际情绪甚恶,岂能有佳作耶?牧斋两诗,其第一首最先作。其第二首乃因河东君次其第一首诗韵而后作者,故"新诗吟罢半凝愁"之"新诗",即指河东君次其第一首韵之诗而言。第一首后四句皆有本事,非止用典。"每临青镜憎红粉"之句,与《答河东君初赠诗》"脸际眉间讶许同"之句同义,俱指河东君面貌之颜色而言,即前引白牛道者所谓"双颊作朝霞色"者是也。"临青镜"而"憎红粉",亦即张承吉诗所谓"却嫌脂粉污颜色"之意(见《全唐诗》第八函张祜二《集灵台二首》之二)。牧斋运用古典今事,可称巧妙适切矣。又河东君《戊寅草》中载《西河柳花(七律)》一首,其第四句云"凭多红粉不须夸",此本河东君自比之辞,牧斋或早已得见此诗,遂因有"憎红粉"之语耶?俟考。第六句"莫为朱颜叹白头",乃老翁、少妇对比之意。此典后来衍变成为故事,记载流传,至今多引之以资谈助。兹特为考其原始语句,亦略见史文蜕嬗之一例。至于《牧斋遗事》及《觚剩》等,皆以此故事与河东君诗"春前柳欲窥青眼,雪里山应想白头"之句有关,而不知实直接出于牧斋此句,则由未尝详读柳、钱诸诗所致也。

"吴中文献小丛书"顾公燮《消夏闲记选存》"柳如是"条云:

> 宗伯尝戏谓柳君曰:"我爱你乌个头发,白个肉。"君曰:"我爱你白个头发,乌个肉。"当时传以为笑。

《牧斋遗事》"当丁亥(丑)之狱"条(寅恪案:"亥"当作"丑"。指崇祯十年牧斋为张汉儒所讦,被逮至北京下狱事。此条注以为顺治四年丁亥事,则恐是此书作者或抄者之疏误也。详见下章论黄毓祺案节。)云:

> 当丁亥(丑)之狱,牧翁侘傺失志,遂绝意时事。既得章台,欣然有终老温柔乡之愿。然年已六十矣。黝颜鲐背,发已皤然。柳则盛鬒堆鸦,凝脂竟体,燕尔之夕,钱戏柳曰:"我甚爱卿发黑而肤白也。"柳亦戏钱曰:"我甚爱君发如妾之肤,肤如妾之发也。"因作诗有"春前柳欲窥青眼,雪里山应想白头"之句。

钮琇《觚剩》三《吴觚下》"河东君"条云:

> 方宗伯初遇柳时,黝颜鲐背,发已鬅鬙斑白,而柳则盛鬒堆鸦,凝脂竟体。燕婉之宵,钱曰:"我甚爱卿如云之黑,如玉之白也。"柳曰:"我亦甚爱君发如妾之肤,肤如妾之发也。"因相与大笑。故当年酬赠,有"春前柳欲窥青眼,雪里山应想白头"之句,竞传人口。

王应奎《柳南随笔》二云:

> 某宗伯既娶柳夫人。一日坐室中,目注如是。如是问曰:"公胡我爱?"曰:"爱汝之黑者发而白者面耳。然则汝胡我

爱?"柳曰:"即爱公之白者发而黑者面也。"侍婢皆为匿笑。

《练真吉日记》云:

> 尝闻有先朝巨公惑一姬,致凤望顿减。姬问之曰:"公胡我悦?"曰:"以其貌如玉而发可以鉴也。然则姬亦有所悦乎?"曰:"有之。即悦公之发如玉而貌可以鉴耳。"

寅恪案:今世流传之载记,述此段钱柳戏语者,尚不止《牧斋遗事》《觚剩》《柳南随笔》及《练真吉日记》诸书,兹不多引。然大抵类似,皆经文人改写者也。寅恪所见,为顾公燮书所载,乃保存当日钱柳两人对话之原辞,极可珍贵。所以知者,因其为吴语,且较简单,甚合彼时情景之故。至若《练真吉日记》,藻饰最多,尤远于真实矣。此点可取《世说新语》与《晋书》对校,其演变之痕迹,明白可寻。斯固治史者所习知,不待赘论。钱柳此趣文,亦其例证欤?

抑更有可论者,江熙《扫轨闲谈》云:

> 钱牧斋宠姬在柳如是前,有王氏者,桂村人,嬖幸略与柳等。会崇祯初,有旨以礼部左侍郎起用,牧斋殊自喜,因盛服以示王曰:"我何似?"王睨翁戏曰:"似钟馗耳。"盖以翁黑而髯故也。翁不悦。后适以枚卜罢,遂遣王归母家,居一楼以终。今其楼尚存。

寅恪案:崇祯元年戊辰牧斋以礼部侍郎起用,时年四十七。江氏谓其肤黑,自必正确。但未言其肥瘦如何。后牧斋于顺治十六年己亥年七十八赋《后秋兴》诗,其第四首"只应老似张丞相,扪摸残骸笑瓠肥"句下自注云:

> 余身素瘦削,今年腰围忽肥,客有张丞相之谑。

故知牧斋在七十八岁以前,身素瘦削也。检《史记》九六《张丞相传》(参《汉书》四二《张苍传》)略云：

> 张丞相苍者，阳武人也。坐法当斩，解衣伏质，身长大肥白如瓠。时王陵见而怪其美士，乃言沛公，赦勿斩。

然则牧斋晚年腰围忽肥，即使与西汉张丞相苍无异，但其面肤之黑，当仍与北宋王丞相安石之"天生黑于予，澡豆其如予何"无异也(见沈括《梦溪笔谈》九《人事》一及旧题彭乘撰《墨客挥犀》一〇"王荆公病喘"条，并参魏泰《东轩笔录》一二"吕惠卿尝语荆公曰，公面有黚，用园荽洗之当去"条)。夫肤黑之介甫亦能位至丞相，桂村王氏女学不稽古，不知援引舒王故事以逢迎牧斋之意，可知其人不及河东君远矣。牧斋前弃王而后宠柳，岂无故哉？岂无故哉？

又《白氏文集》三七《喜老自嘲》略云：

> 面黑头雪白，自嫌还自怜。行开第八秩，可谓尽天年。(自注："时俗谓七十已上为开第八秩。")

考乐天年六十八病风，始放家妓(见同书三五《病中诗十五首序》及其第十二首《别柳枝》，并同书七一《不能忘情吟》。又可参《容斋五笔》九"不能忘情吟"条)。乐天元和十五年年四十九已白发斓斑(见《白氏文集》一一《郡中春宴因赠诸客》诗，并可参《容斋五笔》八"白苏诗纪年岁"条)，其"面黑头白"与牧斋崇祯十三年庚辰年五十九共河东君互作戏谑之语时，形貌已约略类似。但乐天《喜老自嘲》诗出自"同时六学士，五相一渔翁"之才子，而非出自"樱桃樊素口，杨柳小蛮腰"之佳人，则大有差别矣。

牧斋诗结语云"苦爱赤阑桥畔柳，探春仍放旧风流"之句，固用温飞卿"宜春苑外最长条，闲袅春风伴舞腰。正是玉人肠断处，一渠春水赤阑桥"诗之典(见《全唐诗》第九函温庭筠九

《杨柳枝八首》之一），但实亦指河东君《金明池·咏寒柳》词"春日酿成秋日雨。念畴昔风流,暗伤如许"之语。若无此本事,仅用温诗,则辞意太泛。牧斋作诗当不如此也。

河东君次韵答牧斋诗,其中含有"河东君"三字,第二章已述及。又此首结语乃针对牧斋答其初赠诗"但似王昌消息好,履箱擎了便相从"之句,第一章亦已言之,其实乃表示心许之意。疑牧斋读之,益有"乐莫乐兮新相知"之感也。"谁家乐府唱无愁"者,用《北史》八《齐本纪下·幼主纪》（参《北齐书》八《幼主纪》）所云：

〔后主〕益骄纵,盛为无愁之曲。帝（指后主言）自弹胡琵琶而唱之。侍和之者以百数。人间谓之"无愁天子"。

及《李义山诗集》中《无愁果有愁曲北齐歌》（参冯浩《玉谿生诗详注》一此题下引《隋书·乐志》）"望断浮云西北楼"者,用《文选》二九《古诗十九首》"西北有高楼,上与浮云齐"句李善《注》：

此篇明高才之人,仕宦未达,知之者稀也。西北乾位,君之位也。

又六臣《注》：

翰曰：此诗喻君暗,而贤臣之言不用也。"西北"乾地,君位也；"高楼"言居高位也；"浮云"齐言高也。

此两句竟指当时之崇祯皇帝为亡国之暗主,而牧斋为高才之贤臣。顾云美谓河东君"饶胆略",观此益信。若此诗作于清高宗之世,其罪固不容于死,即在北宋神宗之时,亦难逭贬谪之遣。牧斋见此两句,自必惊赏而引为知己。松圆见之亦应自悔其前此所作"人间岁月私蟠木,天上雷霆宥爨桐"之句（见《列朝诗集》丁一三上程嘉燧诗《久留湖上,得牧斋岁暮见怀诗,次韵(七律)》,并参前论《缦云诗》节)辞旨过于逶软,殊有愧于河东君之切直也。"汉佩敢同神女赠,越歌聊感鄂君舟"者,用《韩诗·汉广》薛君《章注》及《说苑》一一《善说篇》之典。此两事俱世所习知,但河东君取之联用,以神女指己身,以鄂君指牧斋,一男一女,意旨通贯。又于水滨泛舟情事尤为适合,其巧妙诚不可及也。"春前柳欲窥青眼,雪里山应想白头"者,下句自是用刘梦得"雪里高山头白早"之语(见《全唐诗》第六函刘禹锡七《苏州白舍人寄新诗,有叹早白无儿之句,因以赠之(七律)》),固不待赘论,至上句则辞语之有关者虽多,然窃疑乃用史邦卿《梅溪词·东风第一枝·咏春雪》词"青未了,柳回白眼"之句。因"青"及"柳眼"两者俱备,又《咏春雪》可与上句之"雪"字通贯。若此条件皆具之出处,除史词外,尚未发现更妥适之典故。又王沂孙《花外集·南浦春水》"柳外碧连天"词,有"蛾眉乍窥清镜"之语,或者河东君因牧斋赠诗"每临青镜憎红粉"之句,遂亦取《碧山乐府》柳窥青镜之意,以针对聚沙居士之诗语耶?寅恪尝论河东君之作品,应推此诗及《金明池·咏寒柳》词为明末最佳之诗词。当日胜流均不敢与抗手,何物钱岱勋或钱青雨竟能为之乎?造此诬谤者,其妄谬可不必辨。然今日尚有疑河东君之诗词非其本人所作者,浅识陋学,亦可悯矣。

　　牧斋《次日叠前韵再赠河东君》之诗,其第一句"新诗吟罢半凝愁"之"新诗",即指河东君"谁家乐府唱无愁"一首而言,前已论之矣。"斜日当风似倚楼"者,"倚楼"之出处,不胜枚举。依前句"半凝愁"之语推之,恐与王少伯《闺怨(七绝)》一首有关(见《全唐诗》第三函王昌龄四)。盖龙标诗中有"不曾愁""凝妆上翠楼"及"杨柳色"等辞故也。但此皆古典,颇疑牧斋尚有今典。第三章论陈卧子崇祯六年《补成梦中新柳诗》乃为河东君而作者,后来河东君之易姓为"柳",及所作《金明池·咏寒柳词》"念畴昔风流,暗伤如许"之语,当亦与卧子此诗有关。卧子诗中"夕阳残"及"风流人倚栏"之语,正合牧斋诗此句之旨。所谓"半凝愁"者,殆谓是耶?考卧子此诗载入其所作之《陈李唱和集》,此集夏允彝《序》云:

> 癸酉倡和诗者,予同郡人李子、陈子之所为作也。系以年者,重时会也。

自崇祯六年癸酉至崇祯十三年庚辰冬,已历七八年之久。卧子之诗刊布流行,牧斋当已见及,或虽见及而未曾留意。鄙见河东君为人放诞风流,绝无讳饰,牧斋亦豁达大度,不计较小节。河东君与卧子之关系,必早有所知闻。卧子此诗,即由河东君持示牧斋,亦非不可能者也。"争得三年才一笑,可怜今日与同舟"者,上句用《左传·昭公二十八年》所云:

> 昔贾大夫恶,娶妻而美,三年不言不笑。御以如皋,射雉获之,始笑而言。贾大夫曰:"才之不可以已。我不能射,女遂不言不笑夫!"

之典。牧斋自比贾大夫之丑恶而有才,以河东君为貌美,且拟之为妻。此诗作成,殆与"乌个头发,白个肉"及"白个头发,乌个肉"之戏言,时间相距甚近。若《牧斋遗事》及《觚剩》二书,均以属之燕婉之夕,则恐过于后矣。又"如皋"之"皋",与郑交甫遇神女于汉皋之"皋"同字也。下句即用《说苑·善说篇》鄂君所闻越人歌"今日何日兮,得与王子同舟"之典。由是言之,牧斋诗此二句与河东君诗"汉佩敢同神女赠,越歌聊感鄂君舟"两句用典正同。针锋相对,文情才思自为精巧。钱遵王不注一字,固以为习用之典,无烦征引。实不知此等妙处,更须标出,庶几不负作者之苦心也。"轻车漫忆西陵路,斗酒休论沟水头"者,上句自指河东君在此数年游西湖事,或更指其所作《戊寅草》《湖上草》及《金明池·咏寒柳》词等,亦即后来牧斋于顺治七年庚寅所作《留题湖舫》诗"杨柳风流烟草在"者也(见《有学集》三《夏五集》并参前论河东君《与汪然明尺牍》第二通节)。下句用卓文君《白头吟》"今日斗酒会,明旦沟水头。躞蹀御沟上,沟水东西流"之典(见《乐府诗集》四一),指河东君与陈卧子之关系。牧斋意谓今既与卧子脱离,可不必再提往事也。"还胜客儿乘素舸,迢迢明月咏缘流"者,用《玉台新咏》一○谢灵运《东阳溪中赠答二首》"可怜谁家妇,缘流洗素足。明月在云间,迢迢不可得"及"可怜谁家郎,缘流乘素舸。但问情若为,月就云中堕"之典,与前"可怜今日与同舟"之句相应。盖谢诗所咏,妇在溪边洗足,郎在溪中乘舟,非如"今日与同舟"者可比,所以较胜于客儿。且康乐之作,本是一赠一答,尤符合钱柳赋诗酬和之情事也。

《东山酬和集》一牧翁《寒夕文宴,再叠前韵。是日我闻室落成,延河东君居之》(自注:"涂月二日。"寅恪案:《初学集》此题无"延河东君居之"六字及自注。又据郑氏《近世中西史日表》,崇祯十三年庚辰十一月廿四日小寒,十二月九日大寒。故是年十二月二日谓之寒夕也)云:

清樽细雨不知愁,鹤引遥空凤下楼。红烛恍如花月夜,绿窗还似木兰舟。曲中杨柳齐舒眼,诗里芙蓉亦并头。(自注:"河东新赋《并头莲诗》。")今夕梅魂共谁语,任他疏影蘸寒流。(自注:"河东《寒柳词》云'约个梅魂,与伊深怜低语'。")

偈庵《半野堂夜集惜别仍次前韵》(寅恪案:《列朝诗集》此题作《感别半野堂叠前韵》)云:

何处珠帘拥莫愁,笛床歌席近书楼。金炉银烛平原酒,远浦寒星剡曲舟。望里青山仍北郭,行时沟水向东头。老怀不为生离苦,双泪无端只自流。

徐锡胤尔从《半野堂宴集,次牧翁韵,奉赠我闻居士》云:

舞燕惊鸿见欲愁,书签笔格晚妆楼。开颜四座回银烛,咳吐千钟倒玉舟。七字诗成才举手,一声曲误又回头。佳人那得兼才子,艺苑蓬山第一流。

寅恪案:牧斋于康熙二年癸卯岁暮作《病榻消寒杂咏》第三十四首《追忆庚辰冬半野堂文宴旧事》一诗,即记此夕之事者,前已移录。此崇祯十三年庚辰十二月初二日之夕半野堂文宴,乃牧斋一生最得意又最难忘之事。故虽在垂死病榻呻吟之中,犹能记忆,历历不爽,可伤也已。此夕之会,颇似戏剧之一幕。其扮演人今日可考知者,一为河东君,二为牧斋,三为松圆,四为徐尔从,五为此夕望见坐于后来所建绛云楼下红袍乌帽三神之老妪(见钱遵王《有学集诗注·病榻消寒杂咏》第三十四首诗注)。此五人之心理,牧斋、松圆、尔从三人各见于其此夕所赋诗中。河东君此夕是否亦赋诗,今《东山酬和集》及《初学集》既未收载,不易考知。其理由或因此夕病酒所致,或别有感触,与后来不和《合欢诗》及《催妆词》之情事相类似,均俟后论之。此夕之会,虽未见河东君作品,然其心理可于此夕后所赋《春日我闻室作呈牧翁》一诗中推得。至于此夕曾见三神之老妪,其心理当非如第一章所引《华笑庼杂笔》中黄梨洲"火神"之解释,应别有人事之原因也。请依次论之。

关于河东君者,当于下录其所赋《春日我闻室作呈牧翁》一诗中论释,兹暂不涉及。牧斋之诗第一句指此夕文宴时之情景,第二句用萧史弄玉事,皆不烦详论。"红烛恍如花月夜,绿窗还似木兰舟"者,下句言河东君于崇祯十三年十二月二日由舟次迁入我闻室。以意揣之,我闻室之结构必不甚宽敞,殆所谓屋小如舟者耶?上句指此夕情事。牧斋虽与韩敬争状元失败,不得"金榜第一名",但此夕实同于"洞房花烛夜"。作此观念者,非独牧斋如此,即河东君本身亦莫不然。后来河东君于康熙三年甲辰六月二十八日垂绝时,作遗嘱与其女云:"我来汝家二十五年,从不曾受人之气。"(见《河东君殉家难事实·柳夫人遗嘱》。)自康熙三年逆数至崇祯十三年庚辰,适为二十五年。若自崇祯十四年辛巳六月七日茸城舟中结缡时起,下数至康熙三年甲辰六月二十八日,则仅二十四年。可知河东君之意,实认此夕为同牢合卺之期。然则牧斋此句殊有旨矣。"曲中杨柳齐舒眼,诗里芙蓉亦并头"者,上句自用《折杨柳》歌曲之典(见《乐府诗集》二二),但亦指河东君《金明池·咏寒柳》词及"春前柳欲窥青眼"之句。意谓此夕可不必如前此之"窥眼"也。下句牧斋自注所指河东君新赋之《并头莲》诗,今未得见。考《陈忠裕全集》一九《湘真阁稿·予读书池上,屡有并蒂芙蓉,戏题一绝》云:

宛转桥头并蒂花,秋波不到莫愁家。浣纱人去红妆尽,唯有鸳鸯在若耶。

此诗前第二题为《寒食雨》,第三题为《上元四首》,第四题为《岁暮怀舒章八首》,其第八首卧子自注云:"去岁冬尽,予在郯城。"此"去岁冬尽",乃指崇祯九年北行会试之役,故此题之"岁暮"即崇祯十年岁暮。由是言之,此《戏题并蒂芙蓉一首》之作成,实在崇祯十一年初秋,可以推定无疑也。检卧子《自撰年谱(上)》"崇祯十一年戊寅"条云"是夏读书南园",及李舒章《会业序》略云"今春(寅恪案:此指崇祯八年春)暗公、卧子读书南园。乐其修竹长林,荒池废榭"(见《陈忠裕全集》卧子《自撰年谱》"崇祯八年"条附录所引),又检卧子《年谱》崇祯八年乙亥及九年丙子俱有"春读书南园"之记载,皆未明著其离去南园之季节。细绎卧子诗题,其"屡有"之"屡",自是兼指在崇祯十一年夏秋以前数次而言。第三章已详论卧子与河东君于崇祯八年春间,同居徐氏南楼并游宴陆氏南园之事。河东君虽于是年首夏离去南楼南园之际,只可见荷叶,而不能见莲花,但三年之后,卧子复于南园见此荒池中并蒂莲,感物怀人,追忆前事,遂有是作,殊不足怪矣。然则河东君所赋《并蒂芙蓉》诗,当是和卧子之作者。今检河东君遗存之作品,如《戊寅草》,其中未见此诗。考此《草》所载河东君之诗,至崇祯十一年秋间为止,故疑此诗乃河东君崇祯十一年秋间以后、十三年冬间以前所作。即使此诗作于最早限度之崇祯十一年冬间,牧斋固亦得谓之为"新"。前第三章论宋让木《秋塘曲序》中"坐有校书,新从故相家流落人间",所谓"新"字之界说,读者可取参阅。盖当时文人作品,相隔三年之久,本可用"新"字以概括之也。所可笑者,陈、杨二人赋诗,各以并头莲自比。不意历时未久,河东君之头犹是"乌个头发",而牧斋之头则已"雪里高山",实与卧子"还家江总"之头区以别矣。牧斋头颅如许,竟尔冒充,亦可怜哉!"今夕梅魂共谁语,任他疏影蘸寒流"者,牧斋自注既引河东君《金明池·咏寒柳》词,是以"梅魂"自任,故"疏影"亦指己身,辞旨明显,固不待论。惟"蘸"字之出处颇多,未知牧斋何所抉择。鄙意恐是暗用《西厢记》"酬简"之语。果尔,殊不免近亵。至若"寒流"一辞,"流"乃与"寒柳"题中之"柳"音近而巧合,即此一端,亦可窥见牧斋文心之妙矣。昔张敞云:"闺阁之内,夫妇之私,有过于画眉者。"(见《汉书》七六《张敞传》。)由是言之,自不必拘执迂腐之见,诃诋牧斋。但子高坐此"终不得大位"(并见《汉书·张敞传》),牧斋亦以夙有"浪子燕青"之目,常守闺阁之内,而卒不得一入内阁之中。吾人今日读明清旧史,不禁为之失笑也。

钱曾注牧斋《有美诗》,忽破例引河东君《金明池·咏寒柳》词,已觉可怪;又载何云《疏影词》一阕,如此支蔓,更为可疑。推原其故,遵王所以违反其注诗之通则者,殆皆出于陆敕先之意,遵王不得已而从之,实非其本旨也。兹以士龙之词与牧斋此诗有关,因附录之,并略考何氏事迹,稍为论证,以资谈助。

钱曾《初学集诗注》一八《有美诗》"疏影新词丽"句注云:

陆敕先曰:"何士龙有《调寄疏影·咏梅(上牧翁)》云:'香魂谁比?总有他清澈,没他风味。无限玲珑,天然葱倩,谁知仍是憔悴?便霜华几日连宵雨,又别有一般佳丽。除那人殊妙,将影儿现,把气儿吹。 须忆半溪胧月,渐恨入重帘,香清玉臂。冥蒙空翠,如语,烟雾里,更有何人起?惜他止是人无寐。算今夕共谁相对?有调羹,居士风流,道书数卷而已。'此词实为河东君而作,诗当指此也。"

寅恪案:牧斋赋《有美诗》引士龙此词,以赞扬河东君。于此可知钱、何两人关系之密切,并足见牧斋门下士中,士龙与孙子长(孙氏事迹及与牧斋之关系,可参《有学集》一九《孙子长诗序》,同书二三《孙子长征君六十寿序》及《牧斋尺牍(中)与孙子长札》第二通并王渔洋《思旧集》三"孙永祚"条等)与顾云美等同属左袒河东君一派,而与钱遵王辈居于反对地位者也。兹不暇考士龙本末,唯就此点论证之。牧斋所撰《吾炙集》"东海何云士龙"条云:

士龙岭表归来,相见已隔生矣。妇(寅恪案:此"妇"字指河东君。)见余喜,贺曰:"公门下今日才得此一人。"余曰:"如得习凿齿,才半人耳。"妇问何故,余笑曰:"彼半人即我身是也。"

《初学集》五五《何仲容墓志铭》略云:

仲容讳德润,为尝熟甲族。父讳镎。〔仲容〕娶秦氏,生子五人,述禹、述稷、述契、述皋、云。云,吾徒也。

同治修《苏州府志》一〇〇常熟县《何云传》略云:

何云,字士龙。祖镎,字言山。(寅恪案:光绪修《常昭合志稿》三三《何镎传》云"何镎,字子端",与此异。下文又云"子云,字士龙",略去德润一代,与牧斋所作《何仲容墓志铭》不合。殊误。)云能古文词,尤熟唐史。凡唐人诗有关时事者,历历指出如目睹。钱谦益延致家塾。崇祯丁丑谦益被讦下狱,云慷慨誓死,草索相从。后从瞿式耜至闽粤。流离十五年,复归故园。

《初学集》一一《桑林诗集序》云:

丁丑春尽赴急征,稼轩并列刊章,士龙相从,草索渡淮而北,赤地千里,身虽罪人,不忘吁嗟闵雨之思,遂名其诗曰《桑林集》。

同书同卷《一叹示士龙》云:

一叹依然竟陨霜,乌头马角事茫茫。及门弟子同关索,薄海僧徒共炷香。百口累人藏复壁,千金为客掩壶浆。昭陵许哭无多泪,(自注:"唐制,有冤者,许哭昭陵。")要倩冯班恸一场。(自注:"里中小冯生善哭。"寅恪案:小冯生之兄舒,亦与牧斋关系密切。可参《虞山妖乱志》。观牧斋此诗,知冯氏兄弟及士龙皆牧斋患难交也。又可参冯班《钝吟杂录》一《家戒上》所云"何云有文,钱牧翁重之"之语。)

同书一二《霖雨诗集·送何士龙南归兼简卢紫房一百十韵》略云:

> 伊余退废士,杜门事耕桑。十年守环堵,一朝琐银铛。天威赫震电,门户破苍黄。诏纸疾若飞,官吏仆欲僵。有母殡四载,西风吹画荒。有儿生九龄,读书未盈箱。宾客鸟兽散,亲族忧以瘅。或有强近者,惧累遗祸殃。目笑复手笑,坚坐看戏场。或有狰狞者,黠鼠而贪狼。毁室谋取子,坏垣臛我牀。挪揄反皮面,谣诼腾诽谤。唯有负佣流,弛担语矗伤。唯有庞眉叟,戟手呼彼苍。市人为罢市,僧院各炷香。我心鄙儿女,刺刺问束装。暮持襆被出,诘朝抵金阊。门生与朋旧,蜂涌来四方。执手语切切,流襟泪浪浪。惜我傔从弱,念我道路长。或云权幸门,刺客如飞蝗。穴颈不见血,探头入奠囊。或云盘飧内,鸩堇实稻粱。匕箸一不慎,坟裂屠肺肠。谁与警昏夜,谁与卫露霜?谁与扶跋疐,谁与分助勩?何生奋袖起,云也行所当。阃门置新妇,问寝辞高堂。典衣买书剑,首路何慨慷!何生夜草疏,奋欲排帝阊。黯淡蚁扑纸,倾欹蚓成行。残灯焰明灭,房心吐寒芒。祖宗膴恓恍,天心鉴明朗。眉山摘牙牌,分宜放钤冈。执彼三尸虫,打杀铜驼傍。孤臣获更生,朝市喜相庆。孟冬家书来,念母心不遑。有忧食三叹,矧乃惰与翔。星言卷衣被,别我归故乡。我欲絷子驹,顾视心怅怅。子行急师难,子归慰母望。丹青或可渝,此义永不爽。

寅恪案:牧斋为张汉儒所讦,被逮北行,下刑部狱,逾年始得释归。其本末备见史乘及他载记,以非本文范围主旨所在,故不详述。惟节录牧斋自述之诗,亦足知当日被逮时之情况并门生故旧关系之一斑也。所最可注意者不在士龙之维护牧斋，而在河东君之赏誉士龙，《吾炙集》中钱柳问答之言，即是其证。《晋书》八二《习凿齿传》（参《高僧传》五《释道安传》）云：

> 后以脚疾，遂废于里巷。及襄阳陷于苻坚，坚素闻其名，与道安俱舆而致焉。既见，与语，大悦之，赐遗甚厚。又以其蹇疾，与诸镇书："昔晋氏平吴，利在二陆。今破汉南，获士裁一人有半耳。"俄以疾归襄阳。寻而襄邓反正，朝廷欲征凿齿，使典国史。会卒，不果。

然则牧斋之意，谓清兵取江南，己身降附，北迁授职，俄引疾归籍，稍蒙礼遇。（《清史列传》七九《贰臣传·钱谦益传》云："〔顺治三年〕六月以疾乞假。得旨，驰驿回籍。令巡抚按视其疾痊具奏。"）可比彦威在前秦陷没襄阳后，为苻坚所舆致，俄以疾返里，寻而襄邓反正，晋廷欲使之典国史。盖牧斋犹希望明室复兴，己身可长史局也。寓意甚微妙。河东君平日于《晋书》殊为精熟，观其作品，例证颇多。此点牧斋固亦宿知，所以举习氏为说者，乃料定河东君必能达其微旨。倘是与常人而作此语，岂非对牛弹琴耶？

萧伯玉士玮题《牧斋初学集》，顾云美作《河东君传》，俱以李易安、赵德甫比钱、柳。今读《吾炙集》此条所记，益证萧、顾之言非虚誉矣。《苏州府志·何云传》云："钱谦益延致家塾。"士龙何时在牧斋家授读，未能考知。以意揣之，当在黄陶庵之前。牧斋送士龙南归诗，自述其崇祯十年丁丑春被逮时事云："有儿生九龄，读书未盈箱。"盖孙爱生于崇祯二年己巳九月（见《初学集》九《崇祯诗集五·反东坡洗儿诗己巳九月九日》诗），至崇祯十年春间适为九岁。士龙之在钱氏家塾或即此时，亦未可知。《虞山妖乱志（中）》云：

有朱镳者，老儒也。教授于尚书家塾。

汉儒讦牧斋所言江南六大害中第六款"士习之害"，亦载朱镳之名，与冯、舒并列。窃疑朱氏之在牧斋家塾，或更先于士龙。岂孙爱之发蒙师耶？俟考。

　　又有可注意者，即牧斋门下士中，凡最与瞿稼轩有关者，俱为同情河东君之人。第三章论《河东君传》作者顾苓本末时，已略述云美与稼轩之关系。今观士龙之作《疏影词》及《吾炙集》所载河东君之语，皆可证明此点。由此推之，稼轩在牧斋门下，亦与何、顾两氏同属"柳派"，而与钱遵王之为"陈派"，即牧斋夫人陈氏之派者，迥不相同也。俟下文论绛云楼事时再及之，兹不多赘。

　　松圆诗第三句用《史记》七九《范雎传》。第四句用《晋书》八〇《王羲之传》附徽之传及九四《戴逵传》并《世说新语·任诞类》"王子猷居山阴"条。第五句用李太白《送友人（五律）》（见《全唐诗》第三函李白一七）。第六句用《乐府诗集》四一卓文君《白头吟》。皆习见之典，不待详引。所可注意者，即第七、第八两句，"老怀不为生离苦，双泪无端只自流"之语。半野堂此夕之宴有两作用：一为送别将去之孟阳，一为欢迎新到之河东君。牧斋此时与孟阳之关系为"悲莫悲兮生别离"。与河东君之关系为"乐莫乐兮新相知"。斯固孟阳所深切体会者，但明言不为己身生离之苦，则老泪双流，自必因他人新知之乐所致，可以决定无疑。又此诗第一、第二两句，乃问答之词。第一句"珠帘"，用李太白《怨词》"美人卷珠帘"之典（见《全唐诗》第三函李白二四），盖河东君夙有"美人"之称也（见第二章所论）。"莫愁"用玉谿生《马嵬二首》之二"不及卢家有莫愁"之典（见《李义山诗集（上）》），河东君与莫愁身份适合，固不待言。此句之意，谓河东君今属于谁家乎？第二句乃答辞，意谓河东君今在半野堂之我闻室,其地"弹丝吹竹",接近藏书之楼,即以钱家为卢家也。牧斋虽藏书甚富,但此时尚未建绛云楼,故此楼自不能指绛云楼。依江南气候潮湿多雨之通例推之,书籍之藏储,宜在楼阁。颇疑牧斋此时家中之荣木楼,不仅为陶庵授读孙爱之处,亦是牧斋藏书之所。若果推测不误,则崇祯十三年庚辰十二月二日文酒之宴,笙歌笑语,通夕不休。陶庵或因此喧哗扰其眠睡,心情既烦恼厌恶,复拘守礼法,不便出楼参与盛会,其不愿和诗,势所必然也。苦哉!苦哉!故综合第一、第二两句之旨意言之,实与第七、第八两句相关,盖义山"不及卢家有莫愁"句,"有"字之义,当作"保有"及"享有"解,今此"莫愁"已是"年年河水向东流",为牧斋所有矣,安得不"双泪无端只自流"乎?

复次,《有学集》三《夏五集·西湖杂感二十首》之八云:

> 西泠云树六桥东,月姊曾闻下碧空。杨柳长条人绰约,桃花得气句玲珑。(自注:"'桃花得气美人中',西泠佳句,为孟阳所吟赏。")笔床研匣芳华里,翠袖香车丽日中。今日一灯方丈室,(寅恪案:"一灯"二字,钱曾《注》本同。)散花长侍净名翁。

寅恪案:此诗为牧斋于顺治七年庚寅在杭州追忆河东君西湖旧游而作者。末句"一灯"二字,今据牧斋手写稿本,知原作"一来"(见有正书局影印《江左三大家诗画合璧》)。"一灯"自极可通,改"一来"为"一灯",是否出于牧斋本身,抑或后人所为,俱不得知。但"一来"实用佛典,此诗第七、第八两句皆用《维摩诘经》事,故"一来"二字殊为适合。河东君行踪飘忽,往往"一来"即去,而更"不还"。其于卧子、孟阳皆莫不然。松圆之作《缂云诗》,欲其"缂定不行"。牧斋此诗结语颇表得意,或者后来又觉词过明显,遂自改易耶?牧斋作此诗时,松圆卒已八年,

"散花"之天女依旧"长侍净名",斯殆亦松圆地下所不及料者欤?

又前论《有学集·吴巽之持孟阳画扇索题》诗节,引《耦耕堂存稿》文下《题归舟漫兴册》有"庚辰腊月望,海虞半野堂订游黄山"之语,可知孟阳至早亦于崇祯十三年十二月十五日始离去牧斋家。夫半野堂送别之宴,在十二月二日,距离孟阳行期有十余日之久,时间未免太长。然则此宴明是专为欢迎河东君入居我闻室而设者,所谓送别孟阳,不过"顺水人情"耳。且此夕之宴,实同于合卺花烛之筵席,牧斋盖借以暗示孟阳,若谓自此夕以后,河东君专属我有,松圆诗老亦可以行矣。孟阳自必心知其意,所以有"何处珠帘拥莫愁,笛床歌席近书楼"及"老怀不为生离苦,老泪无端只自流"等句也。伤哉!

徐尔从为此夕酒座局外中立之人,其本末未能详考。兹仅就所见甚少之材料推论之,亦可知徐氏在牧斋门下究属何派,即"柳派"抑或"陈派"也。

《初学集》五六《陕西按察使徐公墓志铭》(参光绪修《常昭合志稿》二五《徐待聘传》)略云:

> 公讳待聘,廷珍字也。晚年与余游最密。有子四人:锡祚、锡胤、锡云、锡全。锡祚、锡胤皆与余交好。

冯默庵《虞山妖乱志(中)》述钱裔肃召归其祖岱之出妾连璧事,有关涉尔从一节。其文略云:

> 又有徐锡胤者,素亦客于尚书门,恨钱斗独擅裔肃,已不得交关。遂出揭攻裔肃。

《有学集》三一《族孙嗣美合葬墓志铭》略云:

> 嗣美,名裔肃。妻蒋氏。子四人:长召,次名,次即曾,次鲁。

王应奎《柳南随笔》二云：

> 徐锡允，字尔从。廉宪待聘之子。文虹其自号也。家畜优童，亲自按乐句指授。演剧之妙，遂冠一邑。诗人程孟阳为作《徐君按曲歌》，所谓"九龄十龄解音律，本事家门俱第一"，盖纪实也。（寅恪案：此两句见《耦耕堂存稿》诗中《赠徐君按曲图歌》，又可参同书上《和牧斋观剧四首》及同书中《戏和徐尔从遣散歌儿二首同牧斋次韵》并《初学集》一〇《崇祯诗集》六《[崇祯五年]仲夏观剧欢宴浃月戏题长句呈同席许官允诸公》及同书一六《丙舍诗集·次韵徐二尔从散遣歌儿之作二首》。）时同邑瞿稼轩先生以给谏家居，为园于东皋，水石台榭之胜亦擅绝一时。邑人有"徐家戏子瞿家园"之语，目为虞山二绝云。

寅恪案：何士龙有《疏影词》，当即后来追和牧斋此夜之诗"今夕梅魂"句之意者。尔从此夕之宴，既身在座中，复次牧翁韵赠河东君，则其立场观点与何、顾相同，其属于"柳派"，不待多论。又据默庵之言，知尔从曾揭攻钱裔肃。钱曾为裔肃之子，则尔从为嗣美、遵王父子之仇人怨家，其与"陈派"之遵王相敌对，乃自然之理也。夫牧斋朋好甚多，何以此夕与宴作诗，除孟阳外，仅见尔从一人？颇疑当日事出仓卒，不易邀集多友。尔从与孟阳交谊甚笃挚，又精通音律。此夕文宴河东君应有弹丝吹竹、度曲按歌之举，钱、程特招之与会，亦情势所当然也。至黄陶庵此时适馆于牧斋家，转不与是夕之宴及不见其有关之诗者，实由陶庵本人对于此事所持之见解所致。盖崇祯十三年庚辰十二月二日，陶庵正居牧斋常熟城内宅中之荣木楼，授孙爱读。依昔日家塾惯例，年终固须放馆归家，但多在除夕以前不久之时始能离馆。嘉定、常熟道途甚近，陶庵为人严肃，恐不于腊月之初即已还家度岁。然则陶庵此夕当仍在牧斋家。孟阳既同寓一处,牧斋设宴声称为孟阳饯别,程、黄旧交,岂有不被邀请陪座之理?据今日所见资料,似陶庵并未与此离筵者,岂牧斋习知陶庵平日性格迥异于尔从,河东君之放诞风流,此夕之宴,更必有所表见,钱之不邀黄,非仅畏惮其方正,实亦便利主客两方不得已之决策。牧斋当日之苦心,亦可窥见矣。

尔从诗第一句"舞燕惊鸿见欲愁",谓河东君此夕放诞风流之活泼举动,殊有逾越当日闺阁常轨者。第四句"咳吐千钟倒玉舟"谓河东君于此夕座上之豪饮。故此两句极有写实价值。第七、第八两句"佳人那得兼才子,艺苑蓬山第一流"河东君真足当之无愧,未可目为寻常酬应谀赞之言。综观尔从之作,虽不甚工,然颇切合。牧斋之选录此诗,或职是之故欤?

此夕见神见鬼之老妪,乃黄陶庵以外,局外而又局外之人。以情理推测,必非奔走执役于此夕之宴会者。其人立于设筵之堂外,遥遥望见主翁宾客之形影,虽未必得闻河东君熏炉之香气,然老主人朱门酒肉之臭味,亦可令之作呕也。据《有学集》四六《题李肇〈国史补〉》云:

> 绛云一炬之后,老媪于颓垣之中拾残书数帖,此本亦其一也。

则此拾得绛云楼、半野堂焚毁后残书之老媪,疑即与窥探半野堂文宴之老妪同是一人。盖此老妇所居之处,当在半野堂、绛云楼之近旁,故可被人利用侦察半野堂之情况。后来堂、楼俱毁于火,遂亦时时周行巡视,拨寒灰、寻断简于其地欤?至此老妪之立场观点,则非可视为中立者,因此人既号为老妪,当是牧斋夫人陈氏或宠妾王氏之旧人,其在堂外窥看,殆由受命而来侦探,故其所言,必出于当日"陈派"之嗾使。寅恪所以有此推测者,因《牧斋遗事·赵水部杂志四则》之四谓牧斋孙桂哥生之夕,梦见陈夫人所供养之赤脚尼解空至其家。(详见第五章所引。)据此可知陈夫人平日与妖尼来往,殊违背其姑顾氏之家教矣。(见《初学集》七四《请诰命事略》。)然则此妪所谓红袍乌帽之三神,殆指钱氏之祖先而言。《初学集》七四《亡儿寿耇圹志》略云:

> 其母微也,余妻与王氏更母之。丙寅之三月,缇骑四出,警报日数至,家人环守号泣。儿忽告余曰:"爹勿恐,爹勿恐。明年即朝皇帝矣。"遂为执笏叩头呼万岁状,又曰,"爹所朝非今皇帝,乃新皇帝也。新皇帝好,新皇帝大好。"言之再四。余愕问何以知之,儿曰:"影堂中诸公公冠服列坐楼下,教我为爹言如是。僮应索绹坐槛上,我叱起之。"询之僮应,果然。呜呼,异哉! 是年七八月稍解严。明年儿死。凡四月,而先帝登遐。新天子神圣,逆奄殛死,慨然下明诏,恤录死废诸臣。儿之云,若执左券,而儿不得见也。呜呼!儿之言,其有神者告之,如古所谓荧惑散为童谣者耶! 其真吾祖吾父冯而仪之,而锡以兆语耶? 儿能见亡人,又与謦欬相接,岂其死征耶? 儿死于天启丁卯五月十六日。其葬也,以新天子改元崇祯之三月清明日,在夏皋祖茔之旁,其父谦益为书石而纳诸圹。

寅恪案:牧斋作《志》,本借小儿妄语以抒其悲感,文情并茂,自是能手。今详绎《志》文,牧斋实不免迷信之诮。此点可参《初学集》一〇《崇祯诗集六·仙坛唱和诗十首》,同书四三《泐法师灵异记》,(寅恪案:此事亦涉及金圣叹,颇饶兴趣。可参王应奎《柳南随笔》三"金人瑞"条。),同书八六《石刻〈楞严经〉缘起》及《有学集》二七《河南府孟津县关圣帝君庙灵感记》等。关于是时江南士大夫名流迷信之风气,限于本文范围,不欲多论。但当日钱氏一家见神见鬼之空气,亦可推见也。

据《明史》六七《舆服志》"文武官冠服"条云:

> 一品至四品绯袍。

故著红袍之三神,当指牧斋之曾祖、祖及父。但检《初学集》七四《谱牒一》,牧斋于崇祯元年九月为祖父顺时、父世扬请诰命,撰二人事略,而不及其曾祖体仁。盖是时牧斋任职二品之礼部侍郎,依例止可封赠二代也。(见《明史》七二《职官志》。)又检《初学集》七五代其父所作《故叔父山东按察司副使春池府君行状》(原注:"代先大夫。")云:

> 府君之先曰我王父,赠奉政大夫刑部河南清吏司郎中府君讳体仁。

则知牧斋之曾祖体仁止赠五品官(亦见《明史》七二《职官志》),依例著蓝袍而非绯袍(亦见《明史》六七《舆服志》"文武官冠服"条)。是三神之中,应为二红袍一蓝袍。老妪所言,不合事实,颇有可疑。鄙意旧时出身履历,例书曾祖、祖及父三代名字资格。今日世俗习惯犹以"祖宗三代"为言。钱氏家中造谣之老妪不同于治史考据之专家,牵混概括,目牧斋三代祖宗皆著红袍,自是极可能之事。论者不必于此过泥,而以为与明代之朝章国典不合。由是言之,钱氏祀奉祖宗之建筑物内所悬之喜神(见钱大昕《竹汀先生日记钞》一"读宋伯仁梅花喜神谱"条及阮元《四库未收书目提要》一"梅花喜神谱"条)亦俱红袍乌帽衣冠之状。此可与寿耇"影堂中诸公公冠服列坐楼下,教我为爹言如是"之语互相印证也。又刘本沛《虞书》云:

> 顾太仆书屋甚华美。内有三层楼一座,是太仆赴粤时所建,

未经人住。居民每夜见有五神人,金幞红袍,巍峨其上。犯者祸立至。丁卯予僦居五年,读书其上,绝无影响。

寅恪案:刘氏书自识略谓:"弘光乙酉七月十三日清兵南下。茅檐闷坐,无以自遣,偶追闻见,漫笔之书。八月二十四日逋氓刘某识。"可知刘氏僦居顾太仆书屋之丁卯年,乃指天启七年丁卯而言,下距崇祯十三年庚辰河东君过访半野堂之岁,仅十三年。时代甚近,顾宅怪异之事复在虞山发生。然则刘氏所记与牧斋家老妪所言,可谓时同地同。据此更可以推见明末常熟社会迷信状况之一斑矣。当时牧斋家中"反柳派"欲利用牧斋前此迷信之心理散播谣言,假托祖宗显灵,以警戒牧斋不可纳此祸水,免致败家。依情势言,此主谋者当即牧斋夫人陈氏及宠妾王氏。此二人之地位最与河东君不能相容,且又为抚养寿耇之人,更宜出此诡计。其所以不促使最近于崇祯十三年冬至祭祀祖宗之孙爱作第二寿耇者,以见神见鬼之言面告牧斋者,其故当因此时孙爱年已十二岁,非如寿耇之幼稚,易于指挥,且其生母朱氏与王氏复有利害之冲突,不立于同一之战线也。牧斋前此受寿耇预言之影响,此时又闻老妪之传说,遂不加诃责禁止,然亦未能解其所言之用意,因姑妄听之,存而不究。至其垂死之年,作诗追记半野堂文宴之事,有"看场神鬼坐人头"之句,借以诋骂其政敌。"神"指温体仁、周延儒等显要,"鬼"指陈汝谦、张汉儒诸浪人。此类神鬼皆常坐于人之头上者也。假使牧斋心中联系老妪、寿耇两人所言,则必不用此类辞句。否则岂非诃骂自身之祖宗耶?牧斋一生思想灵活,此点为"陈派"所深知。其促使老妪传播妄言,盖预料牧斋必能追忆寿耇之语,认为"诸公公"显灵欲令立即斥去"城南之柳",(此借用谷子敬《吕洞宾三度城南柳》杂剧之名,以剧中柳树精为杨氏子,而河东君初访半野堂时,亦作男子装故也。)实为家门之福。但牧斋此时因沉溺于新相知之乐,如醉如痴,遂一反其平日心理常态,竟不能将此两事前后联合为一观念,斯为"陈派"失败之主因也。黄梨洲乃同情于河东君者,由于未悉此中原委,转谓是后来焚烧绛云楼之火神。殊不知火神固可具红袍乌帽之形状,但何必现此三位一体之作用耶?钱、黄二人通才博学,为世宗仰,竟皆受绐于妒妇老妪,迄今思之,甚为可笑。然则当河东君初访半野堂之时,牧斋家中党派竞争激烈,钩心斗角,无所不用其极。内容实况,今虽不能详知,即据红袍乌帽三神之传说,亦可推见一斑。故不避烦琐之嫌,特辨述之如此。

《东山酬和集》一牧翁《迎春日偕河东君泛舟东郊作》(寅恪案:迎春日之问题,可参前论牧斋《冬至日感述示孙爱》诗节)云:

> 毵画山城画舫开,春人春日探春来。帘前宿晕犹眠柳,镜里新妆欲笑梅。花信早随簪鬓发,岁华徐逐荡舟回。绿尊红烛残年事,传语东风莫漫催。

河东《次韵》云:

> 珠帘从此不须开,又是兰闺梦景来。画舫欲移先傍柳,游衫才拂已惊梅。东郊金弹行相逐,南陌琼辀度几回。最是新诗如玉琯,春风舞袖一时催。(寅恪案:此首《初学集》未载。)

河东《春日我闻室作呈牧翁》(寅恪案:郑氏《近世中西史日表》,崇祯十三年庚辰正月十三日立春,十二月廿四日又立春。河东君诗题之《春日》,乃指自十二月立春至除夕间之节候也)云:

> 裁红晕碧泪漫漫,南国春来正薄寒。此去柳花如梦里,向来

烟月是愁端。画堂消息何人晓,翠帐容颜独自看。珍重君家兰桂室,东风取次一凭阑。

牧翁《河东春日诗有梦里愁端之句,怜其作憔悴之语,聊广其意》云:

芳颜淑景思漫漫,南国何人更倚阑?已借铅华催曙色,更裁红碧助春盘。早梅半面留残腊,新柳全身耐晓寒。从此风光长九十,莫将花月等闲看。

寅恪案:钱柳二人同在一处时,酬和往复,一日之间,一人所作,往往不止一首,如上录四诗皆属于迎春日者。但《初学集》未载河东君次韵牧斋此日同游东郊之作。又《东山酬和集》一牧斋《新正日偕河东君过拂水山庄,梅花半开,春条乍放,喜而有作》后附河东君次韵诗,《初学集》亦未载。二人不在一处时,诗筒来往,互相酬和,亦有仅载一方之作品者,如《东山酬和集》二牧斋《西溪永兴寺看绿萼梅有怀》及《二月十二春分日横山晚归作》,《初学集》皆未载河东君和作。或疑《初学集》为牧斋一人专集,与《东山酬和集》之为诸人酬和诗之选集,两者性质不同,主宾轻重互异,因有著录多少之分别。是说虽亦近理,然鄙意恐不止此。盖河东君为人负气好胜,其与当时名士拈题斗韵,往往超越诸人之上。杜少陵"语不惊人死不休"(见《杜工部集》一一《江上值水如海势聊短述(七律)》)正同此义。今观《初学集》中所存与牧斋唱和之作,颇多别有意境,非复牧斋所能企及。至其未载者,则属不能与牧斋竞胜之作品。由是而言,《初学集》之未全载河东君诸诗,实出河东君本人有所去取之故。斯固负气好胜而又聪明绝世之人,如河东君者所应有之举措也。兹因比较《东山酬和集》与《初学集》两本繁简异同,略附鄙见如此,以俟通人之教正。

牧斋《迎春日泛舟》一首，既切合景物情事，更才藻艳发，洵为佳作。河东君和章虽亦不恶，然较牧翁原作终有逊色，宜其删去，不存于《初学集》，以免相形见绌也。牧斋诗第三、第四句，实写河东君前夕豪饮、次晨早妆之态，形容巧妙，如见其人。至若孟阳《缅云诗》第四首，亦描写河东君早妆之作，虽与牧斋此两句之意旨相同，但钱诗造语精炼，非程诗所可及。不过松圆欲远追周昉，画出河东君此际情态，则其所画，或更较牧斋之诗能传神，亦未可知也。

河东君《春日我闻室作呈牧翁》一诗，前于第一章、第三章及本章已多述及，今更申论之。其关涉古典者，不必征释，惟就今典言之。河东君此诗与卧子《梦中新柳》诗同用一韵，殊非偶然。盖因当日我闻室之新境，遂忆昔时鸳鸯楼之旧情，感怀身世，所以有"泪漫漫"之语。读此诗者，能通此旨，则以下诸句皆可迎刃而解矣。"此去柳花如梦里"指陈卧子《满庭芳》词"无过是，怨花伤柳，一样怕黄昏"之语而言，即谓与轶符之关系。"向来烟月是愁端"指宋让木《秋塘曲》"十二银屏坐玉人，常将烟月号平津"之句而言，即谓与周文岸之关系。"向来"既如是，"此去"从可知。所言之事、所怀之感，乃牧斋所深知者，故云："河东《春日》诗有'梦里愁端'之句，怜其作憔悴之语。"遂不得不和韵赋诗，"聊广其意"。否则此二句自表面观之，亦未见其语之甚憔悴而可怜也。"画堂消息何人晓"，指牧斋《初次答其过访半野堂》诗"但似王昌消息好"之句及《永遇乐》词"白玉堂前，鸳鸯六六，谁与王昌说"之语。然其下接以"翠帐容颜独自看"之句，即借用玉谿生《代〔卢家堂内〕应》诗"谁与王昌报消息，尽知三十六鸳鸯"之意。据朱鹤龄《李义山诗集笺注（上）》引道源《注》，谓三十六鸳鸯纯举雌言之。（寅恪案：冯孟亭不以此说为然。见《玉谿生诗详注》三。）牧斋诗词之意，亦同此解，河东君当亦不异。然则此一联两句连读,意谓己身之苦情,牧斋未必能尽悉,而怀疑其是否果为真知己也。"珍重君家兰桂室"感牧斋相待之厚意,而抱未必能久居之感,若作如是解,则"君家"二字之用意所在,始有著落。"东风取次一凭阑"即用卧子梦中所作"大抵风流人倚栏"之句,并念卧子醒后补成"太觉多情身不定"之句,而自伤卧子当时所言,岂竟为今日身世之预谶耶?夫河东君此诗虽止五十六字,其词藻之佳、结构之密,读者所尽见,不待赘论。至情感之丰富、思想之微婉,则不独为《东山酬和集》中之上乘,即明末文士之诗亦罕有其比。故特标出之,未知当世评泊韵语之当家,究以鄙说为何如也。

　　抑更有可论者,河东君此诗题既特标"我闻室"三字,殊有深意。夫河东君脱离周文岸家后,至赋此诗之时,流转吴越将及十年。其间与诸文士相往还,其寓居之所,今可考知者,在松江,则为徐武静之生生庵中南楼,或李舒章之横云山别墅;在嘉定,则为张鲁生之芑园,或李长蘅家之檀园;在杭州,则为汪然明之横山书屋,或谢象三之燕子庄;在嘉兴,则为吴来之之勺园;在苏州,或曾与卞玉京同寓临顿里之拙政园。凡此诸处,皆属别墅性质。盖就河东君当时之社会身份及诸名士家庭情况两方面言之,自应暂寓于别墅,使能避免嫌疑,便利行动。但崇祯庚辰冬日至虞山访牧斋,不寓拂水山庄,而径由舟次直迁牧斋城内家中新建之我闻室,一破其前此与诸文士往来之惯例。由是推之,其具有决心归牧斋无疑,遗嘱中"我来汝家二十五年"之语可以证知。然牧斋家中既有陈夫人及诸妾,又有其他如钱遵王辈,皆为己身之反对派,倘牧斋意志动摇,则既迁入我闻室,已成骑虎之势,若终又舍牧斋他去,岂不贻笑诸女伴,而快宋辕文、谢象三报复之心理耶?故"珍重君家兰桂室"之句与"裁红晕碧泪漫漫"之句互相关涉,诚韩退之所谓"刳肝以为纸,沥血以书词"者,吾人今日犹不忍卒读也。

牧斋既深知河东君"梦里""愁端"两句所指之事实及心理，因和韵以宽慰之。牧斋此诗宽慰之词旨，实在其后四句。"早梅半面留残腊，新柳全身耐晓寒。""新柳"乃指卧子《补成梦中新柳诗》之"新柳"，自不待言；"全身耐晓寒"必非泛语。第三章论卧子《蝶恋花·春晓》词"故脱余绵，忍耐寒时节"句，已略及河东君个人耐寒之特性。顾苓《河东君传》云"为人短小，结束俏利"，白牛道者题此《传》云"冬月御单夹衣，双颊作朝霞色，即之，体温然。疑其善玄素也"，皆与耐寒之特性有关。盖河东君为人短小，若衣著太多，则嫌臃肿，不得成俏利之状。既衣著单薄，则体热自易放散，遂使旁人有"即之温然"之异感。此耐寒习惯，亦非坚忍性特强之人不易办。或者河东君当时已如中国旧日之乞丐、欧洲维也纳之妇女，略服砒剂，既可御寒，复可令面颊红润。斯乃极谬妄之假说，姑记于此，以俟当世医药考古学人之善美容术者教正。兹有一事可论者，吾国旧时妇女化妆美容之术，似分外用内服两种。属于外用者，如脂粉及香熏之类，不必多举；属于内服者，如河东君有服砒之可能及薛宝钗服冷香丸（见《石头记》第七及第八两回）即是其例。前引卧子为河东君而作之《长相思》诗云："别时余香在君袖，香若有情尚依旧。但令君心识故人，（寅恪案：此句用《后汉书·列传》四四《杨震传》"故人知君，君不知故人"之语，甚为巧妙，足见卧子文才之一斑。），绮窗何必长相守。"然则河东君之香乃热香，薛宝钗之香乃冷香，冷香犹令宝玉移情，热香更使卧子消魂矣。

又温睿临《南疆逸史（下）逸士门·张白牛传》略云：

张白牛，失其名，字存壬，钱塘诸生。鼎革后，弃诸生服，避居留下，卖卜自给，足迹不入城。破屋二间，败几缺足，穴壁倚之以读书。貌苍古，乱髻，声如洪钟。日吟诗，经史之外，释道三藏皆诵。冬衣一敝苎衫,服砒霜,问之,则聊以御寒。

寅恪案:白牛道者或即是张白牛,尚俟详考。但张氏冬日服砒霜以御寒,似可证知明季吴越间颇流行服砒御寒之术。且张氏之号与题《河东君传》之白牛道者实相符合,甚可注意也。牧斋"新柳全身耐晓寒"句之意,尚不止摹写河东君身体耐寒之状,实亦兼称誉其遭遇困难坚忍不挠之精神,盖具有两重旨意也。卧子《补成梦中新柳诗》载于《陈李唱和集》,为崇祯六年癸酉早春所作。此诗后一题为《梅花(七律)二首》,当亦是为河东君而作。又《陈忠裕全集》一五《属玉堂集》载卧子于崇祯七年甲戌岁暮所作《早梅》一首云:

垂垂不动早春间,尽日青冥发满山。昨岁相思题朔漠,(自注:"去年在幽州也。"),此时留恨在江关。干戈绕地多愁眼,草木当风且破颜。念尔凌寒难独立,莫辞冰雪更追攀。

寅恪案:卧子自注云"去年在幽州也",盖卧子崇祯六年癸酉岁暮在北京,候次年会试。此时颇多绮句,皆怀念河东君之作,第三章已论及之。此诗之前为《腊日暖甚,过舒章园亭,观诸艳作,并谈游冶二首》,此诗后为《乙亥元日》。然则卧子《早梅》一律,当作于崇祯七年十二月立春之后,除夕之前,正与牧斋崇祯十三年庚辰冬作此诗之时节相应合。卧子诗云:"念尔凌寒难独立,莫辞冰雪更追攀。"牧斋早梅之句及耐寒之语,疑俱与之有关。卧子《陈李唱和集》及《属玉堂集》久已刊布,谅牧斋当日必早见及。故用其《新柳》《早梅》两诗以为今典,不仅写景写物,亦兼言情言事。此非高才不能为之,即有高才而不知实事者,复不能为之也,幸得高才、知实事而能赋咏之矣。然数百年之后,大九州之间,真能通解其旨意者,更复有几人哉?更复有几人哉?"从此风光长九十,莫将花月等闲看。"谓立春至立夏共九十日,皆为阳春,不可等闲放过。汤玉茗云:"如花美眷,似水流年。"牧斋于此非独取以慰人,并用以自警矣。

抑更有可论者,崇祯十三年庚辰之冬,河东君年二十三,牧斋年五十九,卧子年三十三。依当日社会一般观念,河东君或尚可称盛年,然已稍有美人迟暮之感,卧子正在壮岁,牧斋则垂垂老矣。庚辰后五年为顺治二年乙酉,明南都倾覆,河东君年二十八,牧斋年六十四。河东君虽愿与牧斋同死,而牧斋谢不能。庚辰后六年为顺治三年丙戌,卧子殉国死,年三十九,河东君年二十九。庚辰后八年为顺治五年戊子,牧斋年六十七,河东君年三十一。牧斋以黄毓祺案当死,而河东君救之,使不死。庚辰后二十四年为康熙三年甲辰,牧斋年八十三,河东君年四十七,两人先后同死。由是言之,河东君适牧斋,可死于河东君年二十九或三十一之时,然俱未得死;河东君若适卧子,则年二十九时当与卧子俱死,或亦如救牧斋之例,能使卧子不死,但此为不可知者也。呜呼!因缘之离合,年命之修短,错综变化,匪可前料。属得属失,甚不易言。河东君之才学智侠既已卓越于当时,自可流传于后世,至于修短离合,其得失之间,盖亦末而无足论矣。因恐世俗斤斤于此,故取三人之关于此点者,综合排比之,以供参究。寅恪昔撰《王观堂先生挽诗》云:"但就贤愚判死生,未应修短论优劣。"意旨可与论河东君事相证发也。

《东山酬和集》一牧翁《除夕山庄探梅口占报河东君》云:

数日西山踏早梅,东风昨夜斩新开。停车未许倾杯酒,走马先须报镜台。冷蕊正宜帘阁笑,繁花还仗剪刀催。衫裆携得寒香在,飘瞥从君嗅一回。

牧翁《庚辰除夜偕河东君守岁我闻室中》云:

除夜无如此夜良,合尊促席饯流光。深深帘幕残年火,小小房栊满院香。雪色霏微侵白发,烛花依约恋红妆。知君守岁多佳思,欲进椒花颂几行。

河东《除夕次韵》云:

合尊饯岁羡辰良,绮席罗帷罨曙光。小院围炉如白昼,两人隐几自焚香。萦窗急雪催残漏,照室华灯促艳妆。明日珠帘侵晓卷,鸳鸯罗列已成行。

牧翁《辛巳元日雪后与河东君订春游之约》(寅恪案:《初学集》此题止作《辛巳元日》)云:

新年转自惜年芳,茗碗薰炉瓣曲房。雪里白头看鬓发,风前翠袖见容光。官梅一树催人老,宫柳三眠引我狂。西碛蓝舆南浦棹,春来只为两人忙。

河东《元日次韵》云:

蘼芜新叶报芬芳,彩凤和鸾戏紫房。已觉绮窗回淑气,还凭青镜绾流光。参差旅鬓从花妒,错莫春风为柳狂。料理香车并画楫,翻莺度燕信他忙。

牧翁《新正二日偕河东君过拂水山庄,梅花半开,春条乍放,喜而有作》云:

东风吹水碧于苔,柳靥梅魂取次回。为有香车今日到,尽教玉笛一时催。万条绰约和腰瘦,数朵芳华约鬓来。最是春人爱春节,咏花攀树故徘徊。

河东《次韵》(寅恪案:《初学集》未载此首)云:

山庄水色变轻苔,并骑亲看万树回。容鬓差池梅欲笑,韶光约略柳先催。丝长偏待春风惜,香暗真疑夜月来。又是度江花寂寂,酒旗歌板首频回。

寅恪案：《初学集》一二《山庄八景诗八首》之七《梅圃溪堂序》云："秋水阁之后，老梅数十株，古干虬缪，香雪浮动。今筑堂以临之。"又《有学集》四七《书梅花百咏后》云："墓田丙舍，老梅数十株。"可见拂水山庄梅花之盛。牧斋于崇祯十三年除夕特先往拂水山庄探梅，其实乃为二日后，即崇祯十四年正月初二日偕河东君同游之准备工作，自是属于接待新人之范围；但亦疑有与旧人如宠妾王氏之流有关之陈设等类，不欲使河东君见之"不顺眼"，早为除去；或更有他故，为河东君所不愿者，非预先措置不可，如拂水山庄本为钱氏丙舍，新正之月，岂有至先茔所在而不拜谒之理？牧斋之拜谒先茔，若河东君置身其间，颇为尴尬，不拜则为失礼，同拜则有已适钱氏之嫌。故牧斋所以先二日独至拂水之主要目的，必为己身可先拜墓，则偕河东君再往时可以不拜，以免其进退维谷之困难。（可参《有学集诗注》九《红豆集·〔顺治十五年戊戌〕孟冬十六日偕河东君夫人自芙蓉庄泛舟拂水，瞻拜先茔，将有事修葺，感叹有赠，效坡公上巳之作，词无伦次（七古）》。）盖河东君当时与牧斋之关系究将如何，其心中犹豫未决。玩味所赋《春日我闻室作》一诗中"珍重君家兰桂室"之句，则此际尚不欲竟作钱家之莫愁，亦可推知，否则区区探知梅花消息，遣一僮应如索绹者即可胜任，不必躬亲察勘也。又牧斋《辛巳元日》诗题，《初学集》删去"与河东君订春游之约"九字，则与"新正二日偕河东君过拂水山庄"，即前一日所"订春游之约"失去联系。推测牧斋所以删去订约之语，未必以题语冗长之故，颇疑河东君初不欲往，后经牧斋从臾，勉强成行，若著"春游之约"一语，则过于明显。似此心理之分析，或不免堕入论诗家野狐禅之讥。推测不当，亦可借此使今之读诗者一探曹洞中之理窟，未可谓为失计也。然昔人诗题之烦简，殊有用意。纵令牧斋拂水山庄探梅诗"停车未许倾杯酒，走马先须报镜台",下句自是此行之主旨,上句谓到山庄不敢多留,即归报讯,所以表示其催劝河东君往游之意,殊可怜,又可笑也。"衫裆携得寒香在,飘瞥从君嗅一回"亦写当时之实况。盖牧斋此行必摘梅以示河东君,借是力劝其一往也。此首未载河东君和作,当非原有和章而后删去者,岂因无酬答之必要,遂置之未和耶?牧斋《庚辰除夜偕河东君守岁我闻室中》一诗,首句"除夜无如此夜良",初读之,似觉不过寻常泛语,详考之,则知为实事真情。牧斋与松圆晚年往还尤密,在赋此诗前数年除夕,皆与孟阳守岁唱和,如《己卯除夕偕孟阳守岁》(见《初学集》一五《丙舍诗集(上)》)、《戊寅除夕偕孟阳守岁》(见《初学集》一四《试拈诗集》)等及《列朝诗集》丁一三上所选孟阳诗《己卯除夕和牧斋韵》《戊寅除夜拂水山庄和牧斋韵二首》等,可为例证。至丁丑除夕牧斋在北京刑部狱中,其《岁暮怀孟阳》诗之后一题,为《除夜示杨郎之易》诗,则是遥隔千里,共同守岁之作。《列朝诗集》所选孟阳诗中,其《昭庆慈受僧舍得牧斋岁暮见怀诗次韵》一首,虽作成之时日较后,亦是等于与牧斋丁丑除夕唱和也。然则前此数年之除夜,牧斋相与共同守岁者,亦是"白个头发,乌个肉"之老翁,今此除夜,则一变为与"乌个头发,白个肉"之少妇共同守岁。牧斋取以相比,宜有"除夜无如此夜良"之语矣。"小小房栊满院香"句,可与《寒夕文宴》诗"绿窗还似木兰舟"句参较,我闻室非宽敞之建筑物,益可证明也。

河东君《次韵牧斋庚辰除夜守岁诗》辞旨俱佳。"明日珠帘侵晓卷,鸳鸯罗列已成行"之句,乃暗指牧斋答河东君《半野堂初赠诗》"但似王昌消息好,履箱擎了便相从"之语。其用"已"字,殊非偶然,较之牧斋原诗"知君守岁多佳思,欲进椒花颂几行"不过以节物典故依例颂扬作结者,实有上下床之别。钱柳两诗并列,牧斋于此应有愧色矣。

牧斋《辛巳元日》诗第二句"茗碗薰炉殢曲房",乃因孟阳《次韵河东君半野堂诗》"诗酒已无驱使分,薰炉茗碗得相从"之语而发。"曲房"指我闻室言。孟阳自谓其于河东君,诗酒固已无分,炉碗尚可相从。岂意穷冬冒寒别去钱柳,独归新安,除夕卧病,相与守岁者,唯一空门之照师,寒灰暗影,两秃相对,诗酒炉碗,俱成落空。真可悯,复可嗤也已。据《列朝诗集》丁一三所选孟阳《题画雪景送照师归黄山喝石居》诗题下自注云:"去年除夕师以余疾出山。兹感旧作歌。"此题前第三题为《和牧翁宿方给谏旧馆有怀孟阳》,第四题为《辛巳三月廿四日〔与老钱〕同宿新店次韵》,俱为崇祯十四年辛巳作品,自无疑义。若《题画雪景》诗及其前第一、第二两题,并属辛巳年之作品,则《题雪景》诗题下自注中之"去年除夕",乃指崇祯十三年庚辰除夕,亦可以推定也。噫!当牧斋守岁之际,即松圆卧病之时。我闻室中绿窗红烛,薰炉茗碗,赋诗赌酒,可谓极天上人间之乐事。牧斋袭用孟阳"薰炉茗碗"之语以自鸣得意,不知长翰山中,松圆阁内之老友,(《初学集》一九《东山诗集二·访孟阳长翰山居题壁代简》云:"长翰山中书数卷,松圆阁外树千章。")何以堪此耶?其不因病而死,殊为幸事。牧斋选取孟阳此诗,见其题下自注之语,或亦不能无动于中欤?河东君《元日次韵诗》"参差旅鬓从花妒,错莫春风为柳狂"一联,下句乃答牧斋原作"宫柳三眠引我狂"之语。"春风"乃指牧斋。此时牧斋真为河东君发狂矣。上句之"旅鬓"乃指己身而言。其用"旅"字,除有古典外,恐尚含来此作客,不久即去之意。"花"指牧斋家中宠妾王氏之流而言。牧斋《辛巳元日诗》,其题中明言与河东君订定往游拂水山庄之约,河东君诗"料理香车并画楫,翻莺度燕信他忙"乃谓因钱柳之偕游拂水山庄,舟舆之忙碌预备,钱氏家中议论纷纭也。前谓拂水山庄为钱氏之丙舍,牧斋与河东君此行殊有妇人庙见之礼,或朱可久诗"洞房昨夜停红烛,待晓堂前拜舅姑"(见《全唐诗》第八函朱庆余二《近试上张籍水部》)之嫌疑。河东君诗意谓己身此来作客,不久即归去,虽牧斋之颠狂、王氏之妒嫉,亦任之而已。

牧斋《新正二日偕河东君过拂水山庄诗》结语"最是春人爱春节,咏花攀树故徘徊",乃特为写出河东君之作此游出于自愿之意,借以掩盖其极力劝促,勉强成行之痕迹也。河东君《次韵牧斋偕游拂水山庄》诗"又是度江花寂寂,酒旗歌板首频回",上句度江寂寂之花,自是指己身而言。以河东君之风流高格调,固足当度江名士之目而无愧也;下句回首酒旗歌板,则微露东坡诗"舞衫歌扇旧因缘"(见《东坡后集》四《朝云诗》)之意矣。词旨俱不恶。《初学集》未载河东君此诗者,当因既题曰"次韵",而末句"回"字与原作之"徊"字不同,只可谓之"和韵",不得题作"次韵",岂以名实不符之故,遂删去未载耶?

《东山酬和集》一牧斋《上元夜同河东君泊舟虎丘西溪,小饮沈璧甫斋中》云:

西丘小筑省喧阗,微雪疏帘炉火前。玉女共依方丈室,金床仍见雨花天。寒轻人面如春浅,曲转箫声并月圆。明日吴城传好事,千门谁不避芳妍。

河东《次韵》云:

弦管声停笑语阑,清尊促坐小阑前。(寅恪案:《初学集》"坐"作"席"。)已疑月避张灯夜,更似花输舞雪天。玉蕊禁春如我瘦,银缸当夕为君圆。新诗秾艳催桃李,行雨流风莫妒妍。

牧斋《次韵示河东君》云:

三市从他车马阗,焚枯笑语纸窗前。晚妆素袖张灯候,薄病轻寒禁酒天。梅蕊放春何处好,烛花如月向人圆。新诗恰似初杨柳,邀勒东风与斗妍。

沈璜璧甫《辛巳元夕牧翁偕我闻居士载酒携灯,过我荒斋。牧翁席上诗成,依韵奉和》(寅恪案:神州国光社影印长洲蒋杲赐书楼所藏《柳如是山水册》,其末帧题云:"□□词长先生为余作《西泠采菊长卷》,予临古八帧以报之。我闻居士柳如是。"杲事迹见同治修《苏州府志》八八。若此册果为真迹者,疑是河东君于崇祯十一年秋间游西湖时所作。可参前论《戊寅草·秋尽晚眺》第一首"为有秋容在画角"句。今所见崇祯十一年陈卧子所刻《戊寅草》,崇祯十二年汪然明所刻《湖上草》及十四年所刻《尺牍》,皆题"柳隐如是"。河东君既以"如是"为字,自可取佛典"如是我闻"之成语,以"我闻居士"为别号也。)云:

乍停歌舞息喧阗,移泊桥西蓬户前。弱柳弄风残雪地,老梅破萼早春天。酒边花倚灯争艳,帘外云开月正圆。夜半诗成多藻思,幽庭芳草倍鲜妍。

苏先子后和诗云:

春城箫鼓竞阗阗,别样风光短烛前。残雪楼台行乐地,薄寒衣袂放灯天。银花火树如人艳,璧月珠星此夜圆。一曲霓裳君莫羡,新诗谁并玉台妍。

寅恪案:河东君于崇祯十三年十一月乘舟至常熟访牧斋于半野堂。十二月二日迁入牧斋家中之我闻室。除夕相与守岁。次年正月二日与牧斋同游拂水山庄。元夕偕牧斋乘舟载酒携灯至苏州,过沈璧甫斋中宴集赋诗。然则河东君自到常熟至过苏州,其间大约将及两月。自崇祯十四年正月二日至上元,其间将及半月。在此将及半月之时间,钱柳两人俱未见唱和之作。与前一时间,即自初访半野堂至同游拂水山庄之时间,吟咏往复,载于集中可以考见者,其情况大不相同,是何故耶?河东君清羸多病,前论其与汪然明尺牍,已略及此点。观尺牍第十一、十三、十四、十八、二十五、二十八、二十九等通,皆可为例证。此七通尺牍之时间,乃自崇祯十二年秋至十三年秋者,其距离十四年元夕,不过数月至一年余耳。河东君于十三年庚辰仲冬至常熟,其病当或尚未全愈,殆有不得已勉强而为此行之苦衷。经过月余之酬应劳瘁,兼以豪饮之故,极有旧病复发之可能。但此犹仅就其身体方面而言,至若其精神方面,更有迟疑不决、思想斗争之痛苦。前论其不愿往拂水山庄春游事可以窥见。由此言之,《东山酬和集》及《初学集》中,崇祯十四年正月二日钱柳偕游拂水后,历时颇久,直至元夕,始有同过苏州之诗者,其故当由于河东君自偕游钱氏丙舍所在地之后,感触甚深,因而发病所致欤?又据牧斋《元夕次韵》诗"薄病轻寒禁酒天"及《有美诗》"薄病如中酒"等句推之,则知河东君之离常熟亦是扶病而行者。今日思之,抑可伤矣。清代曹雪芹糅合王实甫"多愁多病身"及"倾国倾城貌",形容张、崔两方之辞,成为一理想中之林黛玉。殊不知雍乾百年之前,吴越一隅之地,实有将此理想而具体化之河东君。真如汤玉茗所写柳春卿梦中之美人,杜丽娘梦中之书生,后来果成为南安道院之小姐,广州学宫之秀才。居然中国老聃所谓"虚者实之"者,可与希腊柏拉图意识形态之学说互相证发,岂不异哉!

虎丘沈璧甫斋中赋诗诸人,除钱柳外,沈璜本末前已略述。《列朝诗集》丁一三下《沈山人璜小传》略谓其"与王德操、林若抚先后称诗。居虎丘之西"并载其《移家虎丘(七绝)二首》,但未选录《辛巳元夕次韵牧斋(七律)》,殆以此诗无关沈氏生平出处,故尔未选。其实沈诗"弱柳弄风残雪地,老梅破萼早春天"一联,上句指河东君,下句指牧斋,景物人事融会兼写,亦可称佳妙也。

沈氏斋中赋诗之人,苏先子后本末未能详考。据刘本沛《虞书》云:

> 苏先,字子后。善画美人,且善诗。

及郏抡逵《虞山画志》二(参光绪修《常昭合志稿》二三《苏先传》及鱼翼《海虞画苑》"苏先"条)云:

> 苏先,字子后,号墨庄。少时作《新柳诗》,钱宗伯爱之。工画仕女,为时推重。子后为程孟阳写《仙游图》,题云:"撇开尘俗上青霄,绎续仙人拍手招。踏破洞天三十六,月明鹤背一枝箫。"才横气豪,即诗可见。

寅恪案:墨庄此时何以适在璧甫斋中,未知其故。苏氏少时,既以《新柳诗》见赏于牧斋,当为受之乡里后辈。其所赋《新柳诗》今未得见。以情事言,此时河东君亦是"新柳"。子后既工画仕女,若为璧甫斋中此夕文宴写照,则于河东君过访半野堂图之外,天壤间别传一重公案,岂非佳话耶?墨庄此诗"残雪楼台行乐地,薄寒衣袂放灯天"一联颇可诵。牧斋称赏其《新柳诗》,自不偶然也。

又,单学傅《海虞诗话》一亦载子后本末,并选其诗。兹附录有关拂水山庄《梅花诗》一首,以供参证。

《庭中手植梅著花甚繁作短歌》云:

> 去年梅开花尚少,今年花开多益好。花开岁岁春长在,种花之人花下老。君不见拂水山庄三十树,照野拂衣如白雾。又不见卧雪亭前雪一丛,千花万朵摇春风。花正开时主人

出，地北天南看不及。幽禽空对语关关，夜雨徒沾香裛裛。见花忽忆倚花立，索笑不休相对泣。百岁看花能几回，人生何苦长汲汲。

牧斋《上元夜饮璧甫斋中》诗，殊不及河东君次韵之作，惟"寒轻人面如春浅，曲转箫声并月圆"一联颇佳。其《次韵示河东君》一首则胜其前作，盖不甘退避，竭尽平生伎俩，与《新柳》一较高下。其结语"新诗恰似初杨柳，邀勒东风与斗妍"即是挑战应战之意。"晚妆素袖张灯候，薄病轻寒禁酒天"一联，写河东君此夕情态，曲尽其妙。苏子后虽善丹青，令其此夕作画，恐亦未必如牧斋诗句之真能传神如是也。

河东君次韵牧斋诗，全首辞旨皆佳，"玉蕊禁春如我瘦，银缸当夕为君圆"一联尤妙。河东君此联下句乃答牧斋"曲转箫声并月圆"句，指己身唱曲而言，故应以"为君圆"之语。牧斋"烛花如月向人圆"之句，又答河东君"为君圆"之意，乃指两人而言。钩心斗角，各显所长。但河东君之作终胜于牧斋。读者苟取两人之诗并观，则知鄙说非重女轻男、阿私所好也。河东君此联上句"玉蕊禁春如我瘦"亦非泛语。《初学集》四五《玉蕊轩记》云：

> 河东君评花，最爱山矾。以为梅花苦寒，兰花伤艳；山矾清而不寒，香而不艳，有淑姬静女之风；蜡梅、茉莉，皆不中作侍婢。予深赏其言，今年得两株于废圃老墙之下，刺奥草，除瓦砾，披而出之，皆百岁物也。老干攫挐，樛枝扶疏，如衣从风，如袖拂地。又如梏拳乍脱，相扶而立，相视而笑。君顾而乐之，为屋三楹，启北牖以承之，而请名于予。予名之曰玉蕊，而为记曰："场花之更名山矾，始于黄鲁直。以场花为唐昌之玉蕊者，段谦叔、曾端伯、洪景卢也。其辨证而

以为非者,周子充也。夫玚花之即玉蕊耶?非耶?诚无可援据。以唐人之诗观之,则刘梦得之雪蕊琼丝,王仲初之珑松玉刻,非此花诚不足以当之。有其实而欲夺其名乎?物珍于希,忽于近。在江南则为山矾,为米囊,野人牧竖夷为樵苏。在长安则为玉蕊,神女为之下九天,停飙轮,攀折而后去,固其所也。以为玉蕊不生凡地,惟唐昌及集贤翰林有之,则陋。又以为玉蕊之种,江南惟招隐有之,然则子充非重玉蕊也,重李文饶之玉蕊耳。玉树青葱,长卿之赋也。琼树碧月,江总之辞也。子充又何以云乎?抑将访其种于官中,穷其根于天上乎?吾故断取玉蕊以榜斯轩。春时花放,攀枝弄雪,游咏其中,当互为诗以记之。订山矾之名为玉蕊,而无复比玚更矾之讥也,则自予与君始。崇祯十五年十二月二十九日,牧翁记。"

寅恪案:牧斋此《记》乃借驳周必大《玉蕊辨证》,以为河东君出自寒微之辨护,并以针对当日钱氏家中正统派,即陈夫人、钱遵王一派之议论而发者。至于其所言之当否,则今日可不必拘于北欧植物学者之系统范围,斤斤于名实同异之考辨,转自为地下之牧斋所笑也。牧斋作《记》之时,即崇祯壬午除夕。(是年十二月小尽。)《初学集》二〇《东山诗集三·壬午除夕》诗云:"闲房病妇能忧国,却对辛盘叹羽书。"可知牧斋作《记》之时,河东君犹在病中,更宜作此等语,借为精神上之安慰。此《记》之作,在河东君赋《辛巳元夕》诗后将及两年,然其花事之品题,乃关系平生雅好者,当早与牧斋言及之,而牧斋亦能熟记之。故此联下句之以"玉蕊"自比,实非泛语。忆在光绪时,文道羲廷式丈曾赋《浣溪沙》词(见《云起轩词》)云:"少可英雄偏说剑,自矜颜色故评花。"正可移其语以目三百年前之河东君也。

又,冯已苍舒《虞山妖乱志(中)》云:

〔钱牧斋、瞿稼轩二公因张汉儒告讦,将被逮北行。〕有素与交者曰冯舒,亦抵郡(指苏州)送之。因请读所谓款单者。钱谓曰:"吾且与子言两事。一云,我占翁源德花园一所,价值千金。一云,我受翁源德二千金,翻杀姊案,反坐顾象泰。子以为何如?"盖所谓花园者,仅钱宅后废地,广袤不数丈,久置瓦砾者。当倪元珙翻狱时,钱大不平,既而祁院(指祁彪佳)更坐源德,钱与有力焉。推此二端,余皆可知也。

谈迁《枣林杂俎和集·丛赘》"钱谦益"条云:

〔曹化淳〕尽发乌程怒牧斋事,而下汉儒履谦并武举王番立枷死。番屋本陶氏,复归钱氏,纳价又折之。恨极,诉京师。

寅恪案:牧斋《玉蕊轩记》之废圃,或即已苍《虞山妖乱志》之"花园"。若所揣测者不误,则《玉蕊轩记》中"如桔槔乍脱,相扶而立,相视而笑。君顾而乐之"等语,实暗示得此花之地,曾与张汉儒告讦案有连。牧斋作文善于联系,观此《记》时、地、花、人四者,互相牵涉,尤可证其才思之精妙。又谈孺木所记亦涉及牧斋兼并豪夺邻近屋地之事,且在张汉儒告讦案之范围。但此案发生在河东君initial访半野堂以前,故本文不须多论,惟录冯、谈两书所记,而特阐明玉蕊与河东君之关系,借见李太白所谓"名花倾国两相欢"之一例云尔。

又《初学集》四五《留仙馆记》略云:

得周氏之废圃于北郭,古木蘩石,郁仓荟蔚。其西偏有狭室焉,为之易腐柱倾,加以涂墁,树绿沈几,山翠湿槛,烟霞澄鲜,云物靓深,过者咸叹赏以为灵区别馆也。树之眉曰"留仙之馆"。客视而叹曰:"虞山,故仙山也。子将隐矣,有意于登真度世,名其馆为留仙,不亦可乎?"予曰:"不然。予之名馆者,慈溪冯氏尔赓号留仙者也。予取友于天下多矣,晚而得留仙昆弟。留仙之于我,古所谓王贡、嵇吕无以尚也。予既老于一丘,而留仙为天子之劳臣,枝柱于津门、渝水之间,邈而思,思而不得见,眉之馆焉,所以识也。"客曰:"是矣,则胡不书其姓、系其官,而以别号名馆,使人疑于望仙迎仙之属欤?"予笑曰:"子必以洪崖、赤松沧六气而饮沆瀣者而后为仙欤? 吾之所谓仙者有异焉。以《真诰》考之,忠臣孝子,历数千百年,犹在金房玉室之间,迄于今不死也。以留仙之馆比于望仙迎仙,何不可哉?"客曰:"善哉! 请书之以为记,俟其他日功成身退,为五湖三峰之宴游,坐于斯馆,相与纵饮舒啸,而以斯文示之。"崇祯壬午小岁日记。

寅恪案: 此记末署"崇祯壬午小岁日"即十二月九日,与《玉蕊轩记》同为一月内之作品。玉蕊轩所在或非翁氏花园,而与留仙馆同在周氏废圃之内。果尔,则两建筑物相距至近。玉蕊之名既因河东君而得,留仙之名亦应由与河东君有关之人而来。今时、地两者,既互有勾牵,转谓留仙馆之得名,缘于远在津门、手握兵符之冯元飚,甚不近情理。鄙意留仙馆之得名实由与河东君有关之女性。"留仙"之典,本于伶玄《赵飞燕外传》。"仙"之定义,乃指妖艳之女性。说详拙著《元白诗笺证稿》第四章所附之《读莺莺传》。考崇祯十五年春河东君卧病苏州,惠香伴送之返常熟牧斋家,牧斋苦留惠香不得。此事见本章前后所论述。据是言之,留仙馆之得名实由惠香,而非尔赓。盖牧斋平日为文,于时、地、人三者之密切联系,尤所注意。其托称指尔赓者,不过未便显言,故作狡狯耳。然则冯氏竟成李树代桃僵,岂不冤哉! 牧斋当时为文,必料尔赓不以游戏之举为嫌,故敢出此。两人交谊笃挚,于斯益信。噫! 牧斋此年春间赋诗苦留惠香,岁暮又作记命此馆名,竟欲以两金屋分贮两阿娇,深情奢望,诚可怜可笑矣。

《东山酬和集》一河东《鸳湖舟中送牧翁之新安》(寅恪案:此首《东山酬和集》列于《有美诗》之前。《初学集》则附于《有美诗》之后。)云:

> 梦里招招画舫催,鸳湖鸳翼若为开。此时对月虚琴水,何处看云过钓台。惜别已同莺久驻,衔书应有燕重来。(寅恪案:《初学集》"书"作"知",较佳。盖避免《开元天宝遗事(下)》"传书燕"条任宗、郭绍兰之嫌也。)只怜不得因风去,飘拂征衫比落梅。

寅恪案:袁瑛《我闻室剩稿》此题"牧翁"作"聚沙老人",应是河东君此诗最初原题如是,后来牧斋编《东山酬和集》及《初学集》时,始改为"牧翁"。牧斋此别号当起于天启七年八月倡议醵资续成萧应宫所建塔之际。《初学集》八〇《募建表胜宝恩聚奎宝塔疏》末题"聚沙居士",盖取义于《法华经·方便品》"乃至童子戏,聚沙为佛塔"之典。又牧翁作此《疏》时,亦必獭祭及于《徐孝穆文集》五《东阳双林寺傅大士碑》所云:

> 常以聚沙画地,皆因图果。芥子庵罗,无疑褊陋,乃起九层砖塔。

之语。《初学集》八〇复载《书西溪济舟长老册子》一文,末题"辛巳仲春聚沙居士书于蒋村之舟次",其年月、地域与河东君赋此诗之时间空间密相衔接。河东君此诗题所以改"聚沙居士"为"聚沙老人"者,初视之,不过言牧斋六十之年,正可尊称为"老人"。若详绎之,则知"聚沙"本童子之戏,牧斋当崇祯庚辰辛巳冬春之间,共河东君聚会之时,其颠狂游戏与儿童几无少异,殆《左氏春秋》所谓"犹有童心"者。河东君特取此童老相反之两义,合为一辞,可称雅谑。然则河东君之放诞风流,淹通典籍,于此更得一例证矣。至若牧斋所以倡议续建此塔之意,《疏》文所言皆为表面语,实则心赏翁静和之才艺而深悲其遭遇,欲借此为建一纪念碑耳。关于牧斋与翁孺安事,非此文所能旁及;倡议成塔始末,可参冯舒《虞山妖乱志(上)》,兹亦不详及。河东君与牧斋同舟过苏州至嘉兴,然后分袂。牧斋往杭州,转游黄山。河东君则自鸳湖返棹松江。顾苓《河东君传》云:"既度岁,与为西湖之游。"殊不知钱柳在常熟时,虽曾有偕游西湖之约,观河东君《与汪然明尺牍》第三十通云:

弟方耽游蜡屐,或至阁梅梁雪,彦会可怀。不尔,则春怀伊迩,薄游在斯。当偕某翁,便过通德,一景道风也。

可以证知。然此同游之约迄未实践。云美误以钱柳二人偕至西湖,其实二人仅同舟至鸳湖即离去也。牧斋《有美诗》乃河东君别去后,答其送游新安之作。故结语云:"迎汝双安桨,愁予独扣舷。从今吴榜梦,昔昔在君边。"《初学集》附河东君送行诗,第五句"惜别已同莺久驻",谓自崇祯十三年十一月间初访半野堂,至十四年正月末别牧斋于鸳湖,已历三月之时间,不可言非久。第六句"衔书应有燕重来",谓感激牧斋之知遇,自当重来相会。综合此联,其所以宽慰牧斋之意,可谓周密深挚,善于措辞者矣。第七、第八两句云:"只怜不得因风去,飘拂征衫比落梅。""飘拂"二字适为形容己身行踪之妙语,用"落梅"二字,则亦于无意间,不觉流露其身世飘零之感矣。

牧斋《有美诗一百韵》,不独为《东山酬和集》中压卷之作,即《初学》《有学》两集中,亦罕见此希有之巨制,可知其为牧斋平生惨淡经营、称心快意之作品。后来朱竹垞《风怀诗》固所不逮,求之明代以前此类之诗,论其排比铺张、波澜壮阔而又能体物写情、曲尽微妙者,恐舍元微之《梦游春》、白乐天《和梦游春》

两诗外,复难得此绝妙好词也。

此诗取材博奥,非俭腹小生翻检类书、寻求故实者所能尽解,自不待言。所最难通者,即此诗作者本人及为此诗而作之人,两方复杂针对之心理,并崇祯十三年仲冬至次年孟春三数月间两人行事曲折之经过,推寻冥想于三百年史籍残毁之后,谓可悉得其真相,不少差误,则烛武壮不如人,师丹老而健忘,诚哉!仆病未能也。

牧斋不仅赋此诗以赠河东君,当亦为河东君解释其诗中微旨所在。河东君自能心赏意会,不忘于怀。观《初学集》二〇《〔崇祯十四年辛未〕中秋日携内出游次冬日泛舟韵二首》之后,附河东君《依韵和作二首》之二"夫君本自期安桨,贱妾宁辞学泛舟"一联,其上句自注"《有美诗》云'迎汝双安桨'",即是其例证。

前论钱遵王注牧斋诗,独于《有美诗》违反其原来之通则,疑其本出于陆敕先之手,故《有美诗》诸注乃是陆氏之原本,而遵王或略有增补者。但详绎此诗全篇之注,至篇末重要之处,反独较少。岂敕先亦未注完此诗,遵王取以入其书中,遂致一篇之注前后详略有异耶?夫牧斋本人之外,最能通此诗之意者为河东君。然皆不可向其求解矣。敕先乃同情于河东君者,《东山酬和集》二载其《和牧斋迎河东君四诗》第三首一章,可以为证。其结语云"桃李从今莫教发,杏媒新有柳如花",乃用《李义山诗集(上)柳下暗记(五绝)》"更将黄映白,拟作杏花媒"句意。语颇新颖,特附录于此。可惜陆氏当崇祯十三四年时,与牧斋关系之亲密,似尚不及何士龙。故注释《有美诗》,亦未必能尽通其意,周知其事。至若遵王,则本与河东君立于反对之地位者,无论牧斋之用事有所未详,不能引证,用意则纵有所知,亦以怀有偏见,不肯为之阐明也。今日释证《有美诗》,除遵王旧注已及而不误者，不复多赘外，其有讹舛或义有未尽，则就管窥所得略为补出。所注意之处，则在钱柳二人当日之行踪所至及用意所在，搜取材料，反复推寻，钩沉索隐，发见真相。然究竟能否达到释证此诗目的十分之一二，则殊不敢自信，深愿当世博识通人，有以垂教之也。

牧斋以"有美"二字，为此诗题之意，乃取《诗经・郑风・野有蔓草篇》"有美一人""邂逅相遇，适我愿兮"及"与子皆臧"之义，兼暗寓河东君之名字。第二章已论及之，兹不复赘。稍成问题者，即此诗题有"晦日鸳湖舟中作"之语，盖钱柳二人于崇祯十四年元夕同舟至苏州，纵行程难免濡滞，亦不至需半月之时间始达鸳湖。欲推其所以如此之故，自难得知，然此行牧斋本是取道西湖，往游黄山，河东君则原拟遄返松江佘山故居养疴。两人自可同过苏州后，分袂独往。今不如此，乃过虎丘后，同至鸳湖，始各买棹别行。其眷恋不舍、惜别多情之意，可以推见。于是河东君《送牧翁之新安》诗"惜别已同莺久驻"之句，遂更得一旁证新解矣。兹因解释便利之故，略据此诗辞意，分析段节，依次论之于下。

《东山酬和集》一牧翁《有美一百韵晦日鸳湖舟中作》云：

有美生南国，芳名异代传。(《初学集》作"清芬翰墨传"。)河东论氏族，天上问星躔。汉殿三眠贵，吴宫万缕连。星榆长历落，月桂并蹁跹。郁郁昆山畔，青青谷水暾。托根来净域，移植自芳年。

寅恪案：昔年论元微之与双文及韦成之婚姻问题，引《昌黎集》二四《监察御史元君妻京兆韦氏夫人墓志铭》云："诗歌硕人，爰叙宗亲。女子之事，有以荣身。"遂推论吾国旧日社会婚姻与门第之关系。兹不详及(见拙著《元白诗笺证稿》第四章附《读莺莺传》)。夫河东君以旷代难逢之奇女子,得适牧斋,受其宠遇,同于嫡配,然卒为钱氏宗人如遵王之流逼迫自杀,其主因实由出身寒贱一端,有以致之。今存《河东君传》中,其作成时间之较早者有二篇,即沈虬及顾苓两氏之文。沈《传》载河东君本姓杨,为禾中人;顾《传》则仅云:"河东君,柳氏也。"并不述其籍贯。盖云美深会其师之微意,于河东君之真实姓氏及原来籍贯有所隐讳,不欲明白言之也。牧斋此诗故作狡狯,竟认河东君为真姓柳者,排比铺张,详征柳家故实,乃所谓"姑妄言之"者。若读者不姑妄听之,则真天下之笨伯,必为牧斋、河东君及顾云美等通人所窃笑矣。河东君本嘉兴人,牧斋诗中仅举昆山、谷水属于松江地域者而言,自是不欲显著其本来籍贯之义。故云美作《传》,解悟此意,亦只从适云间孝廉为妾说起,而不述及以前事迹。

今检汪然明所刻《柳如是尺牍》,署其作者为"云间柳隐如是"。又陈卧子所刻《戊寅草》,其作者虽署为"柳隐如是",而不著其籍贯。但其中《白燕庵作(七律)》,题下注云:"乃我郡袁海叟之故址。墓在其侧。"及《五日雨中(七律)》"下杜昔为走马地,阿童今作斗鸡游"句下自注云"时我郡龙舟久不作矣",并《戊寅草》陈卧子《序》云:

迨至我地,人不逾数家,而作者或取要眇,柳子遂一起青琐之中,不谋而与我辈之诗竟深有合者,是岂非难哉?是岂非难哉?(寅恪案:卧子谓河东君出于青琐之中。检《世说新语·惑溺篇》"韩寿美姿容"条:"〔贾〕充母聚会,贾女于青琐中看见寿,悦之。"《晋书》四〇《贾充传》附谧传亦同。卧子殆讳河东君出于青楼,遂取此事,改"楼"为"琐"耶?又《王状元集注分类东坡诗》四《妇女类·赵成伯家有丽人,仆忝乡人,不肯开樽,徒吟春雪美句,次韵一笑》云:"知道文君隔青琐,梁王赋客肯言才。"卧子平生鄙薄宋诗,未必肯用苏句,但检《陈忠裕全集》一三《平露堂集·秋居杂诗十首》之七"邀游犬子倦,宾从客儿娇"句下自注云:"舒章招予游横云,予病不往。"似以司马长卿自命,而以卓文君目河东君,则与东坡之诗实相符会。今日读之,不觉令人失笑也。)

然则河东君本人固自命为松江人,而卧子亦以松江人目之也。第三章论河东君与宋辕文之关系时,涉及松江知府方岳贡欲驱逐河东君事。鄙意以为驱逐流妓出境,乃昔日地方名宦所常行者,岂河东君因卧子之助力,遂得冒托松江籍贯,免被驱逐,自是之后,竟可以松江人自居耶?若果如此,牧斋之诗亦可谓真中有假,假中有真矣。(寅恪昔岁旅居昆明,偶因购得常熟白茆港旧日钱氏山庄之红豆一粒,遂发愿释证钱柳因缘诗。前于第一章已述之。所可怪者,购得此豆之同时,有客持其新得湘乡袭侯曾劼刚纪泽手札一纸相示,其书乃致当日某知县者。内容略谓,顷有名流数人来言,县中有驱逐流妓之令,欲托代为缓颊云云。札尾不署姓名,但钤有两章,一为"曾印纪泽",一为"劼刚"。今属笔至此,忽忆及之,以情事颇相类似,故附记于此,以博读者一笑。)"有美生南国"之"南国",固用《文选》二九曹子建《杂诗六首》之四"南国有佳人"句。李善《注》云:"《楚辞》〔橘颂〕,受命不迁,生南国兮。南国,谓江南也。"自与河东君生吴越之地意义相合。但牧斋恐更有取于《才调集》三韦庄《忆昔》诗"南国佳人号莫愁"之句,盖亦与河东君《答牧翁冬日泛舟赠诗》"莫为卢家怨银汉,年年河水向东流"之语意符会也。至"南国"之语,复与王摩诘"红豆生南国"诗有关(见《全唐诗》第二函王维四《红豆(五绝)》)。牧斋后来与河东君同居芙蓉庄,即碧梧红豆庄。今赋《有美诗》以"有美生南国"之语为篇首起句,竟成他日之预谶矣!

《有美诗》又云:

生小为娇女,容华及丽娟。诗哦应口答,书读等身便。缃帙攻文选,缔囊贯史编。摛词征绮合,记事见珠联。八代观升降,三唐辨诉沿。尽窥羽陵蠹,旁及诺皋儇。花草矜芟撷,虫鱼喜注笺。部居分甲乙,雠政杂丹铅。余曲回风后,新妆落月前。兰膏灯烛继,翠羽笔床悬。博士惭厨簏,儿童愧刻镌。瑶光朝孕碧,玉气夜生玄。陇水应连类,唐山可及肩。织缣诗自好,捣素赋尤贤。锦上文回复,盘中字蜿蜒。清文尝满篋,(《初学集》"文"作"词"。寅恪案:徐孝穆《玉台新咏自序》云:"清文满篋,非惟芍药之花。新制连篇,宁止葡萄之树。"牧斋自用此典。其后来所以改"文"作"词"者,殆为避免此联之前"锦上文回复"句中"文"字重复之故耶?)新制每连篇。芍药翻风艳,芙蓉出水鲜。颂椒良不忝,咏树亦何惬。

寅恪案:河东君所以不同于寻常闺阁略通文史者之特点,实在善记忆、多诵读。就吾人今日从其作品中可以断定者,至少于《文选》及《后汉书》《晋书》等皆颇能运用。故牧斋"缃帙攻文选,缔囊贯史编"一联,乃实录,非虚谀。至"博士惭厨簏"者,《南齐书》三九《陆澄传》(参《南史》四八《陆澄传》)略云:

陆澄,字彦渊,吴郡吴人也。起家太学博士。〔建元〕四年,复为秘书监,领国子博士。永明元年,转度支尚书,寻领国子博士。〔王〕俭自以博闻多识,读书过澄。集学士何宪等盛自商略。澄待俭语毕,然后谈所遗漏数百千条,皆俭所未睹。俭乃叹服。俭在尚书省,出巾箱几案,杂服饰,令学士隶事,事多者与之。人人各得一两物。澄后来,更出诸人所不知事,复各数条,并夺物将去。当世称为硕学。王俭戏之曰:"陆公,书厨也。"

"儿童愧刻镌"者,扬子《法言·吾子篇》云:

或问吾子少而好赋?曰:然。童子雕虫篆刻。俄而曰:壮夫不为也。

斯为遵王《注》本所未及,故略为补出之。又"书读等身便"句,自是用《宋史》二六五《贾黄中传》,不待备录。观前引钱肇鳌《质直谈耳》所载河东君"年稚明慧,主人常抱置膝上(寅恪案:"主人"指周道登),教以文艺"之语,则知读书等身之典,尤为适切,非泛用也。

"花草矜芟撷,虫鱼喜注笺"一联,下句当是取《昌黎集》六《读皇甫湜公安园池诗书其后(五古)》"尔雅注虫鱼"之语,与上句为对文,未必别有实指。上句"花草"一辞,殆联缀《花间集》《草堂诗余》两书之名,以目诗余,如陈耀文《花草粹编》之例,谓河东君精于词曲。"织缣诗自好,捣素赋尤贤"一联,上句自指《玉台新咏》一《古诗八首》之一《上山采蘼芜篇》,不过谓河东君能诗之意,非于"故人""新人"之义有所轩轾,不可误会。若下句则指班婕妤《捣素赋》。班《赋》见《古文苑》三、《艺文类聚》八五及《历代赋汇》八九等。综合两联言之,即称誉河东君擅长于诗赋词曲也。

抑更有可言者,"容华及丽娟"句,遵王《注》本已引《汉武帝别国洞冥记》四"帝所幸宫人名丽娟"条之古典为释,固甚正确。但颇疑牧斋于此句尚有今典。前第二章推测河东君原来之名,或是"云娟"二字。当日名媛往往喜用"云"字为称,盖自附于苏东坡之"朝云"。如徐佛称"云翾",杨慧林称"云友",皆其例证。且河东君与徐氏关系尤为密切,其取"云"字为行第之称,亦于事理适合。况河东君夙有"美人"之称,则与"丽"字之义,又相符也。然欤? 否欤? 姑识此疑,以俟更考。或谓"容华及丽娟"之"容华",亦与"丽娟"同为专名。《唐诗纪事》八"杨氏女"条云:

盈川〔炯〕侄女曰容华,有《新妆》诗。

此诗收入《全唐诗》第十一函,字句间有不同。颇疑此诗"妆似临池出,人疑向月来。自怜终不见,欲去复裹回"之语,"向月"即牧斋诗"向月衣方空"句所从出,《新妆诗》作者,既是杨姓;"自怜终不见"之"怜"字,又与河东君"影怜"之名,取义于玉谿生诗《碧城三首》之二"对影闻声已可怜"句者相同,然则牧斋实以"容华"及"丽娟"之句,暗寓河东君之姓名也。斯说殊巧,未知确否? 俟考。

《有美诗》又云:

文赋传乡国,词章述祖先。采蘋新藻丽,种柳旧风烟。字脚元和样,文心乐曲骈。千番云母纸,小幅浣花笺。吟咏朱楼遍,封题赤牍端。

寅恪案:牧斋既故作狡狯,认河东君真为柳姓,遂列举柳家故实以夸誉之。"采蘋新藻丽,种柳旧风烟"一联,上句用《乐府诗集》二六柳恽《江南曲》云"汀洲采白蘋,日落江南春。洞庭有归客,潇湘逢故人"及《全唐诗》第六函柳宗元三《酬曹侍御过象县见寄》诗云:"春风无限潇湘意,欲采蘋花不自由。"下句用《全唐诗》第六函柳宗元三《种柳戏题》诗云:"柳州柳刺史,种柳柳江边。谈笑为故事,推移成昔年。"综合言之,即谓河东君今日之新篇,源出于旧日之家学。读之令人失笑。文章游戏,固无不可也。"字脚元和样,文心乐曲骈"一联,上句用《全唐诗》第六函刘禹锡一二《酬柳柳州家鸡之赠》诗云:"柳家新样元和脚,且尽姜芽敛手徒。"据前引《列朝诗集》丁一三上程松圆《再赠河东君》诗"抉石锥沙书更雄"句,原注云:"柳楷法瘦劲。"则牧斋此句亦有今典。下句或是用柳三变诗余号《乐章集》之意,谓河东君之词亦承家学,然此释未敢自信也。"吟咏朱楼遍,封题赤牍遄"一联,上句自是写实,不待释证。下句指河东君尺牍言。据前引其《致汪然明尺牍》第三十一通云:"应答小言,已分嗤弃,何悟见赏通人,使之成帙。非先生意深,应不及此。特有远投,更须数本,得飞桨见贻为感。"则此句亦纪实也。凡此柳家故实,除"字脚元和样"一句,遵王《注》本皆无所征释。岂真不知所从出,抑故意不引及耶?

《有美诗》又云:

流风殊放诞,被教异婵娟。度曲穷分刌,当歌妙折旋。吹箫嬴女得,协律李家专。画夺丹青妙,琴知断续弦。细腰宜蹴鞠,弱骨称秋千。天为投壶笑,人从争博癫。修眉纤远翠,薄鬓妥鸣蝉。向月衣方空,当风带旋穿。行尘尝寂寂,屦齿自姗姗。舞袖嫌缨拂,弓鞋笑足缠。盈盈还妒影,的的会移妍。

寅恪案:"流风殊放诞,被教异婵娟"一联,谓河东君所受之教育及其行动,颇有异于士大夫家闺秀者,故以下诸句列举其技巧能事也。《西京杂记》二略云:"〔卓〕文君眉色如望远山,为人放诞风流。"此即"流风殊放诞"及"修眉纤远翠"等句之出处。亦即牧斋《答河东君半野堂初赠诗》所谓"文君放诞想流风,脸际眉间讶许同"者也。"画夺丹青妙"句,钱《注》已征古典,不待复赘。兹但择引今典中时代较早及附录河东君题诗者数事,以证明之。

汪砢玉《珊瑚网·名画题跋》一八《黄媛介画跋语》(参《四

库全书总目提要》二二《子部·艺术类》二)略云:

> 松陵盛泽有杨影怜,能诗善画。余见其所作山水竹石,淡墨淋漓,不减元吉子固。书法亦佳。今归钱牧斋学士矣。癸未夏四月廿五日夗上老鲽识。(寅恪案:汤漱玉德媛辑《玉台画史》四引此条,改"牧斋"为"蓉江",盖避清代禁忌也。)

汤漱玉德媛辑《玉台画史》四引此条,后附借闲漫士之言曰:

> 柳所画《月堤烟柳》,为红豆山庄八景之一。旧藏孙古云均所。郭频伽麐有诗。

寅恪案:月堤烟柳乃拂水山庄八景中第六景。红豆山庄即碧梧红豆庄,亦即芙蓉庄。其地在常熟小东门外三十里之白茆,与拂水山庄绝无关涉,汤书盖误。(可参王应奎《柳南随笔》五"芙蓉庄"条及金鹤冲《钱牧斋先生年谱》"丙申年移居白茆"条。)今检《初学集》一二《霖雨集》中载有《山庄八景》诗,乃牧斋崇祯十年丁丑被逮在北京时,遥忆故山之作,距河东君之访半野堂尚早三年。然《月堤烟柳》一题,居然似为河东君来归之预兆而赋者。其诗亦风致艳发,岂河东君见而爱之,遂特择此景作画耶?兹录此题诗并序于下,以资谈助。

《月堤烟柳序》云:

> 墓之前,有堤回抱,折如肉环,弯如弓月。士女络绎嬉游,如灯枝之走马。花柳蒙茸蔽亏,如张帷幕。人呼为"小苏堤"。

《诗》云:

> 月堤人并大堤游,坠粉飘香不断头。最是桃花能烂熳,可怜杨柳正风流。歌莺队队勾何满,舞雁双双趁莫愁。帘阁琐

窗应倦倚,红阑桥外月如钩。

寅恪案:此诗"桃花""杨柳"一联,河东君之绘出,实同于为己身写照,所谓诗中有画而画中有人矣。

郑抡逵《虞山画志》四"柳隐"条云:

昔游扬州,见白描花草小册,惟梅、竹上有题。咏竹云:"不肯开花不趁妍,萧萧影落砚池边。一枝片叶休轻看,曾住名山傲七贤。"咏梅云:"色也凄凉影也孤,墨痕浅晕一枝枯。千秋知己何人在,还赚师雄入梦无?"落笔超脱奇警,钱宗伯固应退避。(寅恪案:此两诗之真伪,尚待考实。)

又,"天为投壶笑"者,旧题东方朔《神异经·东荒经》略云:

东荒山有大石室,东王公居焉。恒与一玉女投壶,每投千二百矫。("矫"一作"枭"。)矫出而脱误不接者,天为之笑。

"向月衣方空,当风带旋穿"一联,考上句之出典乃《后汉书》三《章帝纪》"建初二年夏四月癸巳诏齐相省冰纨,方空縠,吹纶絮"条,章怀《注》云:

《释名》曰:縠,纱也。方空者,纱薄如空也。或曰,空,孔也,即今之方目纱也。

据牧斋诗意,当不采或说,以"方空"为实物,而取"如空"之义,与下句"旋穿"为对文,皆虚辞也。"弓鞋笑足缠"句,前已详论,今不复赘。但牧斋赋诗形容河东君之美,必不可缺少此句,否则将如蒲留仙所谓"莲船盈尺",岂不令当日读者认作大慈大悲救苦救难之观世音菩萨绘相耶?

《有美诗》又云:

妙丽倾城国,尘埃落市廛。真堪陈甲帐,还拟画甘泉。杨柳嗟抈折,蘼芜惜弃捐。西家殊婉约,北里正喧阗。豪贵争除道,儿童学坠鞭。迎车千锦帐,输面一金钱。(《初学集》此句下自注:"勾践献西施于吴王夫差,幸之。每入市,人愿见者,先输金钱一文。见孙奭《孟子疏》。"寅恪案:《东山酬和集》无牧斋此注。推其所以后来加入之故,当是有人问及此句出处,遂补注之耳。王应奎《柳南随笔》五"顾仲恭大韶深于经学"条云:"吾闻吴祭酒梅村尝问宗伯曰,'有何异书可读?'曰,'《十三经注疏》耳'。"可供参证。)百两门阑咽,三刀梦寐膻。苏堤浑倒踏,黟水欲平填。皎洁火中玉,芬芳泥里莲。闭门如入道,沉醉欲逃禅。未许千金买,何当一笑嫣。钉心从作恶,唾面可除痟。蜂蝶行随绕,金珠却载还。勒名雕琬琰,换骨饮珉瓀。枉自求蒲苇,徒劳卜筵簟。

寅恪案:前论河东君《尺牍》第五通,已述及此诗"苏堤浑倒踏,黟水欲平填"一联,兹不更释。牧斋于此节叙河东君之被离弃及其沦落北里两端。"蘼芜惜弃捐"一句,或疑可兼指与周念西及陈卧子两人之关系而言。鄙意恐不如是,盖牧斋此诗止从河东君移居松江以后说起,而不追溯其在徐佛及周道登家事。又全节唯用"蘼芜"一句,将离弃之事,轻轻带过,不多作语,皆是牧斋故意隐讳之笔也。春秋之义为尊者讳,为贤者讳,为亲者讳。河东君之于牧斋,固可谓"亲",亦可谓"贤",但不可谓"尊"。聚沙老人赋《有美诗》,或者易"尊"为"美"欤?"百两门阑咽,三刀梦寐膻"一联,钱《注》俱无释。意者上句出《诗经·召南·鹊巢篇》,下句用《云溪友议(下)》"艳阳词"条及《晋书》四二《王濬传》。人所习知,故可从略。但"三刀"一语,近时始得确诂,兹不避繁琐之讥,移录元诗、《王传》于下,稍加诠释,自知必为通人所笑也。

《云溪友议(下)》"艳阳词"条略云：

安人元相国〔稹〕闻西蜀乐籍有薛涛者，能篇咏，饶词辩，以诗寄曰：锦江滑腻蛾眉秀，化出文君及薛涛。言语巧偷鹦鹉舌，文章分得凤凰毛。纷纷词客皆停笔，个个君侯欲梦刀。别后相思隔烟水，菖蒲花发五云高。

《晋书》四二《王濬传》云：

濬夜梦三刀于卧屋梁上，须臾又益一刀。濬惊觉，意甚恶之。主簿李毅再拜贺曰："三刀为'州'字。又益一者，明府其临益州乎？"及贼张弘杀益州刺史皇甫晏，果迁濬为益州刺史。

寅恪案：微之诗"个个君侯欲梦刀"句，其意谓人皆欲至西蜀一见洪度，如王士治之得为益州刺史，此固易解。遵王之不加注释，当亦由是。然寅恪少读《晋书》，于"三刀"之义颇不能通。后见唐人写本，往往书"州"字作"刕"形，殆由"州""刀"二字古代音义俱近之故。("州"即"岛"也。)唐人书"州"作"刕"，必承袭六朝之旧。用此意以释王濬之梦、李毅之言，少时读史之疑滞，于是始豁然通解矣。"未许千金买，何当一笑嫣"一联，出鲍明远《白纻歌六首》之六"千金顾笑买芳年"(见《乐府诗集》五五)及李太白《白纻辞三首》之二"美人一笑千黄金"等(见《全唐诗》第三函李白三)，河东君夙有"美人"之号，古典今典，同时并用，殊为巧切。更可取牧斋作此诗后二十二年，即康熙二年癸卯所赋《追忆庚辰冬半野堂文宴旧事》诗"买回世上千金笑，送尽平生百岁忧。"(见《有学集》一三《病榻消寒杂咏》。钱曾《注》本"平生"作"生年"。是。)两句参较，则知此老于垂死之时，犹以能战胜宋、陈、李、谢诸人，夺得河东君自豪也。"勒名雕琬琰，换骨饮珉瓀"一联，钱遵王《注》虽引旧籍，然牧翁必尚有所实指。颇疑"勒名雕琬琰"之句,即前第三章论河东君与李存我之关系节,引王胜时《柳枝词》"双鬟捧出问郎来"之语,与此相涉。盖存我既以玉篆雕"问郎"赠别河东君,似亦可别镌"影娘"或"云娘"之河东君名字自随,借作互换信物。若果如是,则与琬、琰二名分别雕斫于苕华二玉之故典,更为适切矣。至"换骨饮珉瓀"一句,钱《注》析"换骨"与"饮珉瓀"为两典而合用之,固自可通。但牧斋诗意,当不仅限于古典。河东君虽以善饮著称,此句疑更有实指。今未能详知,姑识于此,以俟续考。

《有美诗》又云:

轩车闻至止,杂佩意茫然。错莫翻如许,追陪果有焉。初疑度河驾,复似泛湖船。榜枻歌心说,中流笑语媸。江渊风飒沓,雒浦水潺湲。疏影新词丽,忘忧别馆偏。华筵开玳瑁,绮席艳神仙。银烛光三五,金尊价十千。蜡花催兔育,鼍鼓促乌迁。法曲烦声奏,哀筝促柱宣。步摇窥宋玉,条脱赠羊权。点笔余香粉,翻书杂翠钿。绿窗和月掩,红烛带花搴。菡萏欢初合,皋苏悔已蠲。

寅恪案:此节历叙河东君初访半野堂、泛舟湖上、入居我闻室及寒夕文宴等事。"轩车闻至止,杂佩意茫然"一联,合用《毛诗·郑风·女曰鸡鸣篇》"杂佩以赠之"并《韩诗·周南·汉广篇》"汉有游女",薛君章句及《列仙传(上)江妃二女传》,解佩赠郑交甫事。谓河东君初赠诗,亦即河东君《次韵牧翁冬日泛舟诗》所谓"汉佩敢同神女赠"。"意茫然"者,谓受宠若惊,不知所措。此语固是当日实情也。"错莫翻如许,追陪果有焉"一联,恰能写出河东君初至半野堂时,牧斋喜出望外、忙乱逢迎之景象。至于"追陪"则不仅限"吴郡陆机为地主"之牧斋,如松圆诗老亦有"薰炉茗碗得相从"之语(见前引偈庵《次韵牧翁答河东君初赠诗》)。然则河东君翩然至止,驱使此两老翁追陪奔走,亦太可怜矣。"初疑度河驾,复似泛湖船。榜栧歌心说,中流笑语婘。江渊风飒沓,雒浦水潺湲"六句,指《东山酬和集》一《冬日同如是泛舟有赠》及《迎春日偕河东君泛舟东郊作》,先后两次泛舟赋诗之事。前已论释,兹不多及。

自"疏影新词丽"至"皋苏痗已蠲",共九联,叙述崇祯十三年十二月二日我闻室落成,迎河东君入居并是夕为松圆饯别,即半野堂文宴事。此际乃牧斋平生最快心得意至死不忘之时也。"疏影新词丽"句,前论牧斋《寒夕文宴诗》,已详释之矣。"忘忧别馆偏"遵王《注》引《西京杂记》四"梁孝王游于忘忧之馆,集诸游士,各使为赋,枚乘为《柳赋》"之典,甚是。牧斋目我闻室为忘忧馆,河东君之寓姓,又与枚乘所赋之柳相同,可谓适切。"绿窗和月掩,红烛带花搴"即前录《寒夕文宴诗》"红烛恍如花月夜,绿窗还似木兰舟"一联之义。皆描写当时我闻室之情况者。"华筵开玳瑁,绮席艳神仙"及"法曲烦声奏,哀筝促柱宣"两联,实出于《杜工部集》一五《秋日夔府咏怀一百韵》之"哀筝伤老大,华屋艳神仙。南内开元曲,常时弟子传。法歌声变转,满座涕潺湲"等句,盖牧斋平生自许学杜,其作百韵五言排律,必取杜公此诗以为模楷,且供挦扯之资,何况复同用一韵,同为百韵耶?黄宗羲《南雷文定后集》一《姜山启彭山诗稿序》(可参同书前集六《韦庵鲁先生墓志铭》论当日古文,亦谓牧斋"所得在排比铺章,而不能入情"等语)云:

虞山求少陵于排比之际,皆其形似,可谓之不善学唐者矣。

夫梨洲与牧斋交谊笃挚,固无疑义,唯于钱氏之诗文往往多不满之语。其持论之是非,及其所以致此之故,兹暂不辨述,俟后言之,但世之学唐诗者,若能熟诵子美并乐天、微之之诗,融会诸家,心知其意,则当不蹈袭元遗山论诗之偏见,如太冲之所言者也。"金尊价十千"句,遵王引《史记》五八《梁孝王世家》"孝王有罍樽直千金"以释之,固可通。但鄙意李太白《行路难三首》之一(见《全唐诗》第三函李白一)云:"金樽清酒斗十千。"乃以"十千"为酒价,较《史记·梁孝王世家》之以千金为罍樽价者,更为切合。然则牧斋当用谪仙诗也。"步摇窥宋玉,条脱赠羊权"一联,下句出于《真诰》,自不待论。上句则《文选》一九宋玉《登徒子好色赋》,虽有"窥臣"之语,然不见"步摇"之辞。岂牧斋取"步摇"与"条脱"为对文耶?又据《唐诗纪事》五四"温庭筠"条(参《全唐诗话》四)云:

　　宣宗尝赋诗,上句有"金步摇",未能对。遣求进士对之。庭筠乃以"玉条脱"续也。宣宗赏焉。

或者牧斋即取义于此事,用以属对耶?俟考。"点笔余香粉,翻书杂翠钿"一联,初视之,皆通常形容之辞,但下句"翻书杂翠钿"一语,乃河东君平日习惯。观前引《初学集》二〇《东山集三》河东君《依韵和牧斋中秋日出游诗二首》之一"风床书乱觅搔头"句,则知亦是写实也。"菡萏欢初合,皋苏瘵已瘳"一联,上句指前引《寒夕文宴是日我闻室落成迎河东君居之》诗,"诗里芙蓉亦并头"句下牧斋自注"河东君新赋《并头莲》诗"之本事也。下句"皋苏瘵已瘳"钱《注》已引《玉台新咏》徐陵自序之文,"庶得代彼皋苏,微蠲愁疾"甚是。不过"愁"字乃平声,故牧斋易以《诗经·卫风·伯兮篇》"愿言思伯,使我心瘵"之"瘵"字,以协声律耳。此点自不待多论。

抑更有可言者,牧斋作《有美诗》,其取材于徐《序》者甚多,除去其典故关涉宫闱者之大多数外,(牧斋唯采用汉武帝李夫人等少数故事。又徐《序》"争博齐姬,心赏穷于六箸"之语,注家引《晋书》三一《胡贵嫔传》为释,似确。盖胡贵嫔虽非齐人,孝穆或借用枚乘《七发》"齐姬奉后"之"齐姬"以为泛称。若果如是,则牧斋亦采此宫闱之典矣。俟考。)其他几无不采用。兹不须尽数举出,唯择录其较可注意之辞句,以为例证。读者若对勘钱《诗》徐《序》,则自能详知,而信鄙说之不谬也。如钱之"生小为娇女",即徐之"生小学歌";钱之"余曲回风后,新妆落月前",即徐之"青牛帐里,余曲未终。朱鸟窗前,新妆已竟";钱之"兰膏灯烛继,翠羽笔床悬",即徐之"燃脂暝写"(寅恪案:此乃牧斋借男作女。)及"翡翠笔床,无时离手";钱之"清文尝满箧,("文"字后改作"词"字。)新制每连篇。芍药翻风艳,芙蓉出水鲜",即徐之"清文满箧,非惟芍药之花。新制连篇,宁止葡萄之树";钱之"文赋传乡国",即徐之"妙解文章,尤工诗赋";钱之"千番云母纸,小幅浣花笺",即徐之"五色花笺,河北胶东之纸";(寅恪案:此乃牧斋举后概前。)钱之"流风殊放诞,被教异婵娟。度曲穷分刌,当歌妙折旋。吹箫嬴女得,协律李家专",即徐之"婉约风流,异西施之被教。弟兄协律,生小学歌"及"得吹箫于秦女"并"奏新声于度曲";钱之"天为投壶笑,人从争博癫",即徐之"虽复投壶玉女,为欢尽于百骁。争博齐姬,心赏穷于六箸";钱之"薄鬓妥鸣蝉",即徐之"妆鸣蝉之薄鬓";钱之"妙丽倾城国,尘埃落市廛。真堪陈甲帐,还拟画甘泉",即徐之"得横陈于甲帐""虽非图画,入甘泉而不分"及"真可谓倾国倾城";钱之"东家殊婉约",即徐之"婉约风流"。据宋释惠洪《冷斋夜话》一云:

> 山谷云:诗意无穷,而人之才有限,以有限之才,追无穷之意,虽渊明、少陵不得工也。然不易其意而造其语,谓之"换骨法";窥入其意而形容之,谓之"夺胎法"。

然则牧斋之赋《有美诗》,实取杜子美之诗为模楷,用徐孝穆之文供材料,融会贯通,灵活运用,殆兼采涪翁所谓"换骨""夺胎"两法者。寅恪昔年笺证白乐天新乐府,详论《七德舞》篇与贞观政要之关系。今笺释牧斋此诗,复举杜诗、徐文为说,犹同前意。盖欲通解古人之诗什,而不作模糊影响之辞者,必非如是不可也。

《有美诗》又云:

> 凝明嚬亦好,溶漾坐堪怜。薄病如中酒,轻寒未折绵。清愁长约略,微笑与迁延。

寅恪案:此六句乃牧斋描写当年与河东君蜜月同居时之生活。语言妙绝天下,世人深赏之,殊非无故也。(见陈维崧撰、冒褒注《妇人集》"人目河东君风流放诞,是永丰坊底物"条并参徐釚编《本事诗》七"钱谦益"条《茸城诗》题下注。又徐氏附按语云:"河东君名柳是,字如是,又号河东君。松江人。工诗善画,轻财好侠,有烈丈夫风。"寅恪案:电发此数语殊可为河东君适当之评价。至目河东君为松江人,亦是河东君自称松江籍之一旁证也。)"凝明嚬亦好,溶漾坐堪怜"一联,实与《玉台新咏》五沈约《六忆诗》及《戊寅草》中河东君拟作之第一、第二两组《六忆诗》有关。上句"凝明嚬亦好"即用休文《忆坐时》诗"嚬时更可怜"之句;下句乃出河东君拟休文作第一组《六忆诗》中第二首"忆坐时,溶漾自然生"之句。故此一联,皆形容坐时之姿态。吾人今日虽亦诵读《玉台新咏》,然倘使不得见河东君《戊寅草》,则不能尽知牧斋此联之出处及造语之佳妙矣。"薄病如中酒,轻寒未折绵"一联。上句前于上元夜钱柳二人同过虎丘赋诗节已详论之;下句亦于第三章论陈卧子《蝶恋花·春晓》词详言之,故皆不须复赘。"清愁长约略,微笑与迁延"一联,摹绘河东君多愁少乐之情态,前录河东君《春日我闻室作呈牧翁》及牧斋《河东君春日诗有梦里愁端之句,怜其作憔悴之语,聊广其意》两诗,可以窥见。综合此四句及"妙丽倾城国"句观之,则牧斋亦是从王实甫"多愁多病身,倾国倾城貌"之语(见《西厢记·闹斋·雁儿落》)夺胎换骨而来者耶?凡此诸句,颇易通解,唯"凝明嗔亦好,溶漾坐堪怜"一联,颇费考量,姑以意揣之,殆谓河东君嗔怒时,目睛定注,如雪之凝明;静坐时,眼波动荡,如水之溶漾。实动静咸宜,无不美好之意欤?此解当否,殊不敢自信矣。

《有美诗》又云:

茗火闲房活,炉香小院全。日高慵未起,月出皎难眠。授色偏含睇,藏阄互握拳。屏围灯焰直,坐促笑声圆。朔气除帘箔,流光度氍毹。相将行乐地,共趁讨春天。

寅恪案:此节牧斋叙其崇祯十三年岁暮至十四年岁初,与河东君在我闻室中,除旧岁、迎新年之一段生活。"茗火闲房活,炉香小院全"一联,可与前录牧斋《庚辰除夜守岁》诗"深深帘幕残年火,小小房栊满院香"及河东君《除夕次韵》诗"小院围炉如白昼,两人隐几自焚香"相参证。上句"茗火闲房活"之"茗火活"乃用《东坡后集》七《汲江煎茶》诗"活水还须活火烹"之句,即出赵璘《因话录》二《商部》"李司徒汧公镇宣武"条所载李约"茶须缓火炙,活火煎"之语也(可参辛文房《唐才子传》六《李约传》)。下句"炉香小院全"即钱柳两人守岁诗所咏者,可知皆是当时实况也。"授色偏含睇,藏阄互握拳。"上句用《汉书》五七上《司马相如传·上林赋》"色授魂予"(参《文选》八)。下句其最初典故无待详引,但牧斋实亦兼用《李义山诗集(下)拟意》诗"汉后共藏阄"之句。检国光社影印东涧写校《李商隐诗集

（下）》此诗"阄"字无别作。涵芬楼影印明嘉靖本亦同。朱鹤龄《李义山诗集笺注本（下）》，此字作"阄"，下注："一作'钩'。"《全唐诗》第八函李商隐三与朱本同。冯浩《玉谿生诗详注》三作"钩"，下注："一作'阄'。"然则牧斋认为当作"阄"字，故赋《有美诗》亦用"阄"字也。"屏围灯焰直，坐促笑声圆。朔气除帘箔，流光度毵毵"两联，亦皆写庚辰除夕守岁事。如取前录钱柳二人除夕诗中钱之"合尊促席饯流光""深深帘幕残年火"及柳之"照室华灯促艳妆""明日珠帘侵晓卷"等句观之，即可证也。"相将行乐地，共趁讨春天"一联乃指辛巳元日事。观前录牧斋诗题云"辛巳元日雪后与河东君订春游之约"及钱柳两诗可知也。

《有美诗》又云：

未索梅花笑，徒闻火树燃。半塘春漠漠，西寺草芊芊。南浦魂何黯，东山约已坚。自应随李白，敢拟伴伶玄。密意容挑卓，微词托感甄。杨枝今婉娈，桃叶昔因缘。

寅恪案：此六联乃叙本欲与河东君同作杭州之游而未实现，遂先过苏州，同至嘉兴，然后河东君别去也。"未索梅花笑，徒闻火树燃。"上句即河东君《与汪然明尺牍》第三十通所云："弟方耽游蜡屐，或至阁梅梁雪，彦会可怀。"盖河东君作此书时，为崇祯十三年岁杪正在牧斋家中。钱柳二人原有同游西湖观梅之约也。下句指上元夜与河东君同舟泊虎丘西溪，小饮沈璜斋中事。观"徒闻"二字，则河东君不践观梅西湖之约，仅作虎丘观灯之游，牧斋惆怅失望之情溢于言表矣。"火树"之典，遵王《注》引《西京杂记》一"积草池中有珊瑚树"条，固是，而尚未尽。必合《全唐诗》第二函苏味道《正月十五夜》诗"火树银花合"之句释之，其意方备。但多数类书如《佩文韵府》六六《七遇韵》引此诗,作者为沈佺期,未知孰是,俟考。"半塘春漠漠,西寺草芊芊"一联,乃叙泊舟虎丘西溪经过停留之地。上句"半塘"可参同治修《苏州府志》八《水门》"半塘桥",同书三五《古迹门》"半塘寺"及同书四二《寺观门四》"半塘寿圣教寺"等记载。下句"西寺",据同治修《苏州府志》七《山门》"虎丘山"条所云:

> 《吴地志》:山本晋司徒王珣与弟司空珉之别墅,山下因有短簿祠,舍为东西二寺,后合为一佛殿。

可证知也。"南浦魂何黯,东山约已坚"一联,谓河东君将离之时,订后来重会之约也。"自应随李白,敢拟伴伶玄"一联,上句乃牧斋借用太白《赠汪伦》(见《全唐诗》第三函李白一一)"李白乘舟将欲行,忽闻岸上踏歌声。桃花潭水深千尺,不及汪伦送我情"诗,以比河东君送己身往游新安,同舟至嘉兴。更惜其未肯竟随之同行也。下句自用《飞燕外传》自序,不待征引。但牧斋实亦兼用《东坡后集》四《朝云诗》"不似杨枝别乐天,恰如通德伴伶玄"之语。盖下文有"杨枝今婉娈"之句,而"伴"字又从苏诗来也。李璧《王荆公诗注》二七《张侍郎示东府新居诗,因而和酬二首》之一"功谢萧规惭汉第,恩从隗始诧燕台"句,引《西清诗话》略云:

> 荆公笑曰:"子善问也。韩退之《斗鸡联句》'感恩从隗始',若无据,岂当对'功'字也?"(前第一章已详引。)

前释"火树"注,以为遵王《注》虽引《西京杂记》,而意义未尽,故必合苏味道诗以补足之。兹释"伶玄"句,亦必取东坡诗参证始能圆满。何况牧斋诗中"伴"字从东坡《朝云诗》来,恰如半山诗中"恩"字从昌黎《斗鸡联句》来耶?凡考释文句,虽须引最初材料,然亦有非取第二、第三手材料合证不可者。观此例可知,前第一章论钱柳诗中相互之关系,已详言之。读者可并取参抑更有可论者，前言牧斋之赋《有美诗》，多取材于《玉台新咏》。其主因为孝穆之书，乃关于六朝以前女性文学之要籍，此理甚明，不待多述。又以河东君之社会身份，不得不取与其相类之材料以补足之，斯亦情事所必然者。就此诗使用之故实言之，《玉台新咏》之外，出于宋代某氏《侍儿小名录补遗》者，颇复不少。如"容华及丽娟""吹箫嬴女得""舞袖嫌缨拂""敢拟伴伶玄"等句，皆是其例。至于作者思想词句之构成，与材料先后次序之关系，可参拙著《元白诗笺证稿·新乐府章·七德舞篇》所论，兹不详及。

《有美诗》又云：

灞岸偏萦别，章台易惹颠。娉婷临广陌，婀娜点晴川。眉怃谁堪画？腰纤孰与襦？藏鸦休庵蔼，拂马莫缠绵。絮怕粘泥重，花忧放雪荐。芳尘和药减，春病共愁煎。目逆归巢燕，心伤叫树鹃。惜衣莺睨睆，护粉蝶翩翻。

寅恪案：此八联乃叙河东君思归惜别、多愁多病之情况。所用辞语典故，大部分皆与柳有关，而尤与李义山咏柳之诗有关也。兹不必逐句分证，唯举出李诗语句，读者自能得之。据此可知牧斋赋《有美诗》，除《玉台新咏》《杜工部诗》外，玉谿生一集亦为其取材最重要之来源也。如"灞岸已攀行客手"（《李义山诗集（下）·柳》）、"章台从掩映"（同集上《赠柳》）、"更作章台走马声"（同集上《柳》）、"娉婷小苑中，婀娜曲池东"（同集上《垂柳》）、"眉细从他敛，腰轻莫自斜"（同集上《谑柳》）、"莫损愁眉与细腰"（同集上《离亭赋得折杨柳二首》之一）、"长时须拂马，密处小藏鸦"（同集上《谑柳》）、"忍放花如雪"（同集上《赠柳》）、"不为清阴减路尘"（同集中《关门柳》）、"絮飞藏皓蝶，带弱露黄鹂"(同集上《柳》),凡此诸例,皆足为证,可不一一标出矣。又"腰纤孰与㨄"之"㨄"字,即同于"挼"字。《考工记·鲍人》,"进而握之,欲其柔而滑也",《注》云:"谓亲手烦挼之。"《毛诗·周南·葛覃篇》"薄污我私"《笺》云:"烦挼之,用功深。"《释文》云:"挼,诸诠之音而专反。"阮孝绪《字略》云:"烦挼犹捼莎也。"董解元《西厢记诸宫调》中《吕调·千秋节》云:"百般挼就十分闪。"然则牧斋盖糅合圣文俗曲,而成此语者。黄宗羲《思旧录》"钱谦益"条(《梨洲遗著汇刊本》)云:"用《六经》之语,而不能穷经。"太冲所指摘东涧文章之病,其是非兹姑不论。但《有美诗》此句,则用《诗》《礼》之语,而穷极于《西厢》。其亦可以杜塞梨洲之口耶?一笑!

《有美诗》又云:

携手期弦望,沉吟念陌阡。暂游非契阔,小别正流连。即席留诗苦,当杯出涕泫。苴城车轫辘,鸳浦棹夤缘。去水回香篆,归帆漱矢弦。寄忧分悄悄,赠泪裹涟涟。迎汝双安桨,愁予独扣舷。从今吴榜梦,昔昔在君边。

寅恪案:此节牧斋叙河东君送其至鸳湖,返棹归松江,临别时赠诗送游黄山。俟河东君行后,乃赋千言长句,以答河东君之厚意,并致其相思之情感及重会之希望也。此节典故皆所习见,不待征释。唯"吴榜"一辞,自出《楚辞·九章·涉江》"齐吴榜以击汰"之语。但牧斋实亦兼取王逸《注》"自伤去朝堂之上,而入湖泽之中也"之意。用此作结,其微旨可以窥见。前引黄梨洲《姜山启彭山诗稿序》谓"虞山求少陵于排比之际,皆其形似,可谓不善学唐"(参《南雷文案》七《前翰林院庶吉士韦庵鲁先生墓志铭》)。读者若观此绮怀之千言排律,篇终辞意如此,可谓深得《浣花》律髓者,然则太冲之言殊非公允之论矣。

牧斋自崇祯十四年正月晦日,即正月廿九日鸳湖舟中赋《有美诗》后至杭州留滞约二十余日之久,始往游齐云山,游程约达一月之时间,最后访程孟阳于长翰山居不遇,乃取道富春,于三月廿四日过严子陵钓台。直至六月七日,始有《迎河东君于云间喜而有述》之诗。据此牧斋离隔河东君约经四月之久,始复会合也。此前一半之时间牧斋所赋诸诗皆载于《初学集》及《东山酬和集》,但此后一半之时间,则所作之诗未见著录。以常理论之,按诸牧斋平日情事,如此寂寂,殊为不合。就前一期中牧斋所甚有关系之人,及在杭州时之地主汪然明言之,牧斋诗中绝不见汪氏踪迹。考《春星堂诗集》四《闽游诗纪》第一题为《暮春辞家闽游途中寄示儿辈贞士继昌》,然则然明之离杭赴闽访林天素,在崇祯十四年三月。此年二三月间,牧斋实在杭州,且寓居汪氏别墅。牧斋此时所作诗中,未见汪氏踪迹者,或因然明此际适不在杭州,或因汪氏虽亦能篇什,但非牧斋唱酬之诗友,汪氏虽在杭州有所赋咏,牧斋亦不采录及之。故此前一时期中无汪氏踪迹,尚可理解。至若后一时期既达两月之久,而牧斋不著一诗,当必有故,今日未易推知。检《陈忠裕全集》一四《三子诗稿》有《孟夏一日禾城遇钱宗伯夜谈时事(五言律)二首》。按卧子《自撰年谱(上)》"崇祯十四年辛巳"条云:

> 是岁浙西大旱,漕事迫。嘉之崇德、湖之德清素顽梗,属年饥,益不办。大中丞奉旨谴责。令予专督崇德,而自督德清。予疏剔月余,遂与他邑相后先矣。

然则牧斋于辛巳三月廿四日过钓台经杭州,于四月朔日即在嘉兴遇见卧子。自三月廿四日至四月初一日,其间时日甚短,故知牧斋此次由黄山返家,行色匆匆,与前之往游新安,从容留滞者,绝不相同。盖牧斋因河东君之不愿同游,独自归松江,恐有变化,于是筹画经营不遗余力,终于经两月之时间,遂大功告成矣。卧子此时不知是否得知河东君过访半野堂之消息。但牧斋于此际遇见卧子,其心中感想若何,虽未能悉。然钱、陈皆一时能诗之人,卧子既有篇什,牧斋不容缺而不报。今《初学集》中此时之诗,独不见卧子踪迹者,当是牧斋不欲卧子之名著录于此际,转致有所不便耶?卧子此题二首之一有句云:"山川留谢傅",殊不知河东君访半野堂初赠诗有"东山葱岭莫辞从"句。陈、柳两诗语意,不谋而合,可笑也。

又检《陈忠裕全集》一八《湘真阁稿·赠钱牧斋少宗伯(五言排律)》云:

> 明主终收璧,宵人失要津。南冠荣衮绣,北郭偃松筠。艰险思良佐,孤危得大臣。东山云壑里,早晚下蒲轮。

此诗作成之时日未能确定。但既有"南冠""北郭"一联,则至早不能在牧斋因张汉儒诬讦被逮至北京入狱经年,得释归里以前,即崇祯十一年冬季以前。据卧子《自撰年谱(上)》"崇祯十二年己卯"条云:"季秋,禫除。""十三年庚辰"条略云:"三月,北发。六月,就选人,得绍兴司李。七月,南还。八月,奉太安人携家渡钱塘。"则此诗有作于崇祯十二年或十三年之可能。更考《初学集》一七《移居诗集》崇祯十三年庚辰八月所作《永遇乐词·十六夜见月》云:"天公试手,浴堂金殿,瞥见清明时节。"句下自注云:"时中朝新有大奸距脱之信。"据《明史》一一○《宰辅年表》,"崇祯十三年六月薛国观致仕",国观乃温体仁党,夙与东林为敌(参《明史》二五三《薛国观传》并详牧斋《永遇乐词》钱曾《注》)。牧斋所谓"大奸",当指韩城而言。卧子诗"宵人失要津",或即兼指温、薛辈。盖温、薛皆去,牧斋可以起用矣。又牧斋《永遇乐词》尚有《十七夜》一首云:"生公石上,周遭

云树,遮掩一分残阙。"似牧斋此时亦游寓苏州。但《初学集》四三《保砚斋记》略云:

> 保砚斋者,戈子庄乐奉其先人文甫所藏唐式端研以诒其子棠而以名其斋也。戈子携其子过余山中,熏沐肃拜,而请为之记。崇祯庚辰中秋记。

则崇祯十三年中秋日牧斋犹在常熟。是否十七日即至苏州,尚难确知。假定其实至苏州者,卧子赠诗自应同在吴苑矣。更检杜于皇濬《变雅堂诗集》一载《奉赠钱牧斋先生(五古)》一首,不知何时所作。惟诗中有句云:

> 何期虎丘月,一沃龙门雨。

此首前一题《半塘》云:

> 虎丘连半塘,五里共风光。此时素秋节,远胜三春阳。西风扫不尽,满路桂花香。

故知茶村于中秋前后在虎丘遇见牧斋,或即是崇祯十三年秋季与卧子赋赠牧斋诗同时同地。盖杜氏与几社名士本具气类之雅(见《变雅堂集》五《送朱禹三之任松江序》及杜登春《社事本末》),殊有同时同地赋诗以赠党社魁首之可能也,俟考。总而言之,钱、陈两人交谊如此笃挚,当日牧斋应有诗书以答卧子厚意。后来刻《初学集》删去不录,亦与删去酬答卧子禾城赠诗同一事例,似因避去柳、陈关系之嫌所致。此点若非出自牧斋,则必由于瞿稼轩之主张。瞿氏于此未免拘泥《春秋》"为尊者讳,为亲者讳"之旨(见《春秋公羊传·闵公元年》),遂为师母讳耶?

复检杜登春《社事本末》略云:

> 是时乌程(指温体仁)去位,杨〔嗣昌〕、薛〔国观〕相继秉国钧。西铭(指张溥)中夜不安,唯恐朝端尚以党魁目之也。

计非起复宜兴（指周延儒），终是孤立之局。乃与钱蒙叟〔谦益〕、项水心〔煜〕、徐勿斋〔汧〕、马素修〔世奇〕诸先生谋于虎邱石佛寺。遣干仆王成赍七札入选君吴来之先生昌时邸中。时吴手操朝柄，呼吸通帝座，而辇毂番子密布，内外线索难通，王成以七札熟读，一字一割，杂败絮中，至吴帐中，为蓑衣裱法，得达群要。此辛巳二月间事。于是宜兴以四月起，（寅恪案：《明史》一一〇《宰辅年表》"崇祯十四年辛巳"栏载："延儒二月召，九月入。"同书三〇八《奸臣传·周延儒传》云："〔崇祯〕十四年二月诏起延儒。九月至京，复为首辅。"杜氏"四月"之语，误。）而西铭即以四月暴病云殂。

寅恪案：牧斋与张、项、徐、马谋于虎丘石佛寺，杜氏虽未确言何时，以当日情势推之，或即在崇祯十三年中秋前后，亦即卧子茶村赋诗赠牧斋之时也。俟考。

至于钱、陈两人论诗之宗旨，虽非所欲详论，然亦可略引牧斋之言，以见一斑。

《有学集》四七《题徐季白卷后》略云：

余之评诗，与当世牴牾者，莫甚于二李及弇州。二李且置勿论，弇州则吾先世之契家也。余发覆额时，读前后《四部稿》，皆能成诵，暗记其行墨。今所谓晚年定论者，皆举扬其集中追悔少作与其欲改正《卮言》、勿误后人之语，以戒当世之耳论目食、刻舟胶柱者。初非敢凿空杜撰，欺诬先哲也。云间之才子，如卧子、舒章，余故爱其才情，美其声律。惟其渊源流别，各有从来，余亦尝面规之，而二子亦不以为耳瑱。采诗之役，未及甲申以后，岂有意刊落料拣哉？如云间之诗，自国初海叟诸公以迄陈、李，可谓极盛矣。

据此可知牧斋虽与卧子、舒章论诗宗旨不同,然亦能赏其才藻,不甚诃诋。卧子、舒章二人亦甚推重牧斋。观卧子此次在嘉兴赠牧斋之诗,及《陈忠裕全集》一八《湘真阁集·赠钱牧斋少宗伯(五言排律)》。又卧子《安雅堂稿》一八《壬午冬上少宗伯牧斋先生书》并卧子《自撰年谱(上)》"崇祯十年丁丑"条述牧斋、稼轩由苏被逮至京事。其略云:

> 予与钱〔谦益〕、瞿〔式耜〕素称知己。钱、瞿〔被逮〕至西郊,朝士未有与通者,予欲往见,仆夫曰:"校事者耳目多,请微服往。"予曰:"亲者无失其为亲,无伤也。"冠盖策马而去,周旋竟日,乃还。其后狱益急,予颇为奔奏,闻于时贵。

等可为例证。至于舒章,则有一事关涉钱柳,疑问殊多,颇堪玩味。舒章《蓼斋集》三五《与卧子书》第二通略云:

> 昔诸葛元逊述陆伯元语,以为方今人物凋尽,宜相辅车,共为珍惜。不欲使将进之徒,意不欢笑。弟反复此言,未尝不叹其至也。但以迩来君子之失,每不尚同,自托山薮,良非易事。故弟欲少加澄论,使不至于披猖。是以对某某而思公叔之义,见某某而怀仲举之节。谈议之间,微有感慨,非好为不全之意,见峰岊于同人也。某某才意本是通颖,而衺情媒母,遂致纷纷。谤议之来,不在于虞山,而在于武水。弟欲大明其不然,而诸君亦无深求者,更无所用解嘲之语耳。春令之作,始于辕文。此是少年之事,而弟忽与之连类,犹之壮夫作优俳耳。

寅恪案:前第三章论春令问题中已略引及舒章此书。据《卧子年谱》推测,舒章作此书时当在崇祯十年卧子将由京南旋之际。书中所谓"虞山"乃指牧斋,自不待言;"武水"疑指海盐姚叔祥士粦。可参《初学集》一七《移居诗集·姚叔祥过明发堂共论近代词人,戏作绝句十六首》。

据舒章之语,则对于牧斋殊无恶意,可以推见。所可注意者,舒章所谓"才意通颖"之某某,究属谁指?其所"袅情"之"嫫母"又是何人?据李《书》此节下文即接以春令问题,似此两事实有关联,即与河东君有关也。前第三章引钱肇鳌《质直谈耳》谓河东君"在云间,则宋辕文、李存我、陈卧子三先生交最密"。钱氏之语必有根据。但关于李待问一节,材料甚为缺乏,或者此函中"才意通颖"之"某某",即指"问郎"而言耶?以舒章作书之年月推之,谓所指乃存我在此时间与河东君之关系,似亦颇有可能。若所推测者不谬,则舒章以"嫫母"目河东君,未免唐突西子,而与牧斋《有美诗》"输面一金钱"之句,用西施之典故以誉河东君之美者,实相违反矣。一笑!

牧斋此次之游西湖及黄山,不独与河东君本有观梅湖上之约,疑亦与程松圆有类似预期之事。据前引河东君《与汪然明尺牍》第三十通云:

> 弟方耽游蜡屐,或至阁梅梁雪,彦会可怀。不尔,则春怀伊迩,薄游在斯,当偕某翁便过通德,一景道风也。

考此札之作,当在崇祯十三年庚辰冬季,此时松圆亦同在牧斋家中。颇疑牧斋因松圆此际正心情痛苦,进退维谷,将离虞山归新安之时。特作此往游西湖及黄山之预约,以免独与新相知偕行,而不与耦耕旧侣同游之嫌,所以聊慰平生老友之微意,未必迟至崇祯十四年辛巳春间,始遣人持书远至新安作此预约也。但检《初学集》四六《游黄山记序》略云:

> 辛巳春,余与程孟阳订黄山之游,约以梅花时相寻于武林之西溪。逾月而不至,余遂有事于白岳,黄山之兴少阑矣。壬午孟陬,虞山老民钱谦益序。

及《有学集》一八《耦耕堂集序》略云：

> 崇祯癸未十二月,吾友孟阳卒于新安之长翰山。又十二年,岁在甲午,余所辑《列朝诗集》始出。〔初〕辛巳春,约游黄山,首途差池,归舟值孟阳于桐江。篝灯夜谈,质明分手,遂泫然为长别矣。

《黄山记序》作于崇祯十五年正月,《耦耕堂诗序》作年虽不详,亦在孟阳既卒十二年以后,皆牧斋事后追忆之笔。两《序》文意,若作预约孟阳于辛巳春为黄山之游,而非于辛巳春始作此约,则与当日事理相合。然绎两序文之辞语,似于辛巳春始作此约者,恐是牧斋事后追忆,因致笔误耳。或者牧斋当崇祯十三四年冬春之间,新知初遇,旧友将离,情感冲突、心理失常之际,作《游黄山记序》时,正值河东君患病甚剧;作《耦耕堂诗序》时,抚今追昔,不胜感慨。此等时间,精神恍惚,记忆差错,遂有如是之记载耶？至若《游黄山记》之一云:"二月初五日发商山,初七日抵汤院。"证以《初学集》一九《东山诗集二》下注"起辛巳三月,尽一月"之语,则此记"二月"之"二"字,乃是"三"字之讹,固不待辨也。

复次,孟阳与牧斋之关系,其详可于两人之集中见之,兹不备论。但其同时人如前第三章引朱鹤龄《愚庵小集·与吴梅村书》,载宋辕文深鄙松圆,称为牧斋之"书佣"。后来文士如朱竹垞论松圆诗,亦深致不满。兹略录朱氏之言,以见三百年来评论松圆诗者之一例。《明诗综》六五所选程嘉燧诗附《诗话》云:

> 孟阳格调卑卑,才庸气弱,近体多于古风,七律多于五律。如此伎俩,令三家村夫子诵百翻《兔园册》,即优为之,奚必读书破万卷乎？牧斋尚书深惩何、李、王、李流派,乃于明三百年中特尊之为诗老。六朝人语云:"欲持荷作柱,荷弱不

胜梁。欲持荷作镜,荷暗本无光。"得无类是与？姑就其集中稍成章者,录得八首。

夫松圆之诗固非高品,自不待言,但其别裁明代之伪体,实为有功。古今文学领域至广,创作家与批评家各有所长,不必合一。松圆可视为文学批评家,不必为文学创作者。竹垞所言,固非平情通识之论也。

松圆与牧斋两人平生论诗之旨极相契合一点,兹姑不论。唯就崇祯十三四年冬春之间,两人之交谊言之,则殊觉可笑可怜。松圆本欲徇例往牧斋家度岁,忽遇见河东君亦在虞山,遂狼狈归里。牧斋又约其于西湖赏梅。松圆因恐河东君亦随往,故意负约不至杭州。俟牧斋独游新安,访孟阳于长翰山居,孟阳又复避去,盖未知河东君是否同来之故。及牧斋留题于山居别去之后,松圆返家,始悉河东君未随来游,于是追及牧斋于桐江,留此最后之一别。噫！年逾七十垂死之老翁,跋涉奔驰,藏头露尾,有如幼稚之儿童为捉迷藏之戏者,岂不可笑可怜哉？牧斋固深知孟阳之苦趣,于孟阳卒后,其诗文中涉及孟阳者,则往往追惜于桐江之死别,情感溢于言表。由今观之,牧斋内心之痛苦,抑又可推见矣。

牧斋此次,即崇祯十四年二月之大部分时间,滞留杭州。其踪迹皆于《初学集》一八《东山诗集一》寓杭州诸诗中推寻得之。检此集此卷所载诸诗,自《有美诗》后至《余杭道中望天目山》,只就牧斋本人所作而河东君和章不计外,共得九题。取《东山酬和集》二所载牧斋之诗参较,则《初学集》所载多《东山酬和集》五题。盖此五题之所咏,皆与河东君无关故也。但此五题虽与河东君无关,然皆牧斋崇祯十四年二月留滞杭州所作。在此时间,牧斋既因河东君之未肯同来,程松圆复不愿践约,失望之余,无可奈何之际,只得聊与当时当地诸人,作不甚快心满意之酬酢。实与此时此地所赋有关河东君诸诗,出于真挚情感者,区以别矣。此类酬应之作,原与本文主旨无涉,自可不论,唯其中亦略有间接关系。故仅就其题中之地或人稍述之,以备读者作比较推寻之资料云尔。

《初学集》一八《东山诗集一·栖水访卓去病》云:

(诗略。)

寅恪案:《有学集》三二《卓去病先生墓志铭》略云:

去病姓卓氏,名尔康。杭之塘西里人。

又光绪修《塘栖志二·山水门》"官塘运河"条云:

下塘在县之东北,泄上塘之水,受钱湖之流,历五林、唐栖,会于崇德,北达漕河,故曰"新开运河"。

据此知牧斋于崇祯十四年正月晦日,即廿九日,在鸳湖舟中赋《有美诗》后,当不易原来与河东君同乘之舟,直达杭州。初次所访之友人,即"杭之塘西里人"卓去病。后此九年,即顺治七年,牧斋访马进宝于婺州,途经杭州,东归常熟,《有学集》三《庚寅夏五集·西湖杂感序》云:"是月晦日记于塘栖道中。"亦由此水道者。盖吴越往来所必经也。

《夜集胡休复庶尝故第》云:

惟余寡妇持门户,更倩穷交作主宾。

寅恪案:此两句下,牧斋自注云:"休复无子,去病代为主人。"又《初学集》八一载《为卓去病募饭疏》一文,列于《书西溪济舟长老册子》及《追荐亡友绥安谢耳伯疏》后。故知此三文当为崇祯十四年二月留滞杭州同时所作也。休复名允嘉,仁和人。事迹见光绪修《杭州府志》一四四《文苑传一》。

《西溪郑庵为济舟长老题壁》云：

> 频炷香灯频扫地，不拈佛法不谈诗。落梅风里经声远，修竹阴中梵响迟。

寅恪案：《初学集》八一《书西溪济舟长老册子》略云：

> 献岁拿舟游武林，泊蒋村，策杖看梅，遍历西溪法华，憩郑家庵。济舟长老具汤饼相劳。观其举止朴拙，语言笃挚，宛然云栖老人家风也。口占一诗赠之，有"频炷香灯频扫地，不拈佛法不谈诗"之句，不独倾倒于师，实为眼底禅和子痛下一钳锤耳。师以此地为云栖下院，经营数载，未溃于成，乞余一言为唱导。辛巳仲春聚沙居士书于蒋村之舟次。

光绪修《杭州府志》三五《寺观二》"古法华寺"条云：

> 在西溪之东，法华山下。明隆万间，云栖袾宏以云间郑昭服所舍园宅为常住，址在龙归径北，约八亩有奇。初号"云栖别室"，俗名"郑庵"。崇祯〔六年〕癸酉秋郡守庞承宠给额称"古法华寺"。

此条下附吴应宾（吴氏事迹见《明诗综》五五及《明诗纪事》庚一五等）《古法华寺记》云：

> 古杭法华山有云栖别院者，乃云间青莲居士郑昭服所施建也。居士归依莲大师，法名广瞻，雅发大愿，将昔所置楼房宅舍山场园林若干，施与弥天之释，为布地之金。大师命僧济舟等居焉。青莲弃世，其子文学食贫，而此永为法华道场。众请郡守庞公承宠捐金给额，改为古法华寺，济舟乞余言以纪其事。

前论牧斋崇祯庚辰冬至日示孙爱诗，已引此《书济舟册子》

之文上一节,痛斥嘉禾门人所寄乞叙之某禅师开堂语录,兹不重录。济舟虽为能守"云栖老人家风"之弟子,且能求当世文人为之赋诗作记,似亦一风雅道人,但据牧斋此文下一节所描绘,则殊非具有学识、贯通梵典之高僧。今忽为之赋诗,并作文唱导募化,未免前后自相冲突,遂故为抑扬之辞,借资掩饰,用心亦良苦矣。噫!牧斋当此时此地,河东君未同来,程松圆不践约,孤游无俚,难以消遣之中,不得已而与此老迈专事念佛之僧徒往来酬酢。其羁旅寂寞之情况,今日犹能想见。所咏之诗,亦不过借以解嘲之语言,其非此卷诸诗中之上品,无足怪也。

《西溪湖水看梅赠吴仁和》云:

(诗略。)

寅恪案:吴仁和者,当时仁和县知县吴坦公培昌也。光绪修《杭州府志》一〇二《职官四》"仁和县知县"栏云:

吴培昌,华亭人,进士。〔崇祯〕十一年任。

胡士瑾,贵池人,进士。〔崇祯〕十五年任。

又,《陈忠裕全集》一六《湘真阁集·寄仁和令吴坦公(七律)》,题下附考证可互参。卧子《寄坦公》诗,有句云:

常严剑佩迎朝贵,更饬厨传给隐沦。

可谓适切坦公当日忙于送往迎来之情况。若牧斋者,以达官而兼名士,正处于朝贵隐沦之间,宜乎有剑佩之迎、厨传之给也。

《横山题江道暗蝶庵》云:

疏丘架壑置柴关,冢笔巢书断往还。尽揽烟峦归几上,不教云物到人间。萧疏屋宇松头石,峭茜风期竹外山。莫嗛蝶庵成蝶梦,似君龙卧未应闲。

寅恪案：江道暗本末未详，俟更考。但检马元调《横山游记》（下引各节可参光绪修《杭州府志》三〇《古迹》载"横山草堂"条及所附江元祚《横山草堂记》）卷首崇祯十年夏五月《自序》略云：

> 武林余所旧游，未闻有横山焉者。今年春偶来湖上，一日梦文陆子历叙此中读书谈道之士，为余所未见者六七人。余因请六七人室庐安在？梦文谓诸子近耳，独江道暗邦玉在黄山深处。然言黄山，不言横山。（寅恪案：江元祚文云"黄山旧名'横山'，土音呼'横'为'黄'，遂相传为'黄山'"等语，可供参证。）

同书"楼西小瀑"条云：

> 返乎竹浪〔居〕，而道暗适自城中归蝶庵。亟来晤，相见恨晚。抗言往昔，谈谐间发，极尔清欢，夜分乃歇。

同书"白龙潭"条云：

> 〔四月〕廿八日早起即问白龙潭，邦玉谓草深竹密，宜俟露晞。乃先走蝶庵，访道暗。蝶庵者，道暗藏修精舍，径在绿香亭外。沿溪得小山口，绿阴沉沉，编荆即是。秀竹千竿，掩映山阁。历磴连呼，衡门始豁。升堂坐定，寂如夜中，仰看屋梁，大字凡四，"读书谈道"。心胸若披，乐哉斯人，饮水当饱。

同书卷末载崇祯十年丁丑小寒日勾甬万泰《跋》略云：

> 自邦玉氏诛茅结庐，一时名流多乐与之游，而人始知有横山。会同人江子道暗挈妻子读书其中，因得偕陆子文虎〔彪〕策杖从之。

可知江道暗为杭州名士无疑，而马氏游记关于蝶庵之叙述，尤可与钱诗相印证也。至马、万二氏所言之邦玉,或即作《横山草堂记》之江元祚。但牧斋此次游横山之诗什,不及邦玉之名与其园林之胜,殊不可解。今亦未悉其本末,并与道暗之关系,当再详检。

光绪修《杭州府志》三三《名胜门》"西溪探梅"条云:

由松木场入古荡溪,溪流浅狭,不容巨舟。自古荡而西至于留下,并称"西溪"。曲水周环,群山四绕。名园古刹,前后踵接,又多芦汀沙溆,重重隔断,略彴通行,有舆马不能至者。其地宜稻宜蔬宜竹,而独盛于梅花。盖居民以为业,种梅处不事杂植,且勤加修护,本极大而有致。又多临水,早春时沿溪泛舟而入,弥漫如香雪海。

沈德潜等辑《西湖志纂》一三《西溪胜迹门》云:

西溪溪流深曲,受余杭南湖之浸,横山环之,凡三十六里。

牧斋留滞杭州时间几达一月之久,其踪迹似未越出西溪横山之区域。号为赏花,实则怀人。于无可奈何之际,当亦寻访名胜,愁对隐沦。凡此诸人诸地,并不能惊破其罗浮酣梦也。

钱氏此次之游杭州,共得诗九首。直接及间接有关于梅花者,凡六首。其中二首,一为当地寺僧,一为当地官吏而作,可不计外,余四首实皆为河东君而赋也。观梅之举,本约河东君同行,河东君既不偕游,于是牧斋独对梅花,远怀美人,即景生情,故此四首咏梅之作,悉是河东君之写真矣。

《东山酬和集》二牧翁《西溪永兴寺看绿萼梅有怀》(寅恪案:《初学集》一八此题下多"梅二株蟉虬可爱,是冯祭酒手植"十三字)云:

略彴缘溪一径斜,寒梅偏占老僧家。共怜祭酒风流在,未惜看花道路赊。绕树繁英团小阁,回舟玉雪漾晴沙。道人未醒罗浮梦,正忆新妆萼绿华。

河东《次韵永兴看梅见怀之作》云:

乡愁春思两欹斜,那得看梅不忆家。折赠可怜疏影好,低回应惜薄寒赊。穿帘小朵亭亭雪,漾月流光细细沙。欲向此中为阁道,与君坐卧领芳华。

寅恪案:《西湖志纂》一三《西溪胜迹门》"永兴寺"条引《西湖梵隐志》(参光绪修《杭州府志》三五《寺观二》"永兴寺"条)云:

明万历初冯梦桢太史延僧真麟新之。手植绿萼梅二本,题其堂曰"二雪"。

然则杭州之梅花,以西溪永兴寺冯具区所植之绿萼梅为最有名。牧斋此次游杭州看梅,历时颇久,而多在西溪者,即由于此。何况汪然明别墅亦在此间。赏今日梅花之盛放,忆昔时美人之旧游,对景生情,更足增其诗兴也。夫古来赋咏梅花之篇什甚多,其以梅花比美人者,亦复不少。牧斋博学能诗,凡所吟咏,用事皆适切不泛,辞意往往双关。读者若不察及此端,则于欣赏其诗幽美之处,尚有所不足也。上录七律所用故实,初视之亦颇平常,不过《龙城录》"赵师雄罗浮梦事"并苏子瞻和杨公济《梅花诗》(见《东坡集》一八《次韵杨公济奉议梅花十首》及《再和杨公济梅花十绝》)及高季迪《梅花诗》(见高启《青丘集》一五《梅花(七律)九首》之一)等出处耳。但细绎之,则《龙城录》中云:

赵师雄于松林间,见一女人,淡妆素服。(寅恪案:今所见《龙城录》,诸本皆作"女人",惟佩文斋增补阴氏《韵府群玉》一〇《厌韵》,"梅"下引《龙城录》,"女人"作"美人"。

疑阴氏所见本作"美人"也。)

及高诗"月明林下美人来"之句,皆以昔时"美人"两字之古典,确指今日河东君之专名。其精当不移有如此者。又前论牧斋《冬日同如是泛舟》诗"莫为朱颜叹白头"句,引顾公燮《消夏闲记》等书,足征河东君皮肤之白。永兴寺冯开之所植之双梅,乃绿萼梅,故署其堂曰"二雪"。凡梅之白花者,其萼色绿。范成大《范村梅谱》"绿萼梅"条(见涵芬楼本《说郛》七〇并参博古斋影印《百川学海》本)云:

绿萼梅,凡梅花跗蒂皆绛紫色,惟此纯绿。枝梗亦青,特为清高。好事者比之九疑仙人萼绿华。京师艮岳有萼绿华堂,其下专植此本。人间亦不多有,为时所贵重。

故牧斋取此眼前相对之白梅,以比远隔他乡美人之颜色,已甚适切。复借永兴寺之绿萼梅,以譬《真诰》中神女之萼绿华(见《真诰》一《运象篇第一》萼绿华诗),即河东君,尤为词旨关联,今古贯通。牧斋此诗"道人未醒罗浮梦,正忆新妆萼绿华"两句,可谓言语妙绝天下矣。抑更有可论者,"新妆"二字亦有深意,李太白诗(见《全唐诗》第三函李白四《清平调词三首》之二)云:

借问汉宫谁得似,可怜飞燕倚新妆。

据顾云美《河东君传》云:

君为人短小,结束俏丽。

则河东君可比赵飞燕,而与肥硕之杨玉环迥异。寅恪初读牧斋此诗,未解"新妆"二字之用意,一夕默诵太白诗,始恍然大悟,故标出之,以告读者。

河东君和作《初学集》不载。或是以所作未能竞胜牧斋原诗之故。其诗结语云："欲向此中为阁道,与君坐卧领芳华。"当出王摩诘诗"阁道回看上苑花"之句(见《全唐诗》第二函王维四《奉和圣制从蓬莱向兴庆阁道中留春雨中春望之作应制(七律)》)。盖牧斋原作与右丞之作同韵,岂河东君因和牧斋之故,忆及王诗,遂有"阁道"之语耶?

《东山酬和集》二牧翁《二月九日再过永兴看梅,梅花烂发,仿佛有怀,适仲芳以画册索题,遂作短歌,书于纸尾》(寅恪案:《初学集》一八《东山诗集一》"仲芳"上有"吾家"二字)云:

西溪梅花千万树,低亚凝香塞行路。永兴两树最绰约,素艳孤荣自相顾。飘黄拂绿傍香楼,春寒日暮含清愁。依然翠袖修林里,遥忆美人溪水头。徙倚沉吟正愁绝,见君画册思飘瞥。开怀落落生云山,触眼纷纷缀香雪。羡君画高神亦闲,趣在苍茫近远间。仲圭残墨泼武水,子久粉本留虞山。我将梅花比君画,月地云阶吐光怪。乞君挥洒墨汁余,向我萧闲草堂挂。草堂深柳净无尘,淡墨疏窗会赏真。还将玉雪横斜意,举似凌风却月人。

寅恪案:仲芳者,钱棻之字。光绪修《嘉善县志》二二(参光绪修《嘉兴府志》五五《钱棻传》)略云:

钱棻,字仲芳,崇祯十五年经魁。构园曰"萧林",种梅百本。晚岁键户谢客,著书大涤山,赋诗作画。年七十八卒。

牧斋此诗以花比人,辞语精妙,自不待言。而"遥忆美人溪水头",乃一篇之主旨也。至其结语云:"乞君挥洒墨汁余,向我萧闲草堂挂。草堂深柳净无尘,淡墨疏窗会赏真。还将玉雪横斜意,举似凌风却月人。"其欲贮河东君于金屋之意,情见乎辞矣。牧斋此诗后未载河东君和章,盖河东君此时已不作长句古诗。其所以如此之故,今未敢妄测。然必不可以朱竹垞之论程松圆者论河东君,则可断言也。(见《明诗综》六五"程嘉燧"条。)

更有可论者,光绪修《常昭合志稿》四四《艺文·闺秀遗箸》云:

> 《河东君诗文集》十二卷,《梅花集句》三卷,柳隐,钱受之副室。

《河东君诗文集》十二卷未见,不知内容如何。但据从胡文楷君处钞得之三卷本《梅花集句》题云:

> 我闻室《梅花集句》,河东柳是如是氏集。

今检《列朝诗集》闰五《集句诗类》载《童琥小传》云:

> 琥,字廷瑞,兰溪人。有《草窗梅花集句》三卷,凡三百有十首。

牧斋选廷瑞《梅花集句诗》共六首。取三卷之钞本校之,则牧斋所选者,悉在其中,唯有数字不同耳。由此言之,可证所谓河东君集本,实廷瑞所集。至何以误为出自河东君,则殊难考知。但检《初学集》一三《试拈诗集》有《戏书梅花集句诗(七绝)》一首。题下自注云:

> 本朝沈行、童琥集,各三百余首。

牧斋此诗作于崇祯十一年,可证牧斋在河东君未访半野堂前,家中早已藏有廷瑞《集句》。河东君既归牧斋之后,曾手钞其本,或题署书名,或加钤图记。后人不察,遂误认为河东君所集耶?方志纪载错误,因恐辗转传讹,特附订正之于此。

《东山酬和集》二牧翁《横山汪氏书楼》云:

> (诗见前论河东君《尺牍》第一通所引。今不重录。)

寅恪案：前论河东君《尺牍》第一通，谓河东君于崇祯十二年游杭时，曾借居汪氏别墅，即此诗之"横山汪氏书楼"也。牧斋此次游杭州，本约河东君同行，疑其且欲同寓汪氏别墅。不意河东君未能同游，故牧斋于此深有感触。其用"琴台"之典，以司马相如自比，并以卓文君比河东君，实取《杜工部集》一一《琴台（五律）》所云：

> 茂陵多病后，尚爱卓文君。酒肆人间世，琴台日暮云。野花留宝靥，蔓草见罗裙。归凤求皇意，寥寥不复闻。

之意。又以"云"为河东君之名，并用子美诗"片云何意傍琴台"之句，见《杜工部集》一一《野老（七律）》。糅合江文通杂体诗《休上人》诗"日暮碧云合，佳人殊未来"辞意（见《文选》三一），构成此诗七、八两句，甚为精巧。钱遵王止注"碧云"之出处，殊不赅备。盖未能了解牧斋之思之微妙。牧斋前于崇祯十三年冬《答河东君过访半野堂初赠诗》有"文君放诞想流风"之句，亦即赋此诗时之意也。《东山酬和集》二牧翁《二月十二春分日横山晚归作》（寅恪案：郑氏《近世中西史日表》，崇祯十四年辛巳二月十日春分，与牧斋诗题不合）云：

> 杏园村店酒旗新，度竹穿林踏好春。南浦舟中曾计日，西溪楼下又经旬。残梅糁雪飘香粉，新柳含风漾麹尘。最是花朝并春半，与君遥夜共芳辰。

河东《次韵》云：

> 年光诗思竞鲜新，忽漫韶华逗晚春。止为花开停十日，已怜腰缓足三旬。枝枝媚柳含香粉，面面夭桃拂软尘。回首东皇飞辔促，安歌吾欲撰良辰。

寅恪案：此题除前于河东君《尺牍》第一通所论者外，尚有可言者,即钱诗"南浦舟中曾计日,西溪楼下又经旬"与柳诗"止为花开停十日,已怜腰缓足三旬"两联互相印证是也。牧斋送河东君由虞山返茸城,于崇祯四年元夕抵虎丘。河东君又送牧斋自苏州至鸳湖,然后别去,独返松江。计其由虞山出发之时,至是年花朝,盖已一月矣。受之此次游杭州,赏梅花,当即寄寓汪然明横山别墅。自抵杭州至赋此诗时,已阅旬日。江文通《别赋》云:"送君南浦,伤如之何!"见《文选》一六并此句李善《注》引《楚辞·九歌》"河伯曰:'子交手兮东行,送美人兮南浦。'"寅恪案:王逸《楚辞注》云,"子谓河伯也。言屈原与河伯别。子宜东行,还于九河之居,我亦欲归也。"又《文选·别赋(五臣注)》张铣曰:"送君,送夫也。南浦,送别之处。"皆可与钱柳诗互证通用。故钱诗此联上句,即柳诗此联下句。又"腰缓"之句,自是出《文选》二九《古诗十九首》之一"相去日已远,衣带日已缓"。(并可参李善《注》引《古乐府歌》曰:"离家日趋远,衣带日趋缓。")不过古诗乃女思男之辞,河东君借用其语句以指牧斋,非古诗作者本旨也。若就宋人诗余言之,牧斋当如柳耆卿之"衣带渐宽终不悔。为伊消得人憔悴"(见《乐章集·蝶恋花》),而河东君当如史邦卿之"讳道相思,偷理绡裙,自惊腰衩"(见《梅溪词·三姝媚》)始为合理。否则,牧斋岂不成为单相思?一笑!其后来刻《初学集》,删去河东君和作,殆由柳诗微有语病之故耶?至柳诗七、八两句,出《楚辞·九歌·东皇太一》"吉日兮辰良,穆将愉兮上皇"及"疏缓节兮安歌",自是人所习知,不待多论。

又《初学集》六《游黄山记序》云:

辛巳春,余与孟阳订黄山之游,约以梅花时相寻于武林之西溪。逾月不至,余遂有事于白岳,黄山之兴少阑矣。徐维翰书来劝驾,读之两腋欲举,遂挟吴去尘以行。吴长孺为戒车马、庀糗脯。子含、去非群从，相向愁悬，而皆不能从也。

寅恪案：牧斋此次本拟偕河东君同行，又期程松圆于杭州，与美人、诗老共作湖山之游，洵可称赏心乐事。岂意河东君中途返回松江，而松圆又迟行后期，于是不得已挟吴去尘为伴以游黄山。去尘者，《列朝诗集》丁一五《吴布衣拭小传》（参《明诗综》七一《吴拭小传》及光绪修《常昭合志稿》四〇《游寓·吴拭传》。又《春星堂集》一《不系园集》亦载吴氏诗）略云：

> 拭，字去尘，居新安之上山。宗族多富人，去尘独好读书鼓琴，游名山水。仿易水法制墨，遇通人文士，倒囊相赠。富家翁厚价购之，辄大笑曰："勿以孔方兄辱吾客卿也。"（寅恪检徐康《前尘梦影录·上》"虞山钱牧斋有蒙叟墨"条载牧斋门生歙人吴闻礼、闻诗兄弟，为牧斋制"为天下式"及"秋水阁"墨事。可供参考。）坐此益大困。耳聋头眩，为悍妇所逐，落魄游吴门。遇乱，死虞山舟中。毛子晋为收葬之。

然则牧斋此行虽无罗浮之新艳，犹有隃糜之古香。陶诗云，"慰情聊胜无"，牧斋于此亦可怜矣。牧斋所选去尘诗，不及竹垞所选者之佳。吴氏既能诗，又生长黄山，此次伴牧斋同游，当有篇什，何以牧斋游黄山诸诗，既不附录吴作，诗题中亦未道及其名字，颇觉可怪。岂此时牧斋心中，专注河东君一人，其余皆不顾及，亦如其《书西溪济舟长老册子》所言者耶？（见《初学集》八一。）竹垞所选去尘诗中有《无题和斗生二首》，诗颇佳，其中所言未敢妄测，但两首起句皆有"云"字，颇可玩味，特附录之，以俟好事者之参究。《诗》云：

> 海外云生碧浪阴，赪鳞苍雁总浮沉。寥寥天汉双星小，寂寂藜花一院深。贞玉有光还易见，明珠无定杳难寻。轻鸾欲

绣愁无力,除是灵芸七孔针。

巫山远在暮云中,愁隔春灯一点红。莫道金刀难劗水,须知纨扇也惊风。化为蝴蝶飞才并,除是鸳鸯睡不同。最是游丝无赖甚,又牵春去过墙东。

《东山酬和集》二牧翁《陌上花乐府,东坡记吴越王妃事也,临安道中感而和之,和其词而反其意,以有寄焉》云:

陌上花开正掩扉,茸城草绿雉媒肥。狂夫不合堂堂去,小妇翻歌缓缓归。

陌上花开燕子飞,柳条初扑麹尘衣。请看石镜明明在,忍撇妆台缓缓归。

陌上花开音信稀,暗将红泪裹春衣。花开容易纷纷落,春暖休教缓缓归。

河东君《奉和陌上花三首》云:

陌上花开照板扉,鸳湖水涨绿波肥。班骓雪后迟迟去,油壁风前缓缓归。

陌上花开一片飞,还留片片点郎衣。云山好处亭亭去,风月佳时缓缓归。

陌上花开花信稀,楝花风暖飐罗衣。残花和梦垂垂谢,弱柳如人缓缓归。

寅恪案:前论牧斋所作《吴巽之持孟阳画扇索题》诗节,曾引《耦耕堂存稿》文下《题归舟漫兴册》云:

庚辰腊月望,海虞半野堂订游黄山。正月〔十〕六日,牧翁已泊舟半塘矣。又停舟西溪,相迟半月,乃先发。余三月一日始入舟,望日至湖上,将陆行从之,而忽传归耗,遂溯江逆之,犹冀一遇也。

牧斋之由杭州出发，往游黄山，虽难确定为何日，但综合孟阳"又停舟西溪，相迟半月"之语及牧斋《二月十二春分日横山晚归作（七律）》后，即接以《和东坡陌上花》之题两点推之，则知牧斋由杭州启程，必在二月下半月。其余杭道中《和陌上花》诗，亦当在此时所作也。孟阳于崇祯十四年庚辰十二月望日定游黄山之约后，匆匆归新安。据河东君《与汪然明尺牍》第三十通"阁梅梁雪"之语，知牧斋之游杭州，实欲乘游黄山之便，中途在杭州看梅。此事松圆别虞山时必已早悉，何以迟至三月一日梅花谢后，始入舟往杭。然则松圆迟迟其行，扑空赴约，如捉迷藏，其故意避免与河东君相见，绝无疑义。意者孟阳于二月半后始探知河东君仅送牧斋至鸳湖即返松江，遂敢于三月一日入舟至杭州会晤牧斋，其后期之原因，实在于此，殊可笑矣。又牧斋此诗序中所谓"和其词而反其意"者，《东坡集》五《陌上花三首序》云：

父老云，吴越王妃每岁春必归临安。王以书遗妃曰："陌上花开，可缓缓归矣。"

盖吴越王妃每岁必归其临安之家，故王有"陌上花开，可缓缓归"之语。今牧斋以守其家法之故，正值花开之时，令河东君归其茸城之家，然深致悔恨，遂有"狂夫不合堂堂去，小妇翻歌缓缓归""请看石镜明明在，忍撇妆台缓缓归"及"花开容易纷纷落，春暖休教缓缓归"等句，借以寄其欲河东君来与同游之思，即所谓"用其词，而反其意"者。河东君和诗"陌上花开一片飞，还留片片点郎衣"即其《鸳湖舟中送牧翁之新安》诗所谓"只怜不得因风去，飘拂征衫比落梅"之意也。后来河东君于顺治七年庚寅和牧斋《人日示内》诗（见《有学集》二《秋槐支集》），其第二首结语云：

香灯绣阁春常好,不唱卿家缓缓吟。

犹涉及牧斋临安道中此诗。当庚寅人日河东君赋诗之时,牧斋既得免于黄毓祺案之牵累,所生女婴复在身侧,颇有承平家庭乐趣,所以举出"陌上花"之典借慰牧斋,且用王安丰妇之语以"卿家"为言(见《世说新语·惑溺类》"王安丰妇常卿安丰"条)。三百年前闺中戏谑之情况,尚历历如睹。牧斋于顺治十三年丙申赋《茸城惜别》诗(见《有学集》七《高会堂诗集》),叙述其与河东君之因缘,其中亦云:

> 陌上催归曲,云间赠妇篇。(寅恪案:"云间赠妇篇"指《文选》二四陆士衡《为顾彦先赠妇二首》及二五陆士龙《为顾彦先赠妇二首》并《玉台新咏》三陆机《为顾彦先赠妇二首》及陆云《为顾彦先赠妇往返四首》而言。机、云兄弟皆云间人,且其诗皆夫妇赠答之作,与《东山酬和集》之为钱柳赠答之作者,甚相类似,于此可证牧斋用典之精切也。)

据此可见钱柳二人终始不忘此"陌上花"之曲有若是者也。《东山酬和集》二牧翁《响雪阁》诗,前论河东君《尺牍》第八通时,已引其全文,并详释之,今不更诠述。至此诗后未载河东君和作者,恐是河东君本不喜游山,昔年作商山之游,实非得已,故亦不欲于兹有所赋咏也。

《东山酬和集》二牧翁《禊后五日浴黄山下汤池,留题四绝句,遥寄河东君》云:

> 香溪禊后试温汤,寒食东风谷水阳。却忆春衫新浴后,窃黄浅绛道家装。

> 山比骊山汤比香,承恩并浴少鸳鸯。阿瞒果是风流主,妃子应居第一汤。(寅恪案:《初学集》一九《东山诗集二》此句下自注云:"《南部新书》,御汤西北角则妃子汤,余汤迤逦

相属而下。")

沐浴频看称意身,刈兰赠药想芳春。凭将一掬香泉水,噀向茸城洗玉人。(寅恪案:《初学集》"噀"作"喷"。)

齐心同体正相因,袚濯何曾是两人。料得盈盈罗袜步,也应抖擞拂香尘。

河东《奉和黄山汤池留题遥寄之作》云:

素女千年供奉汤,拍浮浑似踏春阳。可怜兰泽都无分,宋玉何縁赋薄装。

浴罢汤泉粉汗香,还看被底浴鸳鸯。黟山可似骊山好,白玉莲花解捧汤。

睡眼朦胧试浴身,芳华竟体欲生春。怜君遥噀香溪水,兰气梅魂暗着人。

旄心白水是前因,觑浴何曾许别人。煎得兰汤三百斛,与君携手袚征尘。

寅恪案:牧斋此题及河东君和章,乃关于钱柳因缘之重要作品。盖河东君不肯与牧斋同游杭州及黄山,独自径归松江。牧斋心中当亦知其犹豫顾虑之情。故鸳湖别后,屡寄诗篇。不仅致己身怀念之思,实兼借以探河东君之意也。河东君和诗第四首有"旄心白水是前因,觑浴何曾许别人"之句,乃对牧斋表示决心之语。想牧斋接诵此诗,必大感动。阅二十年,至顺治十六年己亥,牧斋因郑延平失败,欲随之入海,赋诗留别河东君,有"白水旄心视此陂"之句(见《投笔集·后秋兴之三》及《有学集》一○《红豆二集·后秋兴八首》),其不忘情于河东君此诗者如此。若仅以用《左传》之典,步杜诗之韵目之者,犹未达一间。苟明乎此义,则《东山酬和集》此题之后,即接以《六月七日迎河东君于云间》之诗,便不觉其突兀无因矣。

牧斋诗第一首"却忆春衫新浴后,窃黄浅绛道家装",钱遵王注此诗,引薛能《蜀黄葵》诗"记得玉人春病后,道家装束厌襫时。"(寅恪案:《才调集》一"后"作"校"。《全唐诗》第九函薛能四此诗题"蜀黄葵"作"黄蜀葵"。诗中"春"作"初","后"作"起",一作"较"。)虽能知其出处,似尚未发明牧斋文心之妙。盖河东君肌肤洁白,本合于蜀先主甘后"玉人"之条件。前论钱柳《冬日泛舟》诗,引顾公燮《消夏闲记》等书已详言之。即牧斋此题第三首"嗟向茸城洗玉人"句亦是实指,并非泛用典故。又河东君于崇祯十四年辛巳春初患病,牧斋赋此诗,在是年三月初八日。薛诗"春病后"或"春病校"之语,尤为适切河东君此时情况也。河东君和诗"可怜兰泽都无分,宋玉何繇赋薄装"两句,自用《文选》一九宋玉《神女赋》中"怳薄装,沐兰泽"之语,实寓《诗·卫风·伯兮篇》"自伯之东,首如飞蓬。岂无膏沐,谁适为容"之意。情思缠绵,想牧斋读此,必为之魂销心醉也。

此题第二首钱柳二人之作,皆用华清池故事。《全唐诗》第九函郑嵎《津阳门》诗:"暖山度腊东风微,宫娃赐浴长汤池。刻成玉莲喷香液,漱回烟浪深透迤。"《注》云:

> 宫内除供奉两汤池,内外更有汤十六所。长汤每赐诸嫔御,其修广与诸汤不侔。鳖以文瑶宝石,中间有玉莲捧汤泉,喷以成池。

《全唐文》六一二陈鸿《华清汤池记》云:

> 玄宗幸华清宫。新广汤池,制作宏丽。安禄山于范阳以白玉石为鱼龙凫雁,仍以石梁及石莲花以献。雕镂巧妙,殆非人工。上大悦,命陈于汤中,仍以石梁亘汤上,而莲花才出水际。

据此河东君"白玉莲花解捧汤"之"白玉",实兼取陈氏

《记》中之语。其所用典故,盖有轶出牧斋诗句之外者矣。

此题第三首牧斋诗下半两句,若依《初学集》作"喷",则与郑嵎诗注相合。虽较"噀"字为妥,但"噀"字出于葛洪《神仙传》五《栾巴传》中"赐百官酒,又不饮,而向西南噀之"及同书九《成仙公传》中"先生忽以杯酒向东南噀之"等,实与"遥"字有关。(检《太平广记》三〇《神仙门》三〇"张果"条云:"果常乘一白驴,日行数万里。休则重叠之。其厚如纸,置于巾箱中,乘则以水噀之,还成驴矣。"虽非遥噀,然亦属神仙道术,故附记于此,以供参证。)黄山下之汤池与松江之横云山离隔甚远,遥噀香泉,正是神通道术,倘改为"喷"字,似不甚适切。至河东君诗"怜君遥噀香溪水",自是兼采《神仙传》并刘孝标《送橘启》(见冯应榴《苏文忠公诗合注》二二《食甘》诗注所引),而不局于《津阳门》诗注也。

抑更有可论者,《东坡集》一三《食甘》诗"清泉蔌蔌先流齿,香雾霏霏欲噀人",河东君诗"怜君遥噀香溪水"句,其下即接以"梅魂"之语,当与东坡诗有关。盖东坡此诗前一题《〔元丰〕六年正月二十日复出东门仍用前韵》其结语云:"长与东风约今日,暗香先返玉梅魂。"前论河东君《金明池·咏寒柳》词及牧斋《我闻室落成》诗已详及之,兹不更赘。所可注意者,牧斋以"梅魂"自比,故河东君和牧斋诗,亦以"梅魂"目之,其心许之意,尤为明显。又据此可推知河东君当是时必常披览苏集,于东坡之诗有所取材,实已突破何、李派之范围矣。

此题第四首牧斋诗"罗袜""香尘"之语,出于曹子建《洛神赋》"凌波微步,罗袜生尘"(见《文选》一九)自不待言。所可笑者,前引汪然明《无题》云:"老奴愧我非温峤,美女疑君是洛神。"汪氏作诗时在崇祯十一年秋,虽与牧斋同以"洛神"目河东君,然不敢自命为温太真。阅三年,至崇祯十四年春,牧斋作此诗,亦以洛神目河东君,竟敢以老奴自许,而下其玉镜台矣。河东君和诗"与君携手袚征尘"之句,不独与"袚濯"香汤有关,且"携手"之语正是暗指前引牧斋《初学集》一七《永遇乐·十六夜有感再次前韵》词"何日里,并肩携手,双双拜月"之结语而言。于是钱柳两人文字相思之公案,得此遂告一结束矣。《初学集》一九《东山诗集二·三月廿四日过钓台有感》(自注:"是日闻阳羡再召。")云:

> 严濑瞳瞳旭日余,桐江泷尽挂帆初。老夫自有渔湾在,不用先生买菜书。

寅恪案:牧斋于崇祯十四年辛巳三月初八日浴汤池,寄诗河东君后,阅三月至六月七日,遂有茸城舟中合欢诗之作。此三月中实为平生最快心满意之时。忽闻周玉绳再入相之命,胸中不觉发生一希望与失望交战之情感。诗题所谓"有感",殆即此种感触也。第三章论杨、陈两人《五日》诗,引及牧斋《病榻消寒杂咏》中关涉周氏之诗,以见其垂死之时,犹追恨不已之事例。斯乃由失望所致,与赋此诗时之情感,尚有所不同。但牧斋此际姑醒黄扉之残梦,专采红豆之相思,亦情事所不得不然者矣。此诗末句即用皇甫谧《高士传(下)严光传》下"买菜乎?求益也"之语,意谓不欲借周氏之力以求起用。然此不过牧斋欺人之辞耳。详见后论黄梨洲《南雷文定后集》二《顾玉书墓志铭》,兹暂不述。若《初学集》八〇有《复阳羡相公书》及《寄长安诸公书》。(此题下自注:"癸未四月。")其《寄长安诸公书》中云:"令得管领山林,优游齿发。"并同书二〇下《东山诗集四·〔癸未〕元日杂题(长句)八首》其六云:"庙廊题目片言中,准拟山林著此翁。"句下自注云:"阳羡公语所知曰,'虞山正堪领袖山林'"等,仅可视作失望之后怨怼矫饰之言,不得认为弃仇复好、甘心恬退之意。至《初学集》二〇下《东山诗集四》最后一题《甲申元日》诗中"幸子魂销槃水前"及"衰残敢负苍生望,自理东山旧管弦"等句,则更是快意恩仇之语,"东山管弦"一辞,亦涉及河东君,并以结束"东山"名集之意也。又《有学集》一《秋槐诗集》载《金坛逢水榭故妓感叹而作凡四绝句》,其第三首云:"身轻浑欲出鹅笼。"此题下即接以《鹅笼曲四首示水榭旧宾客》。此两题共八绝句,皆为诋笑玉绳之作。其时君亡国破,犹不忘区区之旧隙。怨毒之于人,有若是者,诚可畏哉!钱、周两人之是非本末,于此姑不置论,唯略举牧斋平生胸中恩怨及苦乐,形诸文字,间接关涉儿女私情者如此,聊见明末士大夫风习之一斑也。

牧斋于崇祯十四年三月初八日浴黄山下汤池,寄诗河东君,得其心许之和章。但诗简往返,颇需时日,牧斋是否由黄山还家,中途经过杭州时,得诵河东君所和之诗,已无确证,不必多论。若一检《有美诗》如"东山约已坚"之语,则知河东君固与牧斋已有宿约,惟尚未决定何时履行耳。牧斋本欲及早完成此事,过钓台时,复得玉绳再召入相之讯,更宜如前所言,火急遄返虞山,筹备合卺之大礼矣。据陈氏《二十史朔闰表》,崇祯十四年三月小尽,并《三子合稿》五卧子所作《孟夏一日遇钱牧斋宗伯于禾城(五律)二首》,(《陈忠裕全集》一四《三子诗稿》此诗题多"夜谈时事"四字。)则知牧斋自钓台至禾城,至多不过历时五日,以当时水道交通言之,其归程之迅速,与平日游赏湖山、随处停留者,大不相同。牧斋返虞山家中,当在四月上旬。计至六月七日,约为二月之时间。此二月之时间,当即顾云美《河东君传》所云"宗伯使客构之乃出"者。推测河东君所以顾虑迟疑之故,当为嫡庶之分。此问题一在社会礼节,若稍通融,可逃纠察;一在国家法律,不容含混,致违制度。其实两者之间,互有关系。检《明史》二六五《倪元璐传》云:

〔崇祯〕八年,迁国子祭酒。元璐雅负时望,位渐通显,帝意向之,深为〔温〕体仁所忌。一日,帝手书其名下阁,令以履历进,体仁益恐。会诚意伯刘孔昭谋掌戎政,体仁饵孔昭,使攻元璐,言其妻陈尚存,而妾王冒继配复封,败礼乱法。诏下吏部核奏。其同里尚书姜逢元、侍郎王业浩、刘宗周及其从兄御史元珙,咸言陈氏以过被出,继娶王,非妾。体仁意沮。会部议行抚按勘奏,即拟旨云:"《登科录》二氏并列,罪迹显然,何待行勘?"遂落职闲住。(寅恪案:黄宗羲《思旧录》"倪元璐"条云:"〔先生〕又请毁《〔三朝〕要典》,以为魏氏之私书。孙之獬抱《要典》而哭于朝,不能夺也。未几而许重熙之《五陵注略》出,其中有碍于诚意伯刘孔昭之祖父。时先生为司成,孔昭嘱毁其板,先生不听。孔昭遂以出妇诘先生去位。"可供参考。)

谈迁《枣林杂俎仁集·逸典》"阮大铖"条云:

〔福王朝,大铖〕日同〔马〕士英及抚宁侯、诚意伯狎饮。后常熟钱侍郎谦益附焉。钱宠姬柳如是,故倡也。大铖请见,遗玉带曰:"为若觅恩封。"(寅恪案:计六奇《明季北略》二四《五朝大事总论》中谓阮赠柳者为珠冠,而非玉带。所赠之物虽异,而觅封之旨则同也。详见第五章所引。)自是诸公互见其室,恬不为耻。

同书同集"工氏夺封"条云:

尚书上虞倪元璐玉汝少娶余姚陈氏,失欢。既登第,嬖妾王氏篡封命。同邑丁庶子进,以故隙嗾诚意伯刘孔昭讦其事,可坐总京营也。倪适除祭酒,奏辨,陈氏失母意,遣归外氏,命娶王,宜封。而陈所生女字王司马业浩子贻栻,司马揭引海瑞前妻许氏、潘氏弗封,封继妻王氏为例。幸上不问,倪自免归。陈氏实同母夫人居,非遣归者。甲申末,陈氏诉于朝。时孔昭在事,夺王氏,改封。白璧微瑕,君子惜之。

倪会鼎撰《倪文正公年谱》三"崇祯九年夏四月勋臣刘孔昭疏讦府君,罢归"条略云:

乌程衔府君侵议,每思所以中之。顾言路无可喻意。会诚意伯刘孔昭觊戎政,遂以啖之。出袖中弹文,使越职讦奏府君冒封诰。下吏部议覆。于是同里朝士尚书姜公逢元,侍郎王公业浩,刘公宗周等,及从父御史公(指倪元珙)揭辨分合之故。府君亦上章自理。乌程意沮。及吏部覆,行抚按覆奏。乌程虑勘报之得实也,即拟旨:"《登科录》二氏并载,朦溷显然,何待行勘?"于是部议冠带闲住。乌程票革职。上从部议,而封典如故。(寅恪案:倪会鼎所编其父《年谱》,辞语含混,自是为其父讳。若会鼎为王氏所生,则兼为其母讳也。《年谱》中"封典如故"一语,甚可注意。盖鸿宝虽因此案冠带闲住,而王氏封典如故,及刘孔昭南都当权时,王氏之封诰始被夺,而改封陈氏。会鼎不著其事,可谓得《春秋》之旨矣。)

夫玉汝与牧斋俱为乌程所深恶,幸温氏早死于崇祯十一年戊寅,已不及闻知牧斋与河东君结缡之事,否则当嗾使刘孔昭或张汉儒之流告讦牧斋,科以"败礼乱法"之罪。且崇祯十四年六月牧斋嫡妻陈夫人尚安居牧斋家中,未尝被出(可参葛万里《钱牧斋先生年谱》"顺治十五年戊戌"条"夫人陈氏卒"之记载)。则与谈氏所言玉汝嫡妻陈氏之情事略同,而非如玉汝己身及其乡里亲朋所称陈、王关系之比。倘牧斋果以"败礼乱法"被处分,则其罪应加倪氏一等。钱柳结缡之时,牧斋固以玉汝为前车之鉴,不敢触犯国家法制,然亦因其崇祯二年己巳阁讼终结,坐杖论赎,黜职归里,即嫡妻陈夫人之封诰,当被追夺。(可参《初学集》五《崇祯诗集一》"喜复官诰赠内戏效乐天作""闻新命未下再赠"两题及同书七四《请诰命事略》"妻陈氏"条。)本不能效法倪氏,为河东君请封。唯有在社会礼节方面,铺张扬厉,聊慰河东君之奢望而已。(寅恪案:谈迁《枣林杂俎和集·丛赘》"都谏娶娼"条云:"云间许都谏誉卿娶王修微,常熟钱侍郎谦益娶柳如是,并落籍章台,礼同正嫡。先进家范,未之或闻。"可供参证。)后来钱柳共赴南京翊戴弘光。虽时移事变,似有为河东君请封之可能,但是时刘孔昭炙手可热,竟能推翻倪王之旧案,钱柳自必有所警惕,遂不得不待"还期共覆金山谱,桴鼓亲提慰我思"(见《投笔集(上)后秋兴之三》第四首)之实现也。又圆海代河东君"觅恩封"之言,若真成事实者,想此小朝廷之大司马,或以钱谦益妻柳氏能如韩世忠妻梁氏之知兵为说耶?一笑!复观《投笔集(上)后秋兴之三·八月初十日小舟夜渡惜别而作》之五,有"衣朱曳绮留都女,羞杀当年翟茀班"之句,(寅恪案:一隅草堂钞本《有学集》一〇"朱"作"珠",恐非。)则牧斋诗旨,以为河东君当时虽未受封诰,实远胜于其他在南都之诸命妇。其所以温慰河东君之微意,抑又可推见矣。

又,《板桥杂记(中)丽品门》云:

龚〔芝麓鼎孳〕竟以顾〔眉生媚〕为亚妻。元配童氏明两封孺人。龚入仕本朝,历官大宗伯。童夫人高尚居合肥,不肯随宦京师。且曰:"我经两受明封,以后本朝恩典,让顾太太可也。"顾遂专宠受封。呜呼!童夫人贤节过须眉男子多矣。

谈迁《北游录纪闻(上)》"冯铨"条云:

癸巳,涿州次妾□氏没,铭旌题诰封一品夫人。丧归,大内遗赙。时元配尚在,岂受封先朝竟以次妾膺新典乎?

据此更可证建州入关之初,汉族降臣,自可以妾为妻,不若其在明代受法律之制裁。但牧斋仕清时,亦未尝为河东君请封。此盖出于河东君之意与龚芝麓夫人童氏同一心理。淡心之书,其范围限于金陵乐籍,固不能述及河东君。(余氏书附录《群芳菱道旁者三则》,其中二则,虽俱不属金陵范围,但河东君本末,其性质与此迥异。)否则亦应于此点与童夫人并举,称扬其贤节也。至冯振鹭人品卑下,尤不及芝麓,其所为更无论矣。

关于社会礼节问题,兹择录旧籍记载此事者两条于下。

《蘼芜纪闻(上)》引沈虬《河东君传》云:

辛巳六月,虞山于茸城舟中,与如是结缡。学士冠带皤发,合卺花烛,仪礼俱备。赋《催妆诗》前后八首。云间缙绅,哗然攻讨,以为亵朝廷之名器,伤士大夫之体统,几不免老拳,满船载瓦砾而归。虞山怡然自得也,称为继室,号"河东君"。

《虞阳说苑》本《牧斋遗事》云:

辛巳初夏,牧斋以柳才色无双,小星不足以相辱,乃行结缡礼于芙蓉舫中。箫鼓遏云,兰麝袭岸。齐牢合卺,九十其仪。于是琴川绅士沸焉腾议。至有轻薄子掷砖彩鹢、投砾香车者。牧翁吮毫濡墨,笑对镜台,赋《催妆诗》自若。称之曰"河东君",家人称之曰"柳夫人"。

寅恪案:沈氏乃亲见河东君之人,其言"云间缙绅,哗然攻讨"与《牧斋遗事》所言"琴川绅士沸焉腾议"者,"云间""琴川"地名各异。夫钱柳本在茸城结缡,似以沈氏所言为合。其实钱柳同舟由松江抵常熟,则《牧斋遗事》所言,亦自可通。总之,挥拳投砾或言之过甚,至牧斋以匹嫡之礼待河东君,殊违反当时社会风习,招来多数士大夫之不满,乃必致之情势。此点牧斋岂有不知之理,但舍是不能求得河东君之同意。在他人如宋辕文、陈卧子辈,早已不敢冒天下之大不韪而为之,今牧斋则悍然不顾,作此破例之事。盖其平日之心理及行动,本有异于宋、陈之徒。当日阉党仿《水浒》所撰之《东林点将录》指为"天巧星浪子"者(参见澄海高氏玉筍山楼藏稿本),固由于此;名流推为"广大风流教主"者,亦由于此。故河东君与宋、陈之关系,所以大异于其与牧斋之关系,实在嫡庶分别之问题。观茸城结缡之记载,可以推知矣。

牧斋自述此事之诗,前论宋让木《秋塘曲》及钱柳《陌上花》诗时,各引其两句。又论宋辕文上牧斋书时,已考定牧斋在松江所作高会堂诸诗之年月。此诗即高会堂诸诗之一也。此自述诗为千字五言排律。历叙家国今昔之变迁,排比铺张,哀感顽艳,乃牧斋集中佳作之一。其中使用元代故实,以比拟建州。吾人今日观之,虽不足为异。但就当时一般文士学问程度言之,则牧斋之淹通博雅,盖有云间几社诸子所不能企及者矣。兹唯录此诗中关于茸城结缡一节,其他部分俟后录而论之。

《有学集》七《高会堂诗集·茸城惜别,思昔悼今,呈云间诸游好,兼订霞老看梅之约。共一千字》云:

> 十六年来事,茸城旧话传。千金征窈窕,百两艳神仙。谷水为珠浦,昆山是玉田。仙桃方照灼,人柳正蹁跹。月姊行媒妁,天孙下聘钱。珠衣身绰约,钿盒语缠绵。命许迦陵共,星占柳宿专。香分忉利市,花合夜摩天。陌上催归曲,云间赠妇篇。银河青琐外,朱鸟绿窗前。秀水香车度,横塘锦缆牵。

《东山酬和集》以访半野堂初赠诗起,以迎河东君于云间诗,即《合欢诗》及《催妆词》止。首尾始终,悲欢离合,悉备于两卷之中,诚三百年间文字因缘之一奇作。牧斋诗最后两题关于古典者,遵王之《注》略具,故不多赘。兹仅就关于今典者,即在此两题以前,钱柳诸诗辞旨有牵涉者,稍引述之,如第一章之所论列者也。

《东山酬和集》二牧翁《六月七日迎河东君于云间,喜而有述四首》(《初学集》二〇《东山诗集三》此题作《合欢诗四首六月七日茸城舟中作》),其一云:

> 鸳湖画舸思悠悠,谷水香车浣别愁。旧事碑应衔阙口,新欢镜欲上刀头。此时七夕移弦望,他日双星笑女牛。榜枻歌阑仍秉烛,始知今夜是同舟。

寅恪案:此诗七、八两句,可与前引牧斋《冬日同如是泛舟有赠诗》《五湖已许办扁舟》及《次日叠前韵再赠诗》"可怜今日与同舟"等句参证。东坡诗云:"他年欲识吴姬面,秉烛三更对此花。"(见《东坡集》一八《再和杨公济梅花十绝》。)牧斋此夕正是"对花"之时。而"他日双星笑女牛",则反用玉谿诗"当时七夕笑牵牛"(见《李义山诗集(上)马嵬二首》之一)之指天宝十载七月七日为过去时间者,以指崇祯十四年七月七日为未来时间也。

其二云:

> 五茸媒雉即鸳鸯,桦烛金炉一水香。自有青天如碧海,更教银汉作红墙。当风弱柳临妆镜,罨水新荷照画堂。从此双栖惟海燕,再无消息报王昌。

寅恪案:三、四两句遵王已引其古典。至其今典,则第三句可与牧斋《永遇乐·十六夜有感再次前韵》词"常娥孤零",而第四句可与此词"银汉红墙"及河东君《次韵答牧翁冬日泛舟诗》"莫为卢家怨银汉"等参证。第五句可与牧斋《冬日泛舟诗》"每临青镜憎红粉"及河东君答诗"春前柳欲窥青眼"等参证。第七句可与牧斋《永遇乐》词"单栖海燕",而第八句可与此词"谁与王昌说"及牧斋《答河东君初赠诗》"但似王昌消息好",并河东君《春日我闻室作》"画堂消息何人晓"等相参证也。

其三云:

> 忘忧别馆是侬家,乌榜牙樯路不赊。柳色浓于九华殿,莺声娇傍七香车。朱颜的的明朝日,锦障重重暗晚霞。十丈芙蓉俱并蒂,为君开作合昏花。

寅恪案:第七句可与牧斋《寒夕文宴诗》"诗里芙蓉亦并头"及句下自注"河东君新赋《并头莲》诗"之语参证。前论《文宴诗》已详考之,不必多赘。但有可笑者,韩退之诗"太华山头玉井莲,开花十丈藕如船"(见《全唐诗》第五函韩愈三《古意》),牧斋"十丈"之出处,应与昌黎诗有关。蒲松龄为清初人,当亦熏习于钱柳时代之风尚,其所作《聊斋志异》,深鄙妇人之大足,往往用"莲船盈尺"之辞以形容之。河东君平生最自负其纤足,前已述及,牧斋此句无乃唐突"输面一金钱"之西施耶?一笑!

其四云:

> 朱鸟光连河汉深,鹊桥先为架秋阴。银缸照壁还双影,绛蜡交花总一心。地久天长频致语,鸾歌凤舞并知音。人间若问章台事,钿合分明抵万金。

寅恪案:第三句可与河东君《上元夜次韵牧翁诗》"银缸当夕为君圆"参证。第四句可与牧斋《庚辰除夜守岁诗》"烛花依约恋红妆"及《上元夜示河东君诗》"烛花如月向人圆"等参证。第六句可与牧斋《寒夕文宴诗》"鹤引遥空凤下楼"参证。又有可注意者,据程偈庵《再赠河东君诗》"弹丝吹竹吟偏好"及牧斋后来《崇祯十五年壬午仲春十日自和合欢诗》(见《初学集》二〇《东山诗集三》)第四首"流水解翻筵上曲""歌罢穿花度好音",并顾云美《河东君传》云:"越舞吴歌,族举递奏。香奁玉台,更迭唱和。"可证河东君能诗词外,复擅歌舞。故牧斋此《茸城合欢诗》第四首第六句"鸾歌凤舞并知音"之句,实兼歌舞、诗词两事言之。合此双绝,其在当时,应推独步也。

《东山酬和集》二牧翁《催妆词四首》云:

养鹤坡前乌鹊过,云间天上不争多。较他织女还侥幸,(《初学集》二〇上《东山诗集三》"侥"作"傒"。)月笑生时早渡河。

鹊驾鸾车报早秋,盈盈一水有谁留。妆成莫待双蛾画,新月新眉总似钩。

鹈火舒光照画屏,银河倒转渡青冥。从今不用看牛女,朱鸟窗前候柳星。

宝架牙签压画轮,笔床砚匣动随身。玉台自有催妆句,花烛筵前与细论。

寅恪案:此题第一首第二句牧斋易"人间天上"为"云间天上"者,以鹤坡在华亭之故,遵王《注》中已引其出处矣。第四首第二句可与牧斋《有美诗》"翠羽笔床悬"参证。

总而言之,《合欢》《催妆》两题既与前此诸诗有密切关系,则其所用材料重复因袭,自难避免,故不必更多援引。读者取钱柳在此时期以前作品参绎之,当于文心辞旨贯通印证之妙,有所悟发也。

顾云美《河东君传》云:"宗伯赋《前七夕诗》,属诸词人和之。"今所见《东山酬和集》载录和《前七夕诗》即《合欢诗》者,凡十五人,共诗二十五首;和《催妆词》者,凡三人,共诗十首。前论《列朝诗集》所选沈德符诗中,亦有和《合欢诗》之什,未附于诸人和诗之内,当是后来补作,未及刊入者。其他十八人之和诗,或尚不止三十五首之数,疑牧斋编刊《东山酬和集》时,有所评定去取也。兹以原书俱在,不烦详论。惟择录和作中诗句之饶有兴趣者,略言之。至林云凤之诗及其事迹,前已详及,故不再赘。

和《前七夕诗》即《合欢诗》第一首中,徐波诗"早梅时节酿酸愁"之句颇妙。"滂喜斋丛书"收入《徐元叹先生残稿》一种,未见徐氏和牧斋此题诸诗。不知是否为叶莟生廷琯所删去,抑或叶氏所见元叹诗残稿中本无此题诸诗也。"酸愁"之"酸"字,元叹之意何指,未敢妄测。若非指钱柳,则在女性方面,当指牧斋嫡妻陈夫人及其他姬侍;在男性方面,则松圆诗老最为适合,至陈卧子、谢象三辈,恐非所指也。

和《前七夕诗》第二首中徐波诗云:

> 双栖休比画鸳鸯,真有随身藻荇香。移植柔条承宴寝,捧持飞絮入宫墙。抱衾无复轮当夕,舞袖虚教列满堂。从此凡间归路杳,行云不再到金昌。

寅恪案:元叹此诗并非佳作,但诗所言颇可玩味。第三章论卧子《吴阊口号十首》时,谓河东君实先居苏州,后徙松江。今观徐氏"行云不再到金昌"句,似可证实此点。盖元叹本苏州人,年辈亦较早。当河东君居苏州时,徐氏直接见之,或间接闻之,大有可能也。

和《前七夕诗》第三首元叹诗七、八两句云:"坐拥群真尝说法,杨枝在手代拈花。"意谓释迦牟尼虽尝广集徒众,演说妙法,但终拈花微笑,传心于迦叶一人。此用禅宗典故为譬喻,以牧斋比能仁,以河东君比饮光,以钱氏诸门人,即"群真",比佛诸弟子。盖牧斋当时号召其门生和《合欢诗》及《催妆词》,元叹因作此语以为戏耳。陆贻典和诗云:"桃李从今不教发,杏媒新有柳如花。""杏媒"用玉谿生《柳下暗记》诗语(见《李义山诗集(上)》)。其意亦与元叹同也。冯班诗下半云:"行云入暮方为雨,皎日凌晨莫上霞。若把千年当一夜,碧桃明早合开花。"辞旨殊不庄雅,未免唐突师母矣。

和《前七夕诗》第四首中,顾凝远诗云:"一笑故应无处买,等闲评泊说千金。"语意亦颇平常,并非佳作。但取第三章引《质直谈耳》所记蠢人徐某以三十金求见河东君事,与青霞此诗并观,殊令人发笑。何云诗"结念芙蕖缘并蒂"句,非泛用典故,乃实指河东君所赋《并蒂芙蓉诗》而言,前已详论之矣。冯班诗"红蕖直下方连藕,绛蜡才烧便见心"一联甚工切,其语意虽涉谐谑,但钱柳皆具雅量,读之亦当不以为忤也。

和《催妆词》诸诗皆不及和《前七夕诗》诸篇。盖题目范围较狭,遣辞用意亦较不易,即牧斋自作此题之诗,亦不及其《合欢诗》也。兹唯录许经诗"更将补衮弥天线,问取针神薛夜来"两句于此,不仅以其语意与谢安石"东山丝竹"之典有关,亦因其甚切"闺阁心悬海宇棋"(见《投笔集(上)后秋兴之三》及《有学集·红豆诗二集》)之河东君为人。牧斋之"补衮弥天"向河东君请教,自所当然也。

综观和诗诸人,其年辈较长者,在当时大都近于山林隐逸,或名位不甚显著之流。其他大多数悉是牧斋之门生或晚辈。至若和《合欢诗》第二首之陈在兹玉齐,据《柳南随笔》一"陈在之学诗于冯定远"条,则其人乃冯班之门人,即牧斋之小门生也。由此言之,牧斋当日以匹嫡之礼与河东君结缡,为当时缙绅舆论所不容。牧斋门人中最显著者,莫若瞿稼轩式耜。瞿氏与牧斋为患难之交,又为同情河东君之人。今不见其和诗,当由有所避忌之故。但如程松圆,则以嫌疑惭悔,不愿和诗,前已详论,兹不再及。唯有一事最可注意者,即《合欢诗》及《催妆词》两题,皆无河东君和章是也。此点不独今日及当时读《东山酬和集》者同怀此疑问,恐在牧斋亦出其意料之外。观其《催妆词》第四首云:"玉台自有催妆句,花烛筵前与细论。"可见牧斋亦以为河东君必有和章也。今河东君竟无一诗相和者,其故究应如何解释耶?或谓前已言及河东君平生赋诗,持杜工部"语不惊人死不休"之准绳,苟不能竞胜于人,则不轻作。观《戊寅草》早岁诸诗,多涉生硬晦涩,盖欲借此自标新异,而不觉陷入《神释堂诗话》所指之疵病也。但崇祯八年秋晚脱离几社根据地之松江,九年重游非何、李派势力范围之嘉定,与程孟阳、李茂初辈往返更密,或复得见牧斋《读杜诗寄卢小笺》及《二笺》,诗学渐进,始知不能仍挟前此故技,以压服一般文士。故十二年《湖上草》以后所赋篇什,作风亦变。何况今所与为对手之两题原作者,即"千行墨妙破冥蒙"之牧斋乎?其所以不和者,盖借以藏拙也。鄙意此说亦有部分理由,然尚未能完全窥见河东君当时之心境。河东君之决定舍去卧子,更与牧斋结缡,其间思想情感痛苦嬗蜕之痕迹表现于篇什者,前已言之,兹可不论。所可论者,即不和《合欢诗》《催妆词》之问题。盖若作欢娱之语,则有负于故友;若发悲苦之音,又无礼于新知。以前后一人之身,而和此啼笑两难之什,吮毫濡墨,实有不知从何说起之感。如仅以不和为藏拙,则于其用心之苦,处境之艰,似犹有未能尽悉者矣。由此言之,河东君之不和两题,其故倘在斯欤?倘在斯欤?

第 三 期

自崇祯十四年辛巳夏河东君与牧斋结缡于茸城起,至崇祯十六年癸未冬绛云楼落成时止,将近三年。此期间之岁月,虽不可谓之甚短,但其间仅有两大事可纪。一为河东君之患病;一为绛云楼之建造。河东君之患病约历二年,则又占此期之时间五分之四也。兹请依次言之,并附述钱柳两人谈兵论政之志事。

钱柳结缡后三年间,虽曾一度出游,然为时不久。其余皆属在虞山家居之岁月也。牧斋于《有学集》七《高会堂诗集·茸城惜别》诗中尝自述之。前论钱柳结缡事,已引此诗一节,兹更续引其所述关于此三年者于下。其诗云:

> 画楼丹嶂坼,书阁绛云编。小院优昙秀,闲庭玉蕊鲜。新妆花四照,昔梦柳三眠。笋迸茶山屋,鱼跳蟹舍椽。余霞三泖塔,落日九峰烟。

寅恪案:牧斋所述乃总论此三年者。今更就其作品及其他材料中,有关此时期之事迹论述之,略见当时柳钱两人婚后生活之一斑云尔。

《初学集》二〇上《东山诗集三·燕誉堂秋夕》云:

> 雨过轩窗浴罢时,水天闲话少人知。凭阑密意星娥晓,出幌新妆月姊窥。斗草空阶蛩自语,采花团扇蝶相随。夜来一曲君应记,飒飒秋风起桂枝。(自注:"非君起夜来。柳恽诗也。")

寅恪案:《初学集》此题之前,《催妆词》之后,仅有一诗。其题为《田国戚奉诏进香岱岳渡南海谒普陀还朝,索诗为赠》,世俗相传观音诞辰为六月。田国戚之渡南海谒普陀,当在此际。其还朝向牧斋索诗,亦应在七月。牧斋诗题所谓"秋夕"之"秋",即指初秋而言。牧斋此诗当与《李义山诗集(中)楚宫二首》(第一首为七绝,第二首为七律)有关。(《才调集》六选第二首七律,题作《水天闲话旧事》。)盖"水天闲话少人知"及"出幌新妆月姊窥"等辞,固出玉谿诗第二首,而义山第一首"朝云暮雨长相接,犹自君王恨见稀"两句之意,实为牧斋诗旨所在。虽赋诗时间距茸城结缡之日似逾一月,然诗中无牢骚感慨之语,故可视为蜜月中快心得意之作。至牧斋此诗七、八两句及其自注,则第三章论河东君《梦江南词》第三首"端有夜来风"句,已详言之,自可不赘。但河东君之词,乃为卧子而作者,在牧斋方面言之,河东君此时甚不应记及文畅诗也。一笑!

《初学集》二〇上《东山诗集三·秋夕燕誉堂话旧事有感》云:

> 东虏游魂三十年,老夫双鬓更幡然。追思觞酒论兵日,恰是凉风细雨前。埋没英雄芳草地,耗磨岁序夕阳天。洞房清夜秋灯里,共简庄周说剑篇。

寅恪案:此诗于第一章拙诗序中,已引其一部分,并略加考证。牧斋此诗首二句"东虏游魂三十年,老夫双鬓更幡然"之语,据瞿九思《万历武功录》一一《奴儿哈赤列传》略云:

> 奴儿哈赤,故王台部也。(参同书同卷《王台列传》。)后叛走建州,带甲数千人,雄东边,遂为都指挥。始王台时,畏德,不敢与西北诸酋合。久之,卜寨那林起,常窥隙,略我人畜。给谏张希皋上书,以为奴儿哈赤旁近北虏恍忽大,声势相倚。恐卜寨那林孛罗一旦不可知(参同书同卷《卜寨那林孛罗列传》),东连西结,悉甲而至边,何以为备。是岁万历〔十六年〕戊子也。

则自万历十六年戊子至天启元年辛酉,牧斋作《浙江乡试程录》中《序文》及《策文》第五问时,为三十三年。若不如此解释,则《燕誉堂话旧事诗》赋于崇祯十四年辛巳秋,上距万历十六年戊子为五十三年,与情事不合矣。检此诗后即为"中秋日携内出游"之题,故知其作成,约在中元以后、中秋以前,"恰是凉风细雨"时候也。牧斋争宰相不得,获罪罢归。其政敌多以天启元年浙江乡试之钱千秋关节一案为借口。此案非本文范围,不须考述。但就牧斋诗旨论之,虽以国事为言,实则诗中所谓"庄周说剑篇",即指其《天启元年浙江乡试程录》中谈兵诸篇。当牧斋天启元年秋主试浙江,作此谈兵诸篇时,其凉风细雨之景物,亦与崇祯十四年秋夕在燕誉堂共河东君话及旧事,并简旧文时相似也。牧斋于此年三月闻阳羡再召之讯,已知不易再起东山。畴昔之雄心壮志,无复表现之机会,唯有独对闺阁中之梁红玉,发抒其感愤之意耳。然则此诗虽以"东虏游魂"为言,实是悲叹个人身世之作也。

又《有学集》四八《题费所中山中咏古诗》云:

近以学者摛词捵藻,春华满眼。所中独好谈《握奇》八阵,兵农有用之学。《山中咏古》,上下千载得二十四人,可以观其志矣。余少壮而好论兵,抵掌白山黑水间。老归空门,都如幻梦。然每笑洪觉范论禅,辄唱言杜牧论兵,如珠走盘,知此老胸中,尚有事在。所中才志郁盘,方当不介而驰,三周华不注,何怪其言之娓娓也。昔人有言:"治世读《中庸》,乱世读《阴符》。"又云:"治世读《阴符》,乱世读《中庸》。"此两言者,东西易向,愿所中为筮而决之。

寅恪案:牧斋此文作于南都倾覆后,仍从事于复楚报韩活动之时。但文中"余少壮而好论兵,抵掌白山黑水间"之语,则指《天启元年浙江乡试程录》中谈兵诸篇而言,故移录于此,以供读此诗者之参证。

《初学集》二〇上《东山诗集三·中秋日携内出游,次冬日泛舟韵二首》云:

绿浪红阑不媿愁,参差高柳蔽城楼。莺花无恙三春侣,虾菜居然万里舟。照水蜻蜓依鬓影,窥帘蛱蝶上钗头。相看可似嫦娥好,白月分明浸碧流。

轻桡荡漾缓清愁,恰似明妆上翠楼。桂子香飘垂柳岸,芰荷风度采莲舟。招邀璧月成三影,拚当金尊坐两头。便合与君长泛宅,洞房兰室在中流。

河东君《依韵奉和二首》云:

秋水春衫憺暮愁,船窗笑语近红楼。多情落日依兰棹,无藉轻云傍彩舟。月幌歌阑寻麈尾,风床书乱觅搔头。五湖烟水长如此,愿逐鸱夷泛急流。

素瑟清尊迥不愁,柂楼云物似妆楼。夫君本自期安桨,(自注:《有美诗》云:"迎汝双安桨。")贱妾宁辞学泛舟。烛下乌龙看拂枕,风前鹦鹉唤梳头。可怜明月将三五,度曲吹箫向碧流。

寅恪案:钱柳唱和所以次此"冬日泛舟"旧韵者,不仅人同地同,而两方此时心情愉畅,亦与崇祯十三年冬日正复相同也。河东君自茸城与牧斋结缡后,其所赋诗篇,今得见者,以此二律为首次。如第一首"月幌歌阑寻麈尾,风床书乱觅搔头"及第二首"烛下乌龙看拂枕,风前鹦鹉唤梳头"等,皆其婚后闺中生活之写实。第一首一联《神释堂诗话》深赏其佳妙,前已引及。第二首一联,则可与《才调集》五元稹《梦游春》诗"鹦鹉饥乱鸣,娇狌睡犹怒"之句相参证。(可参拙著《元白诗笺证稿》第三章论此诗条。)至第二首第二联及自注,似足表现河东君之雅量,几与今日王宝钏戏剧《大登殿》中代战公主相等,殊有异于其平日所为,颇觉奇特。或者此不过偶然一时心情愉畅之所致,未必为陈夫人地,而以桃叶桃根自居也。

又,张山来潮所辑《虞初新志》五有徐仲光芳《柳夫人小传》,无甚史料价值,但其中述钱柳婚后互相唱和一节,则颇能写出当时实况,故附录于此。其文云:

> 柳既归宗伯,相得欢甚,题花咏柳,殆无虚日。每宗伯句就,遣鬟矜示柳。击钵之顷,蛮笺已至,风追电蹴,未尝肯地步让。或柳句先就,亦走鬟报赐。宗伯毕力尽气,经营惨淡,思压其上。比出相视,亦正得匹敌也。宗伯气骨苍峻,虬松百尺,柳未能到;柳幽艳秀发,如芙蓉秋水,自然娟媚,宗伯公时亦逊之。于时旗鼓各建,闺阁之间,隐若敌国云。

河东君自赋中秋日诗后,其事迹在崇祯十四年冬季之可考者,为偕牧斋出游京口一事。前论牧斋为《汉书》事与李孟芳书时,已略及此问题,兹更详考之于下。

《初学集》二〇上《东山诗集三·小至日京口舟中》云:

> 病色依然镜里霜,眉间旋喜发新黄。偶逢客酒浇长至,且拨寒炉泥孟光。抚髻一灯还共照,飞蓬两鬓为谁伤。阳春欲复愁将尽,弱线分明验短长。

附河东君和诗云:

> 首比飞蓬鬓有霜,香奁累月废丹黄。却怜镜里丛残影,还对尊前灯烛光。错引旧愁停语笑,探支新喜压悲伤。微生恰似添丝线,邀勒君恩并许长。

寅恪案:牧斋诗结语云:"阳春欲复愁将尽,弱线分明验短长。"

盖所以温慰河东君之愁病,情辞甚真挚。河东君报以"微生恰似添丝线,邀勒君恩并许长"之句,并非酬答之例语,而是由衷之实言。

考河东君本是体弱多病之人。检《陈忠裕全集》一五《陈李唱和集》载有卧子于崇祯六年癸酉秋季所赋二律。其题序云:

秋夕沈雨,偕燕又、让木集杨姬馆中。是夜姬自言愁病殊甚。

及《耦耕堂存稿》诗中载有孟阳于崇祯九年丙子夏季所赋《六月鸳湖饮朱子暇夜归与云娃惜别(七律)》。其第四、第五,二句云:

愁似横波远不知。病起尚怜妆黛浅。

并观河东君《与汪然明尺牍》第十一通云:

二扇草上,病中不工。书不述怀,临风怅结。

第十三通云:

齐云胜游,兼之逸侣;崎岖之思,形之有日。奈近赢薪忧,褰涉为惮。

第十四通云:

昨以小疢,有虚雅寻。

第十八通云:

不意元旦呕血,遂尔岑岑。至今寒热日数十次,医者亦云较旧沉重。恐濒死者无几,只增伤悼耳。

第二十五通云:

伏枕荒谬,殊无铨次。

第二十七通云:

余扼腕之事,病极不能多述也。

第二十八通云:

不意甫入山后,缠绵凤疾,委顿至今。近闻先生已归,幸即垂示。山中最为丽瞩,除药炉禅榻之外,即松风桂渚。若觏良规,便为情景俱胜。读孔璋之檄,未可知也。伏枕草草,不悉。

第二十九通云:

弟抱疴禾城,已缠月纪。及归山阁,几至弥留。

又据前引牧斋《次韵崇祯十四年辛巳上元夜小饮沈璧甫斋中示河东君诗》云"薄病轻寒禁酒天",及《有美诗》云"薄病如中酒",可以证知河东君于崇祯六年及九年曾患病,至于十二、十三、十四等年之内,几无时不病,真可谓合"倾国倾城"与"多愁多病"为一人。倘非得适牧斋,则终将不救矣。《初学集》二〇上《东山诗集三·冬至后京江舟中感怀八首》,其一云:

懵腾心口自相攻,失笑禁啼梦吃中。白首老人徒种菜,红颜小妇尚飘蓬。床头岁叙占枯树,镜里天涯问朔风。睡起船窗频徙倚,强瞠双眼数来鸿。

寅恪案:此诗第一联为主旨所在。上句用《三国志·蜀志二·先主传》裴《注》引胡冲《吴历》"吾岂种菜者乎"之语。盖牧斋此时颇欲安内攘外,以知兵自许。河东君亦同有志于是,然皆无用武之地也。

其二云:

世事那堪祝网罗,流年无复感蹉跎。翻书懒看穷愁志,度曲谁传暇豫歌？背索偶逢聊复尔,侏儒相笑不争多。晤言好继《东门》什,深柳书堂在涧阿。

寅恪案:此诗第七句出《诗·陈风》"东门之池,可以沤菅,彼美淑姬,可与晤言"。第八句用刘眘虚"深柳读书堂"之语(见《全唐诗》第四函刘眘虚《阙题(五律)》)。此两句皆指河东君而言。"柳"为河东君之寓姓,颇切。然《毛诗·东门之池小序》云:"刺时也。疾其君之淫昏,而思贤女以配君子也。"若以此解,则河东君为贤女,崇祯帝为昏君。不仅抑扬过甚,且《小序》所谓"君子"乃目国君。牧斋用典绝不至拟人不于其人。其不取《毛序》迂远之说,自无疑义也。

其三云:

麇麇群乌啄野田,辽辽一雁唤江天。风光颇称将残岁,身世还如未泊船。懒养丹砂回鬓发,闲凭青镜记流年。百金那得封侯药,悔读蒙庄说剑篇。

寅恪案:此诗"悔读蒙庄说剑篇"与前引《燕誉堂秋夕话旧》诗之"共检庄周说剑篇"有关。前诗自指牧斋《天启元年浙江乡试程录》而言。此诗虽非即指此录,但其中有谈兵之部分,故可借为比拟。颇疑钱柳此次出游京口,实与《天启元年浙江乡试程录》有关也。余见后论。

其四云:

屈指先朝侍从臣,西清东观似前身。何当试手三千牍？已作平头六十人。枥下可能求骏骨,爨余谁与惜劳薪？闲披仙籍翻成笑,碧落犹夸侍帝晨。

寅恪案:此诗第七句之"仙籍",依通常用典之例及此诗全部辞旨推之,应指《登科记》或《缙绅录》类似之书而言。但牧斋在京口舟中恐无因得见此种书录。鄙意钱柳之游京口,其动机实由共检《天启元年浙江乡试程录》之谈兵部分,有所感讳,遂取此录自随,同就天水南渡韩、梁用兵遗迹,与平日所言兵事之文相证发。今观《初学集》九〇所载此录序文,即有牧斋所任翰林院编修之官衔。其全书之首,当更有此类职名。此诗"屈指先朝侍从臣,西清东观似前身"两句之意,当亦指此。《初学集》首载程松圆《序》云:"辛酉先生浙闱反命,相会于京师。时方在史局,分撰《神庙实录》,兼典制诰"可取与相证也。

其五云:

> 人情物论总相关,何似西陵松柏间。敢倚前期论白首,断将末契结朱颜。缘情词赋推团扇,慢世风怀托远山。恋别烛花浑未灺,宵来红泪正斓斑。

寅恪案:此诗专述河东君崇祯十三年庚辰冬过访牧斋于虞山半野堂,及次年辛巳春别去独返云间一段因缘。前引牧斋《病榻消寒杂咏》中《追忆庚辰半野堂文宴旧事》诗,与此诗之旨略同。"慢世风怀托远山"句,其出处遵王《注》已言之,即牧斋《答河东君初赠诗》"文君放诞想流风,脸际眉间讶许同"之意。至"人情物论总相关,何似西陵松柏间"句,则指河东君初赠诗"江左风流物论雄"之语而言。盖牧斋素以谢安自比,崇祯元年会推阁臣,不仅未能如愿,转因此获罪罢归,实为其平生最大恨事。河东君初赠诗道破此点,焉得不"断将末契结朱颜"乎?

其六云:

> 项城师溃哭无衣,闻道松山尚被围。原野萧条邮骑少,庙堂镇静羽书稀。拥兵大将朱提在,免胄文臣白骨归。却喜京江波浪偃,蒜山北畔看斜晖。

寅恪案:"项城师溃哭无衣"句,第一章论钱遵王《注》牧斋诗时,已言及之。据《浙江通志》一四〇《选举志·举人表》"天启元年辛酉科"所取诸人姓名及《初学集》二〇下《东山诗集四·三良诗》,知汪氏为牧斋门人,故闻其死难,尤悼惜之也。"闻道松山尚被围"事,则遵王以避清室忌讳之故,未著一字。检《明史》二四《庄烈帝纪》略云:"崇祯十四年七月壬寅,洪承畴援锦州,驻师松山。十五年二月戊午,大清兵克松山。洪承畴降。"牧斋赋此诗在十四年十一月,正是松山被围时也。

其七云:

柁楼尊酒指吴关,画角声飘江北还。月下旌旗看铁瓮,风前桴鼓忆金山。余香坠粉英雄气,剩水残云俯仰间。(寅恪案:《初学集》四四《韩蕲王墓碑记》引此句,"残云"作"残山",似较佳。)他日灵岩访碑版,麒麟高冢共跻扳。

寅恪案:此诗乃钱柳此次出游京口之主旨。前论第四首谓两人既以韩、梁自比,欲就南宋古战场实地调查,以为他日时局变化之预备。后此将二十年牧斋赋《后秋兴之三》云:"还期共覆金山谱,桴鼓亲提慰我思。"(见《投笔集(上)》及《有学集》一〇《红豆二集》。)犹念念不忘此游也。此诗结语云:"他日灵岩访碑版,麒麟高冢共跻扳。"意谓当访吊梁、韩之墓。观京江感怀诗后第二题为《半塘雪中戏成次东坡韵》,半塘在苏州,见前论《有美诗》"半塘春漠漠"句所述。由镇江返常熟当经苏州,韩、梁墓在灵岩,钱柳虽过苏,而未至其地者,必因河东君素惮登陟。前论《与汪然明尺牍》第十三通及《戊寅草·初秋八首》之三"人似许玄登望怯"句,已详言之。河东君平日既是如此,况今在病中耶?至《初学集》四四《韩蕲王墓碑记》云:

辛巳长至日,余与河东君泊舟京江,指顾金、焦二山,想见兀术穷蹙打话,蕲王夫人佩金凤瓶,传酒纵饮,桴鼓之声,殷殷江流溃沸中,遂赋诗云:"余香坠粉英雄气,剩水残山俯仰间。"相与感慨叹息久之。甲申二月,观梅邓尉,还过灵岩山下,扫积叶,剔苍藓,肃拜酹酒而去。因撼采杨国遗事,记其本末如此。

则崇祯十七年甲申二月牧斋实曾游灵岩。不知此次河东君亦与同行否?考是时河东君久病已痊愈,跻扳高冢当不甚困难,钱柳两人同游,殊可能也。

又,上海文物保管委员会藏《顾云美自书诗稿》有《道中寄钱牧斋先生(七律)》云:

赌荚墅外云方紫,煨芋炉边火正红。身是长城能障北,时遭飞语久居东。千秋著述欧阳子,一字权衡富郑公。莫说当年南渡事,夫人亲自鼓军中。

寅恪案:此诗前一题为《寒食过莒州》,后第一题为《闻警南还沂水道中即事》,第二题为《广陵别万次谦》,题下自注云:"传闻翠华将南。"第四首为《送幼洪赴召》,(寅恪案:《牧斋外集》一〇《吴君二洪五十序》云,"吴门吴给谏幼洪与其兄二洪奉母家居"。云美为苏州府长洲县人。钱《序》所称"吴门吴给谏幼洪",则是云美同里。故顾诗之幼洪,当即钱《序》之吴幼洪也。)诗中有"六月驱车指帝京"及"钟山紫气寻常事,会有英贤佐圣明"。并自注云:"幼洪师马素脩先生,死北都之难"等语。故据诗题排列先后及诗中所言时事推之,知《寄牧斋诗》为崇祯十七年甲申春间所作。此诗堆砌宰相之典故以比拟牧斋,殊觉无谓,但认牧斋可为宰相一点,则非仅弟子个人之私言,实是社会当时之舆论。观前引陈卧子《上牧斋先生书》即可证知,无取广征也。兹更有应注意者,即此诗结语,亦言及韩、梁金山故事。颇疑云美非独先已得见牧斋《京口舟中感怀》诗,且闻知其师与师母平日慷慨谈兵之志略。就诗而言,云美此篇并非佳作,但以旨意论之,则可称张老之善颂善祷。云美借此得以弥补《东山酬和集》未收其和章之缺憾欤?

其八云:

阳气看从至下回,错忧蚊响又成雷。乌鸢攫肉真堪笑,魑魅争光亦可哀。云物暖应生黍律,风心老不动葭灰。香车玉笛经年约,为报西山早放梅。

寅恪案:此诗七、八两句云:"香车玉笛经年约,为报西山早放梅。"牧斋所以作此结语者,因崇祯十四年十一月赋此诗时,河东君正在病中,虽将赴苏州养疴,自不能往游灵岩,甚愿次年春季可乘亲自至苏州迎其返常熟之便,共观梅邓尉。"早放"之语,亦寓希望河东君患病早愈之愿,与第五章论《高会堂集·约许誉卿彩生至拂水山庄》诗中"西山"之意不同,并暗用东坡诗"长与东风约今日,暗香先返玉梅魂"之典。苏诗与河东君《金明池·咏寒柳》词有关,牧斋用以牵涉河东君,而自居为"梅魂"也。详见论河东君《寒柳词》及论牧斋《我闻室落成》诗等节,兹不多及。

又,《初学集》二〇下《东山诗集三·〔崇祯十六年癸未〕元日杂题(长句)八首》之七结语云:"邓尉梅花侵夜发,香车明日向西山。"是时河东君病渐痊,但尚未全愈,牧斋赋此二句,亦不过聊寄同游之希望,非河东君真能往游也。

抑更有可论者,旧题娄东梅村野史《鹿樵纪闻(上)》"马、阮始末"略云:

阮大铖,字圆海,桐城人。(寅恪案:大铖字集之,圆海乃其号。怀宁人,非桐城籍。但《小腆纪传》六二《奸臣传·阮大铖传》云:"天启元年,擢户科给事中,迁吏科,以忧归,居桐城。御史左光斗谠直有声,大铖以同里故,倚以自重。"盖因其居处,认为著籍桐城也。《列朝诗集》丁一三《阮邵武自华小传》云:"怀宁人。"附其孙《阮尚书大铖传》云:"字集之。"牧斋与阮氏关系密切,故所记皆正确。假定《鹿樵纪闻》此节真出梅村之手者,然吴、阮关系疏远,梅村所记,亦不及牧斋之翔实也。)天启初,由行人擢给事中。寻召为太常少卿。居数月,复乞归。崇祯元年起升光禄寺。〔魏〕大中子学濂上疏称大铖实杀其父。始坐阴行赞导,削夺配赎。钦定逆案,列名其中。大铖声气既广,虽罢废,门庭势焰,依然熏灼。久之,流寇逼皖,避居白门。时马士英亦在白门。大铖素好延揽,及见四方多事,益谈兵招纳游侠,冀以边才起用。

又《明史》三〇八《马士英传》附阮大铖传云:

崇祯元年,〔大铖〕起光禄卿。御史毛羽健劾其党邪,罢去。明年定逆案,请赎徒为民,终庄烈帝世,废斥十七年,郁郁不得志。流寇逼皖,大铖避居南京,颇招纳游侠,为谈兵说剑,觊以边才召。

盖明之季年内忧外患,岌岌不可终日。当时中朝急求安攘之人才,是以士大夫之获罪罢废者欲乘机起复,往往"招纳游侠,谈兵说剑",斯乃事势所使然,殊不足异。牧斋此际固与圆海为不同之党派,但其欲利用机会,以图进取,则无不同。河东君与牧斋之关系,所以能如此者,不仅由于"弹丝吹竹吟偏好"之故,实因复能"共检庄周说剑篇"所致。前者当日名媛如徐阿佛、王纤郎辈,亦颇擅长;至后者则恐舍河东君外,不易别求他人。然则牧斋心中认其与河东君之因缘,兼有谢太傅东山丝竹及韩蕲王金山桴鼓之两美者,实非无故也。兹先略论述牧斋谈兵说剑以求进用之心理并举动,后复就牧斋作品中,关涉河东君虽在病中,犹不忘天下安危之辞句,以证释之。今日读者或可借以窥见钱柳婚后二三年间生活之一方面欤?

陈卧子先生《安雅堂稿》一四《上少宗伯牧斋先生》(原注:"壬午冬。")略云:

> 方今泰道始升,见龙贞翰,自当亟资肃义,寅亮天业。既已东郊反风,岳牧交荐,而上需密云之畜,下有盘桓之心。使天下倾耳侧足以望太平者,目望羊而心朝饥,谁之故也?属闻房踊渔阳,为谋叵测。征兵海内,驿骚万里,此志士奋袂戮力共奖之日,而贤士大夫尚从容矩步,心怀好爵,何异乡饮焚屋之下,争饼摧轮之侧?旁人为之战栗矣。阁下雄才峻望,薄海具瞻,叹深微管,舍我其谁?天下通人处子,怀奇抱道之士,下至一才一艺之流,风驰云会,莫不望阁下之出处,以为濯鳞振翼。天子一旦命阁下处端揆、秉大政,恐非一手足之烈也。阁下延揽幽遐,秉心无竞,求人才于阁下之门,如采玉于山、搜珠于泽,不患其寡也,特难于当时所急耳。当时所急,莫甚于将帅之才。子龙闻君之有相,犹天之有北斗也。故为相者,宜有温良蔼吉之士以扬治化,又宜有果敢雄武之才以备不虞。阁下开东阁而待贤人,则子龙虽不肖,或可附于温良蔼吉之列,以备九九之数。至于果敢雄武之流,世不可谓无其人,不知阁下之所知者几辈也?

寅恪案:卧子与牧斋在文场、情场虽皆立于敌对地位,然观此书,其推重牧斋一至于此,取较宋辕文之贻书辱骂、器局狭隘者,殊有霄壤之别。或可与李问郎之雅量,参预牧斋南都绮席者,约略相似也(见第三章引王沄《虞山竹枝词》"双鬟捧出问郎来"句并注)。又观卧子此书,得以推知当日士大夫一般舆论,多期望牧斋之复起任宰相。及为相后,更有最急之新猷。此点为当日之公言,而非卧子一人之私议也。书中既作"□躏渔阳,为谋叵测"之语,则卧子之意,亦以为牧斋实有攘外之才,苟具此才,即可起用。此阮圆海所以"觊以边才召"也。故牧斋崇祯十四年、十五年、十六年诸诗文关涉论边事及求将帅两点者,颇为不少。今特标出之于下,以资参证。

《初学集》二〇上《东山诗集三·寄榆林杜韬武总戎》云:

莫厌将坛求解脱,清凉居士即瞿昙。

寅恪案:清凉居士即韩世忠。钱遵王《注》已引其出处。杜韬武者,杜文焕之字。事迹见《明史》二三九《杜桐传》附文焕传,并可参《有学集》一六《杜弢武全集序》,同书二二《杜大将军七十寿序》及吴伟业《梅村家藏稿》三《送杜公弢武归浦口》诗等。牧斋此诗列于《小至日京口舟中》及《冬至后京江舟中感怀》两题之间。此际牧斋与河东君同访韩、梁古战场,其用"清凉居士"之典,自无足异。所可注意者,牧斋甚思以文字与当时有将帅才及实握兵符者相联络。初尚限于武人之能文者,如杜氏,即是一例。后遂推及持有实权之军人,如郑芝龙之流,而不问是否能欣赏其诗文矣。

《初学集》二〇上《东山诗集三·题〈将相谈兵图〉为范司马蔡将军作》云:

画师画师汝何颇,再貌一人胡不可?猿公石公非所希,天津老人或是我。

寅恪案:范司马即范景文。《明史》二六五《范景文传》略云:

〔崇祯〕十年冬,(寅恪案:坊印本及百衲本"十"均作"七"。王颂蔚《明史考证捃逸》亦未论及。兹据同书二六四《吕维祺传》及谈迁《国榷》三《部院表下》"南京兵部尚书"栏"丁丑吴桥范景文"条等改正。)起南京右都御史,未几就拜兵部尚书,参赞机务。十一年冬,京师戒严,遣兵入卫。杨嗣昌夺情辅政,廷臣力争,多被降谪。景文倡同列合词论救。帝不悦,诘首谋,则自引罪。且以众论佥同为言。帝益怒,削籍为民。十五年秋用荐召拜刑部尚书。未上,改工部。

牧斋《题〈将相谈兵图〉》诗后一题为《效欧阳詹玩月诗》首句云,"崇祯壬午八月望"。可知《题〈将相谈兵图〉》一诗乃梦章罢南京兵部尚书以后,起为北京刑部尚书改工部不久以前所作,故仍称其为司马也。"蔡将军",牧斋未著其名。检《范文忠公文集》五载《与蔡》一书,亦未著其名。但书中有"今登镇特借秉麾,海上共干城矣"之语,知其人为登州总兵,岂即此蔡将军耶?俟考。"天津老人"之出典,钱遵王《注》已引其出处,牧斋表面上虽故作谦逊之辞,以裴度目范,而以"天津老人"自命,实则暗寓己身能为晋公。可谓高自标置矣。晋公《中书即事》诗云:"灰心缘忍事,霜鬓为论兵。"(见《唐诗纪事》三三"裴度"条及《全唐诗》第五函裴度。)牧斋此际虽欲建树平定淮蔡之功业,然有志不成,空兴"白首老翁徒种菜"之叹,颇可怜也。又钱曾《注》本《有学集》八《长干塔光集·鸡人(七律)》(涵芬楼影印《有学集》本此诗自注有所删改,故用遵王《注》本)云:

鸡人唱晓未曾停,仓卒衣冠散聚萤。执热汉臣方借箸,畏炎□骑已扬舲。(自注:"乙酉五月一日召对。讲官奏曰,'马畏热,必不渡江。'余面叱之而退。")刺闱痛惜飞章罢,(自注:"余力请援扬,上深然之。已而抗疏请自出督兵,蒙温旨慰留而罢。")讲殿空烦侧坐听。肠断覆杯池畔水,年年流恨绕新亭。

寅恪案:牧斋于启、祯之世,以将帅之才自命,当时亦颇以此推之。弘光固是孱主,但其不允牧斋督兵援扬,犹可称有知人之明。假若果如所请者,则河东君自当作葛嫩,而牧斋未必能为孙三也。一笑!

至于梦章之以此图征题,足知其好谈兵,喜标榜。检吴伟业《绥寇纪略》五"黑水擒"条云:

〔范〕景文下士喜奇计,坐客多谭兵,顾临事无所用。

亦可窥见明末士大夫一般风气。阮圆海、钱牧斋、范梦章三人者,其人品本末虽各异,独平日喜谈兵,而临事无所用,则同为一丘之貉耳。

《初学集》二〇上《东山诗集三·寄刘大将军(七律)》略云:

泰山石砺千行剑,清济流环万垒营。箧中亦有阴符在,悔挟陈编作老生。

寅恪案:刘大将军当为刘泽清,因《明史》二七三《高杰传》附刘泽清传略云:

刘泽清,曹县人。崇祯十三年八月,降右都督,镇守山东,防海。泽清以生长山东,久镇东省非宜,请辞任。泽清颇涉文艺,好吟咏,尝召客饮酒唱和。

与牧斋诗中"泰山""清济"一联俱是山东地望者相合。又检《初学集》三一《刘大将军诗集序》略云:

曹南刘大将军喜为歌诗。幕中之士传写其诗,镂版以行于世,而请余序之。崇祯壬午七月序。

此序所言之籍贯及称谓皆与诗合。更以《明史·泽清本传》"泽清颇涉文艺,好吟咏,尝召客饮酒唱和"等语证之,则此刘大将军应是刘泽清无疑。《寄刘大将军》诗前一题为《效欧阳詹玩月》诗,观诗后所附跋语,知为崇祯十五年壬午八月十五至十七日间之作。后一题为《驾鹅行》,乃闻此年九月下旬潜山战胜所赋。故牧斋作刘氏诗序,尚在寄刘氏诗之前。时间距离颇短,频为诗文,谀辞虚语,盈笺叠纸,何其不惮烦如此?诗末结语,牧斋欲以知兵起用之旨,溢于言表。其笼络武人之苦心,尤可窥见矣。

《初学集》二〇上《东山诗集三·驾鹅行闻潜山战胜而作》云:

督师堂堂马伏波,(自注:"督师贵阳马公。")花马刘亲斫阵多。(自注:"刘帅廷佐。")三年笛里无梅落,万国霜前有雁过。捷书到门才一瞥,老夫喜失两足蹩。惊呼病妇笑欲喧,炉头松醪酒新爇。

同书二〇下《东山诗集·中秋日得凤督马公书来报剿寇师期,喜而有作》云:

鹖冠将军来打门,尺书远自中都至。书来克日报师期,正是高秋誓旅时。先驱虎旅清江汉,(自注:"左帅还兵扼九江。")厚集元戎出寿蕲。(自注:"马公督花马诸军自寿州出蕲黄。")伏波威灵天所付,花马军声鬼神怖。鄂中石马频流汗,汉上浮桥敢偷渡。(自注:献贼作浮桥渡汉江。闻大兵至,一夜撤去。)

同书八〇《答凤督马瑶草书》略云:

顷者虎旅先驱,元戎后继,贼遂撤浮桥,敛余众,待王师之至,为鼠伏兔脱之计,则固已气尽魄夺矣。吾谓今日之计,当委秦、蜀之兵以制闯,使不得南,而我专力于献。九江之师扼其前,蕲、黄之师搗其后,勿急近功,勿贪小胜,麼之使自救,扰之使自溃。此万全之策,必胜之道也。腐儒衰晚,不能荷戈执殳,效帐下一卒之用。忧时念乱,轮囷结轖,耿耿然挂一马瑶草于胸臆中,垂二十年矣。今幸而弋获之,虽欲不倾倒输写,其可得乎?秋风萧条,行间劳苦,惟为社稷努力强饭自爱。

寅恪案:上列两诗一书,其作成时间,大约《驾鹅行》赋于崇祯十五年冬季,因《明史》二四《庄烈帝本纪》云:

〔崇祯十五年〕九月辛卯,凤阳总兵黄得功、刘良佐大败张献忠于潜山。

据郑氏《近世中西史日表》,"辛卯"为廿四日。牧斋居家得闻知此事,必在十月后矣。《中秋日得凤督马公书》一诗,乃崇祯十六年癸未中秋所作。此据诗题可以决定者。至《答马瑶草书》虽未著年月,然详绎书中辞旨,大抵与《中秋日得马公书》诗,殊相类似。书中复有"倾倒输写"之语,所谓"输写",当即指所赋之诗而言。书末"秋风萧条"一语,亦与诗题之节候相应。今综合《诗》及《书》两者参互证之,疑是同时所作。盖《诗》则专为"倾倒输写",《书》则兼为金正希误杀黔兵解说(事见《明史》一七七《金声传》。黔兵纪律之恶劣可参计六奇《明季南略》七"马士英奔浙"条),因此等解说之辞,不可杂入诗中也。检叶廷琯选录《徐元叹先生残稿》所附马士英《序》,末署"天启元年辛酉五月端阳前三日",据此牧斋即使不在北京,或他处遇见瑶草,至少亦可从素所交好之徐氏作品中,得见马氏此序。马文颇佳,牧斋必能欣赏,故书中"挂一马瑶草于胸臆中,垂二十年矣"之语,非尽虚谀也。《驾鹅行》中,"花马刘亲斫阵多"之"花马

刘"依牧斋自注,乃指刘廷佐言。但计六奇《明季南略》三"刘良佐"条略云:

> 刘良佐,字明辅,大同左卫人。崇祯十四年曾破贼袁时中数万众,历官至总戎,素乘花马,故世号"花马刘"云。

是"花马刘"之为刘良佐,绝无可疑。牧斋何以称之为"刘廷佐"?岂由偶尔笔误,抑或刘氏之名前后改易,俟考。夫牧斋此时欲以知兵起用,联络持有兵权之主帅如马瑶草者,固不足怪。但其特致殷勤于瑶草部将之刘明辅,则恐别有用心。检上引计氏书"刘良佐"条后有附注云:

> 先君子云,昔刘良佐未显时,居督抚朱大典部下,忽为所知,加以殊恩。屡以军功荐拔,遂至总戎,亦一遇也。

是刘良佐与朱大典有关。《明史》二七六《朱大典传》略云:

> 崇祯五年四月,李九成、孔有德围莱州。山东巡抚徐从治中炮死,擢大典右佥都御史代之。诏驻青州,调度兵食。七月,登莱巡抚谢琏复陷于贼,总督刘宇烈被逮,乃罢总督及登莱巡抚,不设专任。大典督主客兵数万及关外劲旅四千八百余人合剿之,贼大败,围始解。贼窜归登州。〔副将靳〕国臣等筑长围守之,攻围既久,贼粮绝,恃水城可走,不降。六年二月中旬,有德先遁,官军遂入〔登州〕大城,攻水城未下,游击刘良佐献轰城策。城崩,官军入,贼尽平。八年二月,贼陷凤阳,诏大典总督漕运,兼巡抚庐、凤、淮、扬四郡,移镇凤阳。〔十四年〕六月,命大典总督江北及河南、湖广军务,仍镇凤阳,专办流贼。贼帅袁时中众数万,横颍、亳间。大典率总兵刘良佐等击破之。

南沙三余氏《南明野史(上)》云:

广昌伯刘良佐,字明宇。故东抚朱大典之旧将,后督淮扬,再隶麾下,从护祖陵。御革左眼,再收永城。号"花马刘"者也。

据此,刘良佐实为朱大典在山东平定登莱一役,卓著战功之骁将。后来大典移驻凤阳,良佐之兵乃其主力。牧斋歌颂瑶草战功,专及明辅,事理所当然。鄙意尚有可注意者,即《明史·朱大典传》中"罢总督及登莱巡抚,不设专任"一事。盖此点极与牧斋有关。前引牧斋《送程九屏领兵入卫二首,时有郎官欲上书请余开府东海,任捣剿之事,故次首及之》一题及诗中"东征倘用楼船策"句,及《元日杂题(长句)八首》之四诗中自注云:"沈中翰上疏请余开府登莱,以肄水师。"并《有学集》三二《卓去病先生墓志铭》载,崇祯末,中书沈廷扬特疏请牧斋开府东海,任援剿事。《明史》八六《河渠志·海运门》及同书二七七《沈廷扬传》所载季明本末较详,而沈氏受命驻登州,领宁远饷务一点,尤与其请任牧斋为登莱巡抚事有关。

又,《鲒埼亭集外编》四《明沈公神道碑铭》述五梅海运之功甚详,而不及其请任牧斋为登莱巡抚事。并其上书时任中书之职名亦不书,盖欲避免沈氏与牧斋之关系。但文中云:

大兵之下松山也,绕出洪承畴军后,围之急,十三镇援兵俱不得前,城中饷绝,道已断。思陵召公议之,公请行。自天津口出,经山海关左,达鸭绿江,半月抵松山,军中皆呼万岁。公还,松山竟以援绝而破。时论以为初被围时,若分十三镇之半,从公循海而东,前后夹援,或有济,而惜乎莫有见及之者。

据此可见季明海运之策,与请任牧斋巡抚登莱两事,实有相互关系。谢山虽恶牧斋,欲讳其事,亦有不可得者。(《嘉定县志》一九《文学门·沈宏之传》云:"族弟崇明廷扬入中书,建海运策,疏出宏之手。丙戌,廷扬死节,宏之殡之虎丘,志而铭之。"可供参考。)《初学集》二〇上《东山诗集三·〔崇祯十四年〕冬至后京江舟中感怀八首》之六"闻道松山尚被围"句,可证牧斋赋此诗前后,甚欲一试其平生谈兵说剑之抱负,觊觎登莱巡抚之专任。故于登州一役立有战功之刘良佐,尤所属望。不知明辅亦如鹤洲之能以武人而能诗,可欣赏此江左才人之篇什,更通解其欲任登莱巡抚之微旨欤?至《驾鹅行》中"惊呼病妇笑欲噎"之句,牧斋于此忽涉及河东君,亦非无因,殆由瑶草早已得闻钱柳因缘之佳话。《东山酬和集》刊成于崇祯十五年春间,集中所收诸词人和章,为徐元叹诗最多(并可参《初学集》三二《徐元叹诗序》)。以平日徐、马文字关系推之,瑶草当已先得见《东山酬和集》也。牧斋特作此句,所以表示河东君实非寻常女子,乃一"闺阁心悬海宇棋"之人,可与杨国夫人等视齐观,并暗寓以韩蕲王自待之意。未识瑶草读之以为何如耶?

抑更有可论者,《绥寇纪略》五云:

> 淮抚朱大典以护陵故,多宿兵,亦屡有挫衄。独其将刘良佐骁果善战。

可知当日江淮区域凤阳主帅拥兵最多。其部将如"花马刘"辈,复以善战著称。吴氏之书虽指朱延之而言,但瑶草乃后来继任朱氏之人,部下骁将,多仍其旧。《南明野史》所言,即其明证。故牧斋之作,殊非偶然。至北京陷落,弘光南都之局,悉为马氏操持,盖由其掌握兵权所致。牧斋亦终以与马、阮钩联毁其晚节,固非一朝一夕之故,观此二诗一书,即可证知矣。

《初学集》二〇下《东山诗集四·闽人陈遁鸿节过访别去二十年矣(七律)》略云:

> 乱后情怀听夜雨,别来踪迹看残棋。凭君卷却梁溪集,共对檐花尽一卮。(自注:"鸿节以李忠定公《梁溪集》相赠。")

又《留鸿节(七律)》略云:

> 突兀相看执手时,依然旧雨忆前期。客中何物留君住,凭仗江梅玉雪枝。

同书同卷《郑大将军生日(七律)》云:

> 戟门瑞霭接青冥,海气营云拥将星。荷鼓光芒朝北斗,握奇壁垒镇南溟。扶桑晓日悬弧矢,析木长风送柝铃。荡寇灭奴须及早,伫看铜柱勒新铭。

同书三二《陈鸿节诗集序》(寅恪案:同治修《福建通志》二一三《文苑传》有《陈遁传》。但其文全采自《初学集》,别无他材料也)略云:

> 陈遁,字鸿节,闽之侯官人也。贷富人金为远游,抵陪京。过桃叶渡,遇曲中诸姬,揄长袂,侻薄装,酒阑促坐,目眙手握,以为果媚己也。命酒极宴,流连宿昔,橐中装尽矣。还寄食于僧院。故人黎博士,赠百金,遣游锡山。途中遇何人,夜发筐,盗其金亡去。益大困,卧病于江上李生家。亡友何季穆赏其诗,载归虞山。(寅恪案:"李生"即李奕茂,字尔承。事迹可参《牧斋外集》二五《书李尔承诗后》。何允泓,字季穆,常熟人。事迹可参《初学集》三《归田诗集(上)哭何季穆》诗及同书五五《何季穆墓志铭》并吴伟业《梅村家藏稿》二七《何季穆文集序》等。)偕过余山中,赋诗饮酒,相乐也。自后不复相闻,亦未知其存否。今年,忽访余于虎丘,握手道故,喜剧而涕。问其年,长余二岁耳。出其诗,则卷帙日益富。曹能始为采入《十二代诗选》中矣。

鸿节将行，余为略次其生平与出游之概，以叙其诗，且以为别。属其归也，以质诸能始。癸未中春十四日叙。

同书八七《请调用闽帅议》略云：

为今之计，拯溺救焚，权宜急切，唯有调用闽帅一著。愚以谓当事诸公，宜亟以江南急危情形，飞章入告。伏乞皇上，立敕郑帅，移镇东南，专理御寇事宜。其将领士卒，一应安家衣甲，器械船只，行粮月粮，一照郑帅弟鸿逵赴登事例。新登抚赴登也，属郑帅造船于瓜洲。郑慨然曰："此王事也，万里不敢辞，况京江咫尺乎？"已而语其弟鸿逵："奴警更急，我当亲督师渡江。"其慷慨赴义，急病让（攘）夷如此。东南之要害，不止一隅。既奉命移镇，则东南皆信地也。皖急可借以援皖，凤急可借以援凤，淮急可借以援淮，譬之弈棋，下一子于边角，而全局皆可以照应，则下子之胜著也。天下事已如弈棋之残局矣，诚有意收拾，则满盘全局著子之当下者尚多，而恐当局者措手之未易也，姑先以救急一著言之。衰晚罪废，不当出位哆口轻谈天下事。警急旁午，吴中一日数惊，顷见南省台传议曰："上护陵寝，下顾身家。"听斯言也，如吃睡中闻人聒耳大呼，不觉流汗惊寤，推襆被而起，庸敢进一得之愚，以备左右之采择。癸未三月朔日。

寅恪案：此郑大将军即郑成功之父郑芝龙。观《议》中"郑帅弟鸿逵"及"语其弟鸿逵"等句，是其确证。牧斋平生酬应之作甚多，未必悉数编入集中。以此等文字多不足道故也。至于寿芝龙一诗，所以特编入集中，疑别有理由，盖欲借是表见其知兵谋国之志事耳。《请调用闽帅议》末署"癸未三月朔日"。《郑大将军生日》前一题为《冯二丈犹龙（寅恪案：冯梦龙字犹龙，苏州府长洲县人）七十寿诗》其结语云："莺花春日为君长。"冯氏寿诗前即有关陈氏二律。其《留鸿节》诗有"江梅玉雪",表面叙述景物之语,并取牧斋所作《陈氏诗集序》,末署"癸未中春十四日"一端,综合推证,可知上列三诗一文,皆崇祯十六年癸未二三月间在苏州所作。时日衔接,地点相同,互有关系者也。《请调用闽帅议》以弈棋云:"天下事已如弈棋之残局矣。"可与《鸿节过访》诗"别来踪迹看残棋"之句互证。陈遁既是闽人,突兀过访,牧斋为之赋两诗并为之作《诗集序》,时间复与作寿郑芝龙诗及《请调用闽帅议》相接近,当不偶然。牧斋此年仲春忽至虎丘,恐非仅因观梅之雅兴,疑其别有所为。今以资料缺乏,甚难考知。或者一由于欲借鸿节为媒介以笼络郑芝龙兄弟;二由于往晤李邦华于广陵,共谋王室。若此揣测不误,则牧斋虎丘之游寓,乃其取道苏州渡江至扬州之中途小住也。第二事俟后论之,兹暂不多及。

又检《黄漳浦〔道周〕集》,其中亦有关涉此时李邦华诸人欲借郑芝龙兵力以安内攘外之文字,详见后引,兹亦暂不论之。

复次,金氏《钱牧斋年谱》"崇祯十一年戊寅"条,据日本宫崎来城《郑成功年谱》载:"郑森执贽先生之门,先生字之曰'大木'。时年十五。"殊为疏舛。鄙意许浩基《郑延平年谱》"崇祯十七年甲申,公廿一岁五月福王立于南京。芝龙遣兵入卫"条云:

《台湾郑氏始末》:福王立于南京,以明年为弘光元年。封芝龙南安伯,镇福建;鸿逵靖虏伯,充总兵官,守镇江;芝豹、彩并充水师副将。芝龙遣兵卫南京。

又"事钱谦益为师"条云:

《东南纪事》:福王时入国子监,师礼钱谦益。《行朝录》:闻钱谦益之名,执贽为弟子。谦益字之曰"大木"。(寅恪案:

《赐姓始末》云,"初名森。弘光时入南京太学,闻钱谦益名,执贽为弟子。谦益字之曰'大木'。"亦同。)

较合于事实。盖弘光立于南都,郑氏遣兵入卫。此时成功执贽于牧斋之门,极为可能。《行朝录》为黄宗羲所著,梨洲与牧斋关系密切,其言自是可信。至成功见牧斋时,年已二十一,尚未有字,殊不近情理。岂成功原有他字,而牧斋别易以"大木"之新字;或"大木"本为成功之字,传者误以为牧斋所取,如河东君之字"如是"实在遇见牧斋之前,《牧斋遗事》亦以"如是"之字乃牧斋所取者,同一谬误耶? 俟考。总而言之,牧斋在明北都倾覆以前,与芝龙实有联系。至于郑成功,其发生关系则在南都弘光继立之后。南都既陷,牧斋与河东君志图光复,与海外往来之踪迹,颇可推寻,俟第五章述之,兹不论及。

牧斋于崇祯季年,联络当时握有兵权者之事实,略如上述。其急求起用,与知交往还,并恐政敌周延儒妨阻,表面伪作谦逊之辞,以退为进,迹象之见于诗文者,殊为不少。但本文专论述钱柳关系,此点非主旨所在,不宜多述。噫! 当牧斋世路纷扰经营之日,即河东君病榻呻吟痛苦之时,虽两人之心境不必尽同,而锦瑟年华则同一虚度。今日追思,殊令人惋惜。然此三数年间,乃钱柳新婚后生活之一片段,故亦不可不稍涉及之也。

《初学集》二〇下《东山诗集三·元日杂题(长句)八首》,其一略云:

北阙千官咸拜手,东除上宰独扬言。(自注:"上待元辅以师臣之礼。")朝罢开颜定相贺,年年虏退有殊恩。

寅恪案:牧斋赋长句八首,此首乃开宗明义第一章,辞旨专诋阳羡。故知此首乃此题八首全部主旨所在也。检《明史》三〇八《奸臣传·周延儒传》云:

> 帝尊礼延儒特重。尝于岁首日,东向揖之曰:"朕以天下听先生。"因遍及诸阁臣。

可与此诗印证。又检同书同《传》云:

> 〔崇祯〕十六年四月,大清兵略山东,还至近畿。帝忧甚。大学士吴甡方奉命办流寇。延儒不得已自请视师。帝大喜。降手敕,奖以召虎、裴度。赐章服、白金、交绮、上驷,给金帛赏军。延儒驻通州,不敢战,惟与幕下客饮酒娱乐,而日腾章奏捷。帝辄赐玺书褒励。侦大清兵去,乃言敌退,请下兵部议将吏功罪。既归朝,缴敕谕,帝即令藏贮,以识勋劳。论功加太师,荫子中书舍人,赐银币蟒服。延儒辞太师,许之。

亦可与此诗相印证。但玉绳因清兵之退而特受宠赐,其事实在崇祯十六年四月丁卯,即廿八日,清兵引退之后(参《明史》二四《庄烈帝本纪》)。牧斋当不能预知。岂牧斋后闻玉绳事败,补作此首? 抑或原有此首,特改用"年年"二字以后概前耶? 俟考。

其三略云:

> 空传陶侃登坛约,谁奉田畴间道书。(自注:"淮抚史公唱义勤王,驰书相约。")投笔儒生腾羽檄,(自注:"无锡顾杲秀才传《号忠檄》。")辍耕野老奋櫌锄。

寅恪案:《明史》二四《庄烈帝本纪》略云:

> 崇祯十五年十一月壬申(初六日),大清兵分道入塞,京师戒严。诏举堪督师大将者。戊寅(十二日),征诸镇入援。十七年二月丁亥(廿八日),诏天下勤王。三月甲午(初六日),征诸镇兵入援。乙巳(十七日),贼犯京师,京营兵溃。

丙午（十八日），日晡，外城陷。是夕，皇后周氏崩。丁未（十九日），昧爽，内城陷，帝崩于万寿山。

同书二七四《史可法传》略云：

〔崇祯〕十二年夏，丁外艰去。服阕，起户部右侍郎兼右佥都御史，代朱大典总督漕运，巡抚凤阳淮安扬州。拜南京兵部尚书，参赞机务。十七年四月朔，闻贼犯阙，誓师勤王。渡江抵浦口，闻北都已陷。（寅恪案：《小腆纪传》一〇《史可法传》略云："〔崇祯〕十六年，乃拜南京兵部尚书，参赞机务。十七年夏四月朔，闻贼犯阙，乃与户部尚书高弘图等誓告天地，驰檄勤王。渡江抵浦口，闻北京已陷。"可并参阅。）

《史忠正公〔可法〕集》二《与云间诸绅书》略云：

天祸家国，逆闯横行。用厪圣忧，垂二十载。近者鸱张北向，犯阙无疑。法也闻之，五内震裂。夫西平许国，即怀内刃之思；太真忘躯，遂洒登舟之涕。法虽迂疏浅陋，未敢远附古人，而国难方殷，何敢或后！顷者誓师秣马，而坐乏军需，点金无术，徬徨中夜，泣下沾衣。伏见诸台台励捐糜之素志，负报国之孤忠，毁家佐（纾？）难，亦大义所不辞。倘邀慷慨之怀，爰下刍荛之赐，则社稷幸甚！天下幸甚！

《侯忠节公〔峒曾〕集》八《与同邑上大夫书》（自注："崇祯甲申。"）云：

徐大司寇〔石麒〕传史大司马〔可法〕公启，遍达吴郡。郡中及虞山诸老皆传讫矣。今以属某，某不敢隐，亦不敢迟。盖谊同元首，势迫然眉，当效子文之毁家，宁惟卜式之输半。某不揣虮虱，敢竭区区。凡我同仇，各随愿力，乞填注枢启左方,以便报覆。

同书同卷《答史大司马书》(自注:"崇祯甲申。")略云:

> 地坼天崩,骨惊肠裂。端午闻变,恸哭辞家,孤舟半程,四鼓被劫。乃余生逢难之日,正义檄下颁之辰。伏枕诵之,长号欲绝。一息尚存,矢奉明命,激发义勇,泣劝委输,共纾率土之忱,以雪敷天之愤。前者从徐大司寇拜明公勤王之书,辄悉索敝赋以行,遂入盗手。然犹将毁家纾难,以为众先。(寅恪案:此书可参旧钞《牧斋遗事》后所载钱谦益《答龚云起书》并龚氏上牧斋原书。)

同书三侯元泓撰其父《年谱(下)》"崇祯十七年甲申"条略云:

> 三月中江南始闻李贼犯阙。未几,北来消息甚恶。府君终不忍信。至端午日闻变既真,乃始发声长恸,即夕辞家将赴南都,共图宗社大计。先是史忠清公(寅恪案:《小腆纪传》一〇《史可法传》云:"隆武时,赠可法太师,谥忠靖。我朝赐专谥曰'忠正'。"侯《谱》称可法谥为"忠清",疑是"忠靖"之误也。)为南大司马,草勤王檄,遗尺一于府君,约以助义。府君出其书檄遍告乡里,且为约辞,读者感动。

盖道邻在牧斋赋此诗以前,早有勤王之预备及举动。后因奉旨中道折回。观史氏遗集中崇祯十二年丁外艰以前,淮抚任内诸家书,可以证知,兹不备引。颇疑崇祯十五年十一月清兵入塞,征诸镇入援,道邻唱义勤王,驰书约南中士大夫,牧斋遂于次年元旦感赋此诗。所以知者,十六年七月道邻始为南京兵部尚书(见《国榷》卷首之三《部院表上》"南京兵部尚书"栏)。故牧斋称之为淮抚,而不称之为大司马也。至史氏《与云间诸绅书》,不知何年所作,或即是侯氏《与同邑士大夫书》所言之"公启"亦未可知,总之必作于未确悉北京陷落以前。侯氏《与同邑士大夫书》亦当作于未确悉北京陷落之时,《答史大司马书》则在确悉北京陷落以后所作耳。此皆详玩书中辞旨推得之结论。《明史》史可法本传所言道邻之勤王,乃其最后一次,与牧斋此诗无涉。恐读者淆混,因稍多引资料辨之如此。

又今检道邻遗文,不见约牧斋勤王之书,或因传写散佚,或因被忌删去,殊难决言。但寅恪则疑史氏未必有专函约牧斋。牧斋自注中史公之书,恐不过与侯氏书中所言之"公启"性质相类。此类公启牧斋当亦分得一纸,遂侈言专为彼而发,以自高其身价。若所推测不误,则牧斋此时欲乘机以知兵起用之心事,情见乎词,亦大可笑矣。

顾杲者,黄梨洲《思旧录》"顾杲"条云:

> 顾杲,字子方,泾阳先生之孙。《南都防乱揭》子方为首。阮大铖得志,以徐署丞疏,逮子方及余。时邹虎臣为掌院,与子方有姻连,故迟其驾帖。福王出走,遂已。后死难。

查继佐《国寿录》二《诸生顾杲传》云:

> 顾杲,字子方,南直无锡诸生也。工书法,多为诗古文,与吴门杨廷枢同社。逆监魏忠贤时,周顺昌坐罪见收,早为檄攻魏,致激众,五人死义阊门。崇祯中,又为《号忠揭》,指国事逗留。触时忌不悔。

《明诗综》七六"顾杲"条,附《静志居诗话》云:

> 崇祯戊寅,南国诸生百四十人,具《防乱公揭》,请逐阉党阮大铖,子方实居其首。有云:"杲等读圣人之书,明讨贼之义。事出公论,言与愤俱,但知为国除奸,不惜以身贾祸。"大铖饮恨刺骨,而东林复社之仇,在必报矣。

寅恪案：子方乃东林党魁顾宪成之孙，其作《攻魏檄》《防乱揭》及《号忠檄》等尤足见其为人之激烈好名，斯固明季书生本色，不足异也。

又，冒襄辑《同人集》四载范景文《与冒辟疆书三通》，其第一通略云：

> 不佞待罪留都，膺兹重寄，适当南北交讧，殚心竭虑，无能特效一筹，惟是侧席求贤，日冀匡时抱略之君子共为商榷，以济时艰。昨承枉重（踵？），正为止生倡义勤王，与渔仲即商遗（遣？）发。明晨报谒，以订久要，惟门下倾吐抱膝之筹，俾不佞借力高贤，救兹孔棘，真海内之光也。

寅恪案：质公之书当作于崇祯十年至十二年四月范氏任南京兵部尚书时（见《国榷》卷首之三《部院表上》"南京兵部尚书"栏），或即辟疆于崇祯十二年初夏至金陵应乡试之际耶？（见《影梅庵忆语》"己卯夏，应试白门"之语。）"渔仲"即刘履丁之字，俟后论之。"止生"即茅元仪之字。《初学集》一七《移居诗集·茅止生挽词十首》之五云：

> 一番下吏一勤王，抵死终然足不僵。落得奴酋也干笑，中华有此白痴郎。

质公书中所言，可与牧斋挽茅氏诗相证。此诗作于崇祯十三年庚辰，虽在道邻驰书约牧斋勤王之前，然亦可知江左南都诸书生名士如茅元仪、顾杲辈，皆先后有勤王之议也。故特附记于此，以见当时风气之一斑耳。

其四云：

> 东略舟师岛屿纡，中朝可许握兵符。楼船捣穴真奇事，击楫中流亦壮夫。弓渡绿江驱秽貊，鞭投黑水驾天吴。剧怜韦

相无才思,省壁愁看崖海图。(自注:"沈中翰上疏请余开府登莱,以肄水师。疏甫入而奴至,事亦中格。")

寅恪案:沈廷扬上疏请任牧斋为登莱巡抚,以水师攻清事,前已详引,兹不复述。至此诗结语所用韦执谊事,已见钱遵王《注》中,亦可不赘。但有可笑者,《牧斋遗事》略云:

乙酉五月之变,柳夫人劝牧翁曰:"是宜取义全大节,以副盛名。"牧翁有难色。后牧斋偕柳游拂水山庄,见石涧流泉澄洁可爱。牧斋欲濯足其中,而不胜前却。柳笑曰:"此沟渠水,岂秦淮河耶?"牧翁有恧容。

此条所记明南都倾覆,牧斋不从河东君之劝以死殉国,俟后详言之,兹暂不论。惟牧斋怯于濯足拂水流泉,为河东君所笑一节,若非世人伪造以嘲牧斋者,则钱公与韦相同是一丘之貉,又何必斤斤较量才思之有无哉?夫河东君惮于登山,前已详述,而牧斋怯于涉水,更复如此。真可谓难夫难妇矣。一笑!

其五略云:

老黑当道踞津门,一旅师如万骑屯。矢贯猱猣成死狗,槛收牛鹿比孤豚。(自注:"吴中流闻大冯君镇天津,殪酋子,禽一牛鹿。喜而志之。")

寅恪案:《有学集》二八《明都察院右佥都御史,巡抚天津,慈溪冯公墓志铭》略云:

公名元飏,字尔赓。以兵部尚书元飙为其弟。海内称"两冯君"。初莅津门,厉兵振旅,犄角诸镇,斩馘献兵过当。上大喜,赐金币,荫一子锦衣。

《南雷文定前集》五《巡抚天津右佥都御史留仙冯公神道碑铭》(原注:"甲午。")略云:

升天津兵备道,未几,巡抚天津,兼理粮饷,都察院右佥都御史。〔崇祯〕十五年冬,大兵复大入,公与诸镇犄角之。已又合宣大总督孙晋、督师范志元、山东巡抚王永吉之师,从密云趋墙于岭,邀其惰归。论功赐银币,荫一子锦衣卫。公讳元飙,字言仲,别号留仙(可参《初学集》五《留仙馆记》)。

《明史》二五七《冯元飙传》附元飙传云:

〔崇祯〕十四年,迁天津兵备副使。十月,擢右佥都御史,代李继贞巡抚天津,兼督辽饷。明年,叙军功,荫一子锦衣卫。

寅恪案:牧斋此诗及自注所述崇祯十五年冬尔赓任津抚时,殪禽清酋一事,可与上引材料印证。但钱文"斩馘献兵过当"之"献"字,涵芬楼影印《有学集》所附校勘记未有校改。此时天津并无张献忠之兵,"献"字自不可通。疑是牧斋本作"虏兵",后来避讳,以字形相近,遂改"虏"为"献"耳。至黄文之作"论功"及《明史》之作"叙军功",皆含混言之,亦所以避清讳也。

其六略云:

庙廊题目片言中,准拟山林著此翁。(自注:"阳羡公语所知曰,'虞山正堪领袖山林耳。'")千树梅花书万卷,君看松下有清风。

寅恪案:前论《过钓台有感(七绝)》已及此诗。斯盖牧斋怨怼玉绳之不援引己身入相,遂作此矫饰恬退之语耳。检《牧斋尺牍(上)答周彝仲书》(寅恪案:周彝仲事迹未详。徐暗公《钓璜堂集》一二有《挽周彝仲(七律)》,其首句云:"昔到苕溪访翠微。"然则彝仲与湖州有关也。又谈孺木迁《枣林杂俎和集·丛赘》"虞山后辈"条云:"常熟杨子常彝初以太仓张采、张溥谒钱牧斋,时同社薄其文。已采登第,溥又出宜兴周相国,牧斋反因之通相国。"又顾公燮《消夏闲记选存》"文社之厄"条关于"应社"节,杜登春《社事始末》"娄东又有杨〔彝〕顾〔麟士〕之学"节,同治修《苏州府志》一〇〇《常熟县·杨彝传》及陈田《明诗纪事》辛签二二"杨彝"条等,皆可供参考,而顾书尤为简要。兹以子常亦是虞山藉以通宜兴之人,故附记于此)云:

> 兵垣回,得手教,知元老记存之深,知己推挽之切,而圣意坚不可回,至于三四驳阻,其难其慎。则不肖生平本末,与晚节末路,终不可扢拭录用,主上固已知之深,见之确,而持之不遗余力矣。圣意即天意也,天可违乎?万一知己不谅天心,朝夕力请之于元老,元老过听,而力请于圣上,以圣上之聪明天纵,始而厌,久而疑,以区区一人之进退,而开明良枘凿之端,则我之营进者终成画饼,而所损于世道者不可言矣。又或主上虚己之过,强而从元老之言,以衰残病废之身,附赘班行,点缀冷局,面目可憎,语言无味。此时引身求去,进不能有补于时艰,退不能自全其晚节。人何以处我,而我何以自处,不当深长计之乎?为不肖今日之计,断断乎当一意求退,不当复为仕进之局。为知己之深者,代为不肖之计,唯有仰体圣心,俯察微尚,从长商榷,俾得优游田里,管领山林,则余生没齿,受惠无穷矣。

寅恪案:此札可与《初学集》八〇崇祯十六年癸未四月《复阳羡相公书》及《寄长安诸公书》参证。此两书俟后论《谢翰下知己及二三及门》诗时,更述之,兹暂不多引。此札辞旨虽与两书类似,但是否同一时间所作,尚有问题。《复阳羡相公书》中"恭闻督师北伐,汛扫胡尘"等语,即指《明史》二四《庄烈帝纪》"〔崇祯十六年〕四月丁卯,周延儒自请督师,许之"之事。(寅恪案:

"丁卯"即初四日。可参《明史》三〇八《奸臣传·周延儒传》。)《寄长安诸公书》题下自注"癸未四月",故此两书当是牧斋于崇祯十六年四月在扬州会晤李邦华时交其转致者。至此札未载年月,不能确定为何时所作。但据《寄长安诸公书》中"顷者,一二门墙旧士,为元老之葭莩桃李者,相率贻书,连章累牍,盛道其殷勤推挽,郑重汲引,而天听弥高,转圜有待"等语,岂即指周彝仲寄牧斋之札而言耶?倘此假设不误,则此答周彝仲之札,尚在两书之前所作也。俟考。细绎此札,其最可注意者为"又或主上虚己之过,强而从元老之言,以衰残病废之身,附赘班行,点缀冷局"等语。盖牧斋当时甚愿玉绳援己入相,而玉绳竟不为之尽力。继闻崇祯帝之逾分奖饰,极有入相之可能。今忽得此札,传玉绳之言,谓虽曾尽心殚力,而思陵之意终不可回。牧斋据此乃知玉绳深忌己身之入相,仅欲处以帮闲冷局,聊借是勉应君上之旁求,并少顺群臣之推荐。遂不觉发怒,与玉绳绝交,而认之为死敌也。其经过之原委,请略述之。

《南雷文定后集》二《顾玉书墓志铭》略云:

乙丑(康熙廿四年),余泛吴舫,遂主周氏。(寅恪案:"周氏"指周顺昌子茂兰。)于其座上见顾宗俊者,为玉书之子,流落可念,且以其父墓志铭为请。玉书,名麟生,世为常熟人。父大章,陕西副使,谥裕愍。宜兴者,裕愍之门人。其再相也,玉书入其幕中。起废、蠲逋、清狱、薄赋四事,玉书颇与闻之。虞山故与宜兴涿鹿善,宜兴心欲起涿鹿(指冯铨),而众论不同,姑徐之以观其变。虞山遂致书宜兴云:"阁下含弘光大,致精识微。具司马公之诚一,寇莱公之刚断,而济之以王文正之安和,韩魏公之宏博。目今起废为朝政第一。至如涿鹿,余不具论,当年守涿之功,屹然为畿内保障。岂可一旦抹杀,尚浮沈启事乎?往见子丑之际,持局者过于矜愎，流为欹侧，一往不返，激成横流。此正今日之前车也。"玉书见而讶其翻逆案也，年少气盛，不顾利害，以其书泄之于外，举朝大哗。虞山闻而恨之，后十年玉书有家难，虞山不能忘情，几置之死，因徙居吴门。家世膏粱，骤承贫薄，玉书不以芥意。婿赵延史、周旦龄〔等〕，皆诸生。旦龄即周忠介公之孙也。

寅恪案：玉书所见牧斋《致玉绳书》，当是牧斋于崇祯十四年九月玉绳再相至北京以后，及得周彝仲书以前所作。其欲玉绳荐起冯振鹭，乃阴为己身再起之预备。盖牧斋与振鹭在当时虽为对立之党派，然若思陵能统一并用，则冯氏得起，己身亦可同进矣。兹姑不论其此时之用心如何，但其以《易经·坤·彖》"含弘光大"之义为说，实亦牧斋于明末南都时所持之政见也。颇疑朱由崧之"一年天子小朝廷"（见《有学集》八《长干塔光诗集·一年（七律）》）其以"弘光"为年号者，固出于此，而拟此"弘光"之号，即采自牧斋之意。殆欲以"含弘光大"统一并用，标榜当时政策之故欤？关于牧斋致玉绳此书，尚有可注意者二事：一为牧斋称誉玉绳，连举北宋宰相司马光、寇准、王旦、韩琦四人以相比拟，足见牧斋用典适切，非俭腹者可及。然亦由其熟玩《东都事略》之故。牧斋于王偁之书，曾有一段因缘，观《初学集》八五《书〈东都事略〉后》及《有学集》四六《跋〈东都事略〉》并同书三一《族孙嗣美合葬墓志铭》等可知也。二为前论《有美诗》谓黄梨洲虽与牧斋交谊笃挚，然时有讥刺之语，殊不可解。意者太冲于阉党有杀父之仇，其见解绝异于牧斋之"含弘光大"。牧斋殁后廿一年，梨洲游苏州，目睹旧朝党家之沦落，乃知实由受之追恨玉书泄其密书所致，因遂于畴昔凤好之人不惜为不满之辞耶？

至玉绳之再相，颇由东林推动之故，此事今不能详述，亦不必详述。但旧籍中有关于周延儒再相侯恂与有力焉一节,兹录于下。其正确之性质,尚待考实,惟以其与后论侯恂、方域父子及左良玉事牵涉,故并附及之,以备参究。

文秉《烈皇小识》七"崇祯十年辛巳"条云:

> 召予告大学士周延儒于家。先是阁臣虽内外兼用,鲜有当圣意者。众推宜兴颇有机巧,或能仰副,而圣意亦及之。于是庶吉士张溥、礼部员外郎吴昌时为之经营,涿州冯铨、河南侯恂、桐城阮大铖(寅恪案:"桐城"当作"怀宁"。此误)等分任一股,每股银万金,共费六万两,始得再召。

寅恪案:张天如、吴来之为策划玉绳再相之主要人物,各出一股,不待多论。冯振鹭、侯若谷、阮集之三人各分任一股,合张、吴二股计之,共为五股。六股之数尚少一股,文氏独缺分任此股之主名,当有所讳。牧斋于此颇有嫌疑。然今考牧斋此时正为河东君之事筹措经营,精疲力竭,若黄扉、金屋同时并举,揆之虞山平日经济状况,恐未必有此能力也。俟考。

又梨洲所言顾氏家难事,今难考知。但《牧斋尺牍(中)与王兆吉札五首》之一,(可参同书同卷《与〔钱〕湘灵札》中"仲恭非死于其弟,乃死于其兄"等语。)有涉及此事之语,或与太冲所言有关。其文云:

> 仲恭家事,自分寒灰枯木,不为此辈所齿录,不敢漫置一喙。年丈伟望硕德,乡评倚重,忍不出片言断其曲直乎?景之丈为顾氏懿亲,得其立议,即玉书亦必信服,他可知也。为亡友又复饶舌,当不惜知己一笑耳。

寅恪案:王兆吉者,常熟王嘉定长子梦鼎之字,而梦鼐之兄也。王氏父子兄弟事迹见《初学集》五七《王府君墓志铭》及光绪修《常昭合志稿》二五《王梦鼐传》等。景之者,常熟赵士春字。士春为明末常熟著称之人,事迹见《明史》二二九《赵用贤传》附士春传及《常昭合志稿》二五《赵士春传》等。仲恭者,常熟顾大韶之字,即玉书之叔也。

《初学集》七二《顾仲恭传》云:

> 顾大韶,字仲恭,常熟人也。父云程,神庙时为南京太常寺卿。仲恭与其兄大章字伯钦,李生子也。连袂出游,人不能辨其少长,有张伯皆、仲皆之目。伯钦举进士,奉使休沐,颜面肤腴,衣冠骑从甚都。仲恭老于书生,头蓬不栉,衣垢不浣,口不择言,交不择人,潦倒折拉,悠悠忽忽,每引镜自诧曰:"顾仲恭乃如许!"

颇疑梨洲所云"家难",即牧斋所谓"家事"。岂大章一房与大韶一房亲族竞争之事,亦如后来牧斋死后所谓"钱氏家难"者耶?详绎牧斋札语,其意实祖大韶一房。所云"自分寒灰枯木,不为此辈所齿录",可见牧斋愤怒之甚。"此辈"当指与大韶一房为敌之亲支,即玉书一房。"为亡友又复饶舌"之"亡友",即指仲恭而言。盖玉书一房,不听从牧斋之意,牧斋遂欲借王、赵两人之力以压迫之也。牧斋与仲恭交谊本极笃挚,观其崇祯十七年甲申以前所作之《仲恭传》,于伯钦、仲恭兄弟之间,似已有所轩轻。玉书之怨牧斋,恐非一朝一夕之故,其由来久矣。又牧斋札中称景之为顾氏"懿亲",赵士春与顾麟生两人亲戚之关系,今不易知。梨洲所撰《顾玉书墓志铭》,载其诸婿中有"赵延史"之名。牧斋于崇祯十四年辛巳十二月作景之妻黄氏墓志铭,载黄氏所生二男中有"延先"之名(见《初学集》五九《翰林院编修赵君室黄孺人墓志铭》)。延史、延先名不尽同,未必是一人。然俱以"延"字命名,岂兄弟行辈耶?更俟详考。

玉绳既不能如牧斋之所求,牧斋忽得闻徐石麒传述思陵奖饰之语,取而与周彝仲书中所言者相参较,亦明了阳羡之用心。于是失望怨怼之辞形诸诗文者,连篇累牍,刺刺不休矣。《初学集》二○下《东山诗集四·嘉禾司寇再承召对,下询幽仄,恭传天语,流闻吴中,恭赋今体十四韵,以识荣感》(寅恪案:"嘉禾司寇"指徐石麒,见《明史》二七五本传,《传》载石麒字宝摩,嘉兴人。光绪修《嘉兴府志》五《徐石麒传》同。钱肃润《南忠纪》"太宰徐公"条云:"徐石麒,号虞求。"《明季南略》九"徐石麒主盟"条云:"字宝摩,号虞求。浙江嘉善人。"光绪重刻乾隆修《浙江通志》一六三《徐石麒传》云:"号虞求,嘉兴人。"又《陈忠裕全集》二九《虞求徐公行状》云:"公性纯孝,以父心虞公不及禄养,因自号'虞求',以志永思。"尤可资考证)云:

> 夕烽缠斗极,晨食动严宸。帝赉旁求急,天章召对勤。睿容纡便殿,清问及遗民。当宁吁嗟数,班行省记真。虚名劳物色,朴学愧天人。(自注:"上曰,钱某博通今古,学冠天人。咨嗟询问者再。")四达聪明主,三缄密勿臣。东除宜拱默,北响共逡巡。日月诚难蔽,云雷本自屯。孤生心自幸,幽仄意空频。漫欲占连茹,何关叹积薪。丹心悬魏阙,白首谢平津。感遇无终古,酬恩有百身。尧年多甲子,禹甸少风尘。歌罢临青镜,萧然整角巾。

寅恪案:此诗列于《癸未四月吉水公总宪诣阙》诗之后。又据《明史》一一二《七卿年表二》崇祯十六年癸未"刑部尚书"栏载:"石麒正月削职。"初视之,似牧斋得闻虞求召对之语,在崇祯十六年正月或四月以后。细绎之,此诗"夕烽缠斗极,晨食动严宸。帝赉旁求急,天章召对勤"即指上引《明史》二四《庄烈帝本纪》崇祯十五年十一月壬申(初六日)清兵分道入塞,京师戒严,诏举堪督师大将之事。此时距十六年癸未元日,几达两月之

久。想当日徐氏召对之后,即秘密速报牧斋。观《初学集》二〇上《东山诗集三·壬午除夕(七律)》略云:

> 蓬荜依然又岁除,如闻幽仄问樵渔。耗磨时序心仍在,管领山林计未疏。

可为牧斋在崇祯十五年岁除之际,已得虞求密报,即玉绳排阻信息之确证。故牧斋得以据之洞烛玉绳之奸诈。由是可以推知其答周彝仲札亦在得闻徐氏密报之后矣。其所以列此诗于十六年四月之后者,恐因不便泄露徐氏早有密报之事。是年四月钱、徐两人或又会于扬州,流传转述,事后赋诗,庶可避免嫌疑。且借以见徐氏所为,有合于孔光不言温室树之义欤?

此题后第三题复为《挽西蜀尹西有长庚二首》。其第一首"万言书上黄扉寝"句下自注云:"西有为余上书蜀相,不蒙省答。""蜀相"当指王应熊而言。《明史》二五三《王应熊传》略云:

> 王应熊,字非熊,巴县人。〔崇祯〕六年,特旨擢礼部尚书兼东阁大学士。八年,乞休去。延儒再相,患言者攻己,独念应熊刚很,可借以制之,力言于帝。十五年冬,遣行人召应熊。明年六月,应熊未至,延儒已罢归。延儒被逮,不即赴,俟应熊至,始尾之行。一日帝顾中官曰:"延儒何久不至?"对曰:"需王应熊先入耳。"帝益疑之。九月,应熊至,宿朝房。请入对,不许;请归田,许之,乃渐沮而返。

寅恪案:非熊本玉绳党,即使再任,当亦未能起用牧斋。可知牧斋在当时实负宰相之望,为朝野所推,故延儒尤忌之也。因并附记之,以供参考。

抑更有可论者,《初学集》七九卷末附瞿稼轩《跋语》云:

先生平生持论，一味主于和平，绝无欹帆侧柂之意。特忌者不知，必欲以伐异党同之见，尽力排挤，使之沈埋挫抑，槁项山林而后快。假使先生得乘时遘会，吐气伸眉，以虚公坦荡之怀，履平康正直之道，与天下扫荆棘而还太和。雍熙之绩，岂不立奏？而无如天心未欲治平，人事转相挠阻。岁月云迈，白首空山，徒令其垂老门生，闭户诵读，共抱《园桃》之叹。此式耜于编纂之余，而窃不胜世道之感也。因并述之，以缀于后。崇祯癸未八月，门人瞿式耜谨跋。

寅恪案：《初学集》为稼轩承牧斋之命编纂校刻者。今《初学集》目录之后，载稼轩《后序》，末署"崇祯癸未九月朔日"。此外别有《跋语》，即上所节录者也。此《跋语》附于七九卷之末。下一卷首载《上阳羡相公书》及《寄长安诸公书》。据是，可以推知牧斋当时实有意特列两书于次卷之首，所以见其在崇祯朝出处本末，与阳羡始合终离之关键。瞿氏《跋语》所言，牧斋平生持论"无欹帆侧柂之意"，即"含弘光大"之义。忌者必欲使之"槁项山林"，即"领袖山林"之旨。故稼轩之跋与牧斋之诗，可以互相证发也。此《癸未元日杂题（长句）》第六首第七句"千树梅花书万卷"，亦是牧斋自道其当时之实况。赋此诗时，绛云楼虽未落成，但牧斋之家所藏书籍早已甚富。兹不须广引，即取前论《东都事略》时，言及之《钱嗣美墓志铭》中"余家居访求遗书，残编落简，捐衣食无所恤"之语，可证知也。至"千树梅花"乃指拂水山庄之梅而言。前论《东山酬和集》一《新正二日偕河东君过拂水山庄，梅花半开，春条乍放，喜而有作》诗时，已详言之，兹可不赘。唯牧斋举此以谢绝玉绳，亦更有其故。《初学集》一五《丙舍诗集（上）阳羡相公枉驾山居即事赋呈四首》，其一云：

阁老行春至，山翁上冢回。衮衣争聚看，棋局漫相陪。乐饮倾村酿,和羹折野梅。缘堤桃李树,一一为公开。

其二云:

黑头方壮盛,绿野正优游。月满孙弘阁,风轻傅说舟。鸱夷看后乘,戎马问前筹。侧席烦明主,东山自可求。

其三云:

堤柳眠风翠,楼花笑日红。秾华欺冷节,妖艳仗天工。舟楫浮春水,车茵爱晚风。暂时忧国泪,莫洒画桥东。

其四云:

若问东山事,将无畏简书。白衣悲命驾,红袖泣登车。甲第功谁奏,歌钟赏尚虚。安危有公在,一笑偃蓬庐。

寅恪案:此题前第一题为《清明河阳山上冢》,第二题为《寒食偕孟阳璧甫山行饭破山寺》。此题第三首复有"秾华欺冷节"之句,可知崇祯十二年己卯清明寒食后不久之时,玉绳曾到拂水山庄访问牧斋也。玉绳既亲见拂水山庄园林之胜境,则其"虞山正堪领袖山林"之语,尤为适切。《才调集》五元微之《刘阮妻二首》之二云:"千树桃花万年药,不知何事忆人间。"然则牧斋此时已拥有萼绿华之河东君,又何必不忘情于人间买菜求益之书哉!

第六首"君看松下有清风"句,即王摩诘《酬张少府诗》(见《王右丞集》七)云:

晚年惟好静,万事不关心。自顾无长策,空知反旧林。松风吹解带,山月照弹琴。君问穷通理,渔歌入浦深。

盖右丞此诗,正可道出牧斋答复玉绳所欲言也。

其七略云:

潘岳已从槐柳列,石生宁在马蹄间。邓尉梅花侵夜发,香车明日向西山。

寅恪案:"潘岳已从槐柳列"句,牧斋实兼采《晋书》五五《潘岳传》安仁谄附贾谧事,与李百药《〔北齐〕书》二二《卢文伟传》所载,两者合用,构成此句。且因"石生宁在马蹄间"句,同是晋人故实,(除钱遵王《注》所引者外,并可参《世说新语·政事类》"山公以器重朝望"条刘《注》引虞预《晋书》。)遂联想及之耳。遵王《注》引《北齐书·卢文伟传》云:

卢询祖好臧否人物。尝语人曰:"我昨东方未明,过和氏门外,已见二陆两源森然与槐柳齐列。"盖谓彦师仁惠与文宗那延也。

以释之,自是不误。惟《北齐书》本作"两源",而此注作"两潘",殊为可笑。恐是由于偶尔笔误,抑或版本目录专家疏于乙部校雠之学所致耶?俟考。"邓尉梅花侵夜发,香车明日向西山"一联,前于论《京口舟中感怀》诗时已及之。邓尉山在苏州府治之西南,故称之为"西山"。但此不过希望河东君病愈出游之意。其实此时河东君正在病中,非真能往游苏州也。又此诗七、八两句之意,实暗用《晋书》七九《谢安传》中"安虽放情丘壑,然每游赏,必以妓女从"及"征西大将军桓温请为司马。将发新亭,朝士咸送。中丞高崧戏之曰:'卿屡违朝旨,高卧东山。诸人每相与言,安石不出,将如苍生何'"等语。牧斋诗之"西山",即《谢安传》之"东山"也。但牧斋赋此诗时,正怨望朝旨之不至,则与谢安石大相违异耳。一笑!

复次,董小宛与冒辟疆之因缘,为世人所习知乐道者,但与本文无涉,自不应旁及。唯其中有关崇祯十五年冬河东君偕牧斋至苏州一事,则不可不略辨之,以明了河东君当日患病之情状也。冒襄辑《同人集》三载张明弼所撰《冒姬董小宛传》云：

〔虞山钱牧斋先生〕维时不惟一代龙门，实风流教主也。素期许辟疆甚远，而又爱姬之俊识，闻之，特至半塘，令柳姬与姬为伴，亲为规画，偿家意满。时又有大帅以千金为姬与辟疆寿，而刘大行复佐之。公三日遂得了一切，集远近与姬饯别于虎疁。买舟，以手书并盈尺之券，送姬至如皋。又移书与门生张祠部为之落籍。

冒辟疆《影梅庵忆语》略云：

亡妾董氏，原名白，字小宛，复字青莲。籍秦淮，徙吴门。〔崇祯十五年壬午〕阳月过润州，时闻中刘大行自都门来，与陈大将军及同盟刘刺史饮舟中，适奴子自姬处来，云姬归不脱去时衣，此时尚空在体，谓余不速往图之，彼甘冻死。刘大行指余曰："辟疆夙称风义，固如是负一女子耶？"余云："黄衫押衙，非君平仙客所能自为。"刺史举杯奋袂曰："若以千金恣我出入，即于今日往。"陈大将军立贷数百金，大行以参数斤助之。（寅恪案：《同人集》四所录陈梁则梁《与冒辟疆书》，其中一札有"才渔仲来，刻下试精神，作收弃儿文，兼试渔仲之参"等语，可与此参证。）讵谓刺史至吴门，不善调停，众哗决裂，逸去吴江。余复还里，不及讯。姬孤身维谷，难以收拾。虞山宗伯闻之，亲至半塘，纳姬舟中。上至荐绅，下及市井，纤悉大小，三日为之区画立尽，索券盈尺。楼船张宴，与姬饯于虎疁，旋买舟送至吾皋。至月之望，薄暮，侍家君饮于拙存堂，忽传姬抵河干。接宗伯书，娓娓洒洒，始悉其状。且即驰书贵门生张祠部立为落籍。吴门后有细琐，则周仪部终之，（寅恪案：《同人集》六《影梅庵悼亡题咏》周吴昉士章《悼董宛君（七律）八首》之三末句云:"早知愁思应难扫,悔却当年月下媒。"颇疑周仪部即指此人。俟考。)而南中则李总宪旧为礼垣者与力焉。越十月,愿始毕。然往返葛藤,则万斛心血所灌注而成也。

周亮工辑《尺牍新钞》五钱谦益《与冒辟疆书》云:

> 双成得脱尘网,仍是青鸟窗前物也。渔仲放手作古押衙,仆何敢贪天功?他时汤饼筵前,幸不以生客见拒,何如?嘉贶种种,敢不拜命。花露海错,错列优昙阁中。焚香酌酒,亦岁晚一段清福也。

综合上列材料观之,牧斋实于崇祯十五年冬季往游苏州,但河东君并未偕往。据前引《壬午除夕》诗,其结语云"闲房病妇能忧国,却对辛盘叹羽书"之语,则是年冬季河东君尚在常熟家居病中,可以推知。且辟疆亦未言河东君偕往,尤足为牧斋独至半塘之旁证。亮工殆以河东君与小宛既为同类,而柳钱并是风流好事之人,遂加以想象,造作两人同至半塘,以完成董、冒因缘之佳话耶?余详后论河东君适牧斋后患病条。至牧斋此次之至苏州,当别有原因,非专为双成脱籍事也。前引《庄烈帝本纪》"〔崇祯十五年十一月〕壬申,清兵入塞,京师戒严,诏举堪督师大将者。戊寅,征诸镇入援"之事。牧斋此时于诸镇勤王入卫者,颇致殷勤,如前论其与史道邻之关系,即是一例。检《初学集·壬午除夕》前一题为《送程九屏领兵入卫二首。时有郎官欲上书请余开府东海,任捣剿之事,故次首及之》诗,前已论及。兹更推绎此题二首排列之先后,疑其为崇祯十五年冬季在苏州所作。盖程氏乃响应诏书北上勤王入卫者,牧斋特为赋诗送行,恐亦欲其为己身尽力之故。然则牧斋是年冬季之至苏州,其主旨实在求以知兵起用。奔走经营,乃至如此。"一代龙门,风流教主"固非虚誉,但若察其内容,转觉可笑可怜矣。

复次,董、冒因缘关涉之人颇多,兹仅就前已述及之刘渔仲言之,其人与黄石斋最为密切。其事迹兹不必详述,姑择录所见有关材料于下。

屈大均《皇明四朝成仁录》七《嘉兴起义诸臣传·刘履丁传》云:

> 刘履丁,字渔仲,漳州人。大学士黄道周高弟。聪明绝人,字画篆刻皆极其妙。博物好古,诗深□,自成一家。崇祯间以贡为郁林州知州。见天下方乱,致书友人曰:"孔贼犯天津,一月而弑两藩。吾辈不知死所矣。"因研究诸家兵法。至是与徐石麒等起义。敌至,为仇所刺,并杀其子以降。(寅恪案:谈迁《枣林杂俎仁集》"屠象美"条谓:"闽人刘履丁以善陈洪范,通北兵。惧泄,夜走胥山沈氏墓,追获之。"与屈氏所言迥异。特记于此,以俟考定。)

《初学集》五三《漳浦刘府君合葬墓志铭》略云:

> 漳浦刘履丁以诸生应辟召,擢郁林州知州,将归葬其父母,而谒铭于旧史氏,曰:"履丁之先世,自光、固徙莆田,元末有尉漳浦者而家焉。先母黄氏,其父郡守公,理学巨儒,与从伯父国征、介征同乡举。丁闻之石斋黄夫子,惟夫子之言,质而不华,可以信于后,愿有述也。余曰:"子之夫子,吾执友也。古之为文者,必有所征。余之知履丁以其师;知履丁之父母以其子。可谓有征矣。"

寅恪案:光绪修《漳州府志》一八《选举三·荐辟门》云:

> 刘履丁,崇祯十一年辟郁林知州。

程松圆《耦耕堂存稿》诗下载《口占送刘渔仲之郁林任(七绝)》云:

> 蒹葭杨柳送双旌，五岭宜人独桂城。今日逢迎满天地，不须君到自题名。

此诗为松圆于崇祯十一年在杭州所作，可与上引诸材料互证。余详后论黄石斋《与郑芝龙》第二书。其他如牧斋、石斋著述并冒辟疆《同人集》所录范质公、陈则梁、张公亮诸人书札中，皆有关涉刘氏之文字，今不备及。但有一事略可注意者，即渔仲与人参之关系。盖吾国古代《本草》中之人参，当为今之党参，即前述王介甫不肯服用之紫团参。后起外来之东北参甚为世所珍重，遂专攘昔时人参之旧称，而以上党郡之名属之土货。

又谈孺木《枣林杂俎》中《荣植类》"人参"条（可参阮葵生《茶余客话》二〇"人参"条并梁章钜《浪迹丛谈》八"人参""高丽参"及"参价"条等）云：

> 辽阳东二百余里，山深林密，不见天日，产人参。采者以夏五月入，裹三日粮，搜之最难，或径迷毙人。万历中，辽东李都督如松尝馈某侍郎一本，重十六斤，形似小儿。海盐姚叔祥记。

同书《和集·丛赘类》"荐侑"条云：

> 崇祯末，士大夫苞苴辄千百金，苦于赍重，专用黄金、美珠、人参异币，时都门严逻，而径窦愈广。

刘舆父《五石瓠》"相公开三市"条云：

> 董心葵卖金卖珠卖人参于京师，各张一铺，人人知之。周宜兴安得不败。

同书"人参槛"条云：

> 周宜兴之再出也，从淮舟行，概不与人宴会，送席者亦却弗

> 受。有一州郡官以人参为肴,设于小橱,赂左右,俾呈相公一见之,宜兴偶收参而麾其橱。于是沿途弁绅,密侦其例,遂有以参二斤为一器者,自是舟中之参积若山阜矣。

可知人参在明季非仅限于药物之性质,亦可视为货币之代用品矣。渔仲于明季由北京至南方,挟此后起外来之奇货以当多金,岂为行侠救贫耶? 抑或求利自济耶? 寅恪非中医,且无王夫人"卖油的娘子水梳头"之感叹(见《红楼梦》第七十七回),故于人参之功效,不敢妄置一辞。但就此区区药物,其名实之移转、价格之升降言,亦可以通知古今世变矣。至若《有学集》一三《东涧诗集(下)病榻消寒杂咏四十六首》中有《〔康熙二年癸卯十一月〕小尽日灵岩长老送参》诗,(寅恪案:"灵岩长老"指熊开元。见《小腆纪年》一二等。)则遗民逸老眷恋不忘故国故交,同情分卫之举,与渔仲之好事行侠者,更应区别论之也。

抑更有可附论者,前引《同人集》四陈则梁《与冒辟疆书》,其中涉及刘渔仲之人参事,复检余怀《板桥杂记(下)轶事门》云:

> 岁丙子(崇祯九年),金沙张公亮〔明弼〕、吕霖生〔兆龙〕、盐官陈则梁〔梁〕、漳浦刘渔仲〔履丁〕、雉皋冒辟疆〔襄〕,盟于眉楼,则梁作盟文甚奇,末云"牲盟不如臂盟,臂盟不如心盟"。(寅恪案:此条可参《同人集》五《五子同盟诗》。)

同书同卷云:

> 陈则梁人奇、文奇,举体皆奇。尝致书眉楼,劝其早脱风尘,速寻道伴,言词切至。眉楼遂择主而事。诚以惊弓之鸟,虑为透网之鳞也。扫眉才子,慧业文人,时节因缘,不得不为延津之合矣。

寅恪案：冒、陈、张、刘、吕诸人为同盟死友，刘为冒出卖人参，以成情耦。（可参《板桥杂记后跋》引吴园次绮《吊董少君诗序》云："当时才子，竞着黄衫。合世清流，为牵红绣。"并加解释云："时钱虞山作于节度，刘渔仲为古押衙。"）并分赠陈以寻盟好。然则人参之功用有如是者，亦李时珍所不及知，而王安石真可谓"拗相公"矣。横波接受则梁之忠告，遂嫁芝麓，不但借此得脱浙江伧父之困辱（见《板桥杂记（中）》"顾媚"条），又可免陈畹芬、卞云装等之遭遇。则梁可谓眉楼之侠客而兼功臣矣。至方望溪所记黄石斋与顾横波之逸事一则（见《方望溪先生全集》九《石斋黄公逸事》），颇疑其或与刘履丁间接有关。未能详考，姑记于此。

其八云：

春日春人比若耶，偏将春病卸铅华。绿窗旧谱姜芽字，绮阁新评玉蕊花。（自注："山矾二株，河东君所扳赏，订其名为'玉蕊'。余为之记。"）晓镜十眉传蜀女，晚帘双燕入卢家。（寅恪案：此句遵王无注，偶检《全唐诗》第四函刘方平《新春（五律）》云"双燕入卢家"及"更浣越溪纱"。牧斋诗辞旨当出此。）江南尚喜无征舰，院落烧灯听鼓挝。

寅恪案：此首为此题最后一首，乃专为河东君而作者，即白乐天《新乐府大序》所谓"卒章显其志"之旨也。故特全录之。首两句言河东君此时正在病中。三、四两句乃言河东君之艺术赏玩。前论《东山酬和集》一河东君《次韵牧斋上元夜小饮沈璧甫斋中》诗"玉蕊禁春如我瘦"句，引牧斋《玉蕊轩记》。此记末署："崇祯十五年十二月二十九日牧翁记。"是年十二月大尽，则距次年元日赋此诗时仅隔一日。故知此句乃写当时实况。不知玉蕊轩有无题额，倘有之，当为河东君所书。此第三句所以著"柳家新样元和脚"之旨也。五、六两句,自是以文君、莫愁比河东君,固甚适切。至七、八两句,乃言此时江南尚可苟延旦夕,最能写出当日士大夫偷安之一般心理。由今思之,甚可慨叹也。

《初学集》二〇下《东山诗集四·癸未四月吉水公总宪诣阙,诒书辇下知己及二三及门,谢绝中朝寝阁启事,慨然书怀,因成长句四首》云:

(诗见下。)

寅恪案:兹请先论此诗题,然后分别再论此四律。前于述《〔癸未〕元日杂题(长句)八首》之六及关于陈鸿节诗,已略言牧斋于崇祯十六年四月至扬州会晤李邦华事。《有学集》三四《明都察院左都御史赠特进光禄大夫柱国太保吏部尚书谥忠文李公神道碑》略云:

吉水李公讳邦华,字孟暗,懋明,其别号也。先帝(指思宗)御极,起工部右侍郎,改兵部,协理京营戎政,进本部尚书。在事一年,用中旨罢归。〔崇祯十二年〕己卯,特简起南京兵部尚书,参赞机务。逾年,丁父忧。〔十五年〕壬午,服除,起南京都察院右都御史。未几,拜北掌院左都御史。抵湖口,得后命。便宜发饷,遏宁南侯左良玉溃兵。上闻之大喜。益专意委信公。〔十七年〕甲申三月十八日,贼破外城。移宿吉安馆文信公祠下。诘朝,内城陷。持束帛系信公坐楣,投缳而绝。三月十九日辰时也。四月公之丧至自北京。十一月二十四日,葬仁寿乡鳌山钓鱼台之谕茔。公既葬,〔孙〕长世泣而言曰:"隧道之碑铭,有与吾祖游而载史笔者谁乎?"谋于诸父,渡江来请者至再。〔十六年〕癸未北上,要语广陵僧舍,艰危执手,潸然流涕。嘱曰:"左宁南,名将也。东南有警,兄当与共事,我有成言于彼矣。"箧中出宁南牍授余曰："所以识也。"入都,复邮书曰:"天下事不可为矣。东南根本地,兄当努力。宁南必不负我,勿失此人也。"偷生假年,移日视息。生我知我,辜负良友,伤心克骨,有余痛焉!徬徨执笔,老泪渍纸,而不忍终辞者,以为比及未死,放只字于青简,庶可以有辞于枯竹朽骨也。(又检《牧斋尺牍(上)》有《与李懋明札》一通。绎其内容,知为崇祯十二年四月李邦华起为南京兵部尚书时所作。附记于此,以供参考。)

牧斋此文作于何年,虽未能确定,但文中有"长世渡江来请"及"偷生假年,移日视息"等语,则当是明南都倾覆,牧斋随例北行,至次岁,即顺治三年丙戌秋间南还家居以后所作。其述左良玉与李邦华及己身之关系一节,盖欲借是以湔洗其与马、阮交结之事实,并表明其中立不倚之政见耶?牧斋颇认此次与懋明之会晤,为其一生志业所关。故于垂死之时赋诗,犹忆及此事。《有学集》一三《东涧诗集(下)病榻消寒杂咏四十六首》之十八云:

忠躯义感国恩赊,板荡凭将赤手遮。星散诸侯屯渤海,飙回子弟走长沙。神愁玉玺归新室,天哭铜人别汉家。(原注:"一云,共和六载仍周室,章武三年亦汉家。")迟暮自怜长塌翼,垂杨古道数昏鸦。(自注:"记癸未岁与群公谋王室事。")

自注云"群公",则懋明之外,尚有他人。《侯忠节公〔峒曾〕年谱》"崇祯十五年壬午"条云:

九月,改浙江嘉湖道备兵参政。

"十六年癸未"条略云:

正月之官嘉兴。夏五月,吏部上计,举府君大廉卓。而府君是时亦既病矣。天方大旱,府君步而祷焉。未几疮痏发于足跗,委顿者两月余。又一日,方视案牍,忽呕血数十口,累日乃止。投牒请于当事者三,终不许。府君方卧病时,徐太宰〔石麒〕以司寇事被放归里,陶陶永夕,差以为快。九月,诏使逮问周宜兴〔延儒〕。

寅恪案:虞求虽于崇祯十六年正月削职。其归至嘉兴之月日,今不易考。但据《侯谱》,知其十六年五月以后,九月以前,必已返家。由是言之,虞求十六年正月削职后,由京南归,于四月中途过扬州时,与牧斋会晤,颇有可能。若果如是,则虞求亦是与牧斋共谋王室群公中之一人也。

又,此事亦间接涉及侯恂、方域父子。兹略论之于下。侯方域《壮悔堂文集》三《为司徒公与宁南侯书》(寅恪案:"司徒公"乃朝宗称其父恂之官号。"宁南侯"则指左良玉而言也)云:

乡土丧乱,已无宁宇,阖门百口,将寄白下。喘息未苏,风鹤频警,相传谓将军驻节江州,且扬帆而前。老夫以为不然,即陪京卿大夫亦共信之。而无如市井仓皇,讹以滋讹,几于三人成虎。夫江州,三楚要害,麾下汛防之冲也。郧、襄不戒,贼势鸱张,时有未利,或需左次以骄之。储威夙饱,殚图收复,在将军必有确画。过此一步,便非分壤,冒嫌涉疑,义何居焉?若云部曲就粮,非出本愿,则尤不可。朝廷所以重将军者,以能节制经纬,危不异于安也。荆土千里,自可具食,岂谓小饥动至同诸军士仓皇耶?甚则无识之人,料麾下自率前驱,伴送室帑。"匈奴未灭,何以家为?"生平审处,岂后嫖姚?或者以垂白在堂,此自纲纪奉移内郡,何必双旌事来相宅?况陪京高皇帝弓剑所藏,禁地肃清,将军疆场师武,未取进止,讵宜展觐?语云"流言止于智者",若将军今日之事,其为流言,又不待智者而决之矣。惟是老夫与将军义则故人,情实一家。每闻将军奏凯献捷,报效朝廷,则喜动颜色,倾耳而听,引席而前,唯恐其言之尽也。或功高而不见谅,道路之口,发为无稽,则辄掩耳而走,避席而去,慼乎其不愿闻也。顷者浪语,最堪骇异,虽知其妄,必以相告。将军十年建竖,中外倚赖,所当矜重,以副人望。

此书后附杨廷枢《跋语》云:

癸未,侯子居金陵,宁南侯兵抵江州,旦夕且至。熊司马知其为司徒公旧部,请侯子往说之。侯子固陈不可,乃即署中为书以付司马,驰致之宁南。后一夜,侯子晤友人云:"议者且唱内应之说。"遂以书抵议者而行。侯子祸虽不始此,然自此深矣。宁南旋得书而止。余尝见其回司徒公禀帖,卑谨一如平时,乃知宁南感恩,原不欲负朝廷者,驾驭失宜,以致不终,深可叹也。偶过侯子舟中,观此书,感而识之。乙酉三月,杨廷枢记。

同书五《宁南侯传》略云:

朝廷以司徒公代丁启睿督师,良玉大喜。未几,有媒孽之者,司徒公遂得罪,以吕大器代。良玉愠曰:"朝廷若早用司徒公,良玉敢不尽死?今又罪司徒公,而以吕公代,是疑我,而欲图之也。"自此意益离。遂往来江楚,为自坚计,尽取诸盐船之在江者而掠其财。贼帅惠登相等皆附之,军益强。又尝称军饥,欲道南京就食,移兵九江。兵部尚书熊明遇大恐,请于司徒公,以书谕之而止。朝廷不得已,更欲为调和计,封良玉为宁南侯,而以子梦庚为总兵官。良玉卒不为用。

同书三《癸未去金陵日与阮光禄书》(寅恪案:"阮光禄"指阮大铖)云:

仆窃闻君子处己,不欲自恕而苛责他人以非其道。今执事之于仆,乃有不然者,愿为执事陈之。执事,仆之父行也。神宗之末,与大人同朝,相得甚欢。其后乃有欲终事执事而不能者,执事当自追忆其故,不必仆言之也。大人削官归,仆时方少,每侍,未尝不念执事之才而嗟惜者弥日。及仆稍长,知读书,求友金陵,将戒途,而大人送之曰:"金陵有御史成公勇者,虽于我为后进,常心重之。汝至,当以为师。又有老友方公孔照,汝当持刺拜于床下。"语不及执事。及至金陵,则成公已得罪去,仅见方公,而其子以智者,仆之夙交也,以此晨夕过从。执事与方公同为父行,理当谒,然而不敢者,执事当自追忆其故,不必仆言之也。今执事乃责仆与方公厚,而与执事薄。噫!亦过矣。忽一日,有王将军过仆甚恭,每一至,必邀仆为诗歌,既得之,必喜,而为仆贳酒奏伎,招游舫,携山屐,殷殷积旬不倦。仆初不解,既而疑以问将军。将军乃屏人以告仆曰:"是皆阮光禄所愿纳交于君者也。光禄方为诸君所诟,愿更以道之君之友陈君定生、吴君次尾,庶稍湔乎?"仆敛容谢之曰:"光禄身为贵卿,又不少佳宾客,足自娱,安用此二三书生为哉?仆道之两君,必重为两君所绝。若仆独私从光禄游,又窃恐无益光禄。辱相款八日,意良厚,然不得不绝矣。"凡此皆仆平心称量,自以为未甚太过,而执事顾含怒不已,仆诚无所逃罪矣!昨夜方寝,而杨令君文骢叩门过仆曰:"左将军兵且来,都人汹汹。阮光禄扬言于清议堂,云子与有旧,且应之于内。子盍行乎?"仆乃知执事不独见怒,而且恨之,欲置之族灭而后快也。仆与左诚有旧,亦已奉熊尚书之教,驰书止之。其心事尚不可知。若其犯顺,则贼也;仆诚应之于内,亦贼也。士君子稍知礼义,何至甘心作贼?万一有焉,此必日暮途穷,倒行而逆施,若昔日干儿义孙之徒,计无复之,容出于此,而仆岂其人耶?何执事文织之深也!仆今已遭乱无家,扁舟短棹,措此身甚易。独惜执事忮机一动,长伏草莽则已,万一复得志,必至杀尽天下士以酬其宿所不快,则是使天下士终不复至执事之门,而后世操简书以议执事者,不能如仆之词微而义婉也。

同书六《壮悔堂记》略云:

余向为堂,读书其中,名之曰"杂庸"。或曰:"昔司马相如卖酒成都市,身自涤器,与庸保杂作。子何为其然?"余曰:"以余目之所寓,皆庸也。子亦庸也。余不能不举足出此堂,又不能使此堂卒无如子者,安往而不与庸杂,又岂必酒垆耶?"呜呼!君子之自处也谦,而其接物也恭,所以蓄德也。况余少遭党禁,又历戎马间,而乃傲睨若是。然则坎壈而几杀其身,夫岂为不幸哉?忽一日念及,怃然久之,乃知余生平之可悔者多矣,不独名此堂也。急别构一室居之,名曰"壮悔"。古者三十为壮,余是时已三十五矣。

同书首载《年谱》略云:

崇祯十六年癸未,公二十六岁。司徒公解任,避兵扬州。左良玉军襄阳,以粮尽移驻九江,欲趋南京。南本兵乞公为司徒书,驰谕止之。阮大铖以蜚语中公。公避于宜兴,有《与光禄书》。以不即救汴,逮司徒公系狱。

顺治八年辛卯,公三十四岁。奉司徒公居南园。当事欲案治公,以及于司徒公者。有司趣应省试,方解。

顺治九年壬辰,公三十五岁。司徒公居南园。治壮悔堂,作文记之。访陈定生于宜兴。

《国榷》九八略云：

壬午崇祯十五年闰十一月,总督保定侯恂免。

同书九九略云：

癸未崇祯十六年二月庚辰,平贼将军左良玉避贼东下,沿江纵掠。土寇叛兵俱冒左兵攻剽,南都大震。壬午,左良玉泊池州清溪口,副总兵王允成称以二千人勤王,纵掠青阳、南陵、繁昌。沿江骚动,薄于芜湖,竞传其兵叛。南京兵部尚书熊明遇知良玉为尚书侯恂旧部,恂次子方域适在金陵,代为尚书书〔致良玉〕。良玉得书,禀答卑谨,一如平昔。七月,议处郑三俊,逮张国维、侯恂,以秉枢不职,弃开封不守也。

徐鼒《小腆纪传》六四《逆臣一·左良玉传》略云：

释侯恂于狱,以兵部侍郎代丁启睿督师。恂未至军,而良玉已溃于朱仙镇矣。开封陷。帝怒,罢恂官,而不能罪良玉也。〔十五年〕十二月二十四日,〔良玉〕抵武昌,至正月中启行,艨艟蔽江而下。当是时,降将叛卒假左军号,恣剽掠。蕲州守将王允成为乱首,破建德,掠池阳,去芜湖四十里,泊舟三山荻港,漕艘盐舶尽夺以载兵,声言将寄帑南京。士民一夕数徙,商旅不行。南兵部尚书熊明遇不知所计。适都御史在家被召,道出湖口,闻变,乃倚舟草檄告良玉曰："贵镇宜即日严戢兵丁,疏通江路,挨舵回船,刻期还镇。缺饷事情,候本部院到皖设法措处。勿过安庆一步,以实流言。"良玉得檄心折。邦华飞书告安庆巡抚,发九江库银十五万,补六月粮。军心大定,南都解严。邦华具威仪入其营。良玉红袜首、靴裤，握刀插矢，俯立船头。邦华辞。乃用师弟子礼见。临别，誓以余生效顶踵。

寅恪案：侯恂与左良玉其关系密切，远胜于李邦华。当崇祯十六年正月中良玉拥兵东下，南都士大夫皆欲止之。朝宗适在金陵，南京兵部尚书熊明遇使方域为其父作书与良玉，亦情势所必致，殊不足异。后来良玉之众屯驻九江而不至南京者，实懋明筹拨银十五万两之力。侯氏之书，岂能一动昆山之心乎？朝宗自言得杨龙友传述阮集之谓已欲为左氏内应之语，因促其出走避祸。《年谱》载崇祯十六年"司徒公解任避兵扬州"及"公访陈定生于宜兴"等语，假定崇祯十六年正月至四月侯恂果已在扬州，则方域何以不至扬州而至宜兴？考《明史》二七三《左良玉传》云：

〔崇祯十五年〕九月，开封以河决而亡。帝怒恂，罢其官。

参以朝宗代其父致昆山书所谓"乡土丧乱，已无宁宇，阖门百口，将寄白下"及"相传谓将军驻节江州，且扬帆而前"等语，则朝宗作书之时，若谷尚未至南京。但朝宗避祸出走之日，即使若谷未至扬州，何以不留扬州以待其父，而径至宜兴定生家耶？如若谷于崇祯十六年春间及夏初果在扬州，似亦应列入与牧斋共谋王室群公之中。今载籍未详，不敢决言也。细绎朝宗之文，颇疑非其当日之原稿，致有疏误。据邵青门述朝宗刻其文集事（见钱仪吉《碑传集》一三六邵长蘅撰《侯方域传》及《清史列传》七〇《文苑传·侯方域传》）云：

末年游吴下，将刻集，集中文未脱稿者，一夕补缀立就，人益奇之。

今观《壮悔堂集》载朝宗代其父致昆山书题作《为司徒公与宁南侯书》。考《明实录·怀宗实录》一七云：

> 崇祯十七年三月癸巳,封辽东总兵官左都督吴三桂平西伯,平贼将军总兵左都督左良玉宁南伯,蓟镇总兵左都督唐通定西伯,凤庐总兵左都督黄得功靖南伯,各给敕印。

《明史》二四《庄烈帝本纪》云:

> 崇祯十七年三月癸巳,封总兵官吴三桂、左良玉、唐通、黄得功俱为伯。

同书二三《左良玉传》略云:

> 崇祯十七年正月(寅恪案:"正月"当为"三月"之误。王氏《明史考证捃逸》未之及),诏封良玉为宁南伯。福王立,晋良玉为侯。

故朝宗作此书时,良玉尚未封伯,更何侯之有?此亦足为此书乃朝宗后来所补缀之一证,并足征邵氏之言为可信也。兹有可附论者二事。一为朝宗作《壮悔堂记》时,其年三十五岁,即顺治九年壬辰。前一年朝宗欲保全其父,勉应乡试,仅中副榜,实出于不得已。"壮悔堂"之命名,盖取义于此。后来竟有人赋"两朝应举侯公子,地下何颜见李香"之句以讥之。殊不知建州人关,未中乡试、年方少壮之士子,苟不应科举,又不逃于方外,则为抗拒新政权之表示,必难免于罪戾也。至"庸杂堂"之命名,朝宗所言亦非其最初真意。殆本以司马长卿自拟,而以李香君之流比卓文君也。二为自《桃花扇》传奇盛行以来,杨龙友遂为世人所鄙视。今据朝宗自述之文,则为阮圆海游说者乃王将军;传阮氏诬构之言、促其出走避祸者为杨龙友。戏剧流行,是非颠倒,亟应加以纠正也。寅恪近有《听演〈桃花扇〉戏剧(七律)》一首,附录于此。

> 听演桂剧改编《桃花扇》,剧中香君沉江而死,与孔氏原本

异,亦与京剧改本不同也。

兴亡旧事又重陈,北里南朝恨未申。桂苑旧传天上曲,桃花新写扇头春。是非谁定千秋史,哀乐终伤百岁身。铁锁长江东注水,年年流泪送香尘。

若黄石斋者,则是时已被赦复官,自京乞假归里。(见《明史》二四《庄烈帝本纪》"崇祯十五年八月乙丑释黄道周于戍所复其官"条,同书二五五《黄道周传》及庄起俦编《漳浦黄先生年谱》"崇祯十五十六年"条,并《黄漳浦集》二四《壬午八月荷殳入楚,病卧西林,适逢环命,以清修力学见褒,揽笔潸然,聊悉寤言,二十有八章》及同书四三《郡中结夏有作二章》。)亦在远道预谋之列。又若曾化龙、熊明遇诸人,当复参预其事。

至曾化龙则《初学集》一六《丙舍诗集》有《送曾霖寰使君左迁还里二首》,当是崇祯十三年春间霖寰去江南按察使时所作。于此足征牧斋本与曾氏交好。检同治重刊乾隆修《泉州府志》四四《曾化龙传》略云:

曾化龙,字大云,号霖寰,晋江人。〔官〕江南副使,备兵常镇。寻擢其省按察使。迁江西。丁外艰归。

未言其有何左迁之事,与牧斋诗不合。但据谈迁《国榷》九七略云:

辛巳崇祯十四年四月乙卯,通政司使徐石麒,以前镇江知府印司奇讦奏推官雷起剑及前巡抚应天张国维、兵道曾化龙事久不结,命即勘。

可见霖寰实有被讦之案,不知何故久悬未决。虞求与霖寰有气类之好,故请速勘也。方志所据材料不尽翔实,特标出之如此。余可参后引《泉州府志·曾氏传》所论熊明遇与牧斋共谋王室事,并详后论黄石斋与张鲵渊书,兹俱不先及。又刘宗周亦当时清望,与牧斋俱为温体仁之政敌,是有为扬州共谋王室群公中一人之可能,但蕺山于崇祯十五年以吏部左侍郎奉诏至北京,是年五月二十日始达扬(见《明史》二二五《刘宗周传》及姚名达撰《刘宗周年谱》等),时日过晚,恐不可能。姑附记之,更俟详考。由是言之,牧斋所谓"群公",虽难一一考知,然其出语必非虚构,可以无疑也。《黄漳浦集》一六《与郑将军书》第一通云:

> 方今□(奴?)寇渐合,辇毂荐惊,四方援兵度不能四五万,皆逡巡西道,思度河北、出紫荆,潜诣都下,无敢溯清德从景沧直上者。朝廷思间道之奇,以霖寰翁节制登莱,与大将军共济。呼余皇,出旅顺,捣沈阳,此搏熊取子之智,用之必效。然悬师万里,远袭人国,载马上车,踔泥出岸,岂得如三国时谋氿沓渚之事乎?以仆料敌,用师不过强万,四□(奴?)持重,(寅恪案:牧斋《投笔集(上)金陵秋兴次草堂韵八首》之五"死虏千秋悔入关"句下自注云:"伪四王子遗言戒勿入关,东人至今传之。"盖明人往往以"四王子"称清太宗皇太极。其实皇太极乃太祖努尔哈齐第八子。见《清史稿》二《太宗本纪一》。)不敢远出。其牵制宁远,守辽沈者,必不尽撤而西。唯诸台吉跳荡,及巢孔二三叛将,知我虚实者,相率鼓拊,攫取饵耳。诚得南兵万余,与衮济之师,犄角直出,挫其前锐,则真保香阿(东隅?)之策也。

其第二通云:

> 适刘舍亲有南都书至,称南中之望麾下,犹楚人之望叶公也。黎总戎六月南来,述在镇情形,已大不测。计天下男子,赤心青胆,一意奉朝廷者,独麾下耳。而又以盛名厚力,耆服一世,俯视左良玉辈犹腐鼠枯蝉,直以苕帚泛除之,不

烦遗镞也。李大司马,方今伟人,所号召豪杰立应,拟与南都诸绅击牛酾酒,以俟麾下。麾下但呼帐中健儿一二千人,坐镇京口,遣青雀小艇,飞入马当,云大将军督水师朝夕西上,彼辈望风陨角耳。天下事势,固有力省而功倍者,如楼船出登莱,节长力缓,虽有三千,不当五百之用。今得一千渡彭蠡,可当十万之师,且令塞上斩□□取通侯,(寅恪案:此句所讳阙之二字,疑是"贼奴"。盖用《世说新语·尤悔类》"王大将军起事"条及《晋书》六九《周𫖮传》"今年杀诸贼奴,取金印如斗大"之语,与下文"取金印如斗"之句相应也。)如登高山,犹烦拾级。若从江中扬航,取左师犹掇之也。且又以是取金印如斗,不烦劳师燕然之外,而使不肖无拉胁折胫之苦,虽削蓝为舆劲弓,改笔锋为锐剡,犹当为之,况负英杰之名,受朝宁隆眷,为天下之所利赖者乎?月初闻有三十余艘弄兵潢池,借樯橹之灵,已朝夕溃散。此沙虫区区,直以麾下诸篙即制之,不烦神力。至如为天下救苍生,护京陵,取叛帅头作劝杯,非大将军亲行不可。仆亦桑梓也,宁不为桑梓根本虑?顾神京之患,有急于桑梓者,当舍大图细,不独为副云雷之望,直取侯封,压服天下,为吾乡盛事而已也。黎总戎以李司马书必为麾下面陈情势,惟麾下悉心图之。临楮神注。

同书同卷《与张鲲渊书》略云:

登莱天末,为鹅为鹳,水泽所嬉,王正尚未渡江,诚得一疏,留为江淮隘塞之用,免至纷飞,为精卫之填木石。曾霖翁心手可资,亦远镇登莱,谁当溯长河以开青兖之路者?清源蕃徒藉藉,啸聚南安不轨,闻已渐入仙游。凡此蛇虺,只得贤守令销萌于先,整顿于后,可次第爬梳之耳。顷晤黎总戎延庆者,云出老祖台门下,持李茂翁书(寅恪案:"茂翁"即懋明),云欲借祖台力,劝郑将军自疏入援。此不过欲借高敖曹名字吓小儿耳。威鳞岂敢离渊?以仆度左师奔败之余,为诸闯所轻,必不能遂取安庆,亦不敢扬帆东下。南都名贤所聚,熊坛老诸公提挈于内,刘良佐诸将匡襄于外,借漕捐资,尚支岁月,吹篪假啸,或改鴃音,神烈精灵,鼓吹风鹤,岂可令鼻眼异常,睹京华之动静乎?黎兄欲仆作书,亦已达一函去。去腊有劝自疏入援书,已先茂翁献其媸拙。今茂翁又云尔,乃知揩大不异人意。三吴重地,留都关系甚巨。茂老未到任,想未知诸贤擘画。又不知郑糸岳得尚驻脚不?四海蜩螗,密勿渊深,兴言辍餐,唯有陨涕。

综合上引三书观之,其称李邦华为大司马,又谓"三吴重地,留都关系甚巨。茂老未到任,想未知诸贤擘画"。今检《明史》二六五《李邦华传》略云:

崇祯元年四月,起工部右侍郎总督河道。寻改兵部,协理戎政。十二年四月,起南京兵部尚书,以父忧去。十五年冬,起故官,掌南京都察院事。俄代刘宗周为左都御史。都城被兵,即日请督东南援兵入卫,力疾上道。明年三月,抵九江,左良玉溃兵数十万声言饷乏,欲寄帑于南京,艨艟蔽江东下。留都士民一夕数徙,文武大吏相顾愕眙。邦华乃停舟草檄告良玉,责以大义,用便宜发九江库银十五万饷之。一军遂安。

又,《明史》一一二《七卿年表二》"左都御史"栏:"崇祯十五年壬午,刘宗周八月任,十二月削职。李邦华十二月任。"则知石斋作书时尚未知李懋明代刘蕺山任左都御史之职,故仍以南京兵部尚书之故官称之。否则当如牧斋于崇祯十六年四月赋诗称懋明为总宪公也。（诗见后引。）石斋《与飞黄书》第二通云："适刘舍亲有南都书至。"此刘姓之人，当即前述董、冒因缘有关之漳浦刘渔仲履丁也。石斋与渔仲情谊笃挚，今《黄漳浦集》中诗文涉及渔仲者不少。其为师弟关系，如前引《初学集》五三《漳浦刘府君合葬墓志铭》及《四朝成仁录》七《刘履丁传》，可以证明。其有亲戚关系，则《黄漳浦集》一七《与刘渔公书》云："抑将姻娅之好，不及友朋。"亦足为证。但究属何种亲戚关系，殊不易知。据《黄漳浦集》四二《刘渔仲使至携家有寄十二章》。其二云：

不得补官去，为谁嫁娶来。柴扉赊故里，荔薜费新栽。世道团风叶，乡心湿雨灰。因无分宅法，空寄陇头梅。

其十云：

作客耽江表，全身爱首丘。所思非一辙，此道远难谋。填海疑通路，移山未度舟。秦淮佳丽处，不耐老登楼。

其十二云：

如此将归好，江干吾有家。一船供宝卷，半榻上烟霞。遣女迎新妇，呼儿接舅爷。山中分鸟掌，白鹿为推车。

颇疑崇祯十五年冬季渔仲由江南遣使携家至闽，石斋因而寄诗。其《致飞黄书》所谓"刘舍亲有南都书至"者，即指此时此事而言。绎"遣女迎新妇，呼儿接舅爷"一联之意，石斋殆谓遣其女迎其嫂，呼其儿接其外舅耶？若果如是，则渔仲之女嫁石斋之子，石斋与渔仲为儿女亲家也。俟考。牧斋《请调用闽帅议》中，颇以福建方面之不同意为虑，石斋乃闽中缙绅之魁首，观其书中以神京大桑梓细为言，鲵渊又为当日守土之长吏，石斋致书告以本省苟得贤守令，即可臻治安之效，不必特烦郑芝龙之兵镇压。由是言之，钱、李、黄诸公实用三方敦促，以期郑氏出兵保卫南都江左也。兹有可注意者，一为李邦华与郑芝龙之关系。邦华于崇祯元年以兵部侍郎协理戎政，计六奇《明季北略》一一"郑芝龙击刘香老"条云：

> 初，芝龙为海盗。天启七年，犯闽中、铜山、中左等处。崇祯元年五月招之。九月，芝龙降于巡抚熊文灿，授以游击。

当崇祯元年招降芝龙者虽为福建巡抚熊文灿，但邦华为京师兵部主持人之一，福建地方奏授芝龙以游击，邦华应亦预闻其事。夫兵部为统辖全国军事之机构，此机构之主持人对于全国之武职，实有上官属吏之关系，故郑氏乃李氏之旧属，若李氏挢谦，不以官事行之，则可借用科举制度座主门生之礼相对待。前述懋明与昆山"以师弟子礼见"，即是其例。由此言之，懋明遗书飞黄实非偶然也，或更有其他原因，俟考。一为牧斋与石斋之关系。钱、黄两人本为旧好，常通音问，自不待言。检《初学集》二〇上《东山诗集三·驾鹅行》之后，《送程九屏领兵入卫》之前，有《黄长公七十寿歌石斋詹事之兄》（寅恪案：石斋长兄名士珍。见《黄漳浦集》二五《赠考青原公墓碑》）一题，末云：

> 七十长筵列孙子，弟劝兄酬数千里。共祝皇恩无尽期，漳海西连五溪水。

故疑牧斋此诗为石斋于崇祯十五年冬复官之后，尚未归里之时所作。牧斋之赋此诗，或是出于石斋之请，而交刘渔仲转致者。盖渔仲是时实在苏州，与牧斋会晤。前论冒、董因缘时，已及之矣。据此可知牧斋此际正与石斋音问密切，当有共谋王室之文字，今未得见，殊可惜也。一为牧斋与登莱巡抚之关系。牧斋之欲任登府，前已详论。沈季明虽曾疏请任牧斋以此职，用舟师攻满洲。但牧斋手无寸铁，何能办是？其欲借助于郑氏水师之力，事理甚明。石斋《与郑将军书》第一通云:"朝廷思间道之奇,以霖寰翁节制登莱,与大将军共济。呼余皇,出旅顺,捣沈阳,此搏熊取子之智,用之必效。"又《与张鲵渊书》云:"曾霖翁心手可资,亦远镇登莱,谁当溯长河以开青兖之路者?"此"霖寰翁"及"曾霖翁"即曾化龙。检同治重刊乾隆修《泉州府志》四四略云:

> 曾化龙,字大云,号霖寰,晋江人。万历戊午己未联捷进士,授临川知县。直指谢文锦以治行第一荐。时权珰用事,密嘱化龙往谒,即授铨谏。笑置之。外补宁国府同知,迁南户部员外,改兵部。丁内艰,起补北兵部车驾司郎中,督学粤东。竣事,摄海道。平刘香之乱,上功第一。移广西参议,士民勒石纪绩。擢江南副使,备兵常镇。寻擢其省按察使。有"曾铁面"之称。丁外艰归,以宿望,即家起佥都御史,巡抚登莱。时地方残破,奉旨蠲征三年,而兵频呼庚癸,化龙练兵措饷,请蠲请恤,疏凡三十二上,备载《抚登疏草》中。会闽贼变作,胶密土寇蜂起,遂破高密。化龙亟移镇胶州,胶围解,而高密城复。以疾归。抵家,病日剧。庚寅六月朔卒,年六十三。所著有《作求堂集》。

《国榷》九四略云:

> 乙亥崇祯八年四月丁亥,总督两广熊文灿奏福建游击郑芝龙合广兵击刘香于田尾远洋。香势蹙,自焚溺。

《明季北略》一一"郑芝龙击刘香老"条略云:

> 崇祯六年,海盗刘香老犯长乐。甲戌四月,又寇海丰。乙亥四月,芝龙合粤兵击刘香老于四尾远洋。(寅恪案:"四"字疑当依《国榷》作"田"。俟考。)香势蹙,自焚溺死。

寅恪案:大云与芝龙同里,熊文灿督粤,令其摄海道,领粤兵共郑飞黄之闽兵合击刘香,平香之役,粤省上状,霖寰功居第一。后来之巡抚登莱,亦是同其前任之曾樱俱与郑氏兄弟关系密切之故(可参后论牧斋《贺孙朝让得子》诗条),当日明廷如此措施,自有理由,而牧斋之不得任登莱巡抚,乃势所必然者也。至仲含与郑氏之关系,可参《明史》二七六《曾樱传》。其文略云:

> 曾樱,字仲含,峡江人。崇祯元年,以右参政分守漳南。母忧归。服阕,起故官,分守兴、泉二郡。进按察使,分巡福宁。先是,红夷寇兴、泉,樱请巡抚邹维琏用副总兵郑芝龙为军锋,果奏捷。及刘香寇广东,总督熊文灿欲得芝龙为援,维琏等以香与芝龙有旧,疑不遣。樱以百口保芝龙,遂讨灭香。芝龙感樱甚。十年冬,帝信东厂言,以樱行贿欲擢官,命械赴京。御史叶初春尝为樱属吏,知其廉,于他疏微白之。有诏诘问,因具言樱贤,然不知贿所从至。诏至闽,巡抚沈犹龙、巡按张肯堂阅厂檄有奸人黄四臣名。芝龙前白曰:"四臣,我所遣。我感樱恩,恐迁去,令从都下讯之,四臣乃妄言,致有此事。"犹龙、肯堂以入告,力白樱冤,芝龙亦具疏请罪。削芝龙都督衔,而令樱以故官巡视海道。寻以衡、永多寇,改樱湖广按察使,分守湖南。樱乃调芝龙剿贼,贼多降,一方遂安。迁山东右布政使,分守东、莱。十四年春,擢右副都御史,代徐人龙巡抚其地。明年迁南京工部右侍郎,乞假归。

据此可知仲含、霖寰之成事及牧斋之企图。但郑氏与二曾真正交谊密切,与牧斋之仅以文字酬应者大有不同。假使牧斋果得任登莱巡抚,恐亦不得如二曾之能指挥郑氏之水军也。一为南都与全局之关系。盖当时长江以北受困于李、张及建州,已成糜烂之势。江左士大夫颇欲保全南方,以留都南京为中心,聚兵力借图偏安之局。观石斋《与郑将军书》第二通云："李大司马，方今伟人，所号召豪杰立应，拟与南都诸绅击牛酾酒，以俟麾下。"及《与张鲵渊书》云"南都名贤所聚，熊坛老诸公提挈于内，刘良佐诸将匡攘于外。借漕捐资，尚支岁月"等语，是其明证。熊坛老即熊明遇。《明史》二五七《熊明遇传》略云：

> 熊明遇，字良孺，进贤人。崇祯元年，起兵部右侍郎。明年进左，迁南京刑部尚书。四年，召拜兵部尚书。五年，以故官致仕。久之，用荐起南京兵部尚书。

并参以上论侯方域代其父恂作书致左良玉，阻其拥兵至南京事，所引诸史料，足见崇祯十六年春间至初夏，熊氏亦在南京遥为牧斋共谋王室群公之一人也。一为关于左良玉之为人，石斋《致郑飞黄书》中所论，与牧斋撰《李邦华神道碑》中所言，颇不相同。盖石斋深知良玉之为人不可信赖，故欲借郑氏军力以防制之也。夫左氏固不可信赖，郑氏亦略相似。石斋当日或亦有所感觉，但此时所以取郑而舍左者，其关键实在左氏军糈不能自筹，动以索饷要挟官吏，残害人民。前述其拥兵东下欲寄帑南京之事，可为一例，不必多论。至若郑氏所统之兵，军饷既能自给，故纪律亦较严肃。此点尤为当时所罕见，非他军所可企及也。

《明季北略》一一"郑芝龙击刘香老"条略云：

> 初，芝龙为海盗。崇祯元年五月招之。九月，芝龙降于巡抚熊文灿，授以游击。十三年八月，加芝龙总兵。芝龙既俘刘香，海氛颇息。因以海利交通朝贵，浸以大显。
>
> 芝龙幼习海，知海情。凡海盗皆故盟，或出门下。自就抚后，海船不得郑氏令旗，不能往来。每一船例入三千金，岁入年万计，芝龙以此富敌国。自筑城于安平海梢，直通卧内，可泊船径达海。其守城兵自给饷，不取于官，旗帜鲜明，

戈甲坚利。凡贼遁入海者，檄付芝龙，取之如寄。

同书同卷《郑芝龙小传》略云：

海盗有十寨，寨各有主。飞黄之主有疾，疾且瘤，九主为之宰牲疗祭。飞黄乃泣求其主："明日祭后必会饮，乞众力为我放一洋，获之有无多寡，皆我之命。烦缓颊恳之。"主如其言，众各欣然。劫四艘，货物皆自暹逻来者，每艘约二十余万。九主重信义，尽畀飞黄。飞黄之富逾十寨矣。海中以富为尊，其主亦就殂，飞黄遂为十主中之一。时则通家耗，赍金还家。置苏杭细软，两京大内宝玩，兴贩琉球、朝鲜、真腊、占城、三佛齐等国，兼掠犯东粤、潮惠、广肇、福游、汀闽、台绍等处。此天启初年事也。刘香既没，余皆跪拜投降，海上从此太平。往来各国皆飞黄旗号，沧海大洋如内地矣。抚按又为报功，因升漳潮两府副总兵。后至崇祯末年百计营求，欲得福闽全省正总兵，赍银十万至京师，大小司马手长胆怯，不敢也。至十七年三月，此银为流贼所得。

《小腆纪年》一三"顺治三年十一月丁巳明郑芝龙降于我大清"条略云：

王师进逼安平镇，芝龙军容烜赫，炮声震天地。〔将降于贝勒〕，其子成功谏曰："闽粤之地，不比北方，得任意驰驱。若凭险设伏，收人心以固其本。兴贩各港，以足其饷。选将练兵，号召不难矣。"芝龙拂袖起。成功出告〔其叔〕鸿逵，逵壮之，入语芝龙曰："兄尚带甲数十万，舳舻塞海，粮饷充足。辅其君以号召天下，豪杰自当响应，何委身于人？"

据上引史料观之，郑氏父子之兴起，非仅由武力，而经济方面，即当时中国与外洋通商贸易之关系有以致之。明南都倾覆，延平一系犹能继续朱氏之残余,几达四十年之久,绝非偶然。自飞黄、大木父子之后,闽海东南之地,至今三百余年,虽累经人事之迁易,然实以一隅系全国之轻重。治史之君子,溯源追始,究世变之所由,不可不于此点注意及之也。兹不避枝蔓之嫌,稍详论述之,以俟通人之教正。

至石斋《致张鲵渊书》所谓"黎总戎延庆者",当是芝龙部下之将领。张鲵渊者,当日福建巡抚张肯堂之号(见黄宗羲《思旧录》"张肯堂"条)。其事迹详见《明史》二七六《张肯堂传》。唯《明史》传书字不书号。今同治修《福建通志》一二九《张肯堂传》载其字鲵渊,实则鲵渊乃其号,非其字也。熊明遇,《明史》本传及《明诗综》五九《熊氏小传》皆言其字子良。光绪修《江西通志》一三八及《小腆纪传》五七《遗臣二熊氏传》。则谓其字良孺,微有不同。但《陈忠裕全集》一八《白云草·赠熊坛石大司马(五言排律)》附考证,引《明史》熊明遇本传以实之。又谈迁《北游录·纪闻类(上)》"熊明遇"条云:"进贤故大司马熊坛石隐山中。"故知石斋所谓"坛老",即明遇。《明史》诸传例仅书字而不书号,实则名与字尚有相互关系,可以推寻。至于别号,则与其名之关系颇难揣测。如此节中所论黄、李、张、熊诸人,苟仅就《明史》证之,殊不能得其联系。此亦读史者不可不知也。

牧斋《癸未四月吉水公总宪诣阙》诗题中,所谓"辇下知己"者,当指郑三俊、范景文、冯元飚、龚鼎孳等而言。此题第四首自注云:"上命精择大帅,冢宰建德公以衰晚姓名列上。"可以为证。《明史》二五四《郑三俊传》云:"郑三俊,字用章,池州建德人。"故称"建德公"。同书一一二《七卿年表》"吏部尚书"栏载:崇祯十五年壬午"郑三俊八月任",十六年癸未"三俊五月免",故云"冢宰"。范质公与牧斋之关系,见前论《题〈将相谈兵图〉为范司马蔡将军作》诗。《明史》一一二《七卿年表》"工部尚书"栏载:崇祯十五年壬午"范景文十月任";十六年癸未,景文仍任原职;十七年甲申二月入阁,三月殉难。至牧斋与冯元扬、元飏兄弟关系尤密。见前论《〔癸未〕元日杂题长句八首》之五。及《有学集》二八《慈溪冯公墓志铭》所述牧斋因张汉儒告讦被逮北行,时尔赓任苏松兵备参议,特加营护事。《明史》二五七《冯元飏传》略云:

〔崇祯〕十五年六月,召拜兵部右侍郎,转左。元飏多智数,尚权谲,与兄元飚并好结纳,一时翕然称"二冯"。然故与冯铨通昏谊,初在言路,诋周延儒。及为侍郎,延儒方再相,元飏因与善。延儒欲以振饥为铨功,复其冠带。惮众议,元飏令引吴甡入阁助之。既而甡背延儒议。熊开元欲尽发延儒罪,元飏沮止之。开元以是获重谴。兵部尚书陈新甲弃市,元飏署部事。一日,帝召诸大臣游西苑,赐宴明德殿,因论兵事良久。帝曰:"大司马缺久,无逾卿者。"元飏以多病辞,乃用张国维。十六年五月,国维下狱,遂以元飏为尚书。至八月,以病剧乞休,帝慰留之。请益坚,乃允其去。将归,荐李邦华、史可法自代。帝不用,用兵科都给事中张缙彦,都城遂不守。

及同书《七卿年表》"兵部尚书"栏载:

十六年癸未,〔张〕国维五月免。冯元飏五月任,十一月告病。张缙彦十月任。(寅恪案:谈迁《国榷·部院表下》"兵部尚书"栏,"崇祯癸未,慈溪冯元飏五月任,十月罢。□□张缙彦十月任"。与《明史》略异。岂元飏久病,十月尚虚留原阙,缙彦代任职务,至十一月元飏始正式开去原阙,而缙彦遂真除本兵耶?俟考。)

可知牧斋与冯铨、周延儒诸人之复杂关系,尔赓实有牵涉。牧斋

所指"辇下知己",尔彀应为其中一人,自无疑义也。又龚鼎孳《定山堂集》载其门人孝感严正矩所撰《大宗伯龚端毅公传》略云:

> 茌蕲七载,抚按交章累荐,举卓异,行取陛见。上注视嘉悦,拜兵科给事中。居兵垣十阅月,知无不言,言无不尽,而于人才士气,尤为谆谆致意云。于司寇徐公石麒之去国,特疏请留,极论言官章公正宸、惠公世扬、宪臣刘公宗周、金公光宸等皆当赐环。因及钱公谦益、杨公廷麟、忤珰同难之方公震孺,俱不宜终老岩穴。

寅恪案:芝麓时任兵科给事中,请起用自命知兵之牧斋,则不仅能尽本身之职责,亦可称牧斋知己之一矣。至作芝麓传之严正矩,其人与顾横波三十九岁生日金陵市隐园中林堂盛会有关。《板桥杂记(中)丽品门》"顾媚"条纪其事略云:

> 岁丁酉(顺治十四年),尚书挈〔横波〕夫人重游金陵,寓市隐园中林堂。(寅恪案:园在南京武定桥油坊巷。见嘉庆修《江宁府志》九《古迹门》,并可参吴应箕《留都见闻录(上)园亭门》关于"市隐园"条。)值夫人生辰,(寅恪案:横波生辰为十一月三日。此年三十九岁。详孟森《心史丛刊》二集《横波夫人考》。)张灯开宴,请召宾客数十百辈,命老梨园郭长春等演剧,酒客丁继之、张燕筑及二王郎(原注:中翰王式之,水部王桓之)串王母瑶池宴。夫人垂珠帘召旧日同居南曲呼姊妹行者与宴。李六(大?)娘、十娘、王节娘皆在焉。(寅恪案:三人事迹见余书中《丽品门》及同卷《珠市名妓附见》,并同书下《轶事门》。)时尚书门人楚严某赴浙监司任,逗遛居樽下,褰帘长跪,捧卮称"贱子上寿",坐者皆离席伏。夫人欣然为罄三爵,尚书意甚得也。

> 余与吴园次、邓孝威作长歌纪其事。嗣后还京师,以病死。尚书有《白门柳传奇》行于世。(可参《定山堂诗集》附《诗余一》。)

寅恪案:澹心所言芝麓门人赴浙江监司任之"楚严某",今检严氏所作《芝麓传》云:

> 〔崇祯九年〕丙子,分校楚闱,总裁为娄东吴骏公〔伟业〕、宋九青〔玫〕,两先生称文坛名宿,与公气谊甚合,藻鉴相同,所拔皆奇俊,得士周寿明等七人,中甲科者五,不肖矩与焉。

及光绪修《孝感县志》一四《严正矩传》略云:

> 严正矩,字方公,号絜庵。癸未成进士,未仕。国初授嘉禾司理。以贤能升杭州守,代摄学政。寻简饬兵备温处。

故澹心所指,即絜庵无疑。兹以余氏所述涉及善持君事,颇饶趣味,因附记于此。

依上引诸资料,最可注意者,牧斋此诗作于崇祯十六年四月,其时正欲以知兵起用,故目当日管领铨曹并此时前后主持戎政之人,皆为知己,斯又势所必然。今日思之,甚为可笑。至牧斋京华旧友,可称知己者,恐尚不止此数人,仍当详检史籍也。诗题中"二三及门"者,当指张国维等。检商务重印本《浙江通志》一四〇《选举门·举人表》载:"天启元年辛酉科。张国维。东阳人。壬戌会魁。"及《明史》一一二《七卿年表》"兵部尚书"栏载:崇祯十五年壬午"张国维九月任";十六年癸未"国维五月免"。故牧斋所指"二三及门",玉笥必是其中最重要之人。若熊汝霖,则《浙江通志·举人表》载:"天启元年辛酉科。熊汝霖。余姚人。辛未进士。"是雨殷之为牧斋门人,固不待言。《明史》二七六《浙江通志》一六三,乾隆修《绍兴府志》五六,光绪修《余姚县志》二三,温睿临《南疆绎史》二二及《小腆纪传》四〇《熊汝霖传》并黄宗羲《南雷文定前集》九《移史馆熊公雨殷行状》等,所载雨殷历官年月,皆颇笼统。惟《国榷》九九"崇祯十六年癸未二月壬申(初八日)"载:

> 户科右给事中熊汝霖谪福建按察司照磨。

官职时间最为明确。牧斋赋诗在是年四月,当已知雨殷谪闽之事,故诗题所指"二三及门"中,熊氏似不能在内。至夏燮明《通鉴》八九"崇祯十六年四月辛卯大清兵北归"条载:

> 谪给事中熊汝霖为福建按察使照磨。

则不过因记述之便利,始终其事言之耳。未必别有依据。盖熊氏既奉严旨谪外,恐不能在都迁延过久也。

更检《浙江通志·举人表》载:"天启元年辛酉科。王道焜。杭州人。"《明史》七六《朱大典传》附王道焜传,《浙江通志》一六三及光绪修《杭州府志》一三〇《王道焜传》等所载年月,殊为含混,惟《南疆绎史》一七《王道焜传》(参《小腆纪传》四九《王道焜传》)略云:

> 王道焜,字少平,仁和人。天启辛酉举于乡。庄烈帝破格求材,尽征天下廉能吏,临轩亲试,不次用。抚按以道焜名上,铨曹谓郡丞例不与选,授兵部职方主事。道焜不平,按疏言〔之〕。寻得温旨,许候考。会都城陷,微服南归。

据此,则少平似有为牧斋所谓"二三及门"中一人之可能。然王氏之入京,究在十六年四月以前或以后,未能考知,故不敢确定也。其余牧斋浙闱所取之士,此时在北京者,或尚有他人,更俟详考。

以上论诗题已竟,兹续论此四律于下。其一略云:

> 青镜霜毛叹白纷,东华尘土懒知闻。绝交莫笑嵇康懒,即是先生誓墓文。

寅恪案:此首乃谢绝中朝寝阁启事之总述。"绝交莫笑嵇康懒,即是先生誓墓文"乃指《初学集》八〇《寄长安诸公书》。此书题下署"癸未四月",可知牧斋当时手交此书与懋明带至北京者。揆之牧斋此时热中之心理,言不由衷,竟至是耶?

其二略云:

> 三眠柳解支憔悴,九锡花能破寂寥。信是子公多气力,帝城无梦莫相招。

寅恪案:关于此首所用典故,钱遵王注中已详者,不须多赘。唯有可注意者,即"三眠柳""九锡花"两句,此联实指河东君而言。遵王虽引陶榖《清异录》中罗虬九锡文以释下句,但于上句则不著一语。因"柳"字太明显,故避去不注耳。第七、第八两句,自是用《汉书》六六《陈万年传》附子咸传中所云:

> 王音辅政,信用陈汤。咸数赂遗汤,予书曰:"即蒙子公力,得入帝城,死不恨。"(颜师古《注》曰:"子公,汤之字。")

遵王注已言之矣。但牧斋《杜工部集笺注》一五《秋兴八首》之四"闻道长安似弈棋"一律笺云:

> 曰"平居有所思",殆欲以沧江遗老,奋袖屈指,覆定百年举棋之局,非徒悲伤踠晚,如昔人愿得入帝城而已。

检牧翁《读杜(诗)寄卢小笺》及《读杜二笺》俱无此语。据季振宜《钱蒙叟杜工部集笺注序》云:

> 一日〔遵王〕指《杜诗》数帙,泣谓予曰:"此我牧翁笺注《杜诗》也。年四五十即随笔记录,极年八十,书始成。"

夫牧斋之读《杜诗》,"年四五十即随笔记录",则崇祯七年九月以前读《杜笺》中,既未用《汉书》陈咸之成语。可知季氏所刻蒙叟《笺注》中所用陈咸之言,乃牧斋于崇祯七年秋后加入者。《初学集》八〇《〔崇祯十六年癸未〕复阳羡相公书》云:

> 两年频奉翰教,裁候阙然,屏废日久。生平耻为陈子康。愿蒙子公力,得入帝城。此阁下之所知也。

据此,岂加入之时,即崇祯十六年癸未作此书及赋《吉水公总宪诣阙》诗之际耶?若此揣测不误,未免以退为进。明言不欲"入帝城",而实甚愿"蒙子公力"也。措辞固甚妙,用心则殊可笑矣。

其三略云:

> 仕路揶揄诚有鬼,相门洒扫岂无人。云皴北岭山如黛,月浸西湖水似银。东阁故人金谷友,肯将心迹信沈沦。

寅恪案:此首之旨与第二首相同,皆言不欲入帝城之意。所不同之点,前者之辞,以保有"支憔悴""破寂寥"之河东君为言,而后者则以管领"北岭""西湖"之拂水山庄为说耳。刘本沛《虞书》"虞山"条云:"虞山,即吴之乌目山也。在县治西北一里。"及"尚湖"条云:"尚湖,即今西湖。在县治西南四里。"又光绪修《常昭合志稿》三《水道门》"尚湖"条云:

> 尚湖在常熟县西南四里,长十五里,广九里,亦曰"西湖"。卢镇《琴川志》:《旧经》曰,上湖昔人以虞山横列于北,亦称"照山湖",而相沿多称"尚湖"。

牧斋之拂水山庄实据虞山、尚湖之胜境。周玉绳亦尝亲至其地。前论《〔癸未〕元日杂题〈长句〉八首》之六时,已言及之。此《癸未元日诗》第六首第二句自注云:"阳羡公语所知曰,'虞山正堪领袖山林耳。'"牧翁于周氏此语深恶痛恨,至死不忘,属笔遣辞,多及此意。"东阁故人金谷友"句,实用两出处,而指一类之人。遵王引《西京杂记》二"公孙弘起家徒步为丞相"条以释"东阁故人"之语,甚是。但于"金谷友"则阙而不注。检《晋书》五五《潘岳传》略云:

> 岳性轻躁,趋世利,与石崇等谄事贾谧。每候其出,与崇辄望尘而拜。〔孙〕秀诬岳及石崇、欧阳建谋奉淮南王允、齐王冏为乱,诛之。初被收,俱不相知。石崇已送在市,岳后至,崇谓之曰:"安仁,卿亦复尔耶?"岳曰:"可谓白首同所归。"岳《金谷诗》云:"投分寄石友,白首同所归。"乃成其谶。(寅恪案:《晋书》三三《石苞传》附子崇传云,"崇有别馆在河阳之金谷"。)

可与前引牧斋《癸未元日诗八首》之七"潘岳已从槐柳列"及此首"相门洒扫岂无人"句相参证,皆谓周玉绳幕客顾玉书麟生及谋主吴来之昌时辈。关于顾氏泄漏牧斋请玉绳起用冯铨事,前已述及,但玉书非甚有名之文士,至若吴来之,则是当日词人,其本末颇与安仁类似。牧斋作诗之际,周、吴俱尚未败,乃以"白首同所归"为言,可谓预言竟中者矣。

其四云:

> 虚堂长日对空枰,择帅流闻及外兵。(自注:"上命精择大帅,冢宰建德公以衰晚姓名列上。")玉帐更番饶节钺,金瓯断送几书生。骊山旧匣埋荒草,谯国新书废短檠。多谢群公慎推举,莫令人笑李元平。

寅恪案:此首乃牧斋自谓己身知兵,堪任大帅,而崇祯帝弃置不用,转用周玉绳,所以致其怨望之意,故此首实为此题之全部主旨也。诗中典故遵王已注释者,可不复述。兹唯就诗中旨意,略证释之。

《明史》二四《庄烈帝本纪》略云：

崇祯十五年十一月壬申,大清兵分道入塞,京师戒严,命勋臣分守九门。诏举堪督师大将者。闰〔十一〕月癸卯,下诏罪己,求直言。壬寅,大清兵南下畿南,郡邑多不守。十二月,大清兵趋曹、濮,山东州县相继下。十六年夏四月丁卯,周延儒自请督师。许之。

同书二七六《熊汝霖传》云：

〔庄烈帝〕尝召对,〔汝霖〕言:"将不任战,敌南北往返,谨随其后,如厮隶之于贵官,负弩前驱,望尘莫及。何名为将？何名为督师？"帝深然之。已,言:"有司察举者,不得滥举边才;监司察处者,不得遽躐巡抚。庶封疆重任,不为匪人借途。"

检夏燮《明通鉴》八九"崇祯十六年夏四月辛卯大清兵北归"条,述雨殷召对之语,于周延儒自请督师之后,特加"因言"二字,盖谓熊氏所称"何名为将？何名为督师？"之语,乃指玉绳而发,颇合当日情势。然则雨殷所奏,疑即阴为排周起钱之地。牧斋赋诗之前,或亦远道与谋,未可知也。

又,"金瓯断送几书生"句之"几书生",自是指温体仁、周延儒言。长卿以翰林起家,玉绳以状头出身,俱跻位首辅,其为"书生"固不待言。但牧斋诗中之"书生",实偏重玉绳,盖用吴均《续齐谐记》所述阳羡许彦于绥安山行,遇一书生,求寄鹅笼中之事。遵王《有学集诗注》一《鹅笼曲四首》之一,已详引之矣。其余他诗,如此诗前一题《金陵客座逢水榭故姬感叹而作四首》,每首皆有"鹅笼"二字。及同书一三《病榻消寒杂咏四十六首》之十三自注云:"壬午五日,鹅笼公有龙舟御席之宠"等,亦用此典。推其所以累用此典者，实有原因。盖牧斋深恶玉绳，故于明人所通称之"阳羡"二字，亦避而不用，特取"鹅笼"二字以目之。怨毒之于人，可畏也已。"骊山""谯国"一联之典故，遵王《注》已解释，不须重论。牧斋以"知兵"自许，此联之旨即前论《初学集》二〇上《东山诗集三·秋夕燕誉堂话旧事有感（七律）》，"洞房清夜秋灯里，共简庄周说剑篇"之意也。"多谢群公慎推举，莫令人笑李元平"二句，表面观之，虽似自谦之语，实则以李元平指周延儒，读者幸勿误解也。综合言之，牧斋所谓此次与群公共谋王室之事，乃钩结在朝在野之徒党，排周延儒，而自以知兵为借口，欲取而代之之阴谋。牧斋应有自知之明，揣其本人，于李元平所差无几，故欲联络当日领兵诸将帅为之效用，尤注意郑芝龙之实力。此点虽极可笑，但亦是彼时之情势所致，读者不可因轻笑牧斋之故，而忽视此明季史事中重要之关键也。前言当"白首老人"世路驰驱之日，正"红颜小妇"病榻呻吟之时。（《初学集》二〇上《东山诗集三·冬至后京江舟中感怀八首》之一云："白首老人徒种菜，红颜小妇尚飘蓬。"）河东君适牧斋后，不久即患病。其病始于崇祯十四年辛巳秋冬之际，至十六年癸未秋冬之间方告痊愈，凡越三甲子之时日，经过情事之可考见于牧斋诗文中者，依次移写，而论释之于下。但上已引者，仅列题目及有关数语；又上虽未引，因其题目有关，则止录题目，读者可取原集参之也。

《初学集》二〇上《东山诗集三·小至日京口舟中》云：

病色依然镜里霜，眉间旋喜发新黄。

河东君和诗云：

首比飞蓬鬓有霜，香奁累月废丹黄。

寅恪案："小至"为冬至前一日，（郑氏《近世中西史日表》载：

"崇祯十四年辛巳十一月十九日冬至。"虽未必与当时所用之历切合,然所差亦不甚大也。)检《初学集》二〇上《东山诗集三》有《〔辛巳〕中秋日携内出游次冬日泛舟韵二首》,并附河东君和作。两人诗中未见河东君患病痕迹,则自小至日上溯至中秋日,共越三月,而中秋时尚未发病,故依河东君"累月"之语推之,知其病开始于九十月间也。牧斋诗"病色依然镜里霜"之句,乃面有病容,呈霜白色之意。至河东君"首比飞蓬鬓有霜"句,则早兴潘安仁二毛之叹。但此时其年仅二十四,纵有白发,当亦甚少,盖自形其憔悴之态耳。且顺治十三年丙申河东君年三十九时,牧斋赋《茸城惜别》诗,有"徐娘发未宣"句(见钱曾《有学集诗注》七。余详下论),岂有年四十发尚未斑白,而年二十四鬓反有霜乎?此为诗人夸辞趁韵之言明矣。牧斋"发新黄"之语,用《花间集》五张泌《浣溪沙词十首》之四"依约残眉理旧黄"句。故河东君和诗以"废丹黄"答之。此处"丹黄"二字,乃指妇女装饰用品,非指文士校点用品。因恐读者误会,故并及之。

  抑更有可论者,前言牧斋不多作词,今观牧斋"发新黄"之语,既出《花间集》,《有学集》三《夏五集·留题湖舫(七律)二首》之二"杜鹃春恨夕阳知"句亦用秦少游淮海词《踏莎行·郴州旅舍词》"杜鹃声里斜阳暮"之语。(可参上论。)则知牧斋于诗余一道,未尝不研治,其为博学通才,益可证明矣。

  又,靳荣藩《吴诗集览》四上《永和宫词》"巫阳莫救仓舒恨,金锁雕残玉箸红",其释"玉箸"固当,但其解"金锁雕残"则无着落。颇疑梅村"金锁雕残"四字,即从张泌"依约残眉理旧黄"句而来。盖谓双眉愁锁,不加描画也。梅村易"黄"为"金"与"玉"相配,尤为工切。斯为一时之臆说,未必能得骏公真意。姑记于此,以俟更考。

  兹复有一事附论于此。偶检近日影印《归庄手写诗稿·辛

已稿》中载《感事寄二受翁二首》之二"病闻妙道加餐稳,乡入温柔娱老宜"句下自注云:

> 娄东受老方卧病,虞山受老初纳河东君。

《明史》二八八《张溥传》略云:

> 张溥,字天如,太仓人。与同里张采共学齐名,号"娄东二张"。采字受先。知临川,移疾归。

故玄恭所谓"二受翁",一即太仓张受先,一即常熟钱受之也。至恒轩赋此题之时日,亦有可考者,此题前《日食(七古)》一首,其诗云:

> 十月朔日昼如晦,青天无云欲见沬。仰望中天知日食,日食之余如月朒。

眉端有批语云:

> 丙子秋七月朔,日食,丁丑正朔食,是年十二月朔又食,并今为四。(寅恪案:谈迁《国榷》九五载,崇祯九年丙子七月癸卯朔,日食。十年丁丑正月辛丑朔,日食。同年十二月乙未朔,日食。十四年辛巳十月癸卯朔,丙午日食。与归氏批语除十四年十月"癸卯"作"丙午"外,其余全同。《明史》二三《庄烈帝纪》崇祯九年秋七月不书日食,十年春正月辛丑朔日有食之,同年十二月不书日食。同书二四同纪十四年十月癸卯朔,日有食之。夏燮《明通鉴·庄烈帝纪》所书日食,及陈鹤《明纪》中其孙克家所补崇祯元年以后之记载,皆与《明史》同。夫《明史·庄烈帝纪》本多遗漏,其阙书日食,原不足异。夏、陈之书,依据《明史》,亦可不论。所可怪者,孺木与玄恭同为崇祯时人,独于崇祯十四年十月癸卯朔之日食,书作"丙午",竟相差三日之久,殊不合理。故谈

氏之书,虽称详确,然读者亦不可不慎也。)

玄恭此题后第二题为《十月四日复就医娄东,夜雨宿舟中》,依是推计,可知《寄二受翁》诗乃作于崇祯十四年十月初一日至初四日之间也。今据恒轩作诗时日,附录于此,以备参证。又恒轩手稿此题第一首眉端有"存前首"三字。第二首眉端有朱笔"丿"之删去符号。然则恒轩本意不欲存第二首者,岂以此首涉及河东君之故耶?复检恒轩此稿辛巳年所作《虎丘即事》诗"拍肩思断袖,游目更褰裳"一联旁有朱笔批云:"此等不雅,且不韵。"颇似师长语气。更取国光社影印《东涧手校李商隐诗》中牧斋笔迹对勘,颇有类似之处。或疑《寄二受翁》诗第二首眉端朱笔符号,即出之牧斋之手。夫牧斋保有卢家莫愁,乃黄梨洲所谓"牧老生平极得意事"(见范锴《华笑庼杂笔》一"黄梨洲批钱诗残本《茸城惜别》诗"条)。故此端不仅不应隐讳,且更宜借他人诗词,作扩大之宣传,安有使其门生删去此首之理。据是推论,此删去之符号,果东涧所加者,实因玄恭诗语亦嫌"不雅不韵"所致,非由涉及河东君也。

《初学集》二〇上《东山诗集三·寄榆林杜韬武总戎》云:

(诗略。结语前已论。)

同书同卷《冬至后京江舟中感怀八首》。(寅恪案:此题第七首前已移录。第八首结语亦征引论及。兹更录第五首,与此题后诸诗,迄于崇祯十四年《辛巳除夕》共五题,综合论之于下。所以如是分并者,盖欲发河东君适牧斋后,曾一度留苏养疴未发之覆也。)

其五云:

人情物论总相关,何似西陵松柏间。敢倚前期论白首,断将末契结朱颜。缘情词赋推团扇,慢世风怀托远山。恋别烛花浑未灺,宵来红泪正斓斑。

《贺泉州孙太守得子四绝句》云:

(诗略。)

《半塘雪中戏成次东坡韵》其一云:

千林晃耀失藏鸦,萦席回帘拥钿车。匝地杨枝联玉树,漫天柳絮搅琪花。薰炉昵枕梁王赋,然烛裁书学士家。却笑词人多白战,腰间十韵手频叉。

其二云:

方璧玄珪密又纤,霜娥月姊斗清严。从教镜里看增粉,不分空中拟撒盐。铺作瑶台妆色界,结成玉箸照冰檐。高山岁晚偏头白,只许青松露一尖。

《次韵戈三庄乐六十自寿诗,兼简李大孟芳,二君与余皆壬午》诗云:

(诗略。)

《辛巳除夕》云:

风吹漏滴共萧然,画尽寒灰拥被眠。昵枕熏香如昨夜,小窗宿火又新年。愁心爆竹难将去,永夕缸花只自圆。凄断鳜鱼浑不寐,梦魂那得到君边。

寅恪案:前论牧斋《冬日嘉兴舟中戏示惠香》诗谓惠香与苏、禾两地有关。又论河东君《与汪然明尺牍》第二十五通时,亦言及河东君曾在嘉兴养病事。今细绎钱柳两人《小至日京口舟中》之诗,牧斋《冬至后京江舟中感怀》诗第五首及《半塘雪中戏成次东坡韵》诗并《次韵戈三庄乐六十自寿》诗及《辛巳除夕》诗等,始恍然知河东君此次患病出游京口,因病转剧,遂留居苏州养病，而牧斋独自归常熟度岁也。

《京江舟中感怀》第五首，其为河东君而作，固不待言。初读之，见第七、第八两句，乃用杜牧之诗"蜡烛有心还惜别，替人垂泪到天明"（见《全唐诗》第八函杜牧四《赠别二首》之二），及晏叔原词"红烛自怜无好计，夜寒空替人垂泪"（见晏几道《小山词·蝶恋花》）之典。"夜寒"二字与冬至后气候切合，深服此老使事之精当，但不解何以此时忽有离别之感。后取《半塘雪中戏成次东坡韵》诗及《辛巳除夕》诗，并次年壬午春间与惠香有关诸诗，参合证之，方悟牧斋《京江舟中感怀》诗第五首，实因河东君不随同归家度岁，独留苏养疴，牧斋遂赋此首惜别也。此首全部皆佳妙，读者自能得知。兹所欲指出者，即"人情物论总相关，何似西陵松柏间"两句。此言当时舆论共推己身应作宰相，如河东君《半野堂初赠诗》所谓"江左风流物论雄"之意，但仍不及西陵松柏下之同心人也。"敢倚前期论白首，断将末契结朱颜"一联，上句用潘安仁《金谷诗》"投分寄石友，白首同所归"之典（见《晋书》五五《潘岳传》），下句用陆士衡《叹逝赋》"托末契于后生，余将老而为客"之典（见《文选》一六）。牧斋之意以为己身长于河东君三十六岁，自当先死，不敢有"白首同归"之望，但欲以死后未竟之志业托之于河东君也。岂料后来牧斋为黄毓祺之案所牵累，河东君虽欲从死，然竟俱得生，而不能从死（见《有学集》一《秋槐诗集·和东坡西台诗韵六首序》）。迨牧斋逝后三十四日，河东君卒自杀相殉（见钱孺饴《河东君殉家难事实》）。然则牧斋诗语，亦终成预谶矣。奇哉！悲哉！

《贺泉州孙太守得子》诗在《冬至后京江舟中感怀》诗后，《半塘雪中戏成》诗前。依排列次序言，似当作于牧斋此游未归常熟以前，但《半塘雪诗》乃牧斋极意经营之作，欲与东坡半山竞胜者，恐非一时所能完就，更须加以修改。岂此和苏两律之写定,实在归常熟,得闻孙氏生子以后,遂致如此排列耶?俟考。孙太守即常熟孙林之子朝让。牧斋与孙氏父子兄弟为乡里交好。《初学集》五六《诰封中大夫广东按察司按察使孙君墓志铭》略云:

> 孙氏世居中州,胜国时,千一公官平江路录事司主事,遂家常熟。府君讳林,字子乔,与其弟讳森,字子桑,羁贯成童,爽朗玉立。子桑与君之伯子恭甫相继举于乡。又十年,少子光甫亦举进士。君既辱与先人游,而余与子桑同举,交在纪、群之间。恭甫既第,光甫始见知于余。君之丧,光甫自泉来奔。君卒于崇祯十年四月,享年七十有四。娶陈氏,赠淑人。子三人:朝肃,广东布政司右布政;朝谐,国子生;朝让,福建泉州府知府。今余离〔罹?〕告讦之祸,幽于请室。而光甫之乞铭也哀。故不辞而为之铭。

及光绪修《常昭合志稿》二五《孙朝肃传》附弟朝让传略云:

> 朝让,字光甫,一号木芝。登崇祯四年进士,历官刑部郎,出知泉州府。内艰服阕,再补泉州。升建南兵巡副使。旋晋按察使,转江西布政使,不赴。年方逾艾,林居终老。年九十而终。

故知牧斋赋贺孙太守得子诗,乃在光甫再任泉州知府之时。《常昭合志稿》谓"内艰服阕,再补泉州",但据《初学集·孙林墓志铭》,子乔卒于崇祯十年四月,光甫请铭在牧斋以张汉儒告讦被逮至北京,即崇祯十年闰四月廿五日入狱,次年五月廿五日出狱之间。(参金鹤冲《钱牧斋先生年谱》。)可证光甫第一次实因丁父忧解任。《常昭合志稿》传文中之"内艰",恐是"外艰"之误也。

寅恪初视牧斋此贺得子诗,以为寻常酬应之作,但揆以牧斋此际公私交迫、忙碌至极之情况,岂肯费如许时间及心思,作此通常酬应之举?故疑其别有作用。检《有学集》五《绛云余烬集(下)》,即钱曾注本《敬他老人集(上)伏波弄璋歌六首》及《牧斋外集》一原删诗"越吟憔悴"中《伏波弄璋歌二首》,(原注:即《敬他老人集》中删余。)始知牧斋当时甚欲利用马进宝之兵力,以复明室,故不惮烦为此谄语。孙氏父子兄弟本是牧斋同里旧交,固与马氏不同,然中年得子,亦为常事,何乃远道寄贺,谀词累牍,一至如是耶?意者此际牧斋颇思借资郑芝龙、鸿逵兄弟水军,以达其楼船征东之策。前论沈廷扬上书请任牧斋为登莱巡抚事及牧斋《调用闽帅议》时,已言及之。考谈孺木《国榷》九七载:"崇祯十四年辛巳二月辛酉,曾樱为副都御史,巡抚登莱。"同书九八载:"崇祯十五年壬午十月丁巳,曾樱为南京工部右侍郎。"《明史》二七六《曾樱传》云:"明年(崇祯十五年),迁南京工部右侍郎。"及吴廷燮《明督抚年表》六"明季增置巡抚"栏载:

巡抚登莱地方赞理军务。

〔崇祯〕十四年。徐人龙。

曾樱。《明史》本传:"迁山东右布政使,分守登莱。十四年春,擢右副都御史,巡抚其地。"《山东志》:"代徐人龙。"

十五年。曾樱。《万历丙辰进士题名》:"曾樱。江西峡江民籍。"

曾化龙。〔彭孙贻〕《山中闻见录》〔六〕:"十五年十一月以曾化龙巡抚登莱。"

十六年。曾化龙。《山东志》:"晋江进士。代曾樱。"《万历己未进士题名》:"曾化龙。福建晋江军籍。"

故牧斋于崇祯十四年末赋诗贺孙朝让有子之时,恐已揣知仲含未必能甚久其位,己身倘能继任,则郑氏兄弟之兵力,必须争取。

孙氏与郑氏兄弟之关系如何,今难详考,但既为泉州知府,则应有借以交通之可能。岂知受之所觊觎之官,乃为与郑氏兄弟同里之曾霖寰所得。霖寰与郑氏关系自较牧斋直接。牧斋于此亦可谓不自量者欤?由是言之,牧斋平生赋诗,其中颇多为己身政治服务之作,读者不察其隐秘,往往以集中滥杂酬应之作相讥诮,亦未免过于肤浅,转为牧斋所笑矣。

关于《半塘雪诗》颇有可论者,检《牧斋外集》五《薛行屋诗序》略云:

介甫谓子瞻《雪诗》,有少陵气象,形神俱肖,少陵复生者,在宋惟子瞻。

牧斋此序本为敷衍薛所蕴而作,酬应之文,殊不足道。但牧斋赋诗,宗尚少陵,于杜诗著有专书。此文引"介甫谓子瞻《雪诗》有少陵气象"之语,可见受之于子瞻《雪诗》尤所用心。牧斋《雪诗》之工妙,固不敢谓胜于介甫,然必不逊于子由,可以断言也。至牧斋诗中诸问题,兹不能详论,唯有可注意者,即牧斋与河东君出游京口,归途至苏州,何以有此《戏作雪诗》一题?细绎诗后第二题为《辛巳除夕(七律)》,其结语云:"凄断鳏鱼浑不寐,梦魂那得到君边。"并参以《雪诗》第一首第二句"萦席回帘拥钿车"及第一联"匝地杨枝联玉树,漫天柳絮搅琪花"之指河东君等句,然后豁然通解牧斋《半塘雪诗》实与惠香有关。因惠香寓苏州。(此点可参前引牧斋《永遇乐词·十七夜》"隔船窗,暗笑低鬟,一缕歌喉如发"及"生公石上,周遭云树,遮掩一分残阙",并《初学集》二〇上《东山诗集三·效欧阳詹玩月诗》"谁家玩月无歌版,若个中秋不举觞。虎山桥浸水精域,生公石上琉璃场。酒旗正临天驷动,歌扇恰倚月魄凉"等句。)河东君或又曾在其嘉兴之寓所养疴,此寓所恐即是吴来之昌时鸳湖别业,所谓"勺园"者(见前论牧斋《冬日嘉兴舟中戏示惠香》诗)。此次京江之游病势已剧,似可依前例留居惠香苏寓疗疾也。是时惠香究寓苏州何处?是否在半塘,抑或在他处?今未能确悉。假使牧斋适在半塘途中遇雪,因而乘兴赋诗,则殊不成问题。若不然者,则河东君留苏州养疴之寓所,必与半塘有关,但惠香斯际是否寓半塘,又无以考知。此点尚须详检。

兹复有一事可以注意者,即顾公燮《消夏闲记选存》"拙政园"条(参《嘉庆一统志》七八《苏州府(二)津梁门》"临顿桥"条及《吴诗集览》七上《咏拙政园山茶花(并引)》。又阮葵生《茶余客话》八"拙政园"条及吴槎客骞《尖阳丛笔》一"徐夫人灿"条,所记颇详,足资考证。至张霞房《红兰逸乘·悒述类》"拙政园在齐门内迎春坊"条云:"吴三桂婿王长安别业也。吴败,为海盐陈相国之遴得。"则所述名园之易主,先后颠倒,殊为舛误也。)云:

> 海宁相陈之遴荐吴梅村祭酒至京,盖将虚左以待。比至,海宁已败,尽室迁谪塞外。梅村作《拙政园山茶歌》,感慨惋惜,盖有不能明言之隐。拙政园在娄、齐二门之间,地名北街,嘉靖中,御史王献臣因大宏寺遗址营别墅,以自托于潘岳"拙者之为政也"。文衡山《图记》以志其胜。后其子以樗蒲一掷,偿里中徐氏。国初海宁得之,复加修葺,烜赫一时。中有宝珠山茶三四株,交枝连理,钜丽鲜妍。海宁贬谪,而此园籍没入官。顺治末年,为驻防将军寓居。康熙初又为吴三桂婿王永宁所有,益复崇高雕镂,备极华侈。滇黔作逆,永宁惧而先死,其园入官。内有斑竹厅一座,即三桂女起居处也。康熙十七年,改为苏松道署,道台祖道立葺而新之,缺裁,散为民居,有王皋闻、顾璧斗两富室分售焉。其后总戎严公伟亦居于此。今属蒋氏,西首易叶、程二氏矣。

及同治修《苏州府志》四六《第宅园林门》长洲县"拙政园"条，"康熙十八年，改苏常新署"句下原注云：

> 徐乾学记云："始虞山钱宗伯谦益尝构曲房其中，以娱所嬖河东君，而海宁相公继之，门施行马。海宁得祸，入官。"（吴槎客骞《尖阳丛笔》一"拙政园"条略云："柳蘼芜亦尝寓此，曲房乃其所构。陈其年诗云：'堆来马粪齐妆阁。'其荒凉又可想见矣。"可供参证。）

寅恪案：健庵生于崇祯四年，与钱柳为同时人，所言当非虚构。但牧斋于顺治四、五两年，因黄毓祺案，曾居拙政园，见第五章所论。颇疑原一所言，乃指崇祯时事，与后来黄案无关。若所推测者不误，则当是指十四年末、十五年初而言。盖河东君自崇祯十四年六月适牧斋后，迄于明南都倾覆，唯此短时间曾居吴苑养疴也。姑记于此，更俟详考。或谓十四年末、十五年初，河东君居苏州养疴之地，乃是张异度世伟之泌园，即旧时陈惟寅之渌水园。盖异度及其子绥、子奕，皆与牧斋交谊甚笃，故河东君可因牧斋之故，暂借其地养疴。但此说尚未发现证据，姑录之，以俟详考。（可参《初学集》五四《张异度墓志铭》及《有学集》五《假我堂文宴诗》等。）

又《梅村家藏稿》三《诗前集》三《圆圆曲》云：

> 家本姑苏浣花里，圆圆小字娇罗绮。梦向夫差苑里游，宫娥拥入君王起。前身合是采莲人，门前一片横塘水。

自是以西施比畹芬，与此曲下文：

> 君不见馆娃初起鸳鸯宿，越女如花看不足。香径尘生鸟自啼，屧廊人去苔空绿。

及"为君别唱吴宫曲"等语，皆用同一典故。"浣花里"者，辛文房《唐才子传》六《薛涛传》云：

> 涛字洪度，成都乐妓也。性辨惠，调翰墨。居浣花里，种菖蒲满门。傍即东北走长安道也。

可知梅村所用乃薛涛故事。靳荣藩《吴诗集览》七上引宋人刘诜《题罗稚川小景》诗"江村颇类浣花里"以释此句，殊不知刘诗此句下接以"人品兼似陶渊明"之语，足征刘诗之"浣花里"实指杜少陵，始可与陶渊明并举。梅村赋诗，岂得取杜、陶以比畹芬，致贻拟人不于其伦之讥耶？盖靳氏漫检《佩文韵府》作注，并未深究骏公用意之所在也。至于"横塘"，与越来溪有关，而越来溪与越王勾践及西施间接有关（见《嘉庆一统志》七七《苏州府一·山川门》"横塘"及"越来溪"等条）。故又与"馆娃宫""响屧廊""吴宫"等语互相联系，不待详论。由是言之，颇疑梅村意中"浣花里"即指"临顿里"。叶圣野赠姜如斯诗云："酒垆寻卞赛，花底出陈圆。"（见下引。）或者当崇祯中河东君早与卞云装、陈畹芬等居于临顿里，迨崇祯十四年复在云装处即拙政园养疴欤？牧斋赋诗往往以河东君比西施，此点恐由河东君早在崇祯十四年以前即与畹芬、云装同寓临顿里之故。若所推测不误，则一代名姝，此短时间内，群集于此里，洵可称嘉话。惜尚难详确证明，甚愿当世及后来之通人有以赐教。寅恪追忆旧朝光绪己亥之岁旅居南昌，随先君夜访书肆，购得尚存牧斋序文之《梅村集》，是后遂习诵《圆圆曲》，已历六十余载之久，犹未敢自信能通解其旨趣。可知读书之难若此。际今以废疾之颓龄，既如仲公之健忘，而欲效务观之老学，日暮途远，将何所成，可伤也已！

又鄙意河东君所以留苏养疴，不偕牧斋归家度岁，当更有其他理由。考《后汉书·列传》八三《梁鸿传》略云：

> 梁鸿，字伯鸾，扶风平陵人也。疾且困，告主人曰："昔延陵

季子葬子于嬴博之间,不归乡里。慎勿令我子持丧归去。"及卒,〔高〕伯通等为求葬地于吴要离冢傍。咸曰:"要离烈士,而伯鸾清高,可令相近。"

河东君者,以美人而兼烈女,企慕宋代之梁红玉,观其扶病出游京口,访吊安国夫人之古战场一事,可以证知。韩、梁墓在苏州灵岩山,河东君当时自料其必死,死而葬于苏州,即陆放翁"死当穿冢伴要离"及"死有要离与卜邻"之意也(见《剑南诗稿》七《月下醉题》及二七《书叹》)。

复次,《白氏长庆集》一二《真娘墓》(自注:"墓在虎丘寺。")云:

真娘墓,虎丘道。不识真娘镜中面,唯见真娘墓头草。霜摧桃李风折莲,真娘死时犹少年。脂肤荑手不牢固,世间尤物难留连。难留连,易销歇。塞北花,江南雪。

《吴地记》云:

虎丘山有贞娘墓,吴国之佳丽也。行客才子多题诗墓上。

范锴《华笑庼杂笔》本顾云美《河东君传》末署:

甲辰七月七日书于真娘墓下。

据此,云美之意殆拘执地方名胜古迹,以为河东君愿死葬苏州之故,仅由于欲与唐之贞娘相比并,则犹未尽窥见河东君平生壮志之所在也。尤有可注意者,即顾公燮《消夏闲记选存》"柳如是"条云:

甲辰七月七日,东海徐宾为葬于贞娘墓下。(寅恪案:徐宾事迹见《松江府志》五六《徐冕传》附长子宾传及张应昌《国朝诗铎》卷首《名氏爵里著作目》。)

夫河东君葬于常熟牧斋墓西数十步秋水阁之后（详见金鹤冲《钱牧斋先生年谱》"康熙三年甲辰"条后附载），至今犹在，不解公燮何以有此语？岂徐宾曾有此议，未成事实，公燮遂误认为真事耶？若徐氏果有此议者，则其意亦与云美相似矣。

抑更有可论者，即关于《半塘雪诗》两首之内容是也。牧斋为文赋诗，韩、杜之外，兼崇欧、苏。《半塘雪诗》一题，既是和苏，自必与东坡诗集有密切关系。牧斋平生虽习读苏诗，然拈题咏物，仍当以分类之本为便。寅恪昔年笺证白香山《新乐府》，以为《七德舞》一篇，乃用吴兢《贞观政要》为骨干。其理由已详证释之矣。东坡之诗，今古流传，版本甚多，牧斋富有藏书，所见旧本自必不少。检钱遵王《述古堂书目》二《诗集类》载"《东坡集》王梅溪《注》二十卷"（参瞿凤起君编《虞山钱遵王藏书目录汇编》七《集部·诗集类》）。《天禄琳琅书目》六《元版集部》载：

> 《增刊校正王状元集注分类东坡先生诗》，宋苏轼著，王十朋集注，刘会孟批点，二十五卷。元柯九思藏本，明项元汴、本朝季振宜俱经收藏。

近年涵芬楼影印之宋务本堂刊本，即同此分类之本。但天禄琳琅本既经季沧苇收藏，季氏之书与遵王、牧斋直接间接相涉，则牧斋赋《半塘雪诗》曾取用此本，颇有可能。《绛云楼书目》中未载此书，牧斋殆以其为坊贾编撰，殊有脱误，弃不收录耶？牧斋固是博闻强记之人，但赋《半塘雪诗》时，究以分类之本较为省力。吾国类书之多，与此甚有关系。兹以轶出范围，可置不论。此题两首虽同为咏雪之诗，然细绎之，其主旨所在，实有分别。前首指河东君与己身之关系，后首指周延儒与己身之关系。兹请依次略论之。

《半塘雪诗》前者第二句"萦席回帘拥钿车"出谢惠连《雪赋》"末萦盈于帷席"。又,"萦"字与后引《次韵晏殊壬午元日雪诗》第五句"试妆破晓萦香粉"之"萦"字有关;"钿车"又与后引《再次晏韵》诗第二句"油壁车应想玉珂"之"油壁车"及后引《献岁书怀》第一首第一句"香车帘阁思葱茏"之"香车"相涉。第一联"匝地杨枝联玉树,漫天柳絮搅琪花","杨柳"为河东君之姓;下句可参《集注分类东坡先生诗》七《雨雪类·癸丑春分后雪》诗"却作漫天柳絮飞"及《有学集》一〇《红豆诗二集·后秋兴八首之二》"漫天离恨搅杨花",其指河东君而言,辞语明显,实此首之主旨也。第二联"薰炉昵枕梁王赋,然烛裁书学士家",上句钱遵王《注》已引《文选》一三谢惠连《雪赋》:"愿低帷以昵枕,念解佩而褫绅。"可不赘释;下句似用宋祁修《唐书》事。魏泰《东轩笔录》一一云:

> 嘉祐中,禁林诸公皆入两府。是时,包孝肃公拯为三司使,宋景公祁守益州。二公风力名次最著人望,而不见用。京师谚语曰:"拨队为参政,成群作副枢。亏他包省主,闷杀宋尚书。"明年,包亦为枢密副使,而宋以翰林学士承旨召。景文道长安,以诗寄梁丞相,略曰:"梁王赋罢相如至,宣室釐残贾谊归。"盖谓差除两府,足方被召也。

同书一五云:

> 宋子京博学能文章,天资蕴藉,好游宴,以矜持自喜。晚年知成都府,带《唐书》于本任刊修。每宴罢,盥漱毕,开寝门,垂帘,燃二椽烛,媵婢夹侍,和墨伸纸,远近观者,皆知尚书修《唐书》矣。望之如神仙焉。

盖牧斋平生自负修史之才,又曾分撰《神宗实录》,并著有《太祖实录辨证》五卷。(详见《初学集》首程嘉燧《序》及同书一〇一至一〇五《太祖实录辨证》,并葛万里编《牧斋先生年谱》"天启元年辛酉"条,金鹤冲《钱牧斋先生年谱》"天启元年辛酉"条及"五年乙丑"条等。)其以宋景文修《唐书》为比,颇为适合。又宋诗"梁王赋罢相如至"亦于牧斋有所启发。所以有此推测者,一因上句用谢惠连《雪赋》"低帷昵枕"之典。此《赋》首有:

岁将暮。时既昏,寒风积,愁云繁。梁王不悦,游于兔园。乃置旨酒,命宾友。召邹生,延枚叟。相如未至,居客之右。俄而微霰零,密雪下。王乃歌北风于《卫诗》,咏南山于《周雅》,授简于司马大夫,曰:"抽子秘思,骋子妍辞,侔色揣称,为寡人赋之。"

二因魏氏引景文诗有"梁王赋罢相如至"之句,与雪事间接相关。三因牧斋此首七、八两句用欧阳永叔咏雪故事,而欧、宋同是学士,又同为修《唐书》之人。(除《宋史》欧、宋两人本传外,可参涵芬楼百衲本《新唐书》一《高祖纪》及七六《后妃传》等所署欧、宋官衔。)四因宋子京在当时负宰相之望,而未入两府,与牧斋身世遭遇相类。五因景文修《唐书》时垂帘燃烛,媵婢夹侍,河东君亦文亦史,为共同修书最适当之女学士。《初学集》卷首载萧士玮《读牧翁集七则》之五云:

钱牧老语余言,每诗文成,举以示柳夫人,当得意处,夫人辄凝睇注视,赏咏终日。其于寸心得失之际,铢两不失毫发。余尝以李易安同赵德甫每饭罢,坐归来堂,烹茶指堆积书史,言某事在某书某卷、第几叶第几行,以中否胜负为饮茶先后。中则举杯大笑,或至茶覆怀中,不得饮而起。每思闺阁之内,安得有此快友,而夫人文心慧目,妙有识鉴似此,易安犹当让出一头地。惟朝云谓子瞻一肚皮不合时宜,此语真为知己。然则公与柳夫人,故当相视而笑也。

可以为证。虞山受老(此归恒轩恭上其师之尊号。今从之,盖所以见即在当日,老而不死之老,已不胜其多矣)拈笔时据此五因,遂不觉联想揉合构成此联下句"然烛裁书学士家"之辞欤?或谓《集注分类东坡先生诗》四《妇女类·赵成伯家有丽人仆忝乡人不肯开樽徒吟春雪美句次韵一笑》诗:"试问高吟三十韵,何如低唱两三杯"句下自注云:

> 世言检死秀才,衣带上有《雪诗》三十韵。又云,陶穀学士买得党太尉家妓,(寅恪案:党太尉即党进,事迹见《宋史》二六〇本传。)遇雪,陶取雪水烹团茶,谓妓曰:"党家应不识此。"妓曰:"彼粗人,安有此?但能于红绡暖帐中,浅斟低唱,吃羊羔儿酒。"陶嘿然惭其言。

据此,则牧斋所谓学士,指陶穀,或即东坡。但寅恪以陶、苏典故中,俱无"然烛裁书"之事,此说未必有当也。

第七句"却笑词人多白战"出《六一居士外集·雪(七古)》题下自注:

> 时在颍州作。玉、月、梨、梅、练、絮、白、舞、鹅、鹤、银等字,皆请勿用。

并《集注分类东坡先生诗》七《雨雪类·聚星堂雪序》云:

> 元祐六年十一月一日,祷雨张龙公,得小雪,与客会饮聚星堂。忽忆欧阳文忠公作守时,雪中约客赋诗,禁体物语,于艰难中特出奇丽。尔来四十余年莫有继者。仆以老门生继公后,虽不足追配先生,而宾客之美殆不减当时,公之二子又适在郡,故辄举前令,各赋一篇。

其诗云:

（上略。）当时号令君听取，白战不许持寸铁。

及同书同卷《江上值雪效欧阳体限不以盐玉鹤鹭絮蝶飞舞之类为比仍不使皓白洁素等字次子由韵》云：

（诗略。）

第八句"腰间十韵手频叉"，"十韵"之出处，恐是指《六一居士集》一三《对雪十韵》诗；至"腰间"一语，或即用上引东坡诗"试问高吟三十韵"句自注中"世言检死秀才，衣带上有《雪诗》三十韵"之典也。俟考。

《半塘雪诗》后首第一句"方璧玄珪密又纤"当出《文选》一三谢惠连《雪赋》"既因方而为珪，亦遇圆而成璧"，但牧斋诗语殊难通解。岂由《尚书·禹贡》有"禹锡玄圭，告厥成功"。及此首第七句"高山岁晚偏头白"，用刘禹锡诗"雪里高山头白早"语，因而牵混，误"圆"为"玄"。并仿《文选》一六江文通《别赋》"心折骨惊"之例，造成此句耶？揆以牧斋平日记忆力之强，似不应健忘如此，颇疑此首第一联"从教镜里看增粉，不分空中拟撒盐"，表面用闺阁典故及东坡《癸丑春分后雪》诗"不分东君专节物"句（见《集注分类东坡先生诗》七《雨雪类》），实际指己身与周延儒之关系。故下句暗用《尚书（伪古文）·说命（下）》"若作和羹，尔惟盐梅"之语，意谓从教玉绳作相，而己身不分入阁也。当赋诗之时，心情激动，遂致成此难解之句欤？此首第七句及第八句"只许青松露一尖"，用《论语·子罕篇》"岁寒然后知松柏之后凋"语，盖以己身与阳羡相对照，意旨亦明显矣。

关于戈庄乐事迹，可参《初学集》四三《保砚斋记》及同书八二《庄乐居士命工采画阿弥陀佛偈》等，并前论牧斋《致李孟芳札》欲绝卖《汉书》与毛子晋事，及光绪修《常昭合志稿》三二《画家门》云：

戈汕,字庄乐。画法钩染细密,虽巨幅长卷,石纹松针,了了可辨。尝造蝶几,长短方圆,惟意所裁。叠则无多,张则满室,自二三客至数十,皆可用。亦善吟。

并郏兰坡伦逵《虞山画志》二云:

戈汕,字庄乐,能诗,善篆籀。

等条。总之,戈氏此时当留居常熟,故牧斋赋诗亦在崇祯十四年冬季,出游归家度岁之时也。

又《辛巳除夕》诗,前已据其七、八两句,谓牧斋别河东君于苏州,独还家度岁。此诗第一联"昵枕薰香如昨夜,小窗宿火又新年",乃追忆庚辰除夜偕河东君守岁我闻室中之事。上句指《辛巳元日》诗"茗碗薰炉殢曲房"之句。第二联"愁心爆竹难将去,永夕缸花只自圆",下句指《〔辛巳〕上元夜泊舟虎丘西溪小饮沈璧甫斋中》柳诗"银缸当夕为君圆",钱诗"烛花如月向人圆"。至此诗第二句"画尽寒灰拥被眠",亦指辛巳上元夜钱诗"微雪疏帘炉火前"句。总而言之,《辛巳除夕》诗为今昔对比之作。景物不殊,人事顿异,牧斋拈笔时,其离合悲欢之感,可以想见矣。

兹移录《初学集》二〇上《东山诗集三》崇祯十五年壬午元日至清明牧斋所作诗于下。盖以释证牧斋此时期内由常熟至苏州迎河东君返家,并略述与惠香一段故事也。

《壬午元日雨雪,读晏元献公壬午岁元日雪诗,次韵》云:

九天冻雨合银河,一夜飞霙照玉珂。飏絮柳催幡胜早,薄花梅入剪刀多。寒威尽扫黄巾垒,杀气平填黑水波。漫忆屯边饶铁甲,西园钟鼓意如何?

《次前韵》云:

玉尘侵夜断星河，油壁车应想玉珂。历乱梅魂辞树早，迷离柳眼著花多。试妆破晓萦香粉，恨别先春罩绿波。一曲幽兰正相俪，薰炉明烛奈君何！

《献岁书怀二首》，其一云：

香车帘阁思葱茏，旋喜新年乐事同。兰叶俏将回淑气，柳条刚欲泛春风。封题酒瓮拈重碧，嘱累花幡护小红。几树官梅禁冷蕊，待君佳句发芳丛。

其二云：

香残漏永梦依稀，网户疏窗待汝归。四壁图书谁料理，满庭兰蕙欲芳菲。梅花曲里催游骑，杨柳风前试夹衣。传语雕笼好鹦鹉，莫随啁哳羡群飞。

寅恪案：上列四诗，第一首指周延儒，其余三首则为河东君而作。牧斋此时憎鹅笼公而爱河东君。其在明南都未倾覆以前，虽不必以老归空门为烟幕弹，然早已博通内典，于释氏"冤亲平等"之说必所习闻。寅恪尝怪玉谿生徘徊牛、李两党之间，赋咏《柳枝》《燕台》诸句。但检其集中又有"世界微尘里，吾宁爱与憎"之语（见《李义山诗集（下）北青萝》），可见能知而不能行者，匪独牧斋一人，此古今所同慨也。

前论牧斋《半塘雪诗》，前首指河东君与己身之关系，后首指周延儒与己身之关系。《次韵晏同叔壬午元日雪》诗指鹅笼公，《次前韵》诗，则为河东君而作。由是言之，此两首即补充《半塘雪诗》之所未备者，《壬午元日》诗七、八两句"漫忆屯边饶铁甲，西园钟鼓意如何"，钱遵王《注》已引魏泰《东轩笔录》以释之，自可不赘。第二句"一夜飞霙照玉珂"之"玉珂"，用岑嘉州《和祠部王员外雪后早朝即事》诗"色借玉珂迷晓骑，光添银烛晃朝衣"之典(见《全唐诗》第三函岑参四)。乃指京师百官早朝而言,玉绳时为首辅,应居班首。与《次前韵》第二句"油壁车应想玉珂"之"玉珂",用《李娃传》"自平康东门入,将访友于西南,至鸣珂曲"之典,乃指如汧国夫人身份之河东君言,且暗以坠鞭之人自许。故"玉珂"二字虽两诗同用,然所指之人各殊。牧斋赋诗精切,于此可证。第二联上句"黄巾"指李、张,下句"黑水"指建州,盖谓玉绳无安内攘外之才,今居首辅之位,亦即《病榻消寒杂咏》第十三首"都将柱地擎天事,付与搔头拭舌人"之意也。

关于《次前韵》诗,专为思念河东君而作,自不待言,故钱遵王《注》本全无诠解,亦不足怪。兹略释之。其实皆浅近易知之典,作此蛇足,当不免为通人所笑也。唯有可注意者,即牧斋虽博涉群籍,而此诗则多取材《文选》,岂以河东君夙与几社名流往还,熟精《选》理,遂不欲示弱耶?第一联上句之"梅魂"指己身,见前论河东君《寒柳词》及论牧斋《我闻室落成迎河东君居之》诗等节。"辞树早"即去国早之意。下句"柳眼"指河东君,见前引河东君《次韵答牧斋冬日泛舟》诗。"著花多"即"阅人多"之意。综合言之,自伤中年罢斥,并伤河东君亦适人稍晚,虽同沦落,幸得遇合,悲喜之怀,可于十四字中窥见矣。第二联"试妆破晓紫香粉,恨别先春罩绿波",上句用玉谿生《对雪(七律)二首》之二"忍寒应欲试梅妆"(见《李义山诗集(上)》),"忍寒"颇合河东君性格。又义山此首结语云:"关河冻合东西路,肠断斑骓送陆郎。"尤与钱柳当日情事相合。此联上句又用秦仲明诗"惹砌任他香粉妒,萦丛自学小梅娇"(见《全唐诗》第一○函秦韬玉《春雪(七律)》)。"紫"字复出谢氏《雪赋》,且秦氏之题为《春雪》,亦颇适当。又"香"字或与惠香有关。下句用《文选》一六江文通《别赋》:"春草碧色,春水渌波。送君南浦,伤如之何。""先春"者,牧斋于崇祯十四年岁暮别河东君于苏州,而十五年立春又在正月初五日也(见郑氏《近世中西史日表》)。第七、第八两句"一曲幽兰正相俪,薰炉明烛奈君何"用谢氏《雪赋》"楚谣以幽兰俪曲"及"燎薰炉兮炳明烛"。"奈君何"者,离别相思之意;"君"则"河东君"之"君",非第二人称之泛指也。

关于《献岁书怀》一题,其为河东君而作,亦不待言。第一首除第六句"嘱累花幡护小红",用杜少陵《秋野五首》之三"稀疏小红翠,驻屐近微香"之"香"字(见《杜工部集》一四),或指惠香,其余皆不难解,无烦释证也。第二首第三句"四壁图书谁料理",自是非牧斋藏书之富,而河东君又为能读其藏书之人,不足以当此语。前引顾云美《河东君传》略云:

> 为筑绛云楼于半野堂之后,房栊窈窕,绮疏青琐;旁龛古金石文字,宋刻书数万卷。君于是乎俭梳靓妆,湘帘棐几,煮沈水,斗旗枪,写青山,临墨妙,考异订讹,间以调谑,略如李易安在赵德甫家故事。

及萧伯玉《读牧翁集七则》之五,可以证知也。第七、八两句"传语雕笼好鹦鹉,莫随啁哳羡群飞"则为纪当日之事实。兹略考论之于下。

冒辟疆《影梅庵忆语》一云:

> 辛巳早春,余省觐去衡岳,由浙路往,过半塘讯姬,(寅恪案:"姬"指董小宛。)则仍滞黄山。许忠节公赴粤任,(寅恪案:"许忠节公"指如皋许直字若鲁,明南都谥"忠节"者,事迹见《明史》二六六及查继佐《国寿录》一本传并《明诗综》七二小传等。"赴粤任"者,盖指其赴广东惠来县知县任也。)与余联舟行。偶一日,赴饮归,谓余曰:"此中有陈姬

某,(寅恪案:"陈姬某"指陈圆圆。)擅梨园之胜,不可不见。"余佐忠节治舟数往返,始得之。其人淡而韵,盈盈冉冉,衣椒茧时,背顾湘裙,真如孤鸾之在烟雾。是日燕弋腔《红梅》以燕俗之剧、咿呀啁哳之调,乃出之陈姬身口,如云出岫,如珠在盘,令人欲仙欲死。漏下四鼓,风雨忽作,必欲驾小舟去。余牵衣订再晤。答云:"光福梅花如冷云万顷。子能越旦偕我游否?则有半月淹也。"余迫省觐,告以不敢迟留故。复云:"南岳归榇,当迟子于虎疁丛桂间。盖计其期,八月返也。"余别去,恰以观涛日奉母回。至西湖,因家君调已破之襄阳,心绪如焚。便讯陈姬,则已为窦霍豪家掠去,闻之惨然。及抵阊门,水涩舟胶,去浒关十五里,皆充斥不可行。偶晤一友,语次有"佳人难再得"之叹。友云:"子误矣。前以势劫去者,赝某也。某之匿处,去此甚迩,与子偕往。"至果得见,又如芳兰之在幽阁也。相视而笑曰:"子至矣,子非雨夜舟中订芳约者耶?曩感子殷勤,以凌遽不获订再晤。今几入虎口,得脱,重晤子,真天幸也。我居甚僻,复长斋,茗碗炉香,留子倾倒于明月桂影之下,且有所商。"余以老母在舟,缘江楚多梗,率健儿百余护行,皆住河干,瞿瞿欲返。甫黄昏而炮械震耳,击炮声如在余舟旁,亟星驰回,则中贵争持河道,与我兵斗。解之始去。自此余不复登岸。越旦,则姬淡妆至,求谒吾母太恭人。见后仍坚订过其家。乃是晚,舟仍中梗,乘月一往,相见。卒然曰:"余此身脱樊笼,欲择人事之。终身可托者,无出君右,适见太恭人,如覆春云,如饮甘露,真得所天。子毋辞!"余笑曰:"天下无此易易事。且严亲在兵火,我归,当弃妻子以殉。两过子,皆路梗中无聊闲步耳。子言突至,余甚讶。即果尔,亦塞耳坚谢,无徒误子。"复宛转云:"君倘不终弃,誓待君堂上昼锦旋。"余笑云："若尔,当与子约。"惊喜申嘱,语絮絮不悉记,即席作八绝句付之。归历秋冬,奔驰万状,至壬午仲春,都门政府,言路诸公,恤劳人之劳,怜独子之苦,驰量移之耗,先报余。时正在毗陵,闻音,如石去心,因便过吴门慰陈姬。盖残冬屡趣余,皆未及答。至则十日前复为窦霍门下客以势逼去。先,吴门有昵之者,集千人哗动劫之。势家复为大言挟诈,又不惜数千金为贿。地方恐贻伊戚,劫出复纳入。余至,怅惘无极！然以急严亲患难,负一女子无憾也。

陈维崧《妇人集》云：

姑苏女子圆圆(冒襄注："字畹芬"),戾家女子也,色艺擅一时。如皋冒先生尝言："妇人以姿致为主,色次之。碌碌双鬟,难其选也。蕙心纨质,淡秀天然,生平所觏,则独有圆圆耳。"崇祯末年,戚畹武安侯劫置别室中,侯,武人也,圆圆若有不自得者。(寅恪案："武安侯"指田弘遇。盖汉武帝舅田蚡封武安侯。见《史记》一〇七、《汉书》五二《田蚡传》。此借用古典也。)

张潮《虞初新志》一一陆次云《圆圆传》云：

圆圆,陈姓,玉峰歌妓也。声甲天下之声,色甲天下之色。崇祯癸未岁,总兵吴三桂慕其名,赍千金往聘之,已先为田畹所得。时圆圆以不得事吴,怏怏也,而吴更甚。田畹者,怀宗妃之父也,年耄矣。圆圆度《流水高山》之曲以歌,畹每击节,不知其悼知音之希也。

钮琇《觚剩·燕觚·圆圆传》云：

明崇祯末,流氛日炽,秦豫之间关城失守,燕都震动。而大江以南阻于天堑，民物晏如，方极声色之娱，吴门尤甚。有名妓陈圆圆者，容辞闲雅，额秀颐丰，有林下风致。年十八，隶籍梨园，每一登场，花明雪艳，独出冠时，观者魂断。维时田妃擅宠，两宫不协，烽火羽书，相望于道。宸居为之憔悴。外戚周嘉定伯〔奎〕以营葬归苏（参《明史》三〇〇《周奎传》），将求色艺兼绝之女，由母后进之，以纾宵旰忧，且分西宫之宠。（寅恪案："西宫"指田妃。）因出重资购圆圆，载之以北，纳于椒庭。一日侍后侧，上见之，问所从来。后对左右供御，鲜同里顺意者。兹女吴人，且娴昆伎，令侍栉盥耳。上制于田妃，复念国事，不甚顾。遂命遣还。故圆圆仍入周邸。

《吴诗集览》七上《圆圆曲》后附马孝升之言曰：

嘉定伯已将圆圆进。未及召见，旋因出永巷宫人，贵妃遂窜名籍中，出付妃父田弘遇家，而吴〔三桂〕于田席上见之也。

寅恪案：冒襄于崇祯十五年壬午二月在常州得其父起宗量移之耗，始赴苏州，慰答陈圆圆。及抵吴门，则圆圆已于十日前为外戚门下客以势逼去。又辟疆于前一年，即崇祯十四年辛巳八月十五日在杭州得闻外戚豪家掠去赝鼎之陈圆圆。此两点甚可注意，盖取牧斋《献岁书怀二首》之二第七、八两句"传语雕笼好鹦鹉，莫随喁哳羡群飞"，及《初学集》二〇上《东山诗集三》列于《催妆词》四首后、《燕誉堂秋夕（七律）》前之《田国戚奉诏进香岱岳，渡南海，谒普陀，还朝，索诗为赠》一首，参合时日、地域、人事三者考之，始知其间实有未发之覆也。牧斋《赠田弘遇诗》云：

戚臣衔命报祺祥，玉节金函出尚方。天子竹宫亲望拜，贵妃椒室自焚香。鲸波偃作慈云色，蝗气销为瑞日光。岱岳山呼那得并,海潮音里祝吾皇。

《国榷》九八云:

> 壬午崇祯十五年七月己巳朔癸未,皇贵妃田氏薨,辍朝三日。(寅恪案:癸未为十五日,但王誉昌《崇祯宫词》"粉瘦朱愁卧绮栊"一首吴理《注》云:"七月十六日,妃嘱托外家兄弟,而殁。"差误一日,恐因吴理依据妃薨后,次日发表之文告所致耶?)妃父田弘遇,尝任千总,妻吴氏,倡也。养妃为女,能书,最机警。居承乾宫。丁丑旱,上斋宿武英殿半月,俄欲还宫,妃遣人辞曰:"政妾诞日,不宜还也。"(参《崇祯宫词(下)》"桑林终日望云霓"一首注。)庚辰辛巳间,太监曹化淳买江南歌姬数人,甚得嬖,累月不见妃。妃疏谏。上曰:"数月不见卿,学问大进。歌舞一事,祖宗朝皆有之,非自朕始也。"(寅恪案:孺木此节所记,可参《影梅庵忆语》中所述崇祯十四年中秋在杭州得闻假陈圆圆被劫北行事,及《觚剩·圆圆传》载"周后对崇祯帝之谓圆圆吴人,且娴昆伎"节,并《崇祯宫词》"宵旰殿忧且暂开"一首《注》等。)及薨,上悼恤有加。

牧斋《赠田弘遇诗》乃敷衍酬应之作,在《初学集》中实居下品,可不录存。但吾人今日转借此诗,得以判决当时一重公案,亦殊不恶。依"禖祥"及"贵妃"之语,知弘遇此行虽称进香岱岳,然实兼为其女田贵妃往普陀礼拜观音,祈求子息繁衍,并祷疾病痊愈。世传普陀为观音居处,由来已久,兹不必深考。检《图书集成·历象汇编·岁功典》五四《夏季部汇考·江南志》"吴县"条:"六月十九日为观音成道,进香支硎。"故弘遇于崇祯十四年六月十九日进香完毕后,由普陀还京复命。其向牧斋索诗之时,当在七月间,因此诗列于六月七日,即钱柳《茸城结缡诗》之后,已过七夕不久所赋之《燕誉堂秋夕诗》之前故也。今此可笑可厌之诗,其作成时间既可约略推定,则发生一疑问,即牧斋是时热中进取,交结戚畹,似无足怪,但弘遇为武人,应不解牧斋文章之佳妙,何以忽向之求诗?殆借此风雅之举,因便与牧斋有所商询。

《列朝诗集》闰四《杨宛小传》云:

杨宛,字宛叔,金陵名妓也。能诗,有丽句。善草书。归茗上茅止生。止生重其才,以殊礼遇之。宛多外遇,心叛止生。止生以豪杰自命,知之而弗禁也。(寅恪案:此点与牧斋之待河东君者相同。岂牧斋亦自命为豪杰耶?一笑!又止生之目宛叔为"内子",与牧斋亦相同。见下引朱竹垞所记。)止生殁,国戚田弘遇奉诏进香普陀,还京道白门,谋取宛而篡其资。宛欲背茅氏他适,以为国戚可假道也,尽橐装奔焉。戚以老婢子畜之,俾教其幼女。戚死,复谋奔刘东平。(寅恪案:"刘东平"指刘泽清。)将行而城陷,乃为丐妇装,间行还金陵,盗杀之于野。宛与草衣道人为女兄弟,道人屡规切之,宛不能从。道人皎洁如青莲花,亭亭出尘,而宛叔终堕落淤泥,为人所姗笑,不亦伤乎?(寅恪案:此条下所选宛叔诗有《即事二首寄修微》一题。同书同卷所选草衣道人王微诗有《近秋怀宛叔》《冬夜怀宛叔》《怀宛叔》《过宛叔梦阁》《梦宛叔》等题,可证牧斋"宛与道人为女兄弟,道人屡规切之"之语为不虚矣。)

《明诗综》九八《杨宛小传》下附《〔静志居〕诗话》略云:

〔茅〕止生得宛叔,深赏其诗,序必称"内子"。既以遣荷戈,则自诩有诗人以为戍妇。兼有句云:"家传傲骨为迁叟,帝赉词人作细君。"可云爱惜之至。其行楷特工,能于瘦硬中逞姿媚,洵逸品也。

《列朝诗集》闰四《草衣道人王微小传》略云:

> 微,字修微,广陵人。七岁失父,流落北里。长而才情殊众,扁舟载书,往来吴会间,所与游皆胜流名士。已而忽有警悟,皈心禅悦,布袍竹杖,游历江楚。归而造生圹于武林,自号"草衣道人",有终焉之志。偶过吴门,为俗子所嬲,乃归于华亭颍川君。(寅恪案:"颍川君"指许誉卿。)颍川在谏垣,当政乱国危之日,多所建白,抗节罢免,修微有助焉。乱后,相依兵刃间,间关播迁,誓死相殉。居三载而卒。颍川君哭之恸。君子曰:"修微,青莲亭亭,自拔淤泥;昆冈白璧,不罹劫火,斯可谓全归,幸也。"修微《樾馆诗》数卷,自为叙曰:"生非丈夫,不能扫除天下,犹事一室。参诵之余,一言一咏,或散怀花雨,或笺志山水,喟然而兴,寄意而止。妄谓世间春之在草,秋之在叶,点缀生成,无非诗也。诗如是可言乎?不可言乎?"

《明诗综》九八《王微小传》云:

> 微,字修微,扬州妓。皈心禅悦,自号"草衣道人"。初归归安茅元仪,晚归华亭许誉卿,皆不终。

张岱《石匮书后集·戚畹世家门》"田弘遇"条云:

> 田弘遇,广陵人,毅宗田贵妃兄也。(寅恪案:张氏作"兄"而不作"父",恐是传闻之误。)封都督。妃有宠,弘遇窃弄威权,京城侧目。南海进香,携带千人,东南骚动。闻有殊色,不论娼妓,必百计致之。遣礼下聘,必以蟒玉珠冠,啖以姬侍。入门三四日,即贬入媵婢,鞭笞交下。进香复命,歌儿舞女数百人,礼币方物,载满数百余艘。路中凡遇货船客

载,卤掠一空。地方有司不敢诘问。崇祯十五年田妃死,宠遇稍衰。又以弱妹送入宫闱,以备行幸。甲申国变,不知所终。

《枣林杂俎和集·丛赘》"田弘遇"条云:

> 弘遇挟势黩横,朝贵造请,权出嘉定周氏上。辛巳来江南,过金陵,收子女珍异亡算。故太学吴兴茅元仪妾杨宛,本吴娼也,善琴书。弘遇至茅氏,求出见,即胁以归。壬午道临清,几陷敌,潜免。八月贵妃薨,稍敛戢。明年奏进其少女,年十四,有殊色,从杨宛学琴,曲不再授。先帝纳之,数日不朝。

王士禛《池北偶谈》一一"张文峙"条(参金匮山房本《有学集》三二《明士张君文峙墓志铭》)云:

> 张可仕,字文寺,更字文峙,字紫淀。楚人,家金陵。能诗,与归安茅元仪善。茅死,有姬杨宛,以才色称。戚畹田弘遇欲得之,以千金寿文寺,求喻意。文寺绝弗与通。

据此田弘遇实于崇祯十四年辛巳秋间,由普陀进香复命过南京时,取杨宛叔以归。弘遇之待宛叔,可与张陶庵所记相印证也。揆以钱、茅交谊之笃挚,牧斋必不至如郦况之卖交,而为张紫淀之所不为者。但受之当时号称"风流教主",尤在与河东君发生关系之后,韵事佳话,流传远近,弘遇固非文士,若无专家顾问,则无以品题才艺之名姝。牧斋之被田弘遇访问,或即在此际。盖此际宫中周后、袁妃皆与田妃竞宠。田以解音乐、工书画,容色之外,加以艺能,非周、袁所可及。此点姑不广引,即观吴骏公《永和宫词》(见《梅村家藏稿》三)云:

> 雅步纤腰初召入,钿合金钗定情日。丰容盛鬋固无双,蹴鞠

弹棋复第一。上林花鸟写生绡,禁本钟王点素毫。杨柳风微春试马,梧桐露冷暮吹箫。

及王誉昌著、吴理注《崇祯宫词》有关田妃诸条可以证知。惟是时田妃已久病,其父自应求一色艺兼备之替人,以永久维持其家族之恩宠。弘遇当时或者询求牧斋以江左名姝中孰为最合条件者。恐田先举宛叔询钱,非由牧斋之推荐也。

又据冒辟疆于崇祯十四年中秋日在杭州得闻假陈圆圆被劫一事言之,则田弘遇此次名为往南海普陀进香,实则在江南采进佳丽,亦可称天宝中之花鸟使。更由是推论,田弘遇本人于崇祯十四年自身在江南访求佳丽外,次年亦可遣其门客代任此事。田弘遇既有此种举动,周后之父周奎,亦应有类似行为。钮玉樵所记谓崇祯十五年春陈畹芬之被劫出于周奎,与陈其年、陆次云所言田弘遇十五年春使人夺取圆圆北行者,有所不同。马孝升作调停之说,谓周氏先夺畹芬,后又归田氏,月所实于田邸遇见畹芬也。(寅恪昔年尝见三桂叛清时招诱湖南清将手札,署名下钤一章,其文为"月所"二字。初视之,颇不能解,后始悟"所"字本义为"伐木声"。见《说文解字·斤部》。旧说谓月中斫桂者为吴刚。见《酉阳杂俎·天咫类》。故三桂之称"月所"与其姓名相关应。吴氏之以"月所"为称不知始于何时,若早有之,则可谓后来杀明永历帝即桂王之预兆。若桂王被害以后,更用此章,是以"斫桂"自许,狠毒无耻,莫以复加,当亦洪亨九之所不为者也。《清史稿》四八〇《吴三桂传》云:"字长伯。""月所"之称,世所罕知,因附记于此,以供参考。)其说自亦可通。鄙意此重公案,个性之真实,即崇祯十五年春在苏州劫陈圆圆者为周奎抑或田弘遇之门客,虽难考定,然通性之真实,即当日外戚于崇祯十四五年间,俱在江南访求佳丽,强夺豪取,而吴会之名姝罹此浩劫者,应不止宛叔、畹芬一二人而已。然则牧斋"传语雕笼好鹦鹉,莫随啁哳羡群飞"之语,盖有不胜感幸之意存于其间。今日读此诗之人,能通解其旨者,恐不多矣。

复检龚鼎孳《定山堂诗集》三《金阊行为辟疆赋》云:

共请故人陈凤昔,十年前作金阊客。朱颜锦瑟正当楼,妙舞清歌恒接席。是时江左犹清平,吴趋美人争知名。珊瑚为鞭紫骝马,嫣然一笑逢倾城。虎丘明月鸳鸯桨,经岁烟波独来往。茶香深夕玉纤纤,隋珠已入秦箫掌。窦霍骄奢势绝伦,雕笼翡翠可怜身。至今响屟廊前水,犹怨苎萝溪上春。

芝麓之诗又有"忆君四十是明朝"句,是此篇乃顺治七年庚寅所作。(参《影梅庵忆语》"客春三月欲长去盐官"条所述。"客春三月"指顺治七年三月也。)上溯十年之前,即崇祯十四年辛巳,正是杨宛叔及假陈畹芬为外戚豪家劫载北行之岁。次年春真陈沅又被戚畹门客掠夺赴京。故龚芝麓及张陶庵所述崇祯十四五年间外戚侯家在江左访取佳丽事,可与牧斋《献岁书怀》诗相证,而龚诗"窦霍骄奢势绝伦,雕笼翡翠可怜身"乃钱诗"传语雕笼好鹦鹉,莫随啁哳羡群飞"之注脚也。

寅恪偶发见关于杨宛叔最有趣之资料,即杨龙友文骢《洵美堂诗集》四《杨宛叔四十寿(七律)》一首。兹参以其他材料略论之,以备一重公案。其诗云:

瑶岛神仙谪碧空,奇才屈作女英雄。文成五采争娲石,笔擅千秋夺卫风。曾把兵符生敌忾,尝持桴鼓佐军戎。蛾眉剑侠非闲气,闲气生成付令公。

寅恪案:此诗列于《寿眉公老师八十初度(七律)》前第四题。据前引眉公子梦莲所撰其父《年谱》,眉公八十为崇祯十年丁丑。是宛叔在眉公八十生日以前,其年约为四十。

《列朝诗集》丁一三下《茅待诏元仪小传》云:

止生好谭兵,通知古今用兵方略,及九边阨塞要害,口陈手画,历历如指掌。东事急,慕古人毁家纾难,慨然欲以有为。高阳公督师,以书生辟幕僚,与策兵事,皆得要领。尝出塞相视红螺山,七日不火食,从者皆无人色,止生自如也。高阳谢事,止生亦罢归。先帝即位,经进《武备志》,且上言东西夷情、闽粤疆事及兵食富强大计。先帝命待诏翰林。寻又以人言罢。己巳之役,高阳再出视师,半夜一纸催出东便门,仅随二十四骑。止生腰刀匹马以从。四城既复,牒授副总兵,治舟师,略东江。旋以兵哗下狱,遣戍漳浦。东事益急,再请募死士勤王。权臣恶之,勒还不许,蚤夜呼愤,纵酒而卒。

夫宛叔之奔田国戚,在崇祯十四年辛巳,据龙友《寿宛叔四十》诗题,可知是时年过四十,宜乎田氏"以老婢子畜之"。孙承宗以大学士资格出镇山海,经略蓟辽,第一次在天启二年壬戌至五年乙丑,第二次在崇祯二年己巳至四年辛未。(见《明史》二五〇《孙承宗传》,《列朝诗集》丁一一《少师孙文正公承宗小传》及《初学集》四七上下两卷《孙公行状》。)止生之得罪遣戍漳浦,在孙氏第二次经略蓟辽之后,眉公八十生日之前。斯时间之约略可以推定者。龙友诗末二句,盖以宛叔比红拂,李靖比止生。或更疑以孙高阳比杨素,然宛叔非出自孙家,比拟不伦,或说未谛也。(见《太平广记》一九三《虬髯客传》,又可参《新唐书·宰相表上》"贞观二年戊子"栏所载:"庚午刑部尚书李靖检校中书令。"及同书六七《李靖传》并《隋书》一八《杨素传》。)

又《初学集》一七《茅止生挽词(七绝)十首》,其四云:

千貔貅拥一书生,小袖云蓝结队行。鞍马少休歌舞歇,西玄青鸟恰相迎。(自注:"君有《西玄青鸟记》,记其妾陶楚生登真降乩之事。")

其八云:

明月西园客散时,钱刀意气总堪悲。白头寂寞文君在,泪湿芙蓉制诔词。(自注:"钟山杨宛叔制《石民诔词》,甚工。")

寅恪案:前一首"云蓝"二字,遵王无释。检萨天锡都剌《雁门集》一《洞房曲》云:

峭寒暗袭云蓝绮,鲛帐惜惜夜如水。

牧斋殆用此典。"西玄"之本事见遵王《注》,兹不备引。牧斋此诗可证止生崇祯二年出塞时,宛叔实曾随从也。后一首第二句遵王无释。实出《乐府诗集》四一《白头吟本辞》"男儿重意气,何用钱刀为"之语。第三句据《西京杂记》三所云:

相如将聘茂陵人女为妾,卓文君作《白头吟》以自绝,相如乃止。

牧斋诗"白头"二字,自是指《白头吟》而言。盖止生卒于崇祯十三年庚辰,宛叔是时虽为年过四十之半老徐娘,但其发当尚未苍白。恐后人误会牧斋诗旨,故特辨之。又,《有学集》七《高会堂诗集·茸城惜别兼与霞老订看梅之约》诗"许掾来何暮,徐娘发未宣"一联,遵王《注》云:

陆德明《易·说卦》释文:"寡发如字,本又作宣,黑白杂为宣发。"

考此诗作于顺治十三年丙申(见《高会堂诗集》牧斋自序)。是岁河东君年三十九,与宛叔制《石民诔词》时年岁约略相当,河东君发既未宣,则宛叔之发亦应如是,且古今名姝无不善于修饰,即使宣发,亦可染刷。此乃牧斋挽止生诗"白头文君"句,实指《白头吟》言之旁证也。第四句遵王《注》虽已引《西京杂记》,但只释"诔词",而不及"芙蓉"。检《西京杂记》二,此条复有"〔文君〕脸际常若芙蓉"之语,故牧斋诗"泪湿芙蓉"一辞,巧妙工切,遵王似未能知也。

又顾云美《河东君传》云:

> 崇祯庚辰冬,扁舟访宗伯,幅巾弓鞋,著男子服,口便给,神情潇洒,有林下风。宗伯大喜,谓"天下风流佳丽,独王修微、杨宛叔与君鼎足而三,何可使许霞城、茅止生专国士名姝之目"。

寅恪案:《世说新语·品藻类》云:

> 诸葛瑾弟亮及从弟诞并有盛名,各在一国。于时以为蜀得其龙,吴得其虎,魏得其狗。

然则当明之季年,江左风流佳丽,柳如是、王修微、杨宛叔三人,钱受之得其龙,许霞城得其虎,茅止生得其狗。王、杨终离去许、茅,而柳卒随钱以死。牧斋于此,殊足自豪,亦可使当日及后世为河东君作传者,不必如《列朝诗集》之曲笔为王、杨讳也。

抑更有可附论者,《有学集》一三《东涧诗集(下)病榻消寒杂咏四十六首》之三十七及三十八云:

> 夜静钟残换夕灰,冬缸秋帐替君哀。汉宫玉釜香犹在,吴殿金钗葬几回。旧曲风凄邀笛步,新愁月冷拂云堆。梦魂约略归巫峡,不奈琵琶马上催。(自注:和老杜"生长明妃"一首。)秦淮池馆御沟通,长养娇娆香界中。十指琴心传漏月,千行佩响从翔风。柳矜青眼舒隋苑,桃惜红颜堕汉宫。垂老师师度湘水,缕衣檀板未为穷。(自注:和刘平山"师

师垂老"绝句。)

寅恪案:此两首列于《追忆庚辰冬半野堂文宴旧事》及《为河东君入道而作》诸诗后。和杜一首为董白作,和刘一首为陈沅作。牧斋所以如此排列者,不独因小宛、畹芬与河东君同为一时名姝,物以类聚,既赋有关河东君三诗之后,遂联想并及董、陈,亦由己身能如卢家之终始保有莫愁,老病垂死之时,聊借此自慰,且以河东君得免昆冈劫火为深幸也。至畹芬本末,梅村之《圆圆曲》实已详备,其他吴诗所未言及之事,如《小说月报》第六卷第十一号况夔笙周颐《陈圆圆事迹》所载等,恐多出世人傅会,不必悉为实录也。小宛之非董鄂妃,自不待言。(详见《小说月报》第六卷第九号及第十号孟心史森《董小宛考》及《明元清系通纪》《清初三大疑案·世祖出家事考实》。)当时所以有此传说者,恐因"顺治十七年八月壬寅(十九日)皇贵妃董鄂氏薨,辍朝五日。甲辰(廿一日)追封董鄂妃为皇后"及"是岁停秋谳,从后志也"等事(见《清史稿》五《世祖纪》及同书二二〇《后妃传·孝献皇后栋鄂氏传》等),举国震惊,遂以讹传讹所致也。至董鄂妃之问题,亦明末清初辽东汉族满化史中一重公案,兹限于本文范围,故不具论。又《梅村家藏稿》二〇《诗后集·题冒辟疆名姬董白小像八首》之八云:

江城细雨碧桃村,寒食东风杜宇魂。欲吊薛涛怜梦断,墓门深更阻侯门。

此绝后半十四字,深可玩味。盖"侯门"一辞,出《云溪友议(上)》"襄阳杰"条,崔郊诗"侯门一入深如海,从此萧郎是路人"。然则小宛虽非董鄂妃,但亦是被北兵劫去。冒氏之称其病死,乃讳饰之言欤?此事数十年来考辨纷纭,于此不必多论,但就《影梅庵忆语》略云:

〔顺治七年〕三月之杪,久客卧雨,怀家正剧,晚霁龚〔孝升〕奉常、〔杜〕于皇、〔吴〕园次过慰,留饮。因限韵各作诗四首,不知何故,诗中咸有商音。三鼓别去,余甫着枕,便梦还家,举室皆见,独不见姬。急询荆人,不答。复遍觅之,但见荆人背余下泪。余梦中大呼曰:"岂死耶?"一恸而醒。姬每春必抱病,余深疑虑。旋归,则姬固无恙。因闲述此相告,姬曰:"甚异,前于是夜梦数人强余去,匿之幸脱。其人猖猖不休也。"讵知梦真而诗签咸来相告哉!

可知辟疆亦暗示小宛非真死,实被劫去也。观牧斋"吴殿金钗葬几回"之语,其意亦谓冒氏所记述顺治八年正月初二日小宛之死,(见《影梅庵忆语》及《文艺月刊》第六卷第一期圣旦编《董小宛系年要录》等)乃其假死。清廷所发表顺治十七年八月十九日董鄂妃之死,即小宛之死。故云"葬几回"。否则钱诗辞旨不可通矣。

又辟疆"影梅庵"之名,不识始于何时? 其命名之由,亦不易知。(拜鸳楼本《影梅庵忆语》略云:"余家及园亭,凡有隙地皆植梅。春来蚤夜出入,皆烂漫香雪中。姬于含蕊时,先相枝之横斜,与几上军持相受。或隔岁便芟翦得宜,至花放,恰采入供。使冷韵幽香恒霏微于曲房斗室。"又云:"姬最爱月,每以身随升沉为去住。"同书附录叶南雪衍兰《董君小传》云"性爱梅月,妆阁遍植寒香,月夜凭栏,恒至晓不寐"等条,可供参考。)惟姜白石《疏影》词云:

昭君不惯胡沙远,但暗忆江南江北。想佩环月下归来,化作此花幽独。

适与牧斋和杜老"生长明妃"一首不期冥会,亦奇矣哉!

复次,前第三章论河东君与宋辕文之关系节,引钱肇鳌《质

直谈耳》述河东君为松江知府所驱,请辕文商决一事。其文云:

案置古琴一张,倭刀一口,问辕文曰:"为今之计,奈何?"辕文徐应之曰:"姑避其锋。"如是大怒曰:"他人为此言,无足怪。君不应尔。我与君自此绝矣。"持刀斫琴,七弦俱断。辕文骇愕出。

据钝夫所记及辟疆自述,则畹芬、小宛与辟疆之关系,亦同河东君之于辕文。辕文负河东君,辟疆复负陈、董。辕文为人自不足道,辟疆恐亦难逃畏首畏尾之诮。但陈、董、柳三人皆为一时名姝,陈、董被劫,柳则独免,人事环境,前后固不相似,而河东君特具刚烈性格,大异当时遭际艰危之诸风尘弱质如陈、董者,实有以致之。吾人今日读牧斋垂死时所赋关涉柳、陈、董之诗,并取冒、钱、宋对待爱情之态度以相比较,则此六人,其高下勇怯,可以了然矣。

复次《痛史》第二十种附录《纪钱牧斋遗事》云:

先年郡绅某黄门尝纳其同年亡友妾,虽本校书,终伤友谊。绅称清流,竟无议之者,亦士大夫之耻也。

寅恪案:"某黄门"疑指许誉卿,"其同年亡友"疑指申绍芳。《板桥杂记(中)》云:

〔卞〕玉京有妹曰敏,颀而白如玉肪,风情绰约,人见之,如立水晶屏也。亦善画兰鼓琴,对客为鼓一再行,即推琴敛手,面发赪。乞画兰,亦止写筱竹枝、兰草二三朵,不似玉京之纵横枝叶,淋漓墨沈也。然一以多见长,一以少为贵,各极其妙,识者并珍之。携来吴门,一时争艳,户外屦恒满。乃心厌市嚣,归申进士维久。维久,宰相孙,性豪举,好宾客,诗文名海内,海内贤豪多与之游。得敏,益自喜为闺中良友。亡何,维久病且殁,家中替。后嫁一贵官颍川氏,三年病死。

检《明史》二一八《申时行传》末云:

孙绍芳,进士,户部左侍郎。

同书二五八《许誉卿传》略云:

许誉卿,字公实,华亭人。万历四十四年〔丙辰〕进士,授金华推官。天启三年,征拜吏科给事中。赵南星、高攀龙被逐,誉卿偕同列论救,遂镌秩归。庄烈帝即位,起兵科给事中。薛国观讦誉卿及同官沈惟炳东林主盟,结党乱政,誉卿上疏自白,即日引去。〔崇祯〕七年,起故官,历工科都给事中。誉卿以资深,当擢京卿,〔谢〕升希〔温〕体仁意,出之南京。先是福建布政使申绍芳欲得登莱巡抚,誉卿曾言之升,升遂疏攻誉卿,谓其营求北缺,不欲南迁,为把持朝政地,并及嘱绍芳事。体仁从中主之,誉卿遂削籍,绍芳逮问,遣戍。

《小腆纪传》五六《申绍芳传》云:

申绍芳,字维烈,长洲人。万历〔四十四年〕丙辰进士,由应天府教授升部郎。出为山东按察副使。累官户部右侍郎。弘光时,起原官。僧大悲之狱,词连绍芳及钱谦益,二人疏辨,获免。

然则霞城与维烈同为万历丙辰进士,公实历任诸科给事中,号为清流,且与绍芳交好。上引《列朝诗集·王微小传》中,牧斋目霞城为"颍川君",故综合《痛史》《板桥杂记》《列朝诗集》《小腆纪传》推之,《痛史》所指"某黄门",殊有为许誉卿之可能。因恐世人读《痛史》者以"某黄门"为陈子龙,故辨之于此,以俟通人之教正。

《初学集》二〇上《留惠香》云：

舞衣歌扇且相随。（余句见前引。下三首类此。）

《代惠香答》云：

桃花自趁东流水。（寅恪案：倪璠注《庾子山集》四《咏画屏风二十四首》之九"流水桃花色，春洲杜若香"，牧斋句出此。）

《代惠香别》云：

春水桃花没定期。（寅恪案：倪注《庾集》五《对酒歌》："春水望桃花，春洲籍芳杜。"牧斋句出此。）

《别惠香》云：

花信风来判去期。

《仲春十日自和合欢诗四首》，其一云：

绿波南浦事悠悠，天上人间尽断愁。却扇风光生帐底，回灯花月在床头。平翻银海填河汉，别筑珠宫馆女牛。试与鸱夷相比并，五湖今日是归舟。

其二云：

绮窗春柳覆鸳鸯，万线千丝总一香。应有光芒垂禁苑，定无攀折到垣墙。宫莺啼处为金屋，海燕栖来即玉堂。最是风流歌舞地，石城山色接吴昌。

其三云：

数峰江上是郎家，翰苑蓬山路岂赊。立马何人论共载，骖鸾有女喜同车。饭抄云母层层雪，笔架珊瑚段段霞。宿世散花天女是，可知天又遣司花。

其四云:

画屏屈戍绮窗深,兰气茶香重幄阴。流水解翻筵上曲,远山偏识赋家心。诗成刻烛论佳句,歌罢穿花度好音。休掷丹砂成狡狯,春宵容易比黄金。

《春游二首》,其一云:

踏青车马过清明,薄霭新烟逗午晴。日射夭桃含色重,风和弱柳著衣轻。春禽欲傍钗头语,芳草如当屐齿生。每向东山看障子,不知身在此中行。

其二云:

韶光是处著芳丛,辀辘香车辗镜中。拂水涧如围绣带,石城山作画屏风。柳因莺浅低迷绿,花为春深历乱红。璧月半轮无那好,碧桃树下小房栊。

寅恪案:以上六题共十首,其作成时间当不尽依先后排列。鄙意《代惠香别》及《别惠香》两题,实作于《春游二首》之后,因其与《留惠香》及《代惠香答》两题俱为有关一人之诗,且同用一韵,以便利之故,遂并合四首为一组耳。所以有此揣测者,据《别惠香》诗之"花信风来判去期"及《春游二首》之一之"踏青车马过清明"等句,证以程大昌《演繁露》"花信风"条云:"三月花开时风名花信风。"及郑氏《近世中西史日表》崇祯十五年清明为三月六日。(郑《表》或有差误,但所差亦不过一二日也。)则知惠香之离常熟返苏州,实在十五年三月初六日以后,而《代惠香别》及《别惠香》两题,转列于《仲春十日自和合欢诗》以前,其非尽依作成时间先后排列,可以无疑也。

综合言之,此六题十首之诗,乃述己身于崇祯十五年初亲往苏州迎接河东君同返常熟,惠香亦伴柳钱至牧斋家,淹留浃月后,始独归苏州之一重公案也。

关于惠香一组诸诗,前已有所论证,兹不须多述。但于此特可注意者,即"舞衣歌扇且相随"之句,盖指惠香此次随伴河东君同来常熟也。

关于《仲春十日自和合欢诗四首》作成之时间及地点,略有可言者,即前二首作于初发苏州舟中,后二首成于抵常熟家内也。《东山酬和集》沈璧甫《序》云:"壬午元夕通讯虞山,酬和之诗已成集矣。"末署:"崇祯十五年二月望日,吴门寓叟沈璜璧甫谨序。"可证崇祯十五年正月十五日以前,牧斋尚在常熟。此年二月十日《自和合欢诗》第一首末句有"五湖今日是归舟"之语,则牧斋发苏州在二月十日。若其至苏迎河东君在正月下半月者,是留滞吴门未免过久。故假定牧斋往苏亲迎河东君还家,实在二月朔以后、初十日以前,虽不中亦不远矣。

第一首一、二两句"绿波南浦事悠悠,天上人间尽断愁"用江文通《别赋》:"春草渌色,春水渌波,送君南浦,伤如之何。"意谓崇祯十四年冬间别河东君于苏州,独自返常熟,今则亲至苏迎之同归,离而复合,其喜悦之情可以想见也。第二联"平翻银海填河汉,别筑珠宫馆女牛",上句意谓今与河东君同返常熟,如天上阻隔牛女之河汉已填平,无复盈盈脉脉相望相思之苦矣;下句出处见刘本沛《虞书》所载"石城在县北五里,阖庐所置美人离宫也"及"扈城在县北五里,石城东。吴王游乐石城,又建离宫以扈跸,故名"。河东君固是"美人",我闻室恐不足以当"离宫",此所以更有绛云楼之建筑耶?

第二首一、二两句"绮窗春柳覆鸳鸯,万线千丝总一香"不甚易解。检《全唐诗》第一函太宗皇帝《咏桃》诗(原注:"一作董思恭诗。")云:

禁苑春晖丽,花蹊绮树妆。缀条深浅色,点露参差光。向日分千笑,迎风共一香。如何仙岭侧,独秀隐遥芳。

前论惠香名字中,当有一"桃"字,其籍贯恐是嘉兴。若此两点俱不误,则牧斋此两句乃兼指惠香而言欤?第一联"应有光芒垂禁苑,定无攀折到垣墙",上句出《太平广记》一九八"白居易"条引《云溪友议》(参孟棨《本事诗·事感类》)"白尚书姬人樊素善歌妓人小蛮善舞"条,其文云:

> 唐白居易有妓樊素善歌,小蛮善舞。尝为诗曰:"樱桃樊素口,杨柳小蛮腰。"年既高迈,而小蛮方丰艳,因为《杨柳词》以托意曰:"一树春风万万枝,嫩于金色软于丝。永丰坊里东南角,尽日无人属阿谁。"及宣宗朝,国乐唱是词,上问:"谁词?永丰在何处?"左右具以对之,遂因东使命取永丰柳两枝,植于禁中。白感上知其名,且好尚风雅,又为诗一章。其末句云:"定知此后天文里,柳宿光中添两星。"

前引史料知崇祯十三四五年间,内侍曹化淳,外戚田弘遇、周奎等,皆有在江南访求歌姬名伎之举,河东君当时之声誉,亦与陈、董不殊。十四年冬至十五年春,养疴苏州,外人宁有不闻之理?故其情势岌岌可危。牧斋"应有"及"禁苑"之辞,非虚言也。至关于范摅以樊素、小蛮为二人,非是。但于此不必考辨。所可笑者,当牧斋赋诗用此典时,其心意中岂以"柳宿光中"之两星,一为河东君,一为惠香耶?下句意谓今已与河东君同返常熟家中,必无畹芬被劫之事。噫!牧斋此次至苏迎河东君还家,得免于难,斯为十年前河东君在松江时,所祈求于宋辕文而不可得之事。当崇祯十五年二月十日少伯五湖归舟之际,河东君心中,宜有不胜其感念者矣。此诗七、八两句"最是风流歌舞地,石城山色接吴昌",意谓迎河东君由苏州至常熟也。牧斋用"石城""吴昌"之典,以西施比河东君,不仅此诗,即如《有美诗》之

"输面一金钱"，《〔癸未〕元日杂题（长句）八首》之八"春日春人比若耶"及《禾髴遣饷醉李戏作二绝句》之一"语儿亭畔芳菲种，西子曾将疗捧心"等句，皆是例证。当时未发明摄影术，又无油画之像，故今日不敢妄有所评泊，鄙意河东君虽有美人之号，其美之程度，恐尚不及顾横波，然在牧斋观之，殆所谓"情人眼里出西施"者耶？

　　第三首第一句"数峰江上是郎家"用钱考功《省试湘灵鼓瑟》诗"曲终人不见，江上数峰青"之句（见《全唐诗》第四函钱起三及《云溪友议（中）》"贤君鉴"条）。牧斋喜用钱氏故实，以示数典不忘祖之意。此点河东君似亦习知，观其依韵和牧斋《〔庚寅〕人日示内二首》之二，结语云："香灯绣阁春常好，不唱卿家缓缓吟。"可证也（见《有学集》二《秋槐诗支集》）。第二句"翰苑蓬山路岂赊"辞涉夸大，然牧斋实足当之，故亦不必苛责。第七、第八两句"宿世散花天女是，可知天又遣司花"，意谓河东君本是"沾花丈室何曾染"之天女（见前引牧斋答河东君《访半野堂初赠诗》），今则为"皇鸟高飞与凤期"（见上引牧斋《代惠香答》诗），管领群芳之司花，如李易安在赵德甫家故事。而非后来作"当家老姥"之比（见《牧斋尺牍（上）与王贻上四通》之一）。读者幸勿误会。由是推论，此诗之作成当在二月十二日，即花朝日还家时也。

　　第四首第一句"画屏屈戌绮窗深"用梁简文帝"织成屏风金屈戌"及玉谿生"锁香金屈戌"（见《全梁诗》一梁简文帝一《乌栖曲四首》之四及李义山诗中《魏侯第东北楼堂郢叔言别，聊用书所见成篇》）。盖与次句"茶香"之"香"有关，殆兼指惠香而言。第七、第八两句"休掷丹砂成狡狯，春宵容易比黄金"，用《神仙传》麻姑过蔡经家故事，自是谓惠香，不可移指河东君。麻姑之过蔡经家，乃暂过，且由王方平之邀请。"春宵""千金"

之语,意在惠香。牧斋赋此诗时之心理颇可笑也。

又,关于麻姑之物语,亦略有可论者。《太平广记》七《神仙》七引葛洪《神仙传·王远传》(参今本《神仙传》二《王远传》)云:

> 麻姑欲见蔡经母及妇等,时经弟妇新产数日,姑见知之,曰:"噫!且止勿前!"即求少许米来。得米,掷之堕地,谓以米祛其秽也。视其米,皆成丹砂。远笑曰:"姑故年少也。吾老矣,不喜复作如此狡狯变化也。"

同书六〇引《神仙传·麻姑传》(参今本《神仙传》七《麻姑传》)云:

> 姑欲见蔡经母及妇侄,时弟妇新产数十日,麻姑望见乃知之。曰:"噫!且止勿前。"即求少许米,得米便撒之掷地。视其米,皆成真珠矣。方平笑曰:"姑故年少,吾老矣,了不喜复作此狡狯变化也。"

夫掷米祛秽为道家禁咒之术,至今犹有之。米堕地变真珠,以真珠形色相似之故。至于变丹砂,则形似而色不似。颇疑《王远传》之作成实先于《麻姑传》,《麻姑传》乃后人所修正者。殊不知真珠在道家其作用远不及丹砂。丹砂可变黄金,于道术之传播关系甚大也。此点兹不必多论。唯钱诗所以用丹砂而不用真珠者,盖因丹砂可炼黄金,牧斋当时欲以东坡"春宵一刻值千金"之句(见《东坡续集》二《春夜(七绝)》)挑逗惠香,故宁取《王远传》,而不用《麻姑传》欤?倘此揣测不误,则读受老之诗,而得其真解者,复有几人哉?关于《春游二首》之时间、地点、人事三者,颇有可论者。其时间据第一首第一句"踏青车马过清明"及第二首第七句"璧月半轮无那好"之语,(郑氏《近世中西史日表》崇祯十五年三月初六日清明。)则知牧斋此次春游当在三月初十日左右也。其地点据第二首"拂水涧如围绣带,石城山作画屏风"一联,则所游之处,必是牧斋之拂水山庄别墅。检《初学集》一二崇祯十年丁丑在北京狱中所作《新阡八景诗》之《石城开嶂》,并《山庄八景》中之"春流观瀑""月堤烟柳""酒楼花信"三题(见《初学集》一二《霖雨诗集》),颇可与《春游》二诗相证,故节录于下。

《石城开嶂诗(并序)》云:

拂水岩之西,崖石削成,雉堞楼橹,形状备具,所谓"石城"也。列屏列嶂,尊严耸起,阡之主山也。故曰"石城开嶂"。(诗略。)

《春流观瀑诗(并序)》云:

山泉悬流自三沓石下垂,奔注山庄,汇为巨涧。今旋折为阡之界水,遇风捍勒,逆激而上,则所谓"拂水"也。

(诗略。)

《月堤烟柳诗(并序)》(此题诗并序前于论《有美诗》时已全引。兹以便于证释,故重录之)云:

墓之前,有堤回抱,折如肉环,弯如弓月。士女络绎嬉游,如灯枝之走马。花柳蒙茸蔽亏,如张帏幕,人呼为"小苏堤"。

月堤人并大堤游,坠粉飘香不断头。最是桃花能烂熳,可怜杨柳正风流。歌莺队队勾何满,舞雁双双趁莫愁。帘阁琐窗应倦倚,红阑桥外月如钩。

《酒楼花信诗(并序)》云:

酒楼直山庄之东,平田逶迤,晴湖荡漾,北栏直拂水岩,寸人豆马,参错山椒。红妆翠袖,移动帘额。月堤酒楼,此吾山庄之胜与众共之者也。

花厌(入)高楼酒泛(上)卮,登楼共赋艳阳诗。人闲容易催花信,天上分明挂酒旗。中酒心情寒食后,看花伴侣好春时。秾桃正倚新杨柳,横笛朱栏莫放吹。

寅恪案:《春游》第二首"拂水涧如围绣带,石城山作画屏风"乃《石城开嶂》及《春流观瀑》二题之缩写,亦牧斋自诩其山庄之奇景,传播于亲知者。无怪周玉绳既游览此胜境,遂有"虞山正堪管领山林耳"之"题目"(见《初学集》二〇下《元日杂题(长句)八首》之六,诗及自注)。牧斋转因此怨怼阳羡,可谓狐埋狐搰矣。《春游》第一首"日射夭桃含色重,风和弱柳著衣轻"一联,初视之,亦是春游应有景物之描写。细思之,"桃"恐是指惠香,"柳"则指河东君。河东君虽在病中,然素有不畏寒之特性,此际清明已过,气候转暖,自可衣著轻薄也。前论《有美诗》,"画夺丹青妙"句,引汤漱玉《玉台画史》述河东君画《月堤烟柳》事,谓牧斋此《月堤烟柳》诗"最是桃花能烂熳,可怜杨柳正风流"乃河东君来归之预兆,并疑河东君爱此联,因绘作图。兹更引申推论之,即桃花杨柳一联,复是此次惠香伴河东君返常熟并偕牧斋春游之预兆。

又,《月堤烟柳》诗"红阑桥外月如钩"句,与《春游》诗第二首"璧月半轮无那好"句,亦可互相印证。盖符合《春游》诗第一首"踏青车马过清明"句之所言崇祯十五年三月初六日,即清明后不久,天上月轮形状也。《酒楼花信》诗"登楼共赋艳阳诗"句中共赋诗之人自与河东君有关。惠香是否能诗,亦难确言。但今未见河东君诗中有涉及"酒楼花信"之篇什,尚待详考。至"中酒心情寒食后,看花伴侣好春时"一联,上句与《春游》第一首"踏青车马过清明"句所指之时间正合,下句复是同诗"日射夭桃含色重,风和弱柳著衣轻"一联之注脚。然则"看花伴侣""共赋艳阳诗"之人可以推知矣。故《酒楼花信》一首,亦与《月堤烟柳》一首,俱有后来修改之痕迹也。

自崇祯十五年壬午三月惠香离常熟返苏州后,河东君在牧斋家中继续卧病,至十六年癸未暮春始渐次痊复,是年中秋已愈大半,至初冬乃霍然病起矣。兹就牧斋诗中关涉此时期河东君之疾病者,移写于后,前已述者,则仅著其题目并最有关之诗句;其前所未及之篇什,则全录之,略加证释,以供论文者之参究。至若详悉稽考,则寅恪非治带下医学史之专家,故不敢多所妄言也。《初学集》二〇上《东山诗集三·效欧阳詹玩月诗》云:

崇祯壬午八月望,我生六十一中秋。(中略。)倦婢鼾睡高,病妇频呻歇。(中略。)病妇梦回笑空床,笑我白痴中风狂。(下略。)

《驾鹅行闻潜山战胜而作》云:

老夫喜失两足瞥。惊呼病妇笑欲喧,垆头松醪酒新热。

《〔崇祯十五年〕壬午除夕》云:

闲房病妇能忧国,却对辛盘叹羽书。

同书二〇下《东山诗集·〔崇祯十六年癸未〕元日杂题(长句)八首》,其八云:

春日春人比若耶,偏将春病卸铅华。

《禾髯遣饷醉李,内人开函知为徐园李也,戏答二绝句》,其一云:

醉李根如仙李深,青房玉叶漫追寻。语儿亭畔芳菲种,西子曾将疗捧心。

其二云:

不待倾筐写盘盆,开笼一颗识徐园。新诗错比来禽帖,赢得妆台一笑论。

寅恪案:"禾髯"者,即《初学集》八五《记〈清明上河图卷〉》文中之"嘉禾谭梁生"及此《醉李二绝句》前一题《虫诗十二章读嘉禾谭梁生〈雕虫赋〉而作》诗序中"禾髯进士谭埛"。又,此《虫诗》序末署"癸未三月十六日"。牧斋此二绝句后一题为《癸未四月吉水公总宪诣阙慨然书怀》诗,可知谭梁生以其所著《雕虫赋》请教于牧斋,或同时以徐园李相饷也。至关于徐园李事,兹略引载记,考释之于下。

李日华《紫桃轩杂缀》三云:

今李脯佳者推嘉庆,吾郡不闻擅是。岂古昔地气不同耶?(寅恪案:《本草纲目》二九《果部》"李"条,引韦述《两京记》云:"东都嘉庆坊有美李,人称为嘉庆子。久之,称谓既熟,不复知其所自矣。"可供参考。)余少时得尝徐园李实,甘脆异常,而核止半菽,无仁。园丁用石压其根使旁出而分植之。一树结实止三十余枚。视之稍不谨,即摇落成空株矣。以故实甚贵,非豪侈而极意于味者,未始得尝也。

《嘉兴府志》一五《古迹门二》"徐长者园"条云:

园在嘉兴。长者宋人,学道术,年八十。治圃栽花,老于此。

同书三三《果类部》"樵李"条云:

俗名潘园李,大如羌桃。至熟犹青,核最细,味极佳。春秋越败吴于樵李,在石门桐乡之间,遗种至今不绝(《乌青文献》)。

曹溶《静惕堂诗集》四三《樵李十首》,其一云:

净相僧坊起盛名,徐园旧价顿教轻。尝新一借潜夫齿,嚼出金钟玉磬声。

其三云:

潆水蟠根奕叶长,楚前冰齿得仙浆。上林嘉种休相借,验取夷光玉甲香。

其四云:

肤如熟柰能加脆,液较杨梅特去酸。江北江南无别品,倾城倾国借人看。

其十云:

微物何堪鼎鼐陈,公家宣索荐时新。年来无复街头卖,愁杀文园病渴人。

朱彝尊《曝书亭集》九《鸳鸯湖棹歌一百首》,其十八云:

徐园青李核何纤,未比僧庐味更甜。听说西施曾一掐,至今颗颗爪痕添。(原注:徐园李核小如豆,丝悬其中,僧庐谓净相寺,产檇李,每颗有西施爪痕。)

李时珍《本草纲目》二九《果部》"李"条《集解》略云:

时珍曰:早则麦李御李,四月熟;迟则晚李,冬季十月、十一月熟;又有季春李,冬花春实也。

同书同条"核仁"略云:

令人好颜色(吴普)。治面䵟黑子(苏颂)。

同书同条《附方》引崔元亮《海上方》云:

女人面䵟,用李核仁去皮细研,以鸡子白和如稀饧,涂之。至旦,以浆水洗去,后涂胡粉。不过五六日,效。忌见风。

同书同条《附录》"徐李"云：

> 《别录》有名未用曰："生太山之阴，树如李而小。其实青色，无核。熟则采食之，轻身益气延年。"时珍曰："此即无核李也。唐崔奉国家有之，乃异种也。谬言龙耳血堕地所生。"

吴其濬《植物名实图考》三二《果类》"李"条云：

> 《别录》下品。种类极多。《别录》有名未用。有徐李，李时珍以为即无核李云。

然则谭氏于崇祯十六年癸未所饷牧斋之徐园李，殆是李东璧所言季春熟或四月熟之品种。牧斋既以西施比河东君，夫西施之病，在心痛，不在面黚。故吴普、苏颂、崔元亮诸家称列李实核仁之功效，自不必用于"乌个头发，白个肉"之河东君，转可移治"白个头发，乌个肉"或与王介甫同病之牧斋。由是言之，河东君应食李肉，牧斋应食李仁。但据旧籍，多夸诩其无仁，岂梁生之厚赠，专为此际之捧心美人，而没口居士（见金鹤冲《钱牧斋先生年谱·总述》）却无福消受耶？

《初学集》八二《造大悲观世音像赞》云：

> 女弟子河东柳氏，名如是。以多病故，发愿舍财，造大悲观世音菩萨一躯，长三尺六寸，四十余臂，相好庄严，具慈悯性。奉安于我闻室中。崇祯癸未中秋，大悲弟子谦益，焚香合掌，跪唱赞曰：有善女人，青莲淤泥，示一切空。疾病盖缠，非鬼非食，壮而相攻。归命大士，造大悲像，瞻礼慈容。我观斯像，黄金涂饰，旃檀研砻。犹如我身，四大和合，假借弥缝。云胡大悲，绀目遍照，地狱天宫？母陁罗臂，屈信爬搔，亿劫捞笼。而我一身，两目两臂，兀如裸虫。生老病死，

八苦交煎,呼天告穷。以是因缘,发大誓愿,悲泪渍胸。因爱生病,因病忏悔,展转钩通。是爱是病,是大悲智,显调伏功。我闻之室,香华布地,宝炬昼红。楼阁涌现,千手千眼,鉴影重重。疾苦蠲除,是无是有,如杨柳风。稽首说赞,共发誓愿,木鱼鼓钟。劫劫生生,亲近供养,大慈镜中。

寅恪案:牧斋此文殊饶风趣,但颇欠严肃。足见其平生虽博涉内典,然实与真实信仰无关。初时不过用为文章之藻饰品,后来则借作政治活动之烟幕弹耳。文中嵌用河东君姓氏名号,若"杨"、若"柳"、若"爱"、若"影"、若"如"、若"是"等字甚多,亦可谓游戏之作品。今据此文,得知崇祯十六年癸未中秋前后,河东君之病已大半痊愈,故牧斋有此闲情,为河东君写此种文字。又可证知河东君自崇祯十四年夏由松江正式来归钱氏后,至十六年冬绛云楼未建成前,其所居之处,似不在我闻室。盖寝息之室,不应用作供奉此长三尺六寸之大士像,否则,乃亵渎神明之举。柳钱二人皆不出此也。但是时河东君所居之室,亦必距离供奉之处极近,借便尚未完全康复之病体,得以朝夕来往礼拜。顾云美称河东君"为人短小,结束俏利",由是推想,当其虔诚祈祷、伏地和南之际,对兹高大庄严之像,正可互相反映,而与前此之现天女身,散花于净名居士之丈室者,其心理,其动作,其对象,大不同矣。

复次,钱曾《读书敏求记》三《摄生类》(参章钰补辑本三之下《子·摄生》)云:

《端必瓦成就同生要》一卷,《因得啰菩提手印道要》一卷,《大手印无字要》一卷。

此为庚申帝"演揲儿"法。张光弼《辇下曲》:"守内番僧日念吽,(寅恪案:"吽"当作"哞",非作"吽"。盖藏语音如是,中土传写讹误。昔亦未知,后习藏语,始得此字之正确形读也。)御厨酒肉按时供。组铃扇鼓诸天乐,知在龙宫第几重。"描写掖庭秘戏,与是书所云长缓提称"吽"字以之为大手印要,殆可互相证明。凡偈颂文句,悉揣摩天竺古先生之话言,阅之不禁失笑来。其纸是捣麻所成,光润炫目;潢乃元朝内府名手匠,今无有能之者,亦一奇物也。(寅恪案:此可参权衡《庚申外史》"癸巳至正十三年脱脱奏用哈麻为宣政院使"条。)

寅恪案:遵王所藏此种由天竺房中方术转译之书,当是从牧斋处得来。所附注语,应出牧斋之手,遵王未必若是淹博也。牧斋平生佛教著述中,有《楞严经(疏解)蒙钞》之巨制。《楞严》为密宗经典,其《咒心》实是真梵文,唯前后诸品皆此土好事者采撷旧译,增饰而成。前于论《朝云诗》第四首"天魔似欲窥禅悦,乱散诸华丈室中"句时,已言及之。故牧斋虽著此书,原与其密宗之信仰无关。但牧斋好蓄异书,兼通元代故实,既藏有"演揲儿法"多种,其与河东君作"洞房清夜秋灯里,共简庄周说剑篇"之事,亦非绝不可能(见第一章引《秋夕燕誉堂话旧事有感》诗)。果尔,则牧斋"因爱生病"之语,殆有言外之意。此赞为游戏之文,尤可证明矣。

又,受之本身在崇祯十三年冬以前已多内宠,往往为人诟病,载记流传,颇复不少,可信与否,殊不必征引,亦不必考辨。但间有涉及河东君者,亦姑附录一二条,而阙略其过于猥亵之字句,聊备谈助云尔。唯此等俱出自仇人怨家、文章爱憎者之口,故不敢认为真实也。王沄《辋川诗钞》四《虞山柳枝词十四首》之十一云:

阿难毁体便龙钟,大幻婆毗瞥地逢。何事阳秋书法异,览揆犹自继神宗。（自注：钱注《楞严经》，不书当代年号甲子，称大元曰"蒙古"，自纪生于神宗显皇帝某年云。尝学容成术，自伤其体，遂不能御女。其称摩登，盖指姬云。）

阮葵生《茶余客话》（参陈琰《艺苑丛话》九"钱求媚药与柳周旋"条）云：

闻钱虞山既娶河东君之后，年力已衰。门下士有献房中术以媚之者，试之有验。钱骄语河东君曰："少不如人，老当益壮。"答曰："□□□□，□□□□。"闻者嗤之。近李玉洲重华论诗，不喜钱派。有问者，辄曰："'□□□□，□□□□。'吾即以柳语评其诗可矣。"众皆胡卢失笑。

寅恪案：《楞严经》文笔佳妙，古今词人皆甚喜之。牧斋为此经作疏，固不足怪，王氏之说，未免牵强。至若吾山所记，则房帏戏谑之语，唯有天知神知，钱知柳知，（参王先谦《后汉书集解·列传四十四·杨震传》。寅恪所以不从袁宏《后汉纪》作"地知"者，盖因牧斋《追忆庚辰冬半野堂文宴》诗有"看场神鬼坐人头"之句，用"神"字更较切合也。至《通鉴》四九"汉安帝永初四年"纪此事，则杂糅《范书》《袁纪》成文。《通鉴》用《袁纪》"地"字之故，"天知地知"之语，遂世俗流行矣。）非阮葵生、李重华辈所能知也。一笑！

《初学集》二〇下《东山诗集四·灯下看内人插瓶花戏题四绝句》云：

水仙秋菊并幽姿，插向磁瓶三两枝。低亚小窗灯影畔，玉人病起薄寒时。

浅淡疏花向背深，插来重折自沉吟。剧怜素手端相处，人与花枝两不禁。

懒将没骨貌花丛，渲染繇来惜太工。会得远山浓淡思，数枝落墨胆瓶中。

几朵寒花意自闲,一枝丛杂已烂斑。凭君欲访瓶花谱,只在疏灯素壁间。

寅恪案:牧斋四诗雅而切,殆可谓赵德甫为易安居士写"帘卷西风,人比黄花瘦"图。此时河东君病起,牧斋心情快适,得以推知矣。考河东君适牧斋后,发病于崇祯十四年初冬,延至十六年初冬始告痊愈,凡历三年之岁月。故牧斋《绛云楼上梁诗八首》之四"三年一笑有前期,病起浑如乍嫁时"句下自注云:"泛舟诗云,'安得三年成一笑',君病起,恰三年矣。"及《癸未除夕》诗"三年病起扫愁眉,恰似如皋一笑时"(两诗全文俱见下引),其间轻重转变之历程,今日自不能悉知。要而言之,河东君之病有二:一为心病,一为身病。其心病则有如往来蔡经家麻姑之惠香疗治之矣;其医诊身病如游贵妇人之邯郸扁鹊,果为谁耶?

检孙原湘《天真阁集》二三《红豆庄玉杯歌(并序)》云:

> 江静萝明经(曾祁),予乙卯同年也。自言高祖处士某,工俞树之术,陈确庵先生《集》中有传。处士曾为河东君疗疾,宗伯以玉杯为赠,上镌红豆山庄款识,属子孙世宝之。后为佗氏所得。静萝踪迹赎还。今夏值君六十寿辰,出以觞客,属余作歌纪之。

芙蓉花里开瑶席,象鼻筒深遍觞客。客辞酒酣力不胜,别出佳器容三升。捧出当筵光照彻,酒似丹砂杯似雪。满堂醉眼一时醒,得宝知从我闻室。绛云天姥卧玉床,神仙肘后悬神方。刀圭妙药驻年少,尚书捧杯向仙笑。水精不落鸳鸯杯,一钱不值付劫灰。此杯珍重如山垒,仙人玉山为你頺。何年羽化云雷渺,楚弓楚得何其巧。千金不易此一壶,祖宗口泽儿孙宝。斟君酒,为君歌。颂君玉颜常尔酡。安能眼如鱼目听鸣珂。杯中日月长复长,门前红豆花开香。

及杨钟羲《雪桥诗话余集》一云：

> 常熟江湛源精医术，曾疗河东君疾。虞山宗伯以玉杯一为先生寿，子孙世守之。后失去垂三十年。嘉庆间，裔孙曾祁复得之，征诗纪事。翁文端〔心存〕为赋《红豆山庄玉杯歌》云："鲤鱼风起芙蓉里，欲落不落相思子。碧玉杯调九转丹，返魂香晕霞文紫。山庄红豆花开香，尚书风流寿正长。鹎鹏夜叫瑶姬病，胄出飞龙卧象床。此时倘绝尚书席，异日存孤仗谁力。判将三（？）宝谢神医，只为佳人难再得。仙人鸿术生春风，骨青髓绿颜桃红。一服刀圭能驻景，秘方钞得自龙宫。尚书捧杯听然笑，当筵愿比琼瑶报。洞见胸中症瘕来，杯唇湛湛兰英照。绛云转瞬劫飞灰，不及玲珑玉一杯。二百余年明月影，曾经羽化却归来。杯中春色长不老，红豆山庄满秋草。"

寅恪案：今陈瑚遗文中未见江静萝所称其工医先人之传。但确庵著述留存颇少，此传或已散佚矣。翁邃庵诗亦殊不恶，以其与孙子潇诗为同咏一物之作品，故并录之。

复检光绪修《常昭合志稿》三二《医家类·江德章传》云：

> 江德章，字湛源。其先自浙来虞，德章善医，以术行何市。病者或不与值，虽诊视数十次无吝色。市多盗，独相戒勿入江先生宅。文虎，其元孙也。

同书三〇《文学类·江文虎传》略云：

> 江文虎，字思骏，号颐堂，何市人。父朝，字侨岳，好施与负气。子曾祁，字静萝。副贡生，亦工文章。

然则医治河东君病之人，其一确是江德章。湛源后裔既有"红豆庄玉杯"为物证，自可信也。至玉杯之器乃明代士大夫家多有。牧斋家藏玉杯,见于旧籍者亦不少,兹略录之,以供研究当日社会风俗者之参考。

《虞阳说苑甲编·张汉儒疏稿》云:

一恶。钱谦益乘阉党崔呈秀心爱顾大章家羊脂白玉汉杯,著名"一捧雪",价值千金。谦益谋取到手,又造金壶一把一齐馈送,求免追赃提问。通邑诽笑证。

寅恪案:白玉杯自可称"一捧雪",如传奇戏剧中所述者(参黄文旸《曲海总目提要》一九"李元玉撰《一捧雪》"条)。汉儒盖以世俗所艳称之宝物,耸动权贵,借诬牧斋,其不可信,固不待论也。

董潮《东皋杂钞》三(参《牧斋遗事》"顺治二年乙酉豫王兵渡江南"条)略云:

《柳南随笔》载〔顺治二年〕乙酉五月,豫王兵渡江,大学士王铎、礼部尚书钱谦益等以南京迎降。王引兵入城,诸臣咸致礼币,有至万金者,钱独致礼甚薄,盖表己之廉洁也。其所具柬,前细书"太子太保礼部尚书兼翰林院学士臣钱谦益百叩首谨启上贡",计开蟠龙玉杯一进、宋制玉杯一进〔等〕。右启上贡。又署"顺治二年五月二十六日太子太保礼部尚书兼翰林学士臣钱谦益"。郡人张滉与豫王记室诸暨曾王佐善,因得见王铎以下送礼帖子,而纪之以归。

寅恪案:依上所述,既有人证,自当可信,但谓牧斋借此薄礼以表己之廉节,则殊不然。盖牧斋除精椠书籍外,实无其他珍品,而古籍又非多铎所能欣赏故也。

复次,前论惠香有为卞玉京之可能时,曾引吴梅村《过玉京道人墓诗传》,其中有"过浙江,归东中一诸侯。不得意。乞身下发,依良医保御氏于吴中。保御者,侯之宗人。筑别宫,资给之良厚"等语。"良医保御氏"即郑钦谕。《梅村家藏稿》五〇《保御郑三山墓表》略云：

> 郑之先，始于司空公，为宋天圣间名臣。建炎南渡，武显大夫有扈跸功，赐田松陵。子孙习外家李氏带下医，遂以术著。君堂构于程朱之学，和缓之技，咸有师承，相传五百余载，为士族，为名家。君自少攻诗书，镞言行。其于医也，发挥精微，行之以诚心恻怛，名乃益起。千里之内，巨公贵游，辎軿接迹，书币交错于庭，君造请问遗无虚日。中厨日具十人之馔，高人胜流，明灯接席，评骘诗文书画为笑乐。君讳钦谕，三山其字，晚自号"初晓道人"。

可知郑三山以名医而兼名士，河东君以名姝而兼名士，牧斋则又是当日之巨公胜流，吴江常熟同隶苏州府，既在"千里之内"，其间自有往来。检《钱牧斋先生尺牍》二《致瞿稼轩》第九通云：

> 剧甚佳，不可不看。三山托相邀甚切，今日亦当一赴，以慰其意也。诗稿附去，即发下为妙。

及第十通云：

> 询知贵恙已霍然。未及面晤，为愧。犬子亦向安矣。

据"诗稿附去，即发下为妙"之语，知为崇祯十六年癸未冬稼轩为牧斋刊印《初学集》时事。又据"询知贵恙已霍然"及"犬子亦向安矣"等语，又足证此邀牧斋观剧之"三山"，即当日良医吴江郑钦谕无疑。郑氏何时来常熟，未能考悉，但崇祯十六年癸未冬间确在常熟。既为稼轩及孙爱诊病，而不言及河东君者，盖此际河东君病已痊愈，无烦郑氏诊视之故。然则河东君之病，岂是此五百载家传带下医之初晓道人所主治，而受玉杯报酬之江湛源不过为会诊者欤？又《玉京道人诗传》谓云装依三山于吴中,三山筑别馆厚资给之;《梅村诗话》又言顺治八年辛卯春玉京访梅村于娄东,共载横塘。此虽俱是明南都倾覆后之事,但可推知三山家亦在苏州。河东君于崇祯十四年冬留居苏州疗疾,至十五年春惠香伴送返常熟,此重公案,岂与五百载家传之带下医有关耶?均俟详考。

兹述河东君自崇祯十四年初冬阅时三年之病已讫,尚有入道一事,可附论于此,以求教当世读钱诗之君子。

顾云美《河东君传》略云:

〔康熙二年〕癸卯秋下发入道。宗伯赋诗云,(详见下引。)明年五月二十四日,宗伯薨。

寅恪案:云美所记河东君入道在癸卯之秋,殊与牧斋原诗辞旨不合。今移录原诗,略加释证,非仅正顾氏之误,并见即与牧斋关系密切及对河东君极表同情之人,如云美者,其所纪述,尚有疏舛,何况他人耶?甚矣哉!考史读书之难也。

《有学集》一四《病榻消寒杂咏四十六首》有三诗为河东君而作,即第三十四首题作《追忆庚辰冬半野堂文宴旧事》,第三十五及三十六两首,题作"二首为河东君入道而作"。其第三十四首前已论释,不须更赘。第三十五及三十六两首,牧斋所以排列于第三十四首之后者,非仅因此两首俱属追述河东君之入道,实在崇祯十三年庚辰冬后一年,即十四年初冬卧病起,至十六年癸未初冬病愈止。凡历三年之时间故也。诗云:

一剪金刀绣佛前,裹将红泪洒诸天。三条裁制莲花服,数亩诛锄备稑稌田。朝日妆铅眉正妩,高楼点粉额犹鲜。(顾苓《河东君传》引此诗"粉"作"黛"。)横陈嚼蜡君能晓,已过三冬枯木禅。

鹦鹉疏窗昼正长,又教双燕语雕梁。雨交澧浦何曾湿,风认巫山别有香。斫却银轮蟾寂寞,捣残玉杵兔凄凉。(寅恪案:此二句钱遵王注本作"初着染衣身体涩,乍抛稠发顶门凉",顾云美《河东君传》所引亦同。恐是初稿如此。今诸本互异者,岂因语太质直,河东君见之不喜,牧斋遂加以修改耶?)紫烟飞絮三眠柳,飏尽春来未断肠。(寅恪案:遵王本"断"字下注"短"字,疑出牧斋之手,如上引《山庄八景·酒楼花信》诗之例,非遵王后加也。)

寅恪案:第三十五首结句"三冬枯木禅"之语,遵王已引《五灯会元》俗汉庵主"枯木倚寒岩,三冬无暖气"之言为释,甚是。但仅为古典,尚未尽牧斋诗句之今典。盖河东君起病于崇祯十四年初冬,至十六年初冬病起,共历三冬故也。至俗汉庵主"三冬"二字之意,乃通常世俗寒冬之谓。若以《汉书·列传三十五·东方朔传》王先谦《补注》及杨树达《窥管》等专家所言衡量之,则大可不必矣。前引河东君和牧斋《小至日京口舟中》诗"首比飞蓬鬓有霜"句,可证河东君卧病之时,牧斋既无元微之"自爱残妆晓镜中,环钗慢簪绿丝丛"及"闲读道书慵未起,水晶帘下看梳头"之乐(见《才调集》五《离思六首》之一及二),故不如"一剪金刀绣佛前"及"乍抛稠发顶门凉"借口入道较为得计。卞玉京归东中一诸侯,不得意,进其婢柔柔奉之,乞身下发(见前引《梅村家藏稿》一〇《过锦树林玉京道人墓诗传》及《梅村诗话》"女道士卞玉京"条)。与河东君此时病中之事,颇相类似。至"又教双燕语雕梁"句及"雨交澧浦何曾湿,风认巫山别有香"一联,则"双燕"句用前释《癸未元日杂题(长句)八首》之八"晚帘双燕入卢家"句,所引刘方平诗"双燕入卢家"之语;"澧浦"句遵王已引《山海经·中山经》"洞庭之山,帝之二女居之"为释,俱是两女共嫁一夫之古典;"何曾湿"乃牧斋表明心迹,自谓与惠香实无关系之意,读之令人失笑;"别有香"句,标出惠香之名字,更与玉京进柔柔之事尤为相近,此等举措,固为当日名姝应付夫主之一公式也。

关于绛云楼事,前于第二章论河东君原名中必有一"云"字。本章论牧斋卖《两汉书》于谢三宾,并论女性之惠香其名中必有一"桃"字,及河东君妹杨绛子事等节,已略言之。此点可参拙著《元白诗笺证稿·附论(乙)白乐天之思想行为与佛道关系》一文中谓韩退之有二妾,一曰绛桃,一曰柳枝。然则绛云楼之命名,不仅专指河东君而言,更兼寓惠香之名。若所揣测不误,是牧斋野心极大,自比昌黎,欲储两阿娇于一金屋,亦甚可笑矣。牧斋所作《绛云楼》诗八首,除自注外,更有遵王注释。且诗中所用典故,多出陶宏景《真诰》,读者苟取隐居之书参证之,自能得其出处。故此等皆不须详引。兹仅就其特有趣之古典及当日之今典,略为疏通证明而已,实不须亦不必多论也。

《初学集》二〇下《东山诗集四·绛云楼上梁以诗代文八首》,其一云:

> 负戴相将结隐初,高榆深柳惬吾庐。道人旧醒邯郸梦,居士新营履道居。百尺楼中偕卧起,三重阁上理琴书。与君无复论荣观,燕处超然意有余。

寅恪案:此诗第一联上句,自是用沈既济《枕中记》(见《文苑英华》八三三《记》三七《寓言》,并参《太平广记》八二引陈翰《异闻集》"吕翁"条及汤显祖《邯郸记》),人所习知。下句遵王引白乐天《池上篇序》为释,亦无待论。当牧斋赋此诗时,政敌之鹅笼公既死,帝城之陈子公颇多。谋求起用,不遗余力。卢生枕中之梦方酣,言不由衷,甚为可笑。但其《永兴寺看绿萼梅》诗有"道人未醒罗浮梦,正忆新妆萼绿华"之语,鄙意倘取"道人未醒罗浮梦"以易"道人旧醒邯郸梦",则更切合当日情事。如此集句,钱柳二人地下有知,应亦欣然赞许欤?

又,牧斋平生以宰相自许,崇祯元年阁讼问题,人所习知,可不必论。兹略取其在崇祯以前涉及卢生之梦者数条,以资谈助。《牧斋外集》二五《南北记事题词》云:

〔万历三十八年庚戌,〕余初登第,谒见冢宰立山孙公,(寅恪案:"立山孙公"指孙丕扬,但尚未知其有"立山"之称。检赵南星《味檗斋文集》一一《明吏部尚书赠太子太保孙清简公〔鑨〕墓志铭》云:"公字文中,号立峰。"亦曾为吏部尚书。岂牧斋混淆两孙之号,而"山"字又为"峰"字之误写耶?俟考。)公谬以余为可教,执手训迪,以古名宰相相期许。

《列朝诗集》丁一一《申少师时行小传》略云:

余为书生,好谈国政。登朝后,以词林后辈谒少师于里第。少师语次,从容谓曰:"阁臣委任重,责望深,每事措手不易。公他日当事,应自知之,方谓老夫之言不谬也。"

《初学集》八四《书邹忠介公贺府君墓碑后》(寅恪案:光绪修《丹阳县志》一九《贺学仁传》云:"贺学仁,字知忍。")略云:

应山杨忠烈〔涟〕令常熟,官满不能赁车马,公质贷为治装。杨公被急征,语所亲曰:"江左更安得一贺知忍乎?"〔天启元年〕辛酉冬,余报命北上。公病亟矣,执手榻前,气息支缀,谆谆念主幼时危,国论参错,而以枝柱属余。

牧斋于万历三十八年二十九岁,天启元年四十岁,崇祯十六年绛云楼建筑时六十二岁。由是言之,"旧醒邯郸梦"之"旧"字固甚确切,但"醒"字,则全为虚语也。

复次,《有学集》三一《何君实〔珩枝〕墓志铭》略云:

余年二十,偕兄(指君实)读书破山寺,山门颓敝,护世四王,架坏梁木为坐。余拉兄度涧穿岭,一日数过其前。兄梦四王语曰:"公等幸勿频出,出则我等促数起立,殊仆仆也。"佣书人郭生妇病,祷城隍神,神凭而语曰:"乞钱相公一幅名刺来,我贳汝。"郭生叩头乞哀,余笑而斥之。兄曰:"安知不然?"代余书名刺,俾焚庙中,妇立起。余枚卜罢居,兄从容为余道之,且相慰曰:"未止此也。"呜呼!兄殁而天崩地坼,兄作梦时垂六十年,而余固已老而惫矣。如兄之所云,岂所谓痴人前说梦耶?丧乱残生,天眼护佑,创残痛定,追寻前梦,未尝不身毛俱竖,申旦屏营,诚不敢忘天神之假灵于兄以诱我也。

《有学集·秋槐别集·丙申春就医秦淮寓丁家水阁浃两月临行作绝句三十首留别留题不复论次》,其第十首云:

梦我迢迢黄阁居,真成鼠穴梦乘车。宵来我梦师中乐,细柳营翻贝叶书。(自注:"茂之书来,元旦梦余登拜。")

寅恪案:牧斋言何君感梦时己身年二十,距铭墓时垂六十年。由是言之,则牧斋作此文诗,年已七十余矣。丁家河房绝句作于顺治十三年丙申,牧斋年七十五。考顺治十六年己亥牧斋年七十八,是岁郑成功率师入长江。于此前数年间,牧斋颇为奔走活动,故何君实墓志所述之预兆,虽觉可笑,然亦寓将任明室中兴宰辅之意。至记林茂之所梦诗,亦因牧斋屡向那子陈述己身之愿望,林氏遂受其暗示,而有此梦。然则此诗此文皆缘牧斋宰辅迷之所致,未可仅以稽神说鬼谈梦目之。又此文及诗均作于建筑绛云楼后数十余年,但邯郸之梦未醒,罗浮之梦仍酣,亦可见此老功名之念、儿女之情,至死不衰也。

关于绛云楼建筑及焚毁之时日,并其所在之处等问题,兹略考辨于后,以免读者之误会。

《绛云楼书目》附曹溶《题词》云:

虞山宗伯生神庙盛时。早岁科名,交游满天下。尽得刘子威〔凤〕、钱功父〔允治〕、杨五川〔仪〕、赵汝师〔用贤〕四家书,更不惜重资购古本,书贾奔赴,捆载无虚日。用是所积充牣,几埒内府。视叶文庄〔盛〕、吴文定〔宽〕及西亭王孙〔朱谋㙔〕,或过之。中年,构拂水山房,凿壁为架,庋其中。凡四方从游之士,不远千里,行縢修贽,乞其文刻系牲之石,为先世光荣者,络绎门外。自王弇州〔世贞〕、李大泌〔维桢〕以还,此事殆希见也。宗伯文价既高,多与清流往来,好延引后进,大为壬人嫉,一踬不复起。晚岁浮沉南国,操委蛇术容其身,所荐某某,大异平居所持论,物望为之顿减。入北未久,称疾告归,居红豆山庄,出所藏书重加缮治,区分类聚,栖绛云楼上,大椟七十有三。顾之自喜曰:"我晚而贫,书则云富矣。"甫十余日,其幼女中夜与乳媪嬉楼上,剪烛炧落纸堆中。遂燹。宗伯楼下惊起,焰已涨天,不及救,仓皇出走。俄顷,楼与书俱尽。余闻骇甚,特过唁之。谓予曰:"古书不存矣。尚有割成《明臣志传》数百本,俱厚四寸余,在楼外。我昔年志在国史,聚此。今已灰冷,子便可取去。"予心艳之,长者前未敢议值,则应曰:"诺诺。"别宗伯,急访叶圣野,(寅恪案:同治修《苏州府志》八八《叶襄传》云:"叶襄,字圣野。"并可参《有学集》一七宋玉叔《安雅堂集序》及同书一九《叶圣野诗序》。)托其转请。圣野以稍迟,越旬日,已为松陵潘氏〔柽章〕购去。叹息而已。今年从友人得其书目,手钞一过,见不列明人集,偏于琐碎杂说收录无遗。方知云厚四寸者,即割文集为之,非虚语也。予以后进事宗伯,而宗伯绝款曲。〔顺治三年〕丙戌同居长

> 安,〔四年〕丁亥、〔五年〕戊子同儌居吴苑。时时过余,每及一书,能言旧刻若何、新板若何、中间差别几何,验之,纤悉不爽。盖于书无不读,去他人徒好书束高阁者远甚。然大偏性,未为爱古人者,有二端:一所收必宋元板,不取近人所刻及抄本,虽苏子美〔舜钦〕、叶石林〔梦得〕、三沈〔遘、辽、括〕集等,以非旧刻,不入目录中;一好自矜啬,傲他氏以所不及,片纸不肯借出,尽存单行之本,烬后不复见于人间。余深以为戒。

寅恪案:《绛云楼上梁诗》后一题为《癸未除夕》,前隔一题为《灯下看内人插瓶花》,其第一首云"水仙秋菊并幽姿",则绛云楼之建造在崇祯十六年冬季,可以无疑。

《有学集》一七《赖古堂文选序》云:

> 〔顺治六年〕己丑之春,余释南囚归里,尽发本朝藏书,哀辑史乘,得数百帙,选次古文,得六十余帙,州次部居,遗搜阙补,忘食废寝,穷岁月而告成。〔七年〕庚寅孟冬,不戒于火,为新宫三日之哭,知天之不假我以斯文也。

《铁琴铜剑楼藏书目录》八《史部一·正史类》略云:

> 《宋史》四百九十六卷。(明刊本。)
>
> 是本旧为邑中钱氏藏书,卷首记云:"岁庚寅四月朔日阅始。"其第一百七十九卷后,记云:"十月初二夜,半野堂火,时方雷电交作,大雨倾盆,后〔绛云〕楼前〔半野〕堂,片刻煨烬,乃异灾也。"绛云一炬,藏书无遗,此书方校阅,故幸而获留也。

又叶昌炽《藏书纪事诗》四"钱谦益受之"条云:

> 〔查慎行〕《人海记》:"钱蒙叟撰《明史》二百五十卷,辛卯

九月晦甫毕。越后月,绛云楼火作,见朱人无数,出入烟焰中,只字不存。"昌炽案:绛云楼灾,在庚寅。查云辛卯,误也。

海虞瞿氏所藏《宋史》,有牧斋题字云:"庚寅十月初二夜,半野堂火,片刻灰烬。"据此,则绛云楼下即半野堂所在矣。(寅恪案:半野堂在绛云楼之前。叶氏之语,颇令人误会。)

据此,绛云楼焚毁在顺治七年庚寅十月初二夜,实无疑义。然则倦圃所谓"甫十余日,遂燬",乃牧斋自夸其家益贫而书益富之言后甫十余日耳。若不如是解释,绛云楼自建成至被灾,共历七载,曹氏岂有不知之理乎?

又,黄宗羲《思旧录》"钱谦益"条云:

余数至常熟。初在拂水山庄,继在半野堂,绛云楼下。后公与其子孙贻同居,(寅恪案:牧斋子孙爱,字孺贻。《思旧录》称"孙贻"者,共有数处。梨洲殆有所牵混欤?)余即住于其家。拂水时,公言韩、欧乃文章之《六经》也。见其架上八家之文以作法分类,如直序,如议论,如单序一事,如提纲,而列目亦不过十余门。绛云楼藏书,余所欲见者无不有。公约余为老年读书伴侣,任我太夫人菽水,无使分心。一夜,余将睡,公提灯至榻前,袖七金赠余曰:"此内人(自注:即柳夫人)意也。"盖恐余之不来耳。是年十月绛云楼毁,是余之无读书缘也。

可知半野堂及绛云楼,皆在牧斋常熟城中住宅之内。详见金鹤冲《钱牧斋先生年谱》所附"绛云楼图并说明",无待赘辨。但倦圃题词于绛云楼所在之地,颇与拂水山房(庄)及红豆山庄牵混不明,易致误会,故读秋岳之文者,不可不注意也。他如郑方坤《国朝名家诗钞小传》中《东涧诗钞小传》云:

> 筑室拂水之隈,建绛云楼其上。

所言之误,自不待言。又若《蘼芜纪闻》引俞蛟《齐东妄言》及何蛟《柳如是传》,俱混牧斋城内住宅与白茆港红豆山庄为一地,虽非指绛云楼而言,但亦同此误。其余后人吊古怀贤之篇什,诸多疏舛,则更无论矣。至绛云楼建筑形式如何,颇不易知。金氏《牧斋年谱》,虽绘有两层之绛云楼图,然不知何所依据。夫牧斋取《真诰》"绛云"之典以为楼名,其用《梁书》五一及《南史》七六《陶弘景传》所云:

> 更筑三层楼,弘景处其上,弟子居其中,宾客至其下。

以成"三重阁上理琴书"之句,自无足异。(遵王《注》已引《南史》陶传之文为释。)但此乃古典,未必是今典,故亦难认为绛云楼实有三层也。揆以通常建筑形式,此楼既兼备藏贮图书及家庭居住,并接待宾客等用,则绝非狭小之构造,可以推知。

《牧斋遗事》云:

> 牧翁于虞山北麓构楼五楹,扁曰"绛云",取《真诰》绛云仙姥下降,仙好楼居,以况柳、以媚柳也。牙签万轴,充牣其中。下置绣帏琼榻,相与日夕晤对。《钱集》中所云:"争先石鼎联名句,薄暮银灯算劫棋。"(寅恪案:应作"争先石鼎搜联句,薄怒银灯算劫棋"。"薄怒"之误为"薄暮",盖涉"银灯"而讹也。)盖纪实也。牧翁披吟之好晚而益笃。图史校雠惟河东君是职。临文或有探讨,柳辄上楼翻阅,虽缥缃盈栋,而某书某卷,随手抽拈,百不失一。或用事微讹,旋为辨正。牧翁悦其慧解,益加怜重。

《觚剩》三《吴觚下》"河东君"条云:

> 柳归虞山宗伯,自为绛云仙姥下降,仙好楼居,乃枕峰依堞

于半野堂后,构楼五楹,穷丹碧之丽,扁曰"绛云"。大江以南,藏书之家无富于钱。至是益购善本,加以汲古雕镌,舆致其上,牙签宝轴,参差充牣。其下黼帷琼寝,与柳日夕相对。所云"争先石鼎搜联句,薄怒银灯算劫棋",盖纪实也。宗伯吟披之好晚龄益笃,图史校雠惟柳是问。每于画眉余暇,临文有所讨论,柳辄上楼翻阅,虽缥缃浮栋,而某书某卷,拈示尖纤,百不失一。或用事微有舛讹,随亦辨正。宗伯悦其慧解,益加怜重。

寅恪案:《牧斋遗事》言:"下置绣帏琼榻,相与日夕晤对。"《觚賸》言:"其下黼帷琼寝,与柳日夕相对。"则钱柳之住室实在绛云楼下,可与曹秋岳"宗伯楼下惊起"之语相印证。鄙意书籍之贮藏,在常熟近海潮湿地域,自以楼上为宜。楼下纵有披阅之本,但大多数当必置于楼上无疑。牧斋"三重阁上理琴书"之句,"三重"之"三",或不必拘泥,然"阁上"一辞,应可信也。至接待男性宾客之室,必在楼下,而不在"五楹"之内,疑是绛云楼下之厢房也。观绛云楼未焚以前,牧斋作品中如《牧斋外集》二五《跋偈庵诗册》末署:"庚寅正月,书于沁雪石下。"及《题为黄子羽书诗册》末署:"庚寅二月二十五日,蒙叟钱谦益书于绛云楼左厢之沁雪石下。"并黄梨洲《思旧录》"钱谦益"条(参《南雷文案》二《天一阁藏书记》)所云:"余数至常熟。初在拂水山庄,继在半野堂,绛云楼下。后公与其子孙贻(爱)同居,余即住于其家。"则知绛云楼下别有厢房,供留宿宾客之用。至沁雪石者,原为元代赵松雪孟頫旧物。上引《有学集》二《秋槐诗支集》附河东君"洗罢新松看沁雪"句,及此诗后牧斋答陈开仲诗"沁雪摩挲新拜石"句(可参《有学集》一八《徐存永尺木集序》:"坐绛云楼下,摩挲沁雪石"等语),即与此有关。此石本末见钱曾注牧斋"沁雪"句云:

沈石田《图琴川钱氏沁雪石诗序》:"吴兴赵文敏鸥波亭前有二石。一曰沁雪,一曰垂云。垂云流落云间,已不可考。沁雪在海虞县治中。钱允言氏购得之。白石翁为作图,系之以诗。石上勒'沁雪'二字,是松雪翁八分书。"

徐复祚《花当阁丛谈》(一作《石村老委谈》)四"沁雪石"条(可参《虞阳说苑乙编·虞山杂记》"垂云沁雪二石"条)云:

沁雪石,原赵松雪家故物也。松雪宝二石,一名垂云,今在松江某大家。沁雪质纯黑,遇雨润,则白色隐起如雪,故名。不知何时乃入吾常熟县治后堂。(《虞山杂记》作"沁雪者,石质黑,而额上一方,雪着即消。今在环秀"。)会县尹某爱女病,命女巫治之。钱昌时掌邑赋,默嘱巫,令称石为祟。尹命牵出之,于是为钱氏物。

又谈迁《枣林杂俎义集·名胜》"沁雪石"条云:

赵子昂鸥波亭前有石二,曰沁雪,曰垂云。垂云流落云间,已不可考。沁雪石在常熟县署中,有镌字。或云,沁雪,子昂妾也。(寅恪案:若果如或说,则牧斋之求得此石,疑与河东君有关也。)钱侍御岱乘邑侯女疾,嗾巫言石为祟,出之,得归钱氏,在徐上舍处。

《柳南随笔》四"沁雪石"条云:

沁雪石,赵松雪鸥波亭前物也。后入吾邑县治中,邑人钱昌以计出之。既而归于钱,置之绛云楼前。不久楼火,石亦烬。

前引汤漱玉《玉台画史》三所载"黄媛介画扇署款"云:"甲申夏日书于东山阁。"此"东山阁"之名,是否皆令借以指绛云楼总体而言,借免"齐牢携绛云"之"齐牢"嫌疑。若作如是解释,则皆令住室,即是楼下之厢房。抑或"阁"字乃指楼上,盖皆令实住于楼上,与楼下钱柳之寝室间隔稍远也。

靳荣藩《吴诗集览》一二上《题鸳湖闺咏四首》,其二云:

休言金屋贮神仙,独掩罗裙泪泫然。栗里纵无归隐计,鹿门犹有卖文钱。女儿浦口堪同住,新妇矶头拟种田。夫婿长杨须执戟,不知世有杜樊川。

其三云:

绛云楼阁敞空虚,女伴相依共索居。学士每传青鸟使,萧娘同步紫鸾车。新词折柳还应就,旧事焚鱼总不如。记向马融谭汉史,江南沦落老尚书。

第三首末附评语云:

离隐之目,本自新样。"栗里纵无归隐计",若砭其"隐"字,正是剔清"离"字也。故此首云:"女伴相依共索居。""索居"上有"相依"字,"共"字,亦奇。(寅恪于前第二章已引此题第二首两句并靳氏评语,兹为解释便利,故重录之。)

寅恪案:前于第二章论梅村此题第二首末句"不知世有杜樊川"乃谓钱牧斋,非指张天如。今更合此题第二、第三两首并读之,骏公诗意尤为明显。第三首"女伴相依共索居"句,亦是皆令暂居绛云楼时之实况,盖虽与女伴相依,而皆"索居"也。

又,《有学集》二《秋槐诗支集》河东君《依韵奉和牧斋〈人日示内二首〉》之二,中有"洗罢新松看沁雪"之句,此题之后为《赠黄若芷大家四绝句》云:

节比青陵孝白华,斋心况复事毗耶。丹铅点染从游戏,只似诸天偶雨花。

旃檀云气涌香台,莲漏初残贝叶开。丈室扫除容宝座,散花天女故应来。

晕碧图黄谢物华,香灯禅板道人家。中庭只有寒梅树,邀得仙人萼绿华。

鸥波亭向绛云开,沁雪虚庭绝点埃。墨竹数枝香一缕,小窗留待仲姬来。(寅恪案:河东君此首之意,自是以管仲姬比媛介。但揆之牧斋所以求得沁雪石置于绛云楼前者,盖以己身比松雪,而以河东君比仲姬也。牧斋前此为筑绛云楼之故,不得已而卖赵松雪旧藏之《两汉书》于谢象三,致使其不能享有对美人读宝书之天福,遂无可奈何对美人玩奇石,聊用弥补旧日之遗憾欤? 由是言之,此沁雪石者,在牧斋意中,本与河东君有关。在河东君诗中,则又借之以指媛介。然则此石亦是与惠香之名相同,可以概括合此条件之女性,不必限于某一人也。)

据钱遵王注本,此题下有一"附"字,与上一题《依韵奉和二首》下有一"附"字者,体例正同,可证此四绝句亦是河东君作品,非牧斋所赋也。黄若芷者,未审为何人,但既称之为"大家",则必是女教师,而非寻常妇人可知。第四首全部皆以赵孟頫夫人管道升为比,然则合此等条件之河东君女友,恐舍黄媛介外别无他人。又"若芷"两字,皆与"香"字有关。前论牧斋于崇祯九年丙子已有惠香阁之名,惟此金屋,盖所以留待将来之阿娇,而此阿娇不必为一确定之人,任何女性,苟有当牧斋之意者,即目之为惠香,亦无不可。若依此解释,论惠香之名时,曾引庾子山诗"流水桃花色,春洲杜若香"等句,今观"若芷"之称,更与杜牧之《春日言怀寄虢州李常侍十韵》诗"风畦芷若香"句(见《全唐诗》第八函杜牧二)字字切合。是若芷固一惠香也。或谓《赠若芷诗》第一首第一句"节比青陵"之语,似与媛介身世未合,殊有可疑。但皆令于乱离之中,不被污染,纵遭嫌忌,亦能始终与其夫杨世功相守,当可借青陵台相比拟,不必过于拘泥。惟"天女散花"及"萼绿华"之典稍有语病,与王渔洋以秋娘比黄皆令,正复相似。此皆令之兄所以不喜其妹与河东君往来之故欤?复次,李渔《笠翁十种曲》中有《怜香伴》一种。《曲海总目提要》二一谓此曲"凭空结撰,无所本"。鄙意《十种曲》中如《意中缘》之类即指当时之事,《怜香伴》恐非全无所本。或者"怜"乃杨影怜之"怜","香"乃惠香或黄若芷之"香","伴"乃"女伴相依共索居"之"伴"。《怜香伴》曲中,崔云笺之"云",与"阿云"之"云"有关。崔、曹二女立誓并嫁范生,及云笺托病愿退居,让曹语花为正室,与惠香在牧斋家中护视河东君之病事及牧斋赠惠香诗"并蒂双栖宿有期"句,亦颇相类。至云笺、语花赋诗定交,其题为《美人香》则"美人"本河东君别号,而"香"则是"惠香"之"香"也。由此言之,《怜香伴》与《意中缘》俱有所本,不过《怜香伴》隐讳特甚,撰《曲海提要》者,遂不能知其所指之实在人物耳。寅恪读梅村《题鸳湖闺咏》戏用彩笔体为赋一律,附录于此,以博通人之一粲。斯固心中尚存黑白之盲瞽应有事也。《诗》云:

> 载笔风尘未饱温,何妨招隐入朱门。红巾翠袖谁揩泪,碧海青天共断魂。炊剑乾坤珍白璧,担簦身世怕黄昏。怜香伴侣非耶是,留付他时细讨论。

抑更有可论者,《有学集》二〇《赠黄皆令序》(此文前已引其一部分,兹为便利起见,故全录之)云:

> 绛云楼新成,吾家河东邀皆令至止。砚匣笔床,清琴柔翰。挹西山之翠微,坐东山之画障。丹铅粉绘,篇什流传。中吴闺阁,侈为盛事。南宗伯署中,闲园数亩,老梅盘拏,柰子花如雪屋。烽烟旁午,诀别仓皇。皆令拟河梁之作,河东抒云

雨之章。(寅恪案:《梅村家藏稿》五八《梅村诗话》"黄媛介"条略云:"媛介后客于牧斋柳夫人绛云楼中。楼毁于火,牧斋亦牢落,尝为媛介诗序,有今昔之感。媛介和余诗〔四首之四,末两句〕曰,'忆昔金闺曾比调,莫愁城外小江干'。"可与牧斋此文参阅也。又"云雨之章"之"云"当作"零"。检《文选》二〇孙子荆《征西官属送于陟阳候作诗一首》云:"晨风飘歧路,零雨被秋草。"及《宋书》六七《谢灵运传》略云:"史臣曰,子荆零雨之章,正长朔风之句。"牧斋之语,盖出于此。浅人不晓,习闻《高唐赋》"云雨"之辞,因而抄写讹误,遂致比拟不伦,殊可笑也。)分手前期,暂游小别,迄今数年往矣。今年冬,余游湖上,皆令侨寓秦楼,见其新诗,骨格老苍,音节顿挫。云山一角,落笔清远,皆视昔有加,而其穷亦日甚。湖上之人,有目无睹,蝇鸣之诗,鸦涂之字,互相题拂,于皆令莫或过而问焉。衣袯绽裂,儿女啼号。积雪拒门,炊烟冷突。古人赋《士不遇》,女亦有焉,吁其悲矣!沧海横流,劫灰荡扫,留署古梅老柰,亦犹夫上林之卢橘,寝园之樱桃,斩刈为樵薪矣。绛云图书万轴,一夕煨烬,与西清东观、琅函玉轴俱往矣。红袖告行,紫台一去。过清风而留题,望江南而祖别。少陵堕曲江之泪,遗山续小娘之歌。世非无才女子,珠沉玉碎,践戎马而换牛羊,视皆令何如?皆令虽穷,清词丽句,点染残山剩水间,固未为不幸也。河东湖上诗:"最是西泠寒食路,桃花得气美人中。"皆令苦相吟赏。今日西湖,追忆此语,岂非穷尘往劫。河东患难洗心,忏除月露,香灯禅版,净侣萧然。皆令盍归隐乎?当属赋诗招之。

吴应箕《留都见闻录(上)园亭门》云:

六部各有园，皆为之不及百年。礼、户二部俱在洪武门之左。礼部有敞亭可憩，户部有高楼可眺。亦引水为池，恨疏凿不得法耳。余亲见园中竹树时为堂官斫取。又众以传舍视之，不久废圮矣。

寅恪案：牧斋此序未能考定何时所作，但河东君《赠黄若芷》诗附于《庚寅人日》诗后，庚寅十月二日绛云楼焚毁，牧斋此文中已言及之。又序中有"香灯禅版"之语，与河东君《赠黄若芷》诗"香灯禅版道人家"之句，可相印证。然则序中之"今年冬，余游湖上"乃指顺治七年庚寅之冬季欤？若果所揣测者不误，河东君《赠黄若芷》诗，亦即序中"当属〔河东〕赋诗以招之"之诗耶？至牧斋序文之佳妙，读者自能知之，不待多论也。吴次尾所记南京礼部园一条，与牧斋任职弘光朝之时间相距极近，故附录之，以资参证。兹尚有关涉绛云楼者数事，附论述之于下。

《牧斋尺牍（中）致瞿稼轩十四通》，其二云：

癸未诗一卷，乞付文华刻入。文部，缺者即日补上也。墨似未必真，如真，则不如新墨多矣。贱内辱太亲母宠招，理应趋赴，何敢自外。第恐太费华筵耳。容伸谢不一。

其六云：

小楼卜筑，重荷玉趾，但以辚轰为愧耳。看菊自当如约。

其十一云：

内人性颇渫懑，再三商榷，以为必待小楼成后，奉屈太母，然后可以赴召。其意确不可回，似亦一念恪慎，非有他意，只得听之也。更俟面谢，不尽。

其十二云：

和韵四首,风致婉丽。以巴人之唱,而辱阳春之和,吾滋愧矣。拙集已料理三卷,乞付文华,即当续补,以凑十卷之数,旧作似难再投也。

其十三略云:

华堂曲宴,大费郇厨,附谢不尽。泉酒领到,谢谢。

寅恪案:上所择录《牧斋尺牍》五通,皆为崇祯十六年癸未冬间建筑绛云楼及刊刻《初学集》时之作品。"太亲母"者,稼轩之夫人,孙爱妻之祖母也。前论顾云美本末时,引牧斋《先太淑人述》已言及之矣。牧斋书中所言之墨及酒,疑俱稼轩赠与河东君者。盖牧斋不善书(见牧斋《有学集补遗·题丁菡生藏余尺牍小册》)而河东君善书;牧斋不善饮,而河东君善饮(见前论《采花酿酒歌》节)。稼轩之于牧斋,以老门生而兼太亲翁之资格,又为深能欣赏河东君之人,岂有不知"宝剑遗壮士,红粉赠佳人"之谚语,转以宝剑赠非壮士之牧斋耶?据此等琐事,更可证知稼轩在牧斋家庭中,乃河东君之党,而非陈夫人之党矣。至稼轩和韵四首,今检《瞿忠宣公集》,未见有适合此时间和牧斋四首之诗者,甚难确指其为何题。或者即和《绛云楼上梁诗八首》中之四首,与毛子晋所和诗,俱是同时之作品也。毛子晋《野外诗》载《登钱夫子绛云楼和韵八首》。前第一题为《题垂虹桥亭》,中有"秋风垂钓图"。前第二首为《仲木来居池上寄之》,中有句云:"记取湖滨乙酉年。"其后第二题为《丙戌春分病起》。初据此推计,似子晋和绛云楼诗作于顺治二年乙酉秋季以后、三年丙戌春分以前。此时明南都已倾覆,牧斋随例北迁,尚未还家。然子晋和绛云楼诗,不见有国亡家散、人去楼空之感,则此和诗疑是绛云楼初成时所作,后来因有忌讳,遂加修改,故排列次序亦不依初稿作成之先后耶?俟考。子晋诗不甚佳妙,故不录于此,读者取《毛集》参之可也。

又,《有学集》四四有《愚楼对》一篇,牧斋借施氏之愚楼以夸其绛云楼,文字诙奇,可称佳作。兹节录于后,聊备绛云楼全部公案中之一事云尔。

其文略云:

愚山子治临江之公廨,撤故亭为愚楼,山阴徐伯调记其事于石。(寅恪案:"愚山子"即施闰章,事迹见《清史稿》四八九《文苑一》本传等;徐伯调即徐缄,事迹见《浙江通志》一八〇《文苑三》本传等。)余读而美其文,传示坐客。客有啐于旁者曰:"子之营绛云也,可谓夸矣。乌目再成,雀离交加。真檐翠微,斗栾丹霞。丛屋架栋,四部五车。如㢺窃脂,如雀啄花。剖苇负版,殚瘁厥家。祝融作难,焚如突如。绿字焦烂,丹书掀除。珠尘玉膏,狼藉路衢。主人耄矣,诛茅烬余。堙鼻枳足,骄虫之庐。过者窃笑,咸欲削绛云之扁,而谥之以愚。"言已,假寐呓语。有夫绛衣大冠,执而数之曰:"余,绛云之守神也。用誓告汝:昔者金镜委光,珠囊不收;经典漫漶,俗学嘲哳。主人奋肽,钩《河》《雒》,披《坟》《丘》,穿地藏,罗天球。整齐经史,津涉姒周。宝书玉牒,旁摭曲蒐;神工百王,圣德千秋。浴堂沈沈,宣室悠悠。插牙签其如织,执丹书以告修。枝柱乎星纪之虚,肖然此楼也。云汉黯霮,墨穴晦冥,有光激射,上直帝廷。上帝曰咨!宿戒六丁,霞车日毂,载而上征。"东涧老人与客同梦,蹶然而起。灯明风肃,神告在耳。幸斯文之未丧,知皇览之不可以忽遗也。命笔书《愚楼对》以复于愚山子。

《绛云楼上梁诗》第二首云:

丽谯如带抱檐楹,置岭标峰画不成。率堵波呈双马角,招真治近一牛鸣。琴繁山应春弦响,月白香飘夜诵声。还似玉真清切地,云窗风户伴君行。

寅恪案:此首写绛云楼上所能望见之景物及楼中弦诵之声也。其他如"招真治"等,已详遵王《注》,无取多论。

第三首云:

曾楼新树绛云题,(自注:紫微夫人诗云,"乘飙俦衾寝,齐牢携绛云"。故以"绛云"名楼。)禁扁何殊降紫泥。初日东南长自照,浮云西北任相齐。花深网户流莺睡,风稳雕梁乳燕栖。一曲洞箫吹引凤,人间唱断午时鸡。

第四首云:

三年一笑有前期,病起浑如乍嫁时。(自注:《泛舟诗》云,"安得三年成一笑",君病起,恰三年矣。)风月重窥新柳眼,海山未老旧花枝。争先石鼎搜联句,薄怒银灯算劫棋。见说秦楼夫妇好,乘龙骑凤也参差。

寅恪案:此两首最佳,而遵王无所解释,盖皆是河东君本事,特有意不作一字,殊可恨可笑也。第三首第一句标出命名之由,据第二句之意,书绛云楼匾之人,疑即是河东君,否则牧斋不致作此谀辞。前引翁瓶庐之言,谓河东君之书奇气满纸,想此楼匾亦复如是也。第三句用《陌上桑》之典,以河东君比罗敷,亦暗寓"美人"之号。第四句不仅自发牢骚,且用河东君"望断浮云西北楼"句之今典。第七句不仅用萧史之古典,亦兼用牧斋"鹤引遥空凤下楼"句之今典。第四首第三句用河东君"春前柳欲窥青眼"句及牧斋"曲中杨柳齐舒眼"句之今典。皆见前论《东山酬和集》有关诸诗,兹不复赘。

第五首云:

绛云楼阁榜齐牢,知有真妃降玉霄。鲍爵因缘看墨会,(自注:紫清真妃示杨君有"鲍爵分味,墨会定名"之语。)茗华名字记灵箫。(自注:真妃名郁嫔,字灵箫。并见《真诰》。)珠林有鸟皆同命,碧树无花不后凋。携手双台揽人世,(自注:"携手双台"亦《真诰》语。)巫阳云气自昏朝。

第六首云:

燕寝凝香坐翠微,辰楼修曲启神扉。逍遥我欲为天老,恬淡君应似月妃。霞照牙箱双玉检,风吹纶絮五铢衣。夕阳楼外归心处,县鼓西山观落晖。(寅恪案:"观"下牧斋自注一"去"字。盖内典"止观"之义。遵王《注》引《观经》,甚是。)

寅恪案:此两首多用《真诰》典故,牧斋自注及遵王《注》皆已详述。惟第五首第五句"同命"之语,竟成诗谶,可哀也已。

第七首云:

宝架牙签傍绮疏,仙人信是好楼居。风飘花露频开卷,月照香婴对校书。拂纸丹铅云母细,篝灯帘幕水精虚。昭容千载书楼在,结绮齐云总不如。

寅恪案:第四句乃是写实,而非泛语也。详见第五章论《列朝诗集》节所引《牧斋遗事》"柳夫人生一女"条。兹暂不涉及。但今天壤间不知是否实有河东君所校之书籍,尚待访问。据神州国光社影印《东涧写校李商隐诗集》三卷,其中除牧斋外,别有一人校写之手迹。取国光社影印《柳如是山水画册》河东君题字相比较,颇有类似之处。但以无确切不疑之河东君手迹可为标准,故未敢断定《东涧写校李集》中别一人之手笔出于河东君也。第七句之典见计有功《唐诗纪事》三"上官昭容"条(参《全

唐诗》第六函吕温二),其文云:

> 正(贞)元十四年,崔仁亮于东都买得《研神记》一卷,有昭容列名书缝处。吕温感叹,因赋《上官昭容书楼歌》云:汉家婕妤唐昭容,工诗能赋千载同。自言才艺是天真,不服丈夫胜妇人。歌阑舞罢闲无事,纵恣优游弄文字。玉楼宝架中天居,缄奇秘异万卷余。水精编帙绿钿轴,云母捣纸黄金书。风飘花露清旭时,绮窗高挂红绡帷,香囊盛烟绣结络,翠羽拂案青琉璃。吟披啸卷纷无已,皎皎渊机破研理。词萦彩翰紫鸾回,思耿寥天碧云起。碧云起,心悠哉,境深转苦坐自催。金梯珠履声一断,瑶阶日夜生青苔。青苔秘仙关,曾比群玉山。神仙杳何许,遗逸满人间。君不见洛阳南市卖书肆,有人买得《研神记》。纸上香多蠹不成,昭容题处犹分明,令人惆怅难为情。

牧斋之用此典,盖有取于和叔"自言才艺是天真。不服丈夫胜妇人"之语,以其与河东君性格甚为切合故也。又河东君于崇祯十二三年游杭州时,曾寄寓汪然明横山别墅(见河东君《致汪然明尺牍》第一、第十八及第十九等通),后来牧斋于崇祯十四年春游黄山过杭州时,亦寓汪氏横山别墅。今《东山酬和集》及《初学集》载有《横山汪氏书楼(七律)》一首,前已论释,不须更赘。惟可注意者,即"书楼"二字,恐是牧斋因河东君曾寄寓其处,遂特加此二字以媲美于上官婉儿,非然明别墅原有书楼之目也。俟考。余可参第二章所引牧斋《观美人手迹戏题绝句七首》第六首自注及《有学集》四七《明媛诗纬题词》等。

第八首云:

> 驾月标霞面面新,玉箫吹彻凤楼春。绿窗云重浮香母,翠蜡风微守谷神。西第总成过眼梦,东山犹少画眉人。凭阑共

指尘中笑,差跌何当更一尘。

寅恪案:第三联上句之"西第",以梁冀比周延儒(《后汉书·列传》五〇上《马融传》及同书《列传》二四《梁统传》附梁冀传)。盖此时玉绳已死矣。下句之"画眉人",乃谓被画眉之人,以张敞夫人比河东君。牧斋心目中固无陈夫人,岂不知此语未免唐突谢安石之刘夫人耶?